全国高等教育自学考试指定教材

新媒体概论

（含：新媒体概论自学考试大纲） 课程代码 13059

（2024 年版）

全国高等教育自学考试指导委员会 组编

主编 匡文波

中国人民大学出版社

·北京·

中国人民大学出版社自考数字教材配套数字资源使用指南

凡是购买正版教材的考生，可凭封面的兑换码免费兑换教材配套数字资源。

数字资源获取方法和使用说明如下：

（1）扫描并关注“人大社 e 自考”微信公众号。

（2）点击“课程中心”中的子菜单“兑换中心”。

（3）刮开本书所附卡片涂层，获取数字资源兑换码，即可兑换教材配套数字资源。

（4）在“课程中心”中的子菜单“我的课程”里找到已兑换的课程进行学习。

如兑换码有误或有其他问题，请关注“人大社 e 自考”微信公众号并留言。

组编前言

21 世纪是一个变幻莫测的世纪，是一个催人奋进的时代。科学技术飞速发展，知识更替日新月异。希望、困惑、机遇、挑战，随时随地都有可能出现在每一个社会成员的生活之中。抓住机遇，寻求发展，迎接挑战，适应变化的制胜法宝就是学习——依靠自己学习、终身学习。

作为我国高等教育组成部分的自学考试，其职责就是在高等教育这个水平上倡导自学、鼓励自学、帮助自学、推动自学，为每一个自学者铺就成才之路。组织编写供读者学习的教材就是履行这个职责的重要环节。毫无疑问，这种教材应当适合自学，应当有利于学习者掌握和了解新知识、新信息，有利于学习者增强创新意识，培养实践能力，形成自学能力，也有利于学习者学以致用，解决实际工作中所遇到的问题。具有如此特点的书，我们虽然沿用了“教材”这个概念，但它与那种仅供教师讲、学生听，教师不讲、学生不懂，以“教”为中心的教科书相比，已经在内容安排、编写体例、行文风格等方面都大不相同了。希望读者对此有所了解，以便从一开始就树立起依靠自己学习的坚定信念，不断探索适合自己的学习方法，充分利用自己已有的知识基础和实际工作经验，最大限度地发挥自己的潜能，达到学习的目标。

欢迎读者提出意见和建议。

祝每一位读者自学成功。

全国高等教育自学考试指导委员会

2022 年 12 月

目　录

组编前言

新媒体概论自学考试大纲

新媒体概论

第二单元　新媒体的类型和形态

第三单元　新媒体管理

全国高等教育自学考试

新媒体概论
自学考试大纲

全国高等教育自学考试指导委员会　制定

大纲前言

为了适应社会主义现代化建设事业的需要，鼓励自学成才，我国在20世纪80年代初建立了高等教育自学考试制度。高等教育自学考试是个人自学、社会助学和国家考试相结合的一种高等教育形式。应考者通过规定的专业课程考试并经思想品德鉴定达到毕业要求的，可获得毕业证书；国家承认学历并按照规定享有与普通高等学校毕业生同等的有关待遇。经过40多年的发展，高等教育自学考试为国家培养造就了大批专门人才。

课程自学考试大纲是规范自学者学习范围、要求和考试标准的文件。它是按照专业考试计划的要求，具体指导个人自学、社会助学、国家考试及编写教材的依据。

为更新教育观念，深化教学内容方式、考试制度、质量评价制度改革，更好地提高自学考试人才培养的质量，全国考委各专业委员会按照专业考试计划的要求，组织编写了课程自学考试大纲。

新编写的大纲，在层次上，本科参照一般普通高校本科水平，专科参照一般普通高校专科或高职院校的水平；在内容上，及时反映学科的发展变化以及自然科学和社会科学近年来研究的成果，以更好地指导应考者学习使用。

全国高等教育自学考试指导委员会
2024年2月

Ⅰ　课程性质与课程目标

一、课程性质和特点

“新媒体概论”是全国高等教育自学考试新闻学、传播与策划、公共关系等专业的一门课程，是为培养和检验自学考试应考者的新媒体基础理论、基本知识和基本技能而设置的。这门课程既是深入学习新媒体理论和技能等专业知识的基础性课程，也是了解和掌握新媒体活动的一般知识和规律、提升新媒体专业观念和素养的普及性课程。

二、课程目标

作为深入学习新媒体理论和技能等专业知识的基础性课程，本课程的目标是使学生能够：

1. 比较全面地了解新媒体相关概念和定义的内涵和外延，理解新媒体的类型和特点。

2. 了解新媒体行业和新媒体理论发展的历史进程和未来趋势，树立正确的新媒体专业观念和思维。

3. 了解基本的新媒体法规，能够正确识别并分析常见的新媒体伦理现象。

4. 比较全面地理解新媒体的社会价值，能够建立全面系统的新媒体专业知识结构。

5. 比较全面地了解新媒体活动的目标、流程，熟悉新媒体的宏观管理与微观经营基本原则。

6. 为进一步学习新媒体专业知识和技能打下基础。

三、与相关课程的联系与区别

“新媒体概论”作为新闻类的基础性导论课程，在整个专业人才培养的课程体系中发挥着提纲的作用，它的特点是内容体系几乎涵盖新媒体理论与实践所需的全部内容，体现了新媒体专业知识体系的整体面貌，是学生系统学习新媒体专业的入门基础，解决学生学习过程中的“盲人摸象”问题。与其他专业课程相比，本课程所涉及的每一部分内容都以概述为主，不求特别深入，主要要求覆盖所有的专业知识领域，展现新媒体专业理论的全貌。因此，“新媒体概论”与其他相关专业课程相辅相成，是重要的先导型课程。

四、课程的重点与难点

本课程重点内容为：新媒体的概念、新媒体的优势、新媒体给传媒业带来的冲击，创新扩散理论模型、技术接纳模型、计划行为理论模型、新媒体研究的 STIP 模型等新媒体研究的理论模型，新媒体用户特征，新媒体的类型，马太效应，新媒体的主要形态，博客与微信的特征，社交网站、视频网站的特征，新媒体的宏观管理的中国特色，新媒体的微观经营，新媒体舆论的特点，网络谣言的特征及管理，新媒体中的著作权保护，手机媒体的特征，新技术与新媒体的未来趋势等。

本课程难点内容为：新媒体舆论研究的蝴蝶效应模型，新媒体舆论的生命周期理论模型，塔西佗陷阱，奥尔波特模型，新闻推荐算法等。

本课程的交叉融合性特点较强，内容涵盖新媒体理论和实践的方方面面，又面对新技术、新媒体传播环境的快速变迁，不确定性较强，这些因素的组合构成了具有一定难度的课程。

Ⅱ　考核目标

本大纲在考核目标中，按照识记、领会、简单应用和综合应用四个层次规定其应达到的能力层次要求。四个能力层次是递进关系，各能力层次的含义是：

识记（Ⅰ）：要求考生能够识别和记忆本课程中有关新媒体的概念、原理、方法的主要内容，并能够根据考核的不同要求，做出正确的表述、选择和判断。

领会（Ⅱ）：要求考生能够领悟和理解本课程中有关新媒体的概念、原理及方法的内涵及外延。

简单应用（Ⅲ）：要求考生能够根据已知的新媒体事实，对新媒体发展中存在的问题进行分析和论证，得出正确的结论或做出正确的判断。

综合应用（Ⅳ）：要求考生能够根据已知的新媒体事实和新技术发展趋势，对新技术带来的问题和挑战进行综合分析和论证。

Ⅲ　课程内容与考核目标

第一章　新媒体导论

一、学习目的与要求

通过本章的学习，学生对新媒体的内涵及新媒体的研究对象和内容有较全面、正确的了解与认识；重点掌握数字化、互动性是新媒体的本质特征，新媒体是借助计算机传播信息的载体。

二、课程内容

（一）新媒体的基本问题

（二）新媒体的优势

（三）新媒体给传媒业带来的冲击

（四）纸质媒体还有明天吗

三、考核知识点与考核要求

（一）新媒体的基本问题

1. 识记：新媒体的定义。

2. 领会：数字化、互动性是新媒体的本质特征；智能手机是配备了操作系统的手机。

3. 简单应用：分析哪些是新出现的传统媒体。

（二）新媒体的优势

识记：新媒体的优势。

（三）新媒体给传媒业带来的冲击

1. 识记：新媒体给传媒业带来的冲击。

2. 综合应用：能结合最新案例，分析新媒体给传媒业带来的冲击。

（四）纸质媒体还有明天吗

综合应用：结合案例，分析新媒体给纸质媒体带来的挑战。

四、本章重点、难点

本章重点是新媒体的定义，难点是结合案例分析新媒体给传媒业带来的冲击。

第二章　新媒体研究的理论模型

一、学习目的与要求

通过本章的学习，学生从总体上认识新媒体研究的主要理论模型，为以后各章具体内容的学习奠定基础。

二、课程内容

（一）新媒体给新闻传播理论带来的影响

（二）新媒体研究的主要理论模型

三、考核知识点与考核要求

（一）新媒体给新闻传播理论带来的影响

简单应用：举例说明新媒体给社会控制带来的弱化。

（二）新媒体研究的主要理论模型

1. 识记：创新扩散理论模型的基本内容；技术采纳模型的基本内容；计划行为理论模型的基本内容；新媒体研究的 STIP 模型的基本内容。

2. 领会：创新扩散理论模型的应用；技术采纳模型的应用；计划行为理论模型的应用；新媒体研究的 STIP 模型的应用。

3. 简单应用：运用创新扩散理论模型分析案例；运用技术采纳模型分析案例；运用计划行为理论模型分析案例；运用新媒体研究的 STIP 模型分析案例。

4. 综合应用：在新媒体发展中，如何体现新媒体研究的 STIP 模型。

四、本章重点、难点

本章重点是创新扩散理论模型、技术采纳模型和计划行为理论模型，难点是新媒体研究的 STIP 模型。

第三章　新媒体用户特征

一、学习目的与要求

通过本章的学习，学生深入了解新媒体用户特征，重点掌握网民的心理和行为特征分析。

二、课程内容

（一）新媒体时代的受众理论：从受众到用户

（二）网民的基本特征分析：由精英走向大众化

（三）网民的心理和行为特征分析

三、考核知识点与考核要求

（一）新媒体时代的受众理论：从受众到用户

1. 领会：受众和用户的区别。
2. 简单应用：举例说明新媒体的互动性。
3. 综合应用：分析社交媒体用户数剧增的原因。

（二）网民的基本特征分析：由精英走向大众化

1. 识记：网民的基本特征。
2. 领会：中国特有的“2 000 万现象”。
3. 简单应用：结合案例分析“2 000 万现象”。

（三）网民的心理和行为特征分析

1. 识记：网民的心理特征。
2. 领会：网民的行为特征；网民注意力呈现“马太效应”。
3. 简单应用：结合案例分析网民的心理和行为特征。
4. 综合应用：结合最新发生的网络事件，分析该网络事件中网民的心理和行为特征。

四、本章重点、难点

本章重点是网民的心理和行为特征分析，难点是结合案例分析网民注意力的“马太效应”。

第四章　新媒体的类型

一、学习目的与要求

通过本章的学习，学生对新媒体的类型有基本的认识和了解，重点掌握网络人际传播、网络群体传播、网络组织传播、网络大众传播等主要内容。

二、课程内容

（一）网络人际传播

（二）网络群体传播与网络组织传播

（三）网络大众传播

三、考核知识点与考核要求

（一）网络人际传播

1. 识记：电子邮件的特点。
2. 简单应用：结合具体案例分析网上聊天的特点。

（二）网络群体传播与网络组织传播

1. 识记：网络组织传播。
2. 领会：网络群体传播。
3. 简单应用：结合具体案例分析网络组织传播的特点。
4. 综合应用：结合最新案例分析网络群体传播的特点。

（三）网络大众传播

1. 识记：网络大众传播特征。
2. 简单应用：简要分析网络大众传播的发展阶段；结合具体的互联网企业，分析网络大众传播特征。

四、本章重点、难点

本章重点是新媒体的类型，难点是各种新媒体传播类型的特征。

第五章　Web 1.0 时代新媒体的主要形态

一、学习目的与要求

通过本章的学习，学生能够理解搜索引擎、门户网站、电子商务网站的特征与发展。

二、课程内容

（一）搜索引擎

（二）门户网站

（三）电子商务网站

三、考核知识点与考核要求

（一）搜索引擎

1. 识记：搜索引擎的定义。
2. 领会：搜索引擎的检索策略。
3. 简单应用：应用搜索引擎进行检索。

（二）门户网站

1. 识记：门户网站的概念。
2. 领会：门户网站的主要企业。
3. 简单应用：分析门户网站的兴衰。

（三）电子商务网站

1. 识记：电子商务网站的概念。
2. 领会：著名的电子商务网站的发展历程。
3. 综合应用：结合案例，分析和总结具体的电子商务网站的主要经验和存在的问题。

四、本章重点、难点

本章重点是 Web 1.0 时代新媒体的主要形态的特征及发展过程，难点是对具体的互联网企业的发展脉络进行总结归纳。

第六章　博客

一、学习目的与要求

通过本章的学习，学生了解博客和微博的定义，掌握主要的博客及微博企业的特征和发展历程。

二、课程内容

（一）博客概述
（二）微博

三、考核知识点与考核要求

（一）博客概述
1. 识记：博客的概念。
2. 领会：博客的发展历程。
3. 简单应用：结合具体案例，分析博客的特点。
（二）微博
1. 识记：微博的定义；“僵尸粉”的定义。
2. 领会：微博的优势。
3. 简单应用：分析主要的微博企业。
4. 综合应用：结合案例，分析“信息茧房”的危害。

四、本章重点、难点

本章重点是博客的特点和微博的优势，难点是结合案例分析“信息茧房”的危害。

第七章　微信

一、学习目的与要求

通过本章的学习，学生了解微信的定义、社会影响，能够对比分析微信与微博、微信支付与支付宝。

二、课程内容

（一）微信的发展
（二）微信的社会影响
（三）微信与微博的比较
（四）微信支付与支付宝

三、考核知识点与考核要求

（一）微信的发展
1. 识记：微信的定义。
2. 简单应用：结合具体案例，分析微信的传播优势。
3. 综合应用：结合具体案例，分析微信存在的问题。
（二）微信的社会影响
1. 简单应用：举例说明微信为传统媒体数字化转型发挥的作用。
2. 综合应用：结合案例分析微信的社会影响。
（三）微信与微博的比较
综合应用：举例说明微信与微博的异同。
（四）微信支付与支付宝
综合应用：对比分析微信支付与支付宝。

四、本章重点、难点

本章重点是微信的定义、社会影响，难点是微信支付与支付宝。

第八章　社交网站

一、学习目的与要求

通过本章的学习，学生了解社交网站对社会的影响，领会角色冲突、六度分隔等理论。

二、课程内容

（一）社交网站的概念及特点
（二）社交网站对社会的影响
（三）社交网站带来的一些问题

三、考核知识点与考核要求

（一）社交网站的概念及特点
识记：社交网站的定义。
（二）社交网站对社会的影响
1. 领会：六度分隔理论。
2. 综合运用：结合案例分析社交网站对社会的影响。
（三）社交网站带来的一些问题
1. 领会：角色冲突理论。
2. 简单应用：结合案例分析角色冲突。

3. 综合应用：分析社交网站带来的一些问题。

四、本章重点、难点

本章重点是社交网站对社会的影响，难点是六度分隔理论和角色冲突理论。

第九章　视频网站

一、学习目的与要求

通过本章的学习，学生了解视频网站的定义、特征，理解视频网站对传播行业的影响。

二、课程内容

（一）视频网站的概念及特点
（二）视频网站对传播行业的影响

三、考核知识点与考核要求

（一）视频网站的概念及特点
1. 识记：视频网站的定义；视频网站的特点。
2. 领会：著名的视频网站特征分析。
（二）视频网站对传播行业的影响
1. 识记：长尾理论基本内容。
2. 领会：视频网站对传播行业的影响。
3. 简单应用：结合案例，分析长尾理论。
4. 综合应用：举例说明视频网站上的版权争议。

四、本章重点、难点

本章重点是视频网站的定义、特征，难点是对长尾理论的应用。

第十章　新媒体的宏观管理

一、学习目的与要求

通过本章的学习，学生能够深入理解新媒体带来的负效应，正确看待新媒体的双刃性，领会中国新媒体管理的对策。

二、课程内容

（一）新媒体带来的负效应
（二）新媒体的管理对策
（三）正确看待新媒体的双刃性

（四）发达国家对互联网的管理

三、考核知识点与考核要求

（一）新媒体带来的负效应

1. 识记：新媒体带来的信息安全问题；新媒体带来的侵犯知识产权问题。

2. 简单应用：举例说明信息泛滥的危害性。

3. 综合应用：举出网络谣言的具体案例，并分析其存在的问题。

（二）新媒体的管理对策

1. 简单应用：结合具体案例，分析中国新媒体的管理对策。

2. 综合应用：分析美国互联网管理的特色。

（三）正确看待新媒体的双刃性

领会：新媒体的双刃性。

（四）发达国家对互联网的管理

领会：发达国家对互联网的管理。

四、本章重点、难点

本章重点是新媒体的双刃性，难点是新媒体的管理对策。

第十一章　新媒体舆论的理论模型

一、学习目的与要求

通过本章的学习，学生能够深入理解新媒体舆论的特性，领会新媒体舆论研究的蝴蝶效应模型、新媒体舆论的生命周期理论模型、破窗效应、塔西佗陷阱等理论。

二、课程内容

（一）新媒体舆论的特点

（二）新媒体舆论研究的蝴蝶效应模型

（三）新媒体舆论的生命周期理论模型

三、考核知识点与考核要求

（一）新媒体舆论的特点

1. 识记：新媒体舆论的特性。

2. 领会：新媒体舆论的功能。

3. 简单应用：分析网络舆情的具体案例。

（二）新媒体舆论研究的蝴蝶效应模型

1. 识记：破窗效应。

2. 领会：新媒体舆论研究的蝴蝶效应模型。

3. 简单应用：结合具体案例，分析破窗效应。
（三）新媒体舆论的生命周期理论模型
1. 识记：塔西佗陷阱。
2. 领会：新媒体舆论的生命周期理论模型。
3. 简单应用：结合具体案例，分析如何破解塔西佗陷阱。

四、本章重点、难点

本章重点是新媒体舆论的特性，难点是新媒体舆论研究的蝴蝶效应模型、新媒体舆论的生命周期理论模型、破窗效应、塔西佗陷阱。

第十二章　新媒体舆情的应对策略

一、学习目的与要求

通过本章的学习，学生能够深入理解新媒体舆情的应对原则，掌握生命周期理论、子贡陷阱。

二、课程内容

（一）新媒体舆论的管理
（二）新媒体舆情的应对原则

三、考核知识点与考核要求

（一）新媒体舆论的管理
1. 识记：生命周期理论。
2. 领会：子贡陷阱。
3. 简单应用：结合具体案例，分析生命周期理论。
4. 综合应用：结合具体案例，分析如何破解子贡陷阱。
（二）新媒体舆情的应对原则
1. 领会：新媒体舆情应对的原则。
2. 简单应用：依据具体网络舆情案例，分析如何改进记者招待会。

四、本章重点、难点

本章重点是新媒体舆情的应对原则，难点是生命周期理论及子贡陷阱。

第十三章　网络谣言及其管理

一、学习目的与要求

通过本章的学习，学生能够深入理解网络谣言及其相关理论。

二、课程内容

（一）谣言的演变
（二）新媒体条件下谣言的传播与消解模型

三、考核知识点与考核要求

（一）谣言的演变
1. 领会：谣言的历史沿革。
2. 简单应用：网络谣言产生的背景。
（二）新媒体条件下谣言的传播与消解模型
1. 识记：奥尔波特谣言公式。
2. 领会：新媒体条件下谣言的传播与消解模型。
3. 简单应用：结合具体案例，分析奥尔波特模型。
4. 综合应用：结合具体案例，分析网络谣言的传播与消解模型。

四、本章重点、难点

本章重点是奥尔波特模型，难点是网络谣言传播、扩散及消解模型。

第十四章　新媒体的微观经营

一、学习目的与要求

通过本章的学习，学生能够深入理解新媒体微观经营的主要模式，领会新媒体行业的马太效应。

二、课程内容

（一）网络广告
（二）电子商务模式
（三）收费服务模式
（四）新媒体行业的马太效应

三、考核知识点与考核要求

（一）网络广告
1. 识记：网络广告的概念。
2. 领会：网络广告的特点及主要形式。
3. 简单应用：列举互联网公司经营的具体案例，并分析其主要问题。
（二）电子商务模式
1. 识记：电子商务的优缺点。

2. 领会：电子商务的类型。
3. 综合应用：结合具体案例，分析电子商务企业。
（三）收费服务模式
简单应用：结合具体案例，分析收费服务模式。
（四）新媒体行业的马太效应
1. 识记：马太效应。
2. 领会：新媒体行业马太效应形成的原因。
3. 简单应用：结合具体案例，分析新媒体行业马太效应。

四、本章重点、难点

本章重点是新媒体微观经营的主要模式，难点是新媒体行业的马太效应。

第十五章　新媒体中的著作权保护

一、学习目的与要求

通过本章的学习，学生能够深入理解新媒体著作权的法律保护措施，熟知新媒体著作权保护的经典案例。

二、课程内容

（一）新媒体中著作权保护面临的问题
（二）新媒体著作权的法律保护
（三）“避风港”原则和“红旗”原则
（四）新媒体著作权的技术保护

三、考核知识点与考核要求

（一）新媒体中著作权保护面临的问题
1. 领会：新媒体著作权的法律保护措施。
2. 简单应用：分析具体的网络著作权保护案例。
（二）新媒体著作权的法律保护
1. 识记：我国与新媒体有关的著作权保护法规。
2. 综合应用：发达国家新媒体著作权的保护情况。
（三）“避风港”原则和“红旗”原则
简单应用：结合具体案例，分析“避风港”原则和“红旗”原则。
（四）新媒体著作权的技术保护
1. 识记：技术措施的种类。
2. 领会：DRM 技术。

四、本章重点、难点

本章重点是新媒体著作权的法律保护措施，难点是“避风港”原则和“红旗”原则。

第十六章　手机媒体

一、学习目的与要求

通过本章的学习，学生能够了解手机媒体的发展历程，深入理解手机媒体的优势与不足。

二、课程内容

（一）手机媒体的诞生与发展
（二）手机媒体与新闻传播

三、考核知识点与考核要求

（一）手机媒体的诞生与发展
1. 识记：手机媒体的定义。
2. 领会：手机媒体的诞生与发展。
3. 简单应用：分析具体移动新闻客户端的特色。
（二）手机媒体与新闻传播
1. 识记：手机媒体的优势与不足。
2. 简单应用：举例说明手机在新闻采访中的作用。

四、本章重点、难点

本章重点是手机媒体的特征与发展趋势，难点是手机媒体的优势与不足。

第十七章　新技术与新媒体的未来

一、学习目的与要求

通过本章的学习，学生能够深入理解人工智能、新闻推荐算法等新技术的基本原理。

二、课程内容

（一）人工智能会取代记者吗
（二）新闻推荐算法

三、考核知识点与考核要求

（一）人工智能会取代记者吗

1. 简单应用：结合具体案例，分析人工智能给新闻传播业带来的冲击。
2. 综合运用：如何成为一名具有创新能力的记者。

（二）新闻推荐算法

1. 识记：新闻推荐算法的基本原理。
2. 领会：新闻推荐算法的主要类型。
3. 简单应用：结合具体案例，分析采用新闻推荐算法的移动新闻客户端。

四、本章重点、难点

本章重点是人工智能对新闻传播业的影响，难点是新闻推荐算法的基本原理。

Ⅳ　关于大纲的说明与考核实施要求

一、课程自学考试大纲的目的和作用

本课程自学考试大纲是根据新闻学、传播与策划、公共关系等专业自学考试计划的要求，结合自学考试的特点而确定的。其目的是对个人自学、社会助学和课程考试命题进行指导和规定。

本课程自学考试大纲明确了课程学习的内容及其深度和广度，规定了课程自学考试的范围和标准。因此，它是编写本课程自学考试教材和辅导书的依据，是社会助学组织进行自学辅导的依据，是自学者学习教材、掌握课程内容知识范围和程度的依据，也是进行自学考试命题的依据。

二、课程自学考试大纲与教材的关系

课程自学考试大纲是进行学习和考核的依据，教材则包含了学习掌握课程知识的基本内容与范围，教材的内容是大纲所规定的课程知识和内容的扩展与发挥。课程内容在教材中可以体现一定的深度或难度，但在大纲中对考核的要求一定要适当。

大纲与教材所体现的课程内容应基本一致。大纲里面的课程内容和考核知识点，教材里一般也要有。反过来，教材里有的内容，大纲里就不一定体现。如果教材是推荐选用的，其中有的内容与大纲要求不一致的地方，应以大纲规定为准。

三、关于自学教材

《新媒体概论》，全国高等教育自学考试指导委员会组编，匡文波主编，中国人民大学出版社，2024 年版。

四、关于自学要求和自学方法的指导

本大纲的考核要求是依据专业考试计划和专业培养目标而确定的。它不仅明确了课程的基本内容，而且明确了对基本内容掌握的程度。考核要求中的知识点构成了课程内容的主体部分。因此，课程基本内容掌握程度、课程考核知识点是高等教育自学考试考核的主要内容。

为了有效地指导个人自学和社会助学，本大纲已指明了课程的重点和难点，在每章的考核要求中一般也指明了该章内容的重点和难点。

本课程共 6 学分。

根据学习对象为成人、在职、业余、自学等情况，建议学习本课程的自学考试应考者应充分发挥自身理解能力强的优势，结合自己的社会阅历和职业经验来理解吃透《新媒体概论》全书的内容，全面系统地掌握当今新媒体的基本理论和基本方法，切忌在没有全面系统学习教材的情况下孤立地去抓重点。具体建议有以下几点：

1. 首先按照课程章节进行快速泛读，全面了解《新媒体概论》各章节内容之间的逻辑关系，初步构建知识体系或逻辑思维导图。然后对课程内容的各章节进行深入、系统的学习，注重了解和掌握新媒体的基本理论和基本知识，初步掌握指导新媒体活动策划、创意、传播、效果分析等环节的理论和方法，明确作为新媒体专业的学生应当具备的专业观念和职业思维。在理解教材逻辑结构的基础上，记忆应当识记的基本概念，并掌握一些主要规定和重要方法，如分析判断方法等。

2. “新媒体概论”虽然是一门基础性课程，但也是一门实践性很强的课程。在研究分析案例的过程中应加深领会教材的内容，将知识转化为能力，培养与提高自己正确分析和解决问题的能力。

五、对考核内容的说明

1. 本课程要求考生学习和掌握的知识点都作为考核的内容。课程中各章的内容均由若干知识点组成，在自学考试中成为考核知识点。因此，课程自学考试大纲所规定的考试内容是以分解为考核知识点的方式给出的。由于各知识点在课程中的地位、作用以及知识自身的特点不同，自学考试对各知识点分别按照识记、领会、简单应用和综合应用四个能力层次确定其考核要求。

2. 在考试之日起 6 个月前，由全国人民代表大会和国务院制定或修订的法律法规都将列入相应课程的考试范围。凡大纲、教材内容与现行法律法规不符的，应以现行法律法规为准。

六、关于考试命题的若干规定

1. 本课程考试采用闭卷考试的方式，满分 100 分，60 分及格。考试时间为 150 分钟。

2. 本课程试卷中对不同能力层次要求的分数比例大致为：识记占 20%，领会占 30%，简单应用占 30%，综合应用占 20%。

3. 试题的难易程度要合理。试题的难度可分为：易、较易、较难和难四个等级。每份试卷中不同难度试题分值比例一般为 2∶3∶3∶2。必须注意，试题的难易程度与能力层次有一定的联系，但二者不是等同的概念。在各个能力层次中都有不同难度的试题，切勿混淆。

4. 本课程考试试卷采用的主要题型有：单项选择题、简答题、论述题、案例分析题等。

附录　参考样卷

一、单项选择题：本大题共 20 小题，每小题 2 分，共 40 分。在每小题列出的备选项中只有一项是最符合题目要求的，请将其选出。

1. 下列不属于新媒体特征的是

A. 个性化　B. 互动性　C. 单向化　D. 即时性

2. 下列不属于新媒体研究对象的是

A. 新媒体的用户研究　B. 新媒体的技术研发

C. 新媒体的效果研究　D. 新媒体的管理研究

3. 互联网产生于

A. 20 世纪 90 年代　B. 20 世纪 60 年代

C. 20 世纪 30 年代　D. 21 世纪初

4. 下列属于诞生于 web 1.0 时代的新媒体形态的是

A. 社交媒体　B. 搜索引擎

C. 新闻客户端　D. 聊天机器人

5. 下列属于新媒体中权利保护研究范畴的是

A. 马太效应　B. 避风港原则

C. 长尾理论　D. 六度分隔理论

6. 下列不能反映新媒体传播的互动性的是

A. 将感兴趣的内容转发到微博

B. 在抖音中发布自己制作的短视频

C. 在手机上阅读下载的电子书籍

D. 在微信群里和朋友讨论新闻话题

7. 下列属于创新扩散理论中的第一个阶段的是

A. 决策　B. 证实　C. 知晓　D. 劝服

8. 下列属于网络组织传播的是

A. 观看短视频后对其进行点赞和评论

B. 将公众号中看到的有趣新闻转发给朋友

C. 在微信群中发布通知并要求成员收到后回复

D. 某机构媒体在微博开通账号并每日发布新闻

9. 技术接纳模型在新媒体中可以用于研究的问题是

A. 新媒体的产业经营　B. 新媒体的舆情治理

C. 新媒体的用户行为　　D. 新媒体的历史发展

10. 下列不属于网络犯罪范围的是

A. 在微信聊天中对好友进行诈骗

B. 在生活中模拟网络游戏中的暴力行为

C. 在社交媒体转发淫秽色情内容

D. 在门户网站中参与赌博活动

11. 下列选项不属于网络舆论特点的是

A. 舆论爆发迅速　　B. 生命周期一般较短

C. 与社会现实矛盾无关　　D. 青年群体是主要参与者

12. 下列属于应对网络舆论的科学措施的是

A. 限制网民随意表达想法　　B. 消除信息不对称性

C. 减少负面信息公开　　D. 加强屏蔽与删帖技术

13. 下列不属于网络舆论的主要来源的是

A. 意见领袖的意见　　B. 传统媒体的报道

C. 社交媒体的发帖与转帖　　D. 单位领导的指示

14. 下列不属于新媒体广告的形式的是

A. 门户网站中弹出的广告窗口

B. 短视频内容中植入的广告

C. 小区电梯中新装的广告屏幕

D. 微信朋友圈中插入的广告

15. 下列不能体现出个性化算法推荐的是

A. 小李和妻子分享彼此的手机淘宝页面，发现两个人的主页内容完全不同

B. 小张最近经常观看网球短视频，发现自己收到的球具类广告突然增多

C. 小王是一名博士生，他的公众号打开后，页面中大部分都是学术类信息

D. 小赵有一天去外地出差，晚上刷到的短视频内容和平常有很大不同

16. 下列不是新媒体研究 STIP 模型中技术特征范畴的是

A. 所在地　　B. 易用性　　C. 有用性　　D. 流畅性

17. 下列不属于人工智能技术对新媒体传播影响的是

A. 人工智能技术的发展使信息生产更加快速，可以提升用户获取信息的速度

B. 人工智能技术的发展使信息分发更加个性，可以增加用户的使用满意度

C. 人工智能技术的发展使信息资源更加丰富，可以扩大用户获取信息的范围

D. 人工智能技术的发展使信息内容更加客观，可以消除信息传播中的偏见

18. 下列不属于机器人写作特点的是

A. 信息生产的自动化　　B. 信息传播的高效率

C. 信息内容的共情性　　D. 信息来源的隐匿性

19. 下列不属于互联网治理的合理方法的是

A. 使互联网治理中的法律与伦理建设并重

B. 提升公众的媒介素养

C. 严格限制新技术的采用以保护网络信息安全
D. 促进政府、企业、社会等多元主体的协同治理
20. 下列有关新媒体发展趋势的叙述中，不正确的是
A. 随着生成式人工智能技术的普及，用户获取信息的时间成本将大幅提升
B. 随着5G等新一代信息技术的普及，高清视频内容的传播将得到更大空间
C. 随着虚拟现实技术的普及，用户将越来越重视信息服务中的感官体验
D. 随着个性化算法推荐技术的普及，用户的个人信息安全保护将面临更大挑战

二、简答题：本大题共4小题，每小题6分，共24分。

21. 简述新媒体的主要优势。
22. 简述舆情应对中的“黄金24小时法则”。
23. 简述新媒体研究的STIP模型。
24. 简述微信的传播优势。

三、论述题：本大题共3小题，每小题8分，共24分。

25. 请从不同角度对微信与微博的传播特点进行比较。
26. 请分析个性化算法推荐带来的传播与社会问题。
27. 请结合以下材料分析ChatGPT等人工智能聊天机器人的传播特点及影响。

材料：2022年底，ChatGPT（Chat Generative Pre-trained Transformer）作为新一代生成式对话机器人一经发布便迅速普及，引领了新一轮人工智能发展浪潮。ChatGPT是由美国公司OpenAI开发并于2022年11月发布上线的人工智能对话机器人。上线短短5天，ChatGPT用户量即超过百万，两个月后，月活跃用户突破1亿，是历史上用户增长速度最快的消费级应用程序。ChatGPT通过数以百万计的网站和内容来源收集信息，以自然语言的对话形式为用户提出的问题生成答案，能够在多种场景下提供一系列信息内容服务，在语言表达的流畅度、多样性、广泛性及持续对话等方面表现出卓越的性能，显著提高了信息搜索能力和效率，是一种高搜索整合能力的集成式人工智能工具。

四、案例分析题：本大题共2小题，每小题6分，共12分。

案例1：各地级市都设有电视中转站，以保证中央电视台的辐射范围，国家广播电视总局三令五申，禁止中转站插播自己的广告，省级的广播电视局还专门召开了各中转站站长会议，研究解决的办法，对违反上级指示的地方提出通报批评。但在会议中场休息时，一些被批评的站长还打电话要求中转站对插播广告照播不误。

案例2：时代华纳、迪士尼、贝塔斯曼等跨国文化娱乐公司占据了当今95%的国际文化市场。目前，传播于世界各地的新闻90%以上为美国和西方国家所垄断，好莱坞影视文化、西方汉堡快餐文化更是充斥全球的各个角落。

问题：

28. 案例1说明了什么问题？
29. 从大众传播理论的视角分析案例2。

大纲后记

《新媒体概论自学考试大纲》是根据《高等教育自学考试专业基本规范（2021 年）》的要求，由全国高等教育自学考试指导委员会新闻类专业委员会组织制定的。

全国高等教育自学考试指导委员会新闻类专业委员会对本大纲组织审稿，根据审稿会意见由编者做了修改，最后由新闻类专业委员会定稿。

本大纲由中国人民大学匡文波教授编写；参加审稿并提出修改意见的有北京大学谢新洲教授、中国人民大学赵曙光教授、中国社会科学院黄楚新研究员。

对参与本大纲编写和审稿的各位专家表示感谢。

全国高等教育自学考试指导委员会
新闻类专业委员会
2024 年 2 月

全国高等教育自学考试指定教材

新媒体概论

全国高等教育自学考试指导委员会　组编

编者的话

回顾人类传播史，我们不难发现，信息技术的发展起着历史性杠杆的作用。信息技术的每一次创新都带来了信息传播的大革命，每一次革命都给人类的政治、经济、文化和社会生活带来了不可估量的影响，推动着人类文明不断向更高层次迈进。信息技术的创新强而有力地改变着人类生产与生活的面貌。信息技术得以集中反映的标志就是信息传播方式的变革。

为适应我国高等教育自学考试教育发展的新形势，培养应用型人才，满足广大考生学习的需要，在全国高等教育自学考试指导委员会的指导下，编写了本教材，为参加全国高等教育自学考试的考生及其他对新媒体专业知识感兴趣的读者提供力所能及的帮助。本教材旨在帮助读者自学关于新媒体的特点、理论模型、用户特征、类型和形态、宏观管理、微观经营、著作权保护、手机媒体等内容。

本教材的特点如下：

（1）知识结构的完整性、基础性和前沿性。作为一本概论性教材，本书在内容结构方面首先是注重知识的完整性，全书内容全面覆盖了新媒体相关理论和知识；其次是重视对于基础理论和基本概念的介绍和阐述，帮助读者打好专业学习的基础；最后是力求在书中反映前沿性理论的研究成果和新鲜观点，引导读者在学习过程中积极关注新媒体产业前沿发展的趋势。

（2）内容安排的针对性和应用性。本教材根据当前行业对于新媒体专业人才的培养需求，在内容安排上注重理论学习与实践应用的紧密结合。

（3）案例选择的新颖性、生动性和多样性。本教材结合基础理论和相关知识点，选择了大量新颖的案例帮助读者理解和掌握教学内容，在生动体现本书知识点的同时，提升读者融会贯通、举一反三的能力。

本教材由匡文波教授担任主编，完成正文部分的撰写及全部文字的审校。

本教材在编写过程中，参考了许多专家、学者和互联网上未署名者的相关研究成果，吸收了许多观点，在此致以诚挚的谢意。

本教材在策划、编写和出版过程中，得到了全国高等教育自学考试指导委员会新闻类专业委员会的大力支持和帮助，谨表深切谢意。

由于时间、精力和水平有限，书中难免有不妥之处，欢迎广大读者和考生批评指正。

主编　匡文波

2024 年 2 月

第一单元

新媒体理论基础

第一章　新媒体导论

回顾人类传播史，我们不难发现，信息技术的发展起着历史性杠杆的作用。信息技术的每一次创新都带来了信息传播的大革命，每一次革命都给人类的政治、经济、文化和社会生活带来了不可估量的影响，推动着人类文明不断向更高层次迈进。信息技术的创新强而有力地改变着人类生产与生活的面貌，信息技术得以集中反映的标志就是信息传播方式的变革。人类信息传播的发展历程迄今可分为四个阶段（口头传播阶段、文字传播阶段、电子传播阶段和数字传播阶段），前一阶段向后一阶段的跃升无不以信息技术的革命性进步为前提。计算机网络技术的进步，尤其是互联网的发展，为信息传播的发展奠定了新的基础。

第一节　新媒体的基本问题

关于新媒体（new media）的确切定义，业界和学界目前尚未达成共识。

一、新媒体的概念

“新媒体”一词源于美国哥伦比亚广播公司（CBS）技术研究所所长 P. 戈尔德马克（P. Goldmark）的一份商品开发计划（1967）。之后，时任美国传播政策总统特别委员会主席 E. 罗斯托（E. Rostow）在向尼克松总统提交的报告书（1969）中也多处使用了“new media”一词。由此，“新媒体”一词开始在美国流行并很快扩展至全世界。

关于新媒体的定义，国内外专家各执一词。早期，联合国教科文组织对新媒体下过一个定义：新媒体就是网络媒体。与之类似的是把新媒体定义为“以数字技术为基础，以网络为载体进行信息传播的媒介”①。

清华大学熊澄宇提出，所谓新传媒，或称数字媒体、网络媒体，是建立在计算机信息处理技术和互联网基础之上，发挥传播功能的媒介总和。它除了具有报纸、电视、电台等传统媒体的功能外，还具有交互、即时、延展和融合的新特征，其用户既是信息的接收者，又是信息的提供和发布者。它是包括数字化、互联网、发布平台、编辑制作系统、信息集成界面、传播通道和接收终端等要素的网络媒体，已经不仅仅属于大众媒体的范畴，而是全方位、立体化地融合了大众传播、组织传播和人际传播方式，以有别于传统媒体的

① 陶丹，张浩达．新媒介与网络广告［M］．北京：科学出版社，2001：前言 3.

功能影响我们的社会生活。①

上海交通大学蒋宏和徐剑从内涵和外延两个方面对新媒体做出了界定。他们认为，就内涵而言，新媒体是指20世纪后期在世界科学技术取得巨大进步的背景下，在社会信息传播领域出现的建立在数字技术基础上的能使传播信息大大扩展、传播速度大大加快、传播方式大大丰富的与传统媒体迥然相异的新型媒体；就外延而言，新媒体包括光纤电缆通信网、有线电视网、图文电视、电子计算机通信网、大型电脑数据库通信系统、卫星直播电视系统、互联网、手机短信、多媒体信息的互动平台、多媒体技术广播网等。②

中国传媒大学黄升民将网络电视、地面移动电视、手机电视视为新媒体的三大部分。③

中国传媒大学宫承波认为，门户网站、搜索引擎、虚拟社区、电子邮件、网络文学、网络游戏属于新媒体。④

也有人把近10年内基于技术变革出现的一些新的传播形态，或一直存在但长期未被社会发现其传播价值的渠道、载体统称为新媒体。⑤ 持这种观点的人将手机电视、网络电视、网络广播、博客、播客、楼宇电视、车载移动电视、光纤电缆通信网、都市型双向传播有线电视网、高清晰度电视、互联网、手机短信、数字杂志、数字报纸、数字广播、数字电视、数字电影、触摸媒体等均列入新媒体。然而这种界定不仅范围过宽，而且将以上媒体并列本身就存在分类混乱的逻辑错误。因为按照分类的逻辑，子类之和应等于母类，子类之间应相互排斥。

（一）数字化、互动性是新媒体的本质特征

“新媒体”是一个通俗的说法，严谨的表述是“数字化互动式新媒体”。从技术上看，新媒体是数字化的；从传播特征上看，新媒体具有高度的互动性。数字化、互动性是新媒体的本质特征。新媒体的传播过程具有非线性的特点，信息发送和接收可以是同步的，也可以异步进行。诸如楼宇电视、车载移动电视，由于缺乏互动性，不属于新媒体的范畴。

新媒体是一个相对概念，其内涵会随着传媒技术的进步而有所发展，但从人类传播史的角度而言应是一个时代范畴，特指“今日之新”而非“昨日之新”或“明日之新”。我们不应当以“昨日之新”为标准界定新媒体，20世纪初出现的广播、电视，在当时都是新出现的媒体，但是现在属于传统媒体。我们更无法以“明日之新”作为标准界定新媒体，否则目前就没有新媒体了。

新媒体的“新”是以国际标准为依据的。一些国人视为“新”的媒体形式，在发达国家早就有了，不能被称为新媒体，如车载移动电视。

笔者不赞成使用“数字媒体”这一概念，因为此处的“数字”也可以被理解为制作过程的数字化，如果这样理解，那么几乎所有的媒体都可以列入数字媒体的范畴。

与传统媒体相比，新媒体具有即时性、开放性、个性化、分众性、信息的海量性、低

---

① 熊澄宇，廖毅文．新媒体：伊拉克战争中的达摩克利斯之剑［OL］．(2003-06-10)［2024-02-11］．http://news.xinhuanet.com/newmedia/2003-06/10/content_910340.htm.

② 蒋宏，徐剑．新媒体导论［M］．上海：上海交通大学出版社，2006：14.

③ 虢亚冰，黄升民，王兰柱，等．中国数字新媒体发展报告［M］．北京：中国传媒大学出版社，2006：1.

④ 宫承波．新媒体概论［M］．北京：中国广播电视出版社，2007：1.

⑤ 陈晓宁．广播电视新媒体政策法规研究：国外法规与评介研究［M］．北京：中国法制出版社，2001：16-35.

成本全球传播、检索便捷、融合性等特征，其本质特征是技术上的数字化、传播上的互动性（互动性，英文为 interactive，国内也有人称其为交互性）。

传统媒体的传者和受者定位非常明确，传者发布信息，受者只能被动地接收，不管喜欢还是讨厌，都无从表达对信息的看法。但是新媒体使传者与受者之间的界限变得模糊，受者不再是被动的信息消费者，而是可以与传者实现信息交互的主体，其身份转变成传者。

《在线》（*Online*）杂志给新媒体下过一个定义：由所有人面向所有人进行的传播（communications for all，by all）。传统媒体使用两分法把世界划分为传播者和受众两大阵营，人们不是作者就是读者，不是广播者就是观看者，不是表演者就是欣赏者。新媒体与此相反，它使每个人不仅有听的机会，而且有说的条件。新媒体实现了前所未有的互动性。因此，在新媒体的研究中，笔者认为已经不存在“受众”的概念，建议用“用户”取代“受众”一词。[①]

因此，我们用互动性的标准衡量各种新媒体形态就可以发现，一些所谓的“新媒体”其实只是“新出现的传统媒体”。车载移动电视、户外媒体、楼宇电视就是典型的“新出现的传统媒体”，因为它们缺乏新媒体的本质特征——互动性。对用户而言，车载移动电视毫无互动性可言，它具有空间封闭、受众无选择性地被动接收信息、不能调换频道、不能屏蔽广告、强制收视、随时移动、随时收看等特点。楼宇电视通过导线传播，具有传统广播电视所具有的特征：对象广泛、时效性强、丰富直观、接收随意、顺序接收、转瞬即逝。因此按照传输方式划分，楼宇电视可以而且应属于有线广播或闭路广播之列。楼宇电视目前传播的内容主体是广告。当一个人处于比看广告更无聊的时间和空间（如等待电梯）时，他宁愿选择看广告。这就是楼宇电视广告的心理强制性。因此，楼宇电视的信息传播具有很强的受众被动性，而无法实现用户的主动性与互动性，这与新媒体的本质特征背道而驰。

（二）哪些不应当属于新媒体

纸质媒体、传统的模拟广播电视显然是传统媒体，对此，学术界没有异议。但是，除此之外的媒体形态都能被称为新媒体吗？

1. 新出现的媒体是否都可以被称为新媒体

并非新出现的媒体形态都可以被称为新媒体。例如，有人用自行车车体甚至人的额头作为广告媒体，但是由于这些媒体既非数字化的，也不具有互动性，因此不能被称为新媒体，只能被称为新出现的传统媒体。

案　例

额头广告

美国内布拉斯加州东部城市奥马哈市居民安德鲁·菲舍尔是一名网页设计者，2005年他将自己的前额作为广告位招商，为治鼾药物“鼾停”打广告，获得 3.737 5 万美元的

---

① 后文中，为方便探讨，在提及新媒体时仍使用“受众”一词。

收入。他在前额上展示“暂停”标识，时间是1个月。[①] 2006年2月，国内一名陈姓男子在淘宝网以10万元底价拍卖额头广告发布权，但是无人问津。

自行车车体广告

在杭州，从2008年5月1日起就有2 000辆自行车供市民租用，其中景区投放了350辆左右。一年半以后，租车点达到了1 000个，可租用的自行车有5万辆，租赁时间30分钟内，市民可免费使用出租自行车。2008年4月初，由杭州公交集团与杭州公交广告公司共同出资组建的国有独资公共自行车交通服务企业——杭州市公共自行车交通服务发展有限公司成立。该公司的重要收入来源之一就是自行车车体广告（见图1-1）。该公司建立之初，初步计划自行车车体广告收费标准是150元/辆·月。5万辆自行车，按75%的商业开挂率（一年中四分之三的时间车身都有广告，或75%的车一年中都有广告）计算，年收入将为6 750万元。

图1-1 自行车车体广告

由于缺乏互动性，数字化的户外LED广告屏也并非新媒体。LED是英文light emitting diode的缩写，中文名为发光二极管。所谓LED显示屏，是一种由一个个小的LED模块面板组成的显示器。自20世纪80年代中期起，就有单色和多色显示屏问世，起初是文字屏或动画屏。

20世纪90年代初，电子计算机技术和集成电路技术的发展使LED显示屏的视频技术得以实现，电视图像直接上屏。至90年代中期，蓝色和绿色超高亮度LED研制成功并迅速投产，使室外屏的应用大大扩展。目前LED显示屏在体育场馆、广场、购物中心、商场、证券交易中心、银行、部分十字路口、高速公路、高架道路等地方得到广泛应用（见图1-2）。中国户外LED广告屏市场也发展迅速。

2. 数字电视和智能电视是否属于新媒体

数字电视（digital TV）又被称为数位电视或数码电视，是指从演播室到发射、传输、接收的所有环节都是使用数字电视信号或该系统所有的信号都是通过由0、1数字串所构

① 收入近四万美元 广告“爬上”额头［N］. 北京晚报，2005-01-27.

图 1－2　北京 LED 显示屏广告

成的二进制数字流来传播的电视类型，与模拟电视相比较，其信号损失小，接收效果好。

数字电视采用双向信息传输技术，增加了交互能力，赋予了电视许多全新的功能，使人们可以按照自己的需求获取各种网络服务，包括视频点播、网上购物、远程教学、远程医疗等。数字电视提供的最重要的服务就是视频点播（VOD）。视频点播是一种全新的电视收视方式，它不像传统电视那样，让用户只能被动地收看电视台播放的节目，而是提供了更高的自由度、更多的选择权，有效地提高了节目的参与性、互动性、针对性。除此之外，数字电视还提供了其他服务，包括数据传送、图文广播、上网服务等，用户能够使用电视实现现实股票交易、信息查询、网上冲浪等。电视被赋予了新的用途，从封闭的窗户变成了交流的窗口。

在现阶段，国内所推广的数字电视只是增加了电视频道，提高了清晰度，依然缺乏互动性。因此，笔者认为目前数字电视依然不属于新媒体。但是，从技术的发展趋势看，智能电视就如同手机的演化一样，会成为电脑的一种类型，在不久的将来，具有互动性的数字化智能电视将成为新媒体的新成员。

图 1－3 是我们对目前的新媒体的外延进行的梳理，但是，新媒体的外延会随着技术的发展而不断扩展。新媒体是未来媒体发展的重点，是媒体传播市场发展的趋势和必然方向。

目前，智能电视正在成为电脑的一种类型，具有互动性的智能电视正在成为新媒体的新成员。智能电视（smart TV）就是具有独立操作系统的电视，其本质是计算机的一种新形态。智能电视搭载了独立操作系统，并且具有上网功能，用户可以通过自行安装和卸载软件、游戏等第三方服务商提供的程序，来不断对电视功能进行扩展。

智能电视应该具备以下关键特征：本质上是计算机的一种形态，具有独立操作系统、CPU、内存等计算机要素；具备宽带互联网接入能力；可以接收并回放从互联网上获得的视频数据流；可以下载并安装各种专门开发的应用程序和游戏；具有网络通信功能；具备全新的遥控装置，并且可以和各种移动终端链接互动。

智能电视的出现与发展，将同智能手机的普及一样，彻底改写电视业及电视机制造业的历史。

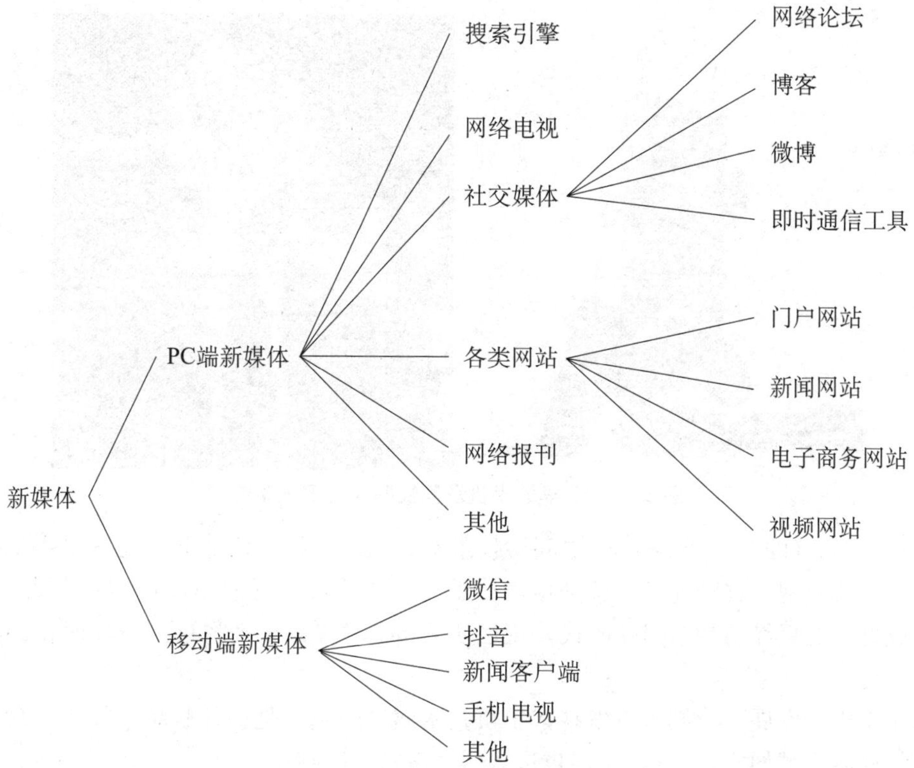

图 1-3 新媒体的外延

（三）新媒体的科学定义：借助计算机传播信息的载体

目前的新媒体包括互联网、手机媒体和智能电视，因为只有这三者才具有真正的互动性。互联网本身就是计算机技术发展的产物，而当今的手机已不再只是移动电话，而是具有通信功能的迷你型电脑。

在手机诞生及发展初期，即第一代手机（1G）时代，手机只是能移动的电话，不能传播新闻内容。

知识窗

世界上第一台手机

1973 年 4 月的一天，一名男子站在纽约街头，掏出一部约有两块砖头大的无线电话，引得过路人纷纷驻足观看。这个人就是手机的发明者马丁·库珀（Martin Cooper）。从 1973 年手机注册专利开始，一直到 1985 年，第一台现代意义上的、真正可以移动的电话才诞生，但是其重量达 3 千克，且不方便携带，使用者要像背背包那样背着它行走（见图 1-4）。不过从那以后，手机的发展越来越迅速。1999 年，手机的重量降为 60 克，与一枚鸡蛋的重量相差无几。除了重量越来越轻、体积越来越小外，手机的功能越来越多，而 1995 年问世的第一代模拟制式手机只能进行语音通话。

2G 手机除了最基本的通话功能，还可以用来收发邮件和短消息、上网、玩游戏、拍照等。2G 手机虽然在硬件技术上存在屏幕小、电池持续时间短、上网速度低等瓶颈，但

图 1-4　最早的手机及其发明人马丁·库珀

是建立在 2.5G（即介于 2G 和 3G 之间）技术基础上的各种增值业务，尤其是手机报、手机电视、手机上网、移动商务、移动搜索、手机广告等被广泛使用。在 2G 时代，手机媒体基本成型。之后经历 3G、4G 时代，现已步入 5G 时代，未来将进入 NG 时代。移动通信科技平均每 10 年出现一次大变动。

回顾手机的发展，我们可以发现，手机技术演进的规律是：外观越来越小、功能越来越多、价格越来越便宜。手机 CPU 也进入了“多核”时代。

智能手机是配备了操作系统的手机，是当今手机发展的主流。智能手机的本质特征是：硬件上配备了 CPU，软件上配备了操作系统。

手机 CPU，如同电脑 CPU 一样，是整台手机的控制中枢系统，也是逻辑部分的控制中心。微处理器通过运行存储器内的软件及调用存储器内的数据库，达到对手机进行整体管理的目的。

综上所述，我们可以将新媒体定义为：借助计算机（或具有计算机本质特征的数字设备）传播信息的载体（本书中讨论的新媒体主要指互联网）。目前，手机媒体是新媒体的主体。智能手机即具有操作系统的手机，是具有通信功能的迷你型电脑，手机媒体则是借助智能手机进行信息传播的工具。

二、相关概念

与新媒体密切相关的概念主要有：网络传播、网络媒体、手机媒体。

何谓网络传播？网络传播是指通过计算机网络进行的人类信息（包括新闻、知识等信息）传播活动。网络传播中的信息，以数字形式存储在光、磁等介质上，通过计算机网络高速传播，并通过计算机或类似设备阅读使用。网络传播以计算机网络为基础，进行信息传递、交流和利用，从而达到其传播的目的。

手机，原本只是一种通信工具，是可以在较广范围内使用的便携式电话终端，最早是由美国贝尔实验室在 1940 年制造的战地移动电话机发展而来。1973 年，美国摩托罗拉工程师马丁·库帕发明了世界上第一台商业化手机。

手机分为智能手机（smart phone）和非智能手机（feature phone，也称为功能手机）。智能手机就是具有独立的操作系统的手机。换言之，智能手机是具有通信功能的迷你型电脑。

随着智能手机的高度普及，非智能手机正在逐步退出历史舞台。所以，如果未加特别说明，本书所说的手机，都是指智能手机。

在此，我们要特别强调，计算机网络应该是广义的，不仅包括目前流行的互联网，还包括基于计算机网络技术、现代通信技术的移动通信网络和下一代高速互联网等，不应该将网络传播局限于目前的互联网传播。

同理，网络媒体也不仅仅指互联网媒体，网络媒体包括互联网、手机媒体、网络电视等多种形态。① 媒体又称媒介、媒质，是承载信息的载体。按照《现代汉语词典》的解释，媒体是“指交流传播信息的工具，如报刊、广播、电视、互联网等”②。因此，笔者认为，网络媒体是借助计算机网络进行信息传播的工具。

互联网曾经被一些人称为“第四媒体”。他们认为，印刷的纸质媒体是第一媒体、广播是第二媒体、电视是第三媒体、互联网是第四媒体。1998 年 5 月，在联合国新闻委员会年会上，互联网被正式作为“第四媒体”提出。但是，“第四媒体”的称谓并不严谨，只是一种通俗的说法。在日本，约定俗成的说法是报纸是第一媒体、期刊是第二媒体、广播是第三媒体、电视是第四媒体、互联网是第五媒体。因此，“第四媒体”的说法不仅不够科学，还容易在国际传播中被人误解。

网络媒体、手机媒体和智能电视都是新媒体的重要成员。

也有人使用“数字媒体”的概念。但是，数字媒体并非一个严谨的概念。随着数字技术的广泛应用，所有的新旧媒体都会或多或少地使用数字技术，都有可能被称为“数字媒体”。数字媒体可以指信息传播过程的数字化，例如，报纸印刷的数字化、模拟电视编辑过程的数字化。

第二节 新媒体的优势

从传播学的分类来看，目前较通行的是将传播类型分为五类：内向传播（又称为自我传播或者自身传播）、人际传播、群体传播、组织传播和大众传播。新媒体传播将人际传播和大众传播融为一体，是一种全新的、特殊的传播类型。

新媒体的基本技术特征是数字化，基本传播特征是互动性。新媒体具有信息量大，使用方便，检索快速便捷，图文声像并茂，互动性强，信息通过计算机网络高速传播，信息获取快、传播快、更新快等特性，并且具有计算机检索、超文本功能，是一种具有强大生命力的传播媒体，给人类社会带来了深刻的影响。新媒体允许读者与作者之间进行网络交流，改变了传统的信息交流方式。具体地说，新媒体具有以下特征。

---

① 在没有特别说明的情况下，本书的网络传播即指互联网传播，本书所指的计算机网络即指互联网。

② 中国社会科学院语言研究所词典编辑室．现代汉语词典［M］．7 版．北京：商务印书馆，2016：887.

一、传播与更新速度快、成本低

新媒体传播是一种数字化传播。它将一定的信息转成数字，经过转播，数字在操作平台上还原为一定的信息。由于其传播的介质是比特（bit），而非原子，所以这种传播就具备了快捷、方便和高保真等优点。新媒体可以通过互联网高速传播并实时更新，可以像电台、电视台一样进行实时、实况报道，显然优于传统的传播方式。新媒体传播速度快，时效性强，它不受印刷、运输、发行等因素的限制，信息上网的瞬间便可同步发给所有用户。

新媒体不但更新速度快，而且更新成本低，其更新周期可以分、秒计算，而电视、广播的周期要以小时计算，纸质报纸的出版周期以天甚至以周计算，纸质期刊与图书的更新周期更长。

新媒体可以做到同步传播与异步传播的统一。新媒体的即时刷新提高了新闻的时效性，其本身“接收的异步性”又方便用户随时随地按需要进行信息接收。

二、信息量大、内容丰富

互联网能够使用户共享全球信息资源，可以说没有任何一种媒体在信息量上能与海量信息的网络媒体相提并论。新媒体可以不限时、不限量地储存和传播信息，运行各种信息数据库，使读者可以对历史文献随时进行检索。对新闻传播来说，新媒体的这一重要功能开拓了实施“深度报道”的新的纵深途径，它能够保证读者对新闻发生的广阔背景及所产生的影响进行全程观察，从而更准确地判断生存环境发生的变化。

三、零成本全球传播

新媒体突破地域限制，而且跨国传播成本几乎为零。无论是从传播者的角度还是从受众的角度看，信息在网络上跨国传播与本地传播的成本和速度都是相同的。换言之，新媒体的传播距离、范围与传播成本无关，这一点与传统媒体截然不同。纸质媒体和广播电视虽然在理论上也能进行全球传播，但是其传播的成本与传播的距离成正比。

新媒体打破了传统的或者说物理上的空间概念，网络信息传播实现了无阻碍化。世界变成了“地球村”，真实的地理隔离不存在了，国界等限制也不存在了，网络上的新闻传播不是单一文化而是跨文化的传播。互联网使不同国家之间的跨文化传播有了前所未有的方便且迅捷的信息交流渠道。

新媒体的全球性使得网民可以低成本地在世界范围内便捷地选择其喜爱的新闻网站，主动获取所需的信息，增加了政治的开放性和透明度。

四、检索便捷

新媒体的检索便捷特性是传统传播方式所难以具备的。纸质报纸、电视等传统媒体每天发送大量的新闻信息，储存时占用大量的空间和金钱，检索时更是费时费力。传统的报刊、电台、电视检索是靠资料室、图书馆，用人工一页页去找，一盘盘去挑。新媒体则完全不同，凡是在互联网中存储的数据，网民只要动动手指，便可以通过搜索引擎在各类数据库中迅捷地获取所需的信息。

五、多媒体传播

计算机已成为一种可以作用于人的多种感知能力的媒体，它集合了多种媒体表现形式（如文字、声音、图片、动画、视频等）来传送信息。新媒体是一种多媒体的传播，它可借助文字、图片、图像、声音中的任何一种或几种的组合来进行传播活动。这种具有立体效应的多媒体传播组合可以更加真实地反映所报道的对象，给用户带来逼真而生动的感觉。新媒体融合了文字、声音、图像、动画、视频等多种形式的媒体，克服了传统的文字媒介（报刊）、声音媒介（广播）和视觉媒介（电视）之间难以逾越的障碍。

新媒体不仅可以表现出电视的功能，其容量大、可检索等功能还使其多媒体特性显得更实用。一个新媒体实际上是三种媒体的综合体。网上音频、视频、图片节目相当于网上电台、电视台、图片社。随着 5G 技术和宽带网的普及，多媒体的新闻报道已经成为主要的传播方式。

六、超文本

超文本是一种非线性的信息组织方式。超文本设计成模拟人类思维方式的文本，即在数据中包含与其他数据的链接。用户单击文本中加以标注的一些特殊的关键词和图像，就能打开另一个文本。超媒体又进一步扩展了超文本所链接的信息类型，用户不仅能从一个文本跳转到另一个文本，而且可以激活一段声音，显示一个图形，或播放一段视频图像。网络以超文本、超媒体方式组织新闻信息，用户在接收新闻内容时可方便地联想和跳转，更加符合人们的阅读和思维规律。

人类的思维活动是多维的、发散的，而不是线性的。传统新闻媒体的表达方式是顺序的、线性的，而不是跳跃的、多向的，这样的表达方式不符合人们的思维方式。人们要求新的新闻媒体能够突破线性表达的桎梏，采用多维的表达方式，使其具有联想功能，从而更接近人类对知识、概念、思想的表达习惯。

新媒体改变了信息组合方式，它的魅力在于将分布于全世界的图文并茂的多媒体信息以超链接的方式组织到一起，用户只要链接到一个网页，在链接词上用鼠标一点就可以访问相关的其他网页。这种方式改变了我们传统的阅读方式，极大地方便了用户。网络新闻采用互联网的“超链接”概念，以超文本、超媒体方式来组织新闻内容及有关新闻背景，使用户在阅读新闻时，能按照自己的意愿和思路，实现新闻内容的“跳转”及表达方式的转换，更好地适应用户的主体地位及联想的思维规律。超文本结构是网络上信息的组织方式，大大增加了新闻报道的综合性、信息量、可选择性和自主性。

七、互动性

从传播学的角度看，互动性是新媒体的根本性特征。网络新闻传播是一种开放的互动式传播。传统媒体的传播方式通常是单向的，传受双方无法随时随地进行双向沟通。而新媒体既可以单向传播，也可以双向（传受之间）甚至多向（传受之间、受众之间）传播。新媒体的信息传播具有很强的互动性，网民与网站之间、网民与网民之间可以利用 BBS、聊天室、网络电话、电子邮件等工具实时沟通，实现互动，对新闻内容也可以随时展开讨论，还可以举行网络会议。

第三节　新媒体给传媒业带来的冲击

在新媒体没有出现之前，人们了解社会发展中的重要事件只能通过传统媒体。自新媒体出现之后，人们获取信息的渠道日益多样化，而且新媒体的信息传播速度快，能够在第一时间让人们掌握自己需要的信息。在这样的情况下，传统媒体的受众人数大幅减少，尤其是新一代的年轻人，对纸质媒体的需求近乎为零，电视收视率大幅下跌，传统媒体受到严重的冲击。

一、改变现有传播格局

媒体技术发展一般会经历三个阶段。新媒体在最初问世时是供人娱乐的玩具，谁也没特别注意它们提供的内容。人们习惯新技术之后，技术就退居次要地位，人们开始对内容做出回应。媒体发展在进入第三阶段时就不但要反映现实，而且要重新安排、构建现实了。新媒体的发展也正在经历这样一个过程。越来越多的人已经开始关注通过网络呈现出的丰富内容和不同媒体形态。新媒体继续发展，必然会进一步改变现有传播方式，并有可能打破传媒业和通信业、信息技术业的界限，打破有线网、无线网、通信网、电视网的界限，兼容整合各种媒体形态，塑造新的传播格局。

（一）形成新的交流环境

网络重要性的上升、网络功能的增强促进了一个瞬间完成传播、全方位包围我们头脑的新的交流环境的形成。在新的交流环境中，信息传播空间发生了变化，传播者和受众的距离被消除了，传受双方的界限被打破了。在新媒体时代，从理论上说，几乎每个人都有可能成为传播者，传播机构和个体受众的区别也被缩小了；全球化传播渠道更加畅通了，网络即时通信、网络博客、无线互联网等很可能实现全球互联互通，地理上的区隔被进一步打破，“地球村”进一步变成现实。信息传播的时间发生了变化，静态的信息接收方式向动态实时接收信息转变，信息的及时互动或暂时延宕得以自主实现。人际交流的话语空间也通过新媒体实现了有机整合，点对点的私人空间和连接无线互联网形成的点对面的公共空间既能相对独立，又能即时贯通。

（二）媒体生态更加复杂

网络成为一种崭新的传播媒体，使媒体生态更加复杂，传播主体更加多元，受众分化更加明显，舆论引导难度明显加大，给既有的信息传播秩序带来了强烈冲击，特别是给传统的媒体格局和当前的新闻宣传工作带来了前所未有的深远影响。

我国正处于传媒事业高速发展、传播技术深刻变革的时期，媒体数量十分庞大，新型媒体不断涌现，传播渠道多种多样，媒体生态环境日益复杂，不同媒体间的竞争态势也较为明显。新媒体的迅速发展可能导致部分传统媒体的覆盖面有所缩小，甚至出现被新媒体边缘化的情况，主流舆论阵地面临新的压力。

（三）社交媒体日益发达，传播主体更加多元

新媒体的发展使介入新闻信息传播的主体进一步趋于多元。新媒体是以运营商为主导发展起来的。目前网络运营商正在实施战略转型，即通过多网络、多终端、多业务的融合和价值链的延伸，实现由传统基础网络运营商向综合信息服务提供商的转变。新媒体的个人化趋势十分明显，普通网络用户可以通过网络方便地采集、发布信息，“个人媒体”有可能得到较大发展。可以预计，传播主体多元化，特别是个人掌握的传播工具越来越多，在信息传播中传播主体的地位空前提升，个人发布信息、形成舆论、“动员社会”、“穿透”管理的能力不断增强，也导致产生不良信息和不可控因素的可能性大大增加，不可避免地会对主流舆论形成冲击。

（四）从受众到用户，用户分化更加明显

受众指的是信息传播的接收者，包括报刊和书籍的读者、广播的听众、电影电视的观众。用户，又称网民，新媒体使用者。受众强调被动接收信息；用户强调信息传播的互动性，不只是被动接收信息，还主动发布信息。

人类的新闻传播活动经历了从小众传播到大众传播，从大众传播到分众传播的漫长过程，这一过程的产生有复杂的社会历史原因。现在，人们在获取信息的途径、接收信息的方式、需要信息的类型、选择媒体的偏好等方面的差异越来越大，媒体的专业化、小众化传播趋势日益明显，用户群体分化趋势逐步加剧。新媒体更多地体现了以个人为单位的个人兴趣、个人需求，是完全个性化的传播平台；网络信息传播将会最大限度地体现个人的差异和需求，最大限度地实现在信息需求方面的个人价值。新媒体的应用和普及必然会进一步改变人们的信息获取途径和接收方式，推动分众传播、小众传播更深入地发展，这也会在一定程度上使传统的主流媒体往往到达不了某些特定用户群体，影响新闻传播效果。

二、冲击舆论调控机制

新媒体的舆论化趋势为用户提供了一个自由的言论平台，使得人们获得了更大的表达空间。但新媒体的互动性、开放性、匿名性等特性，以及传播内容的不可预知性、群发转发的不可控制性，使得把关难度增大、把关机制缺失或失效，加之整个行业发展环境和新媒体环境还不规范，新媒体的舆论化也带来了一系列现实的和潜在的问题。

（一）对传统的舆论调控机制的冲击

新媒体的出现使得信息传递更加及时、传播范围更加广泛，形成了一个“无所不在”的“5A”网络环境——从理论上讲，通过新媒体，任何人（anyone）可以在任何时间（anytime）、任何地点（anywhere）通过文字、声音、图像等任何媒体（any media）传播任何信息（any message）。这给传统的舆论调控机制造成了深刻影响。从对热点引导的影响看，新媒体可以使个别媒体报道的地方性事件迅速演变成全国媒体关注的对象，由“局部热点”迅速演变成“全局热点”；可以几天甚至几小时就炒作出一个“××事件”“××现象”，而且往往事先难以发现征候，事后难以找到责任主体，造成较大负面影响。从对正面宣传的影响看，新媒体形式多样、信息内容庞杂，很容易将正面宣传的内容淹没，难以产生预期的社会效果，而错误的观点、非理性的舆论有了传播渠道和生存空间，这对传

统的舆论调控机制构成了冲击，对如何确保舆论导向正确提出了新的挑战。

（二）冲击信息传播秩序

一方面，伴随新媒体的舆论化发展，一些捕风捉影的流言、谣言迅速扩散，垃圾信息无孔不入，低俗信息大行其道，少数网站提供的黄色小说、图片、视频浏览或下载业务“受到追捧”，扰乱了信息传播秩序。另一方面，新媒体舆论化带来的不是信息的平等，而是在传统媒体、新媒体已经造成的信息不对称的基础上加剧了这一趋势。早在20世纪70年代，美国传播学者蒂奇诺（Tichenor）等人就提出了“知沟”理论假说：由于社会经济地位高者通常能比社会经济地位低者更快地获取信息，因此，大众媒体传送的信息越多，这两者之间的知识鸿沟也就越有扩大的趋势。这一理论随着新媒体的产生和发展继续得到验证。而作为媒体发展的最新样态，网络信息传播的舆论化趋势更是加强了这种信息不对称的情况。

（三）冲击媒体发展环境

网络信息传播的舆论化趋势不断冲击新媒体的发展环境，影响新媒体公信力的建构。进而言之，一方面，新媒体技术引起的把关人缺失和把关机制失效加剧了新媒体的舆论化趋势。新媒体融合点对点的线性传播、面对面的网状传播等特性，理论上传播路径是无限的，无论是政府在宏观层面建立的把关机制，还是运营商、服务商在微观层面建立的把关机制，都会存在漏洞和滞后等问题，这就使得把关的难度大为增加，甚至变得不可能，也就使新媒体舆论的自由空间增大，舆论化趋势不断加剧。另一方面，新媒体的舆论化趋势又不断冲击把关人和把关机制。越来越多的人通过新媒体提供的平台自由表达意见，越来越多的人成为意见领袖，新媒体上的舆论变得更加多元，传统的把关机制受到的冲击增大，新媒体的发展环境也更加复杂。

第四节　纸质媒体还有明天吗

目前在关于新媒体对传统媒体（特别是纸质媒体）的冲击与影响的研究，以及媒体的未来发展的研究中存在不少错误的观点，笔者认为有必要予以厘清。

一、典型的错误观点

（一）纸质媒体便于携带吗

有人认为，传统的纸质媒体有其自身的优势，如便于携带、直观性强、阅读方便。果真如此吗？这种观点忽略了一个重要的事实，即纸的信息存储的密度大大低于新媒体，新媒体体积小、容量大、存储密度极高。事实上，在信息量相同的情况下，新媒体远比纸质媒体更容易携带。一个小小的U盘、一部智能手机的存储空间，就足以容下一个大型图书馆所有藏书的内容信息。携带方便、阅读方便自由，是手机媒体等智能终端的优势。手机已成为具有通信功能的迷你型电脑。

（二）纸质媒体比新媒体更有权威性、更真实吗

有人认为纸质媒体权威性强，其理由是：纸质文献经历了上千年的洗礼，已建立起完

善发达的编辑、生产、发行系统；在新闻报道方面，大多数纸质媒体有着严密的新闻采编和发布流程；在科学评价方面，出版社、期刊社建立健全了学术评审委员会或类似机构来保证出版文献的学术水平。

在各类媒体的权威性、真实性上，我们需要具体对象具体分析。我们不否认发布在BBS、个人博客上的信息，其权威性、真实性在整体上不如传统媒体；但是，谁能否认在雅虎、MSN等知名网站上发布的信息的权威性与真实性呢？在纸质媒体方面，难道一些格调低下的小报上的消息也具有权威性与真实性吗？还有人认为新媒体的报道缺乏深度，但是这同样需要具体案例具体分析。无论是在新媒体还是在传统媒体中，都不难找到在深刻性方面的正反案例。新媒体发布信息的迅速性与深刻性之间并没有必然的矛盾关系。事实上，在一些突发事件或敏感事件的报道方面，新媒体比传统媒体具有更高的即时性、客观性与真实性，例如手机所拍摄的画面就具有很高的真实性、准确性。

在内容方面，新媒体具有更大的优势。谁说新媒体的专业水准一定就低呢？媒体是否拥有真实性、权威性，取决于其自身的管理、背后的利益驱动机制、其存在的社会环境，与媒体形式无关。与内容十分有限的传统媒体相比，每天都有用户上传海量的原创内容至新媒体平台，其中部分原创内容并不逊色于传统媒体。新媒体不仅拥有海量的内容，而且采用人工智能技术、新闻推荐算法等先进技术精准分析用户需求。当人们打开报纸和电视按钮，却满足不了自身的信息需求时，在新媒体平台上总能轻易找到自己喜爱的内容。

目前，不少传统媒体推进媒介融合，如“报纸＋视频＋网站”的全媒体模式。不过，这种基于传统媒体基因的全媒体模式，由于缺乏海量用户，面临经营困境。而新媒体凭借技术上的绝对优势，拥有惊人的盈利能力。脸书（Facebook）、推特（Twitter）、抖音（TikTok）等任何一家新媒体巨头的利润就超过一国或多国所有纸媒收入之和，而传统媒体很难实现经济上的良性循环。

通过对新媒体使用现状进行定量分析，我们发现了以下有趣的结果：可信度调查显示，以互联网、手机为代表的新媒体在可信度方面丝毫不亚于传统媒体。我们关于新闻可信度的调查颠覆了新媒体新闻可信度低的偏见。其实之所以出现假新闻，与媒体形态没有必然关联，关键在于其背后是否有利益驱动，即是否想通过假新闻来提高发行量、收听率、收视率，从而获得更多的商业利益。

（三）纸质媒体经济吗

有人认为，纸质媒体不需要专门的阅读工具，价格便宜、阅读成本低。其实，在社会总成本方面，纸质媒体远不如新媒体经济。新媒体的传播省去了制版、印刷、装订、投递等工序，不仅省掉了印刷、发行的费用，而且避免了纸张的开支，使总成本大大降低。纸质媒体消耗了大量的森林资源，同时纸张的生产也造成了严重污染。有人计算，一棵大树平均可以制作成15 900张A4规格纸张，或31 800张B5纸。中国目前有在校中小学生2亿多人，以每个学生一年两学期用15册课本计算，每年要用30多亿册课本，消费纸张达50万吨之多，需砍伐上千万棵大树。从自然生态和环境保护的角度而言，这是极为浪费的一件事，增加了人类社会发展的总成本。

随着技术的发展，电脑、手机等数字技术产品的价格越来越低，而森林资源会越来越稀缺和珍贵，纸质媒体会越来越昂贵。

（四）纸质媒体更符合人们的阅读习惯吗

有人认为，人类对纸质媒体的依赖、依恋及人们千百年来形成的线性阅读的习惯，不可能在一朝一夕就彻底改变。纸质媒体伴随着人们跨越了近 2 000 年的风雨历程，人们已经习惯于用它，并且对其充满了感情。

但是，任何人的纸媒情结无论多么深厚，也改变不了纸媒消亡的命运。纸媒体积庞大、沉重、携带不便、检索困难，且纸媒怕火、怕水、怕虫咬。更重要的是，造纸过程中加入了大量的酸性材料，使得长期保存成本高昂且困难。

其实，感情与习惯是可以改变的。目前大多数中青年读者其实更习惯、更喜欢新媒体阅读方式。对于从小就只接触纸质图书的年长者来说，纸质媒体的确符合阅读习惯，但是对于从小就接触新媒体的新一代读者来说，他们更习惯阅读新媒体。

（五）纸质媒体对读者身体健康影响小吗

有人认为，人们阅读纸质书刊，除接收书刊中的信息之外，还可以非常直观地得到美的享受。纸质媒体美观，墨与纸的对比度大、分辨率高、字符稳定性强、图像色彩效果好，很适合读者阅读，对人们的身体健康，尤其是视力的不良影响很小。

但是，这只是一种经验判断，目前并没有权威的医学对比数据可以证明，纸质媒体对读者身体健康的负面影响小于新媒体。其实，长时间地伏案阅读，不管是纸质媒体还是新媒体，都会对人的健康有所损害；与其说是屏幕损害了读者的眼睛，倒不如说是不科学的生活方式、不正确的阅读习惯损害了读者的健康。目前，大多数读者的近视眼恰恰是人们从小以不正确的方式阅读纸质媒体造成的。随着科技的发展，技术越来越人性化，如人体工程学的大量运用和显示屏技术的改善，阅读新媒体损害健康的观点很难成立。如果一个人每阅读一个小时就去运动十分钟，那么无论是纸媒阅读还是屏幕阅读，眼睛都不会受损。

（六）纸质媒体便于保存吗

有人认为纸质媒体便于保存，有收藏价值，我国在古代就有许多收藏家，他们孜孜不倦地收藏，使大量纸质媒体能流传至今。读者阅读纸质媒体，除了从中接收信息、汲取知识外，还可以直观地欣赏到崇高美和朴素美。如宋代书籍的版面盛行骨架挺拔、秀丽悦目的宋体字，所印图书成为读者喜闻乐见的千古珍品。而光盘、磁带、磁盘易损坏，任何污渍、划伤、磨损，甚至阳光、有机溶剂都可能导致载体损坏。病毒也会使计算机系统被破坏。

不过，笔者认为，新媒体的最大优势是信息存储密度极高而单位信息存储成本极低，因此，可以用极低的成本迅速对数字信息进行大量的复制，制作备份，以防不测。而这是纸质媒体无法做到的。例如，《人民日报》自创刊以来的所有报纸内容可以制作成 DVD 光盘，而其成本不超过 100 元。事实是，难以大量备份的纸质媒体更容易损毁。纸质媒体的确有收藏价值，但是这恰恰证明其要消亡。

二、纸质媒体会消亡吗

如果 20 年前有人说柯达会破产，一定会被人认为是痴人说梦；如果 10 年前有人说胶卷相机会被数码相机取代，一定会引起激烈争论。数据显示，柯达的收入和利润在 1996 年和 1999 年分别达到巅峰，为 160 亿美元和 25 亿美元。

数码相机的普及对柯达的业务形成巨大冲击。科技的进步是挡不住的，尽管柯达在数码领域拥有约 1 100 项专利，但却失去了开拓时代的勇气，也因此失去了一个时代。今天数码相机和智能拍照手机已经“一统天下”，胶卷相机已经成为收藏品。柯达于 2012 年 1 月 19 日在纽约向法院提出申请破产保护，宣布了一个时代的结束。

柯达素有“百年老店”之美称，它所提供的优质胶卷曾经在全球胶卷市场独占鳌头，并且也在 20 世纪 80 年代刚刚改革开放的中国市场上受到消费者的欢迎。但是，时间不过过去了 20 多年，柯达却已经风光不再。

柯达的失败主要基于两方面原因：首先，传统相机和数码相机的工作原理不同。在数码时代，柯达基于传统相机的供应链优势和专利优势不复存在。其次，虽然柯达率先发明了数码相机，但其成功实质上是传统业务的成功，所以传统业务部门对企业决策的影响力甚大，企业资源也会优先配置到传统业务部门，从而导致其转型迟缓。

目前，卡片数码相机已经被智能拍照手机所替代。一直以来，人们认为拍照手机难以取代数码相机，因为拍照手机的拍照效果不佳。比如，以前拍照手机 CMOS 的镜头只是一个摄像眼，无法达到专业数码相机的取景标准；变焦功能只是数码变焦，不是真正的物理变焦，这应用在 CMOS 镜头上更难以达到理想效果；还有闪光灯，拍照手机也很难和数码相机相提并论。不过，随着拥有 4 000 万以上像素摄像头、支持多倍光学变焦的新一代智能手机的出现，以上说法便完全不成立了。

数据显示，用智能手机进行视频和照片拍摄变得越来越普遍，传统相机及摄像机的使用量越来越少。

新媒体将人际传播和大众传播融为一体，其基本技术特征是数字化，基本传播特征是互动性。新媒体具有传播与更新速度快、信息量大、内容丰富、全球性和跨文化性、检索便捷、多媒体、超文本、互动性强、成本低的优势。[①]

新媒体在不断进步与完善，存在的不足也正在被迅速地逐一克服。相反，拥有千年历史的纸质媒体已经没有技术飞跃的可能。例如，人们在阅读纸质媒体时可以在上面画线、批注、圈点、折页，甚至撕页等，以前的新媒体则不行，但是现在许多电子图书已经实现了对图书内容的批注、圈点功能。

新媒体的许多功能是纸质媒体永远不可能具备的，尤其是高速便捷的检索功能与知识聚类功能。新媒体有聚类知识项的功能。新媒体中的各个知识项，可以根据需要在某一基准上自动进行聚合，而在另一基准上又可以换一种角度自动进行新的聚合。纸质媒体的不足，如检索不便、信息储存密度小、无法实现多媒体跨国传播、印刷发行成本高等，正日益变得突出。

---

① 匡文波．网络传播学概论［M］．2 版．北京：高等教育出版社，2004：24.

随着智能手机的普及，手机正在成为最重要的新媒体，这使得纸质媒体所具有的便携性等优势完全丧失。因为从小就接触新媒体的新一代读者会抛弃传统阅读的习惯，电子书可以使人们的口袋中永远有一个完整的图书馆，从纸上阅读到屏幕阅读，新媒体有望革新整个世界的阅读形式。

不过，人类的阅读行为不会消失，报社、出版社、期刊社、图书馆都不会消亡，相关从业人员不会失业，只是信息传播形态将彻底改变。今日的新媒体也会被更新的媒体形态所取代。

思考题

1. 什么是新媒体？什么是网络传播？

2. 什么是手机？什么是手机媒体？

3. 信息技术在传播历史中的作用是什么？

4. 你认为传统媒体有光明的未来吗？请详细论述你的理由。

5. 你如何理解“数字化”和“互动性”是新媒体的本质特征？

6. 相比报纸、广播、电视等传统媒体，你认为新媒体的主要优势有哪些？

7. 目前，使用手机阅读新闻、书籍的人越来越多，纸质媒体在生活中出现的频率越来越低。你认为未来纸质媒体会消亡吗？为什么？

8. 一些观点认为，传统媒体更具权威性，传播的信息更加可靠，但也有实证研究发现，人们对于新媒体的信任度已经高于传统媒体，对此你怎么看？

9. 你认为什么是“主流媒体”？目前的抖音、微博等新媒体是否可以被视为“主流媒体”？

在线自测

扫一扫　练一练

第二章　新媒体研究的理论模型

互联网的快速兴起和蓬勃发展不仅带来了信息传播技术的根本性变革，而且改变了人们的生产活动、生活、人际交往方式以及思维方式，对社会生活的各个领域和人自身的生存与发展产生了广泛而深刻的影响。20 世纪 50 年代，著名的传播学者 M. 麦克卢汉（M. Mcluhan）就断言，媒体革命的后果是，所有个人和社会生活都为适应新技术建立起来的新感觉模式进行调整。然而，在新技术面前，相应的基础理论研究往往是滞后的。

第一节　新媒体给新闻传播理论带来的影响

新媒体的出现和发展拓宽了传播的广度和深度，打破了以往人类多种信息传播形式的界限，它既可以实现面对面传播，又可以实现点对点传播。当信息面对多个上网用户传播时，新媒体可谓大众传播工具，而个别独立的上网用户之间的交流可谓点对点的人际传播。新媒体将人际传播与大众传播融为一体。这种全新的、特殊的传播方式使传统的大众传播理论面临挑战。新媒体对新闻传播业、新闻传播理论与方法、新闻传播教育的影响是全方位的，以下是比较突出的方面。

一、新媒体兼具人际传播与大众传播的特性

新媒体融合了大众传播（单向）和人际传播（双向）的信息传播特征，形成一种散布型网状传播结构。在这种传播结构中，任何一个网络都能够生产、发布信息，所有网络生产、发布的信息都能够以非线性的方式流入网络之中。新媒体将人际传播和大众传播融为一体，兼有人际传播与大众传播的优势，又突破了两者的局限。

所谓人际传播（personal communication），是指对象十分明确的人与人之间的信息交流。它可以是一人对一人，也可以是一人对多人（如上课、演讲、会议等），既可以直接地、面对面地进行，也可以间接地、非面对面地进行（如写信等）。人际传播的最大优势是具有互动性，或者说信息反馈，因而它是双向的或者说是互动式的，而且，在绝大多数情况下，信息反馈都是实时发生的。由于具有这一优势，它的传播能够达到十分深入的程度（如说服、教育等）。

一方面，在人际传播中，传播者和接收者分别处于传播的两端，他们是互动的，反馈是及时的并直接影响传播的过程和内容，因而其传播过程是由传播者和接收者双方来控制的，有时在传播过程中，传播者与接收者的界限是模糊的。但是，人际传播的最大局限性是接收者的数量非常小，即便在一对多的情况下，例如，召开会议、进行演讲、课堂讲授等，从总体上说，接收者也是非常有限的。此外，人际传播还有一个局限，就是传播者的

信息资源相对匮乏。因为作为人际传播的传播者，个人掌握的信息量总是非常有限的。即使是所谓百科全书式的博学者，从总体上来说，其掌握的知识、信息也毕竟是有限的。

大众传播则是一种信息传播方式，是特定社会集团利用报纸、杂志、书籍、广播、电影、电视等大众媒介向社会大多数成员传送消息、知识的过程。这一定义仅指传播的单向过程，没有包括反馈。

在传统的传播环境中，大众传播与人际传播的最大区别就在于大众传播信息是单向流动的，而人际传播则是双向互动的。在大众传播过程中，控制权掌握在传播者手中，受众总是处于被动的接收端，面对大众媒介“推送”给他们的内容，他们没有选择的自由，他们的反馈是十分有限的，是严重滞后的，而且是不被重视的。因为在大众传播过程中，传播者的终极目的是通过传播的内容对社会公众施加某种影响，最终达到某种经济或政治目的。

相比之下，大众传播超越了人际传播的局限，能够通过传播媒体一次性地把众多的信息传播给为数众多的、地域分散的广大受众，显示出相对于人际传播的巨大优势。但是，反过来看，大众传播却又丧失了人际传播的主要优势，没有明确的传播对象，因而缺乏信息反馈和互动性，传播的深度、质量远远不如人际传播。此外，大众传播的受众在接收信息时处于十分被动的地位，缺乏选择的自由。

新媒体具有人际传播的互动性，用户可以直接迅速地反馈信息，发表意见。同时，在使用新媒体时，用户接收信息有很大的自由选择度，可以主动选取点击自己感兴趣的内容。同时，新媒体突破了人际传播一对一或一对多的局限，在总体上，是一种多对多的网状传播模式。

二、新媒体与议程设置

（一）议程设置功能理论

“议程设置功能”作为一种理论假说，最早见于美国传播学家麦库姆斯（McCombs）和肖（Shaw）于1972年发表的论文《大众传播的议程设置功能》。它的中心思想是，大众传播具有一种为公众设置“议事日程”的功能，传媒的新闻报道和信息传达活动以赋予各种“议题”不同程度的显著性的方式，影响着人们对周围世界的“大事”及其重要性的判断。在某种意义上，“议程设置”是舆论导向的第一个阶段，即传媒通过有选择地报道新闻来把社会注意力引导到特定的方向。①

议程设置功能认为大众传播往往不能决定人们对某一事件或意见的具体看法，但可以通过提供信息和安排相关的议题来有效地左右人们关注哪些事实和意见及他们谈论的先后顺序。

1950年，传播学者怀特（White）将这个概念引入新闻研究领域，明确提出新闻筛选过程中的把关模式。他指出，社会上存在大量新闻素材，大众传媒的新闻报道不是也不可能是“有闻必录”，而是一个取舍选择的过程。在这个过程中，媒介组织形成一道“关

---

① 郭庆光．传播学教程［M］．2版．北京：中国人民大学出版社，2011.

口”，通过这个“关口”传达到受众那里的新闻只是众多新闻素材中的少数。

把关特权其实是有深刻的背景的，即传统大众媒介体系的特点：线性、单向的传播方式，以及媒介进入的技术和经济障碍。传统媒介的发展是与政治和经济以及各种利益的角逐联系在一起的。这就产生了传统媒介自身的复杂性。

传媒组织把关，首先直接体现为对新闻素材的“新闻价值”的判断。新闻价值的标准可以表现为业务标准和市场标准两方面。业务标准指事件适合于媒介进行新闻处理的各种条件，而市场标准指的是事件能够满足受众新闻需求的诸条件以及吸引受众兴趣的诸条件。把关活动最终还受到传媒的立场、方针和市场标准的影响。把关人自身的价值观对信息有生杀予夺的影响，美联社、路透社等大型传播机构每天只将它们得到的信息中的70%左右向全球新闻机构提供，而各地的机构只能将其中的2%提供给自己的受众，大量的信息依据这些机构和人员的利益、兴趣而被筛选。媒介的把关不是一种简单的业务标准或市场标准所导致的取舍，它的背后有着更深刻的社会背景。

（二）新媒体中的议程设置

在传统的大众传播过程中，受众总是被动地接收大众传媒传递的信息。他们只能在媒介每天为他们“设置”的“议程”或“菜单”中进行有限的挑选，不能同大众传媒进行平等的交流，更不能设想，也没有条件主动地、方便地发布信息。

但是在新媒体中，用户享有极大的选择权和主动权，可以根据自己的兴趣与需求从网络中“拉”出信息，原来关于大众媒介对受众产生“议程设置”这一客观效果的理论将受到一定的挑战。在网络上，所有用户都可以通过BBS自由地选择接收信息和表达观点，许多用户既是传播者也是接收者。目前国内外对新媒体中是否依然存在“议程设置”，以及如何在网络中进行“议程设置”存在着一定的争论。

其实，“议程设置”在新媒体中依然存在，但是新媒体中的“议程设置”具有一些新特点，议程设置的难度在加大，有效性在降低，进行“议程设置”需要一些新手法。

在新媒体中，被削弱的主要是政府的把关功能。虽然政府的直接控制力相对减弱，但是为了政治稳定，政府会采取其他一些策略，例如，通过技术手段进行控制，如封杀某些网站。当然，技术的控制往往容易被挣脱，人们可以通过代理服务器来绕过关卡。政府也可以通过扶持重点网站来贯彻自己的意图。

（三）新媒体议程设置的常用手段

新媒体对某一新闻事件进行强调、进行议程设置的常用手段主要分为直接手段和间接手段两种。

1. 直接手段

（1）详细报道、快速跟踪。由于网络的超大容量，传播者可以将与事件相关的新闻事实或背景事无巨细地发布出来。由于网络的即时性，传播者可以通过密切的跟踪报道、快速跟进的后续消息，使网民的注意力始终维持在该事件上。传统媒体囿于出版周期和版面的限制，很难从不同角度对某一议题进行长期的报道。新媒体却可以在一天的报道中安排大量不同内容、不同角度的消息，同时还可以做到随时更新，更能把往日的相关报道以超文本的方式与最新消息连接起来。

(2) 新闻排序。网上的新闻排序主要有两种。一种是按时间顺序排列，这主要是针对一些即时更新的信息而言；另一种是按重要程度排序，这体现了网络新闻编辑对于新闻价值的衡量。应该说，网络新闻的优先顺序排序与传统媒体并无本质差异，归根结底都是媒体对于社会上发生的新闻事件从新闻价值、受众可能关注的程度、自身立场等出发做出的一种评价。这种评价反过来又会作用于受众，使媒体对于这些事件的重要程度的排序做出相应的调整。

2. 间接手段

间接手段主要基于网络的互动性。传播者可以通过电子邮件或BBS以及聊天室的方式，与受众在其内部迅速形成意见的交流，从而通过网上方便的人际传播优势来形成议题，进而引起更多的关注。

扶植意见领袖是一种较为隐蔽的手段。网站工作人员可以充当这样的角色，也可以凸显网民中的某些个人，提升他们的影响力。

（四）网络与传统媒体进行议程设置的区别

在网络中进行议程设置，有着与传统媒体不同的特点。

1. 网络议程设置具有"非强制性"

与传统媒体相比，网络议程设置具有"非强制性"。在以用户为中心的新媒体中，议程设置的难度要大于传统媒体。毕竟，在新媒体中，用户的选择余地与主动性大大增加。

网络提供的议题并不能直接毫不走样地成为网民的议题，虽然它们往往会对网民的议题的形成产生很大的影响，但这是一个双向互动的过程。就目前来看，网民所关心和热衷讨论的议题往往是一些要么与自身利益和兴趣密切相关、要么新奇刺激的事件，一些负面新闻往往容易形成议题。从信息传播结构来看，信息发布仅仅是网络信息流的开端，信息的流动才是传播的关键。在信息流动的过程中，网民所扮演的角色是极为重要的，他们对信息的大量复制推动了信息的流动。他们的复制行为使新闻或信息不再仅仅停留在新闻网站上，而是迅速进入各种类型的论坛，或通过电子邮件广为散布。加上传统的人际传播方式，如口耳相传，一条新闻就这样迅速地传播、渗透到各个角落。

我们可以在一定程度上认为，与其说网络议程是由网站设置的，不如说是由网民来设置的，是他们影响了媒体对于事件价值大小的判断，并改变了媒体的报道计划。这种公众制造议程或抑制议程的现象将最终影响网站的报道行为。

2. 网络中传播者的多元和难以控制限制了议程设置的效果

互联网上有成百上千万的个人主页，它们大多数都挂靠在提供个人主页空间服务的商业网站上。这其中有不少是根据个人兴趣设立的网站，站主会把自己看到的感兴趣的新闻或别的媒体的新闻发表在上面，这种传播成为正式媒体新闻传播的一种有益补充。

在网络中，新闻通过个人传播的另一种途径就是BBS。BBS实际上是一个新闻集散地，人们围绕某一主题发帖子，其中很多都是新闻内容。与个人网站相比，这种传播中传播者的范围更广，谁都可以发布消息。同时，这种传播也更加随意。

网络中传播者的多元化使网络信息极大丰富起来，也使得很多传统媒体无法报道和不愿意报道的新闻事实通过网络得以传播。过去，传播的任务主要由有组织的传播机构来承担，它们传播的目的是非常明确的。在西方，媒介主要是商业化经营的，因此它的目的主要是赚取利润，确保投资者的经济利益，同时考虑对社会的影响。在中国，媒体主要充当党、政府和人民的耳目喉舌。在网络中，传播主体是多元的，其中既有一些传统媒体继续履行它们在现实生活中的责任，也有一些个人和组织为各种各样的目的进行传播，有的人甚至没有其他明确目的，仅仅是为了传播而传播。这在一定程度上使网络中的传播显得十分混乱。网络就像一个大市场，谁都可以在里面随意地向别人发送自己的观点和意见。网络中传播者的多元化和难以控制带来了传播的多目的性，也使得议程设置的难度加大，其效果受到限制。

此外，根据传播学者的另外一些研究，传媒的议程设置对知识水准高、政治关心程度高以及从事白领职业的人影响较小，而网络用户在目前还是以知识水准高、从事白领职业的人为主体。这也说明，网络议程设置的效果是有一定限度的。

三、社会控制的弱化

对于传统的大众传播媒体来说，社会控制不难实施。国家和政府通过规定大众传播体制，制定有关法律、法规和政策，来保障媒体活动为国家制度、意识形态以及各种国家目标服务，包括对媒体的活动进行法制和行政上的管理、对媒体的创办进行审批登记、限制或禁止某些信息内容的传播、分配传播资源等。

对于新媒体而言，社会控制存在相当大的难度。由于新媒体信息容量的无限性、物质载体的无形性、信息受传者数量的海量性，要想全面及时控制新媒体几乎是不可能的。

社会控制对于网络来说有时显得苍白无力。诸如广西南丹事件、“非典”（SARS）等新闻信息冲破传统媒体的限制在网络上广泛流传，就足以说明要在网络中进行社会控制是何等的困难。在网络上，信息传播的自由化达到了前所未有的地步。

为了社会稳定，政府可以采取一些策略，例如通过技术手段进行控制。政府还可以制定一些法规，例如要求电信运营商将BBS信息保存一段时间以备查。但是，由于新媒体的用户群过于庞大，要全面监控网络信息传播并不容易，或者说要付出极高的社会成本。

在新媒体中，社会舆论更加分散。市场经济的冲击以及观念的开放已经使受众结构发生分化，受众整体变成了一个个有着不同愿望和需求的“小众”群体。主体意识的增强使得受众的参与意识较之从前有了很大提高。新媒体的发展促进了个性化传播趋势。除传播方式的变革外，我们的政治更加民主化，我们的经济、文化、社会和个人生活、学习、工作都更加多样化，这些都加速了个性化传播趋势。新媒体、手机媒体等数字化新媒体的发展，不仅使人们的信息来源大大增多，选择余地大大扩大，而且促使人们独立思考和判断的能力加强。受众眼界开阔，文化程度高，独立思考、判断的能力和习惯增强，盲从度会大大降低。这与生活的多元化、各种选择机会的丰富多样相结合，使受众个人的独立性和自主性增强，受众需求的个性化程度也相应提高。

数字时代被认为是一个尊重个体的时代，它更承认个人意见的表达与个性的发展，所以相对来说，传统的从众心理可能会表现得较弱。数字社会将是一个舆论更分散的时代。

四、传播效果研究面临新课题

许多分析大众传播媒介影响有限性的理论，例如个人差异论、社会分化论、社会系统论等，也在相当程度上是研究受众的，为分析现在的互联网用户提供了理论基础。就心理和认知结构而言，每个人的个性都与他人不同，在选择或接收信息时，注意程度、理解方向不会完全相同。这些理论又是以选择性四因素，即选择性注意、选择性理解、选择性记忆、选择性行为为转移的。所有这些理论原来都不是为研究新媒体准备的，这里特别需要另外考察网络的虚拟化、用户的创造性、信息过载对人的思维和心理的影响等新显现的问题。网络用户的活动特点对网络本身发展的影响也将成为重要的研究项目。

在新媒体中，用户可以对信息进行自由选择，包括选择信息内容和信息的接收形式以及接收时间和顺序。网上媒体采用多媒体技术在网上发布信息，这些信息不仅有文本，还能显示图像、声音，供用户自由选用。在信息的编排上，网上媒体除少数重大新闻事件采取同步传播外，对大多数信息采取异步传播，将各种信息散布在网上，并随时更新，让受者去“点播”，使受者可以随时在网上按自己喜爱的顺序浏览或下载新闻信息。

在新媒体中，新闻传播者与接收者可以在一定程度上进行直接的双向交流。网络的互动性特征为受传双方进行直接交流提供了物质保证，使远隔千里的传者和受者可以通过网络（例如电子邮件或电子论坛）进行同步或异步交流。这种双向交流对于传者而言，通过与受者的交流，能够在第一时间内亲身了解受者的反应与想法，掌握信息的传播效果，以便对自己的传播行为做出正确的评价和修正，并能及时解答受者的疑问，加强传播的效果。对于受者而言，除了能在第一时间向传者表达自己的意见外，还能从传者那里获得新闻背后的信息。

在传统的大众传播过程中，受众总是被动地接收大众传媒传递的信息。然而，在信息社会里，新媒体可以改变受众的地位和角色。有条件的受众将从被动地接收信息变为主动地获取信息，进而发展为主动地报道甚至发布信息。

此外，新媒体中的用户有其明显的群体特征。与传统新闻媒体的受众群相比，网络新闻信息的用户群在年龄结构、学历层次等各方面都显示出特殊性（尽管随着网络业的发展与普及，这种特殊性会日益淡化，网民呈现出大众化发展趋势），这种特殊性决定了这个群体接收新闻信息的一些特殊规律，因此新媒体的效果研究面临着新的课题。

五、新媒体对新闻价值及其实现产生的影响

在以往的学术著作中，学者对新闻价值有这样几种观点：第一种观点认为新闻价值是指新闻的事实和材料本身具有的特殊素质与各种素质的总和，这是从新闻事实的角度来理解的。第二种观点认为新闻价值是选择新闻和衡量新闻的标准，这是从新闻传播者的角度来阐述的。第三种观点认为新闻价值是指受众喜闻乐见的程度以及新闻在实践中产生的影响，这是从受众的角度来理解新闻价值的。

我们这里指的新闻价值是新闻本身所蕴含的素质，即事实、新闻材料、新闻所具有的能满足人们的新闻需要的功能。新闻价值的要素包括不变因素（真实性与新鲜性）与可变因素（重要性、显著性、接近性、趣味性）。真实性与新鲜性是新闻的两块基石，是衡量一个事实有无新闻价值的主要依据，也是新闻价值的源头。当具备了真实性和新鲜性两个

基本要素之后，去衡量新闻价值的大小，就可以从重要性、显著性、接近性、趣味性等多种要素做综合考虑，新闻所含的价值要素越丰富，其新闻价值就越高。

新闻价值与新闻价值的实现是两个不同的概念。新闻价值的实现是指将蕴含新闻价值的事实转变成新闻报道。并非具有新闻价值的事实都能被报道出来，新闻价值的实现要受到诸多因素的制约。一条有新闻价值的事实，须经历采写、编辑、传播、接收这些环节，每一个环节都与新闻价值的实现有密切的联系。

同一条新闻，通过新媒体传播，其新闻价值会有什么样的变化呢？

在真实性方面，有人认为，新媒体不像传统媒体一样有自己的新闻采编队伍，所发布的新闻没有经过严格的编辑和真伪鉴别；加上存在不少人人均可发表意见与信息的 BBS、非专业的博客，网络新闻信息的真实性、可信性不如传统媒体。

笔者认为，在网络新闻的真实性上，我们需要具体对象具体分析。发布在 BBS、个人博客上的信息，其真实性在整体上不如传统媒体；但是，在知名网站上发布的信息，其真实性还是得到了网民的充分认可的。新媒体发布信息的迅速性与真实性、深刻性之间并没有必然的矛盾关系。美国一些高校，如加州大学洛杉矶分校传播政策研究中心的调查表明，网络新闻的可信度在逐年提高。

在我国，新媒体在新闻传播的客观性、真实性方面往往具有传统媒体所不具备的优势。没有新媒体，“非典”“三鹿奶粉事件”“周正龙拍华南虎事件”等的结局会完全不同。

在新鲜性方面，由于互联网传输速度极快、覆盖面极广，一条新闻在几秒钟内就可以传遍世界。印刷媒体由于受到出版周期等方面的限制，一些刚刚采写出的新闻必须等到下一期报纸或杂志出版才可以刊登出来；广播新闻必须在固定的时间段播出；大部分电视新闻需要先拍摄再进行剪辑等后期制作，方能按排列顺序展现在观众面前。而在网络上却可以随事件发生随时发布最新消息，克林顿绯闻案、印度尼西亚排华暴乱事件、我国驻南联盟大使馆被炸等越来越多的事件都是先经网络大量报道后，才出现在传统媒体上。一条很有价值的新闻，由于传统媒体“版本”的限制，有可能成为“旧闻”，其价值大大降低，而有了互联网这个渠道，新闻的时效性会大大增强。另外，网络新闻的实时更新使新闻价值得到了充分体现。一些实力雄厚的网络媒体，其网站上的信息随事件的变化而不断更新，不仅有对事实本身的报道，而且有大量即时的新闻分析，帮助人们了解事件的来龙去脉及最新进展，实行全天候跟踪式连续报道。由此我们得出结论：同一条新闻，当它在网络上发表时，其时效性有可能得到更充分的体现，因此其新鲜性与在传统媒体上发表相比，会有所增强。

在趣味性方面，互联网传播信息采用的是多媒体方式，而印刷媒体传达新闻只能通过文字与图片，广播传达信息只能用声音，远不及互联网生动与丰富。通过新媒体传播的新闻，可以融文字、图片、动态影像、声音于一体，其趣味性得到了充分挖掘。因此，一条新闻通过新媒体传播，其趣味性只会增强。

在接近性、显著性与重要性方面，互联网的影响还不明显，但如何采取相应的措施充分体现新闻的接近性、显著性与重要性是值得研究的课题。

新闻价值必须通过采写、编辑、传播、接收四个环节，才能最后实现。一条新闻的价值借助互联网，可以更加充分地发挥出来。借助互联网，新闻的采写、编辑、制作过程大大缩短，新闻的时效性能够得到充分体现，新鲜性大大增强，为新闻价值的实现打下了坚实的基础。借助网络，记者可以查找与事件相关的背景资料，对已经报道过的新闻进行分析，选择新的角度，避免重复劳动，将搜集到的资料和自己构思的文章输入计算机，进行简单的编辑，然后直接传到总编室进行审稿、修改，再传到美编那里进行设计、修饰；借助电子邮件，记者、编辑不仅可以获取各种消息源提供的新闻线索，减少有可能遗漏的信息，而且能够采访远在千里之外的被采访者；借助数码相机，记者可以大大简化传统的图片处理过程，影像不需经过感光材料和扫描工序，将数码相机与计算机相连，图片可以即时在计算机上显示，也可以用图像处理软件处理图片。

由于网络的覆盖面极广，新闻传播的渠道也较为通畅，新闻本身所蕴含的价值可以被充分挖掘出来并得以实现，新闻价值的实现程度较传统媒体要高。传统媒体由于受版面、节目播出时间等条件的限制，不仅在报道内容上相互雷同，而且也很难在极短时间内形成大的规模以及引发强烈的效应。另外，由于网络的开放性与自由度的拓展，原先在传统媒体上由于种种原因不能发表的或推后发表的新闻，在网络上可能得到全方位、多角度、及时的公开传播，原本得不到充分体现或根本无法实现的新闻价值得以实现。

新闻价值的实现与新闻传播者、新闻传播过程有很大关系，与受众也有直接联系，只有受众接收，新闻价值才能实现。互联网良好的互动性可以使受众充分了解、认识新闻的价值。受众在网络上看到新闻后，可以发电子邮件或利用电子公告板等形式就事件本身发表自己的看法，或从别的角度对新闻进行补充报道，或对新闻的编辑处理提出自己的建议，编辑由此可以及时了解受众对哪些新闻比较感兴趣，并能够及时解答受众的疑问。

第二节　新媒体研究的主要理论模型

目前，新媒体产业得到了飞速发展，产生了巨大的社会影响力，已经渗透到政治、经济、科技、教育、文化等社会各个方面。但是，新媒体的基础理论研究在全球范围内都十分薄弱。目前被国际学术界认可并广泛采用的新媒体理论模型主要有以下几个。

一、创新扩散理论模型

创新扩散理论是美国学者埃弗雷特·M. 罗杰斯（Everett M. Rogers）于 20 世纪 60 年代提出的一个关于通过媒介劝服人们接受新观念、新事物、新产品的理论，侧重大众传播对社会和文化的影响。目前创新扩散理论在西方学术界也被广泛应用到新媒体研究中。

罗杰斯认为，创新是一种被个人或其他采用单位视为新颖的观念、实践或事物；创新扩散是指一种基本社会过程，在这个过程中，主观感受到的关于某个新事物的信息被传播，通过一个社会构建过程，其创新的意义逐渐显现。

1962 年，罗杰斯研究了多个有关创新扩散的案例，出版了《创新的扩散》（*Diffusion of Innovations*）一书。他通过考察创新扩散的进程和各种影响因素，总结出创新事物在一个社会系统中扩散的基本规律，提出了著名的创新扩散 S 形曲线理论。

《创新的扩散》一书将创新扩散这一过程分为知晓、劝服、决策、证实四个阶段，并提出了创新扩散的基本假设（见图 2－1）。

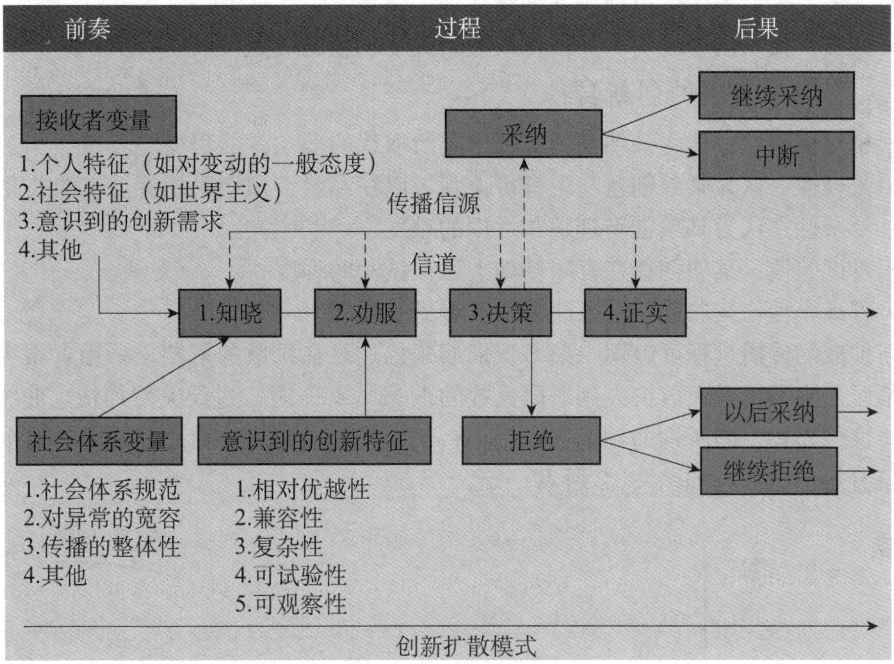

图 2－1　创新扩散理论模型

资料来源：罗杰斯．创新的扩散［M］．北京：中央编译出版社，2002：10.

20 世纪七八十年代，创新扩散的研究转向在社会和文化境况中研究传播媒介和受众。编码与解码、传媒与社会发展等注重双向性和宏观层面的研究成为热点。

（一）个人创新性的类型

罗杰斯将“个人创新性”分为五种不同类型的采用者（adopter）：先驱者（innovator）、早期使用者（early adopters）、早期大多数（early majority）、晚期大多数（late majority）以及迟缓者（laggards）。

（1）先驱者是采用“创新”的先锋，但是过于快速接受“创新”常显示出其喜好冒险与鲁莽的特点。

（2）早期使用者常具有意见领袖的特质，其审慎的特性与领导能力对后续的采用者有着决定性的影响，因此，这类采用者对“创新”的推广影响深远。早期使用者所具有的工作热忱、人际关系及影响力，使其成为担任一个组织内“创新媒介者”的最佳候选人。

（3）早期大多数在深思熟虑后接受“创新”。

（4）晚期大多数是多疑的一群人，在对“创新”的相关疑虑消除后逐渐接受“创新”成为采用者。

（5）迟缓者则是传统、保守的，是非到万不得已不会去采用“创新”的那一群人。

（二）创新扩散的过程

（1）知晓：接触创新并略知其如何动作。

（2）劝服：有关创新的态度形成。

（3）决策：确定采用或拒绝一项创新活动。

（4）证实：投入创新运用，并强化或撤回关于创新的决定。

（三）影响采用率的创新特征

（1）相对优越性：认为某项创新优越于它所取代的旧主意的程度。

（2）兼容性：认为某项创新与现有价值观、以往经验、预期采用者需求的共存程度。

（3）复杂性：认为某项创新理解和运用的难度。

（4）可试验性：某项创新在有限基础上可被试验的程度。

（5）可观察性：某项创新结果能为他人看见的程度。

创新扩散的传播过程可以用一条S形曲线来描述。在扩散的早期，采用者很少，进展速度也很慢；当采用者人数扩大到居民人数的10%～25%时，进展突然加快，曲线迅速上升并保持这一趋势，即所谓的“起飞期”；在接近饱和点时，进展又会减缓。整个过程类似于一条S形的曲线，如图2-2所示。

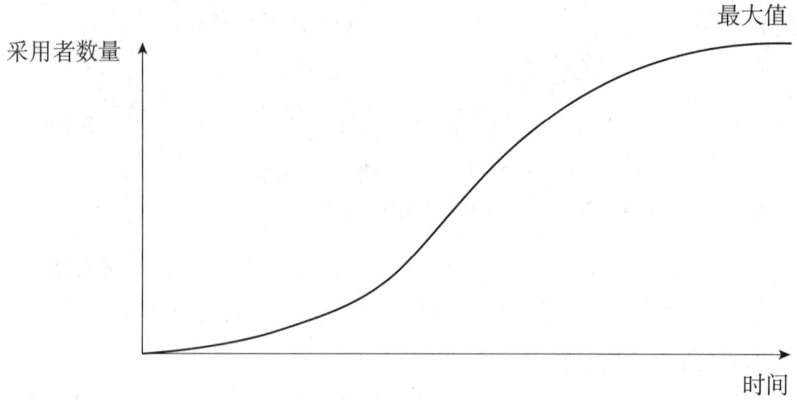

图2-2　创新扩散理论模型S形曲线

资料来源：罗杰斯．创新的扩散［M］．北京：中央编译出版社，2002：12.

在创新扩散过程中，早期使用者为后来的起飞做了必要的准备。这个看似势单力薄的群体能够在人际传播中发挥很大的作用，劝说他人接受创新。在罗杰斯看来，早期使用者就是愿意率先接受和使用创新事物并甘愿为之冒风险的那部分人。这些人不仅对创新初期的种种不足有着较强的忍耐力，还能够对自身所处各群体的意见领袖展开游说，使之接受以至于采用创新产品。之后，创新又通过意见领袖们迅速向外扩散。这样，创新距其“起飞期”的来临已然不远。

罗杰斯指出，创新事物在一个社会系统中要能继续扩散下去，首先必须有一定数量的人采纳这种创新物。通常，这个数量是人口的10%～20%。创新扩散比例一旦达到临界数量，扩散过程就会起飞，进入快速扩散阶段。饱和点（saturated point）的概念是指创新在社会系统中一般不总能百分百扩散。事实上，很多创新在社会系统中最终只能扩散到某个百分比。当系统中的创新采用者再也没有增加时，系统中的创新采用者数量（以绝对数量表示）或创新采用者比例（以相对数量表示）就是该创新扩散的饱和点。

罗杰斯认为，创新扩散总是借助一定的社会网络进行，在创新向社会推广和扩散的过程中，信息技术能够有效地提供相关的知识和信息，但在说服人们接受和使用创新方面，人际交流则显得更为直接、有效。因此，创新推广的最佳途径是将信息技术和人际传播结合起来加以应用。

二、技术采纳模型

技术采纳模型（technology acceptance model，TAM）是 1989 年戴维斯（Davis）在菲什拜因（Fishbein）和埃捷（Ajzen）的理性行为理论（theory of reasoned action，TRA）的基础上提出的，用以研究用户对新媒体接受方面的问题。根据理性行为理论，消费者的行为是由消费者的行为意向决定的，而消费者的行为意向又受其行为态度的影响。TAM 被广泛地应用于新媒体研究，尤其是用户的行为意向研究。所谓行为意向（behavioral intention）是指个体企图执行特定行为的主观概率，它是个体从事某种行为的意愿强度。按照 TAM 模型，用户使用新媒体的行为意向受到其态度（attitude）、有用性感知（perceived usefulness）、易用性感知（perceived ease of use）的共同影响：态度是指个体对特定行为喜欢或反感的程度；有用性感知是指个体相信使用一个特定系统能提高其工作绩效的程度，可以直接影响参与意向；易用性感知则是指个体相信使用特定系统能够省力的程度，它通过有用性感知来影响行为意向。TAM 在国际传播学界亦被多次引用。TAM 有两种常见的表述，如图 2－3 和图 2－4 所示。

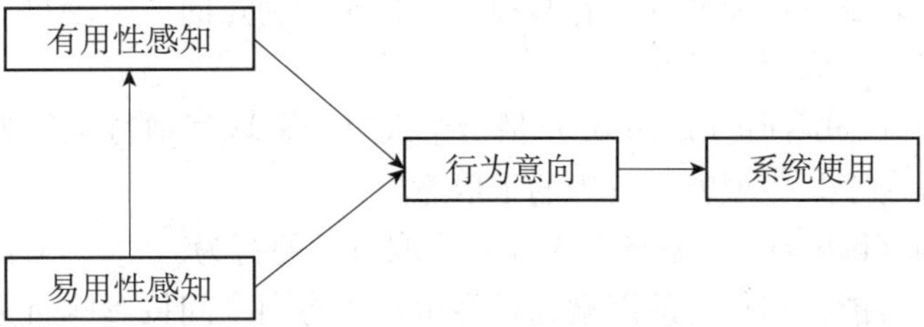

图 2－3　技术采纳模型

资料来源：FISHBEIN M，AJZEN I. Belief，attitude，intention，and behavior：an introduction to theory and fesearch［M］. New Jersey：Addison-Wesley Publishing Company，1975：23.

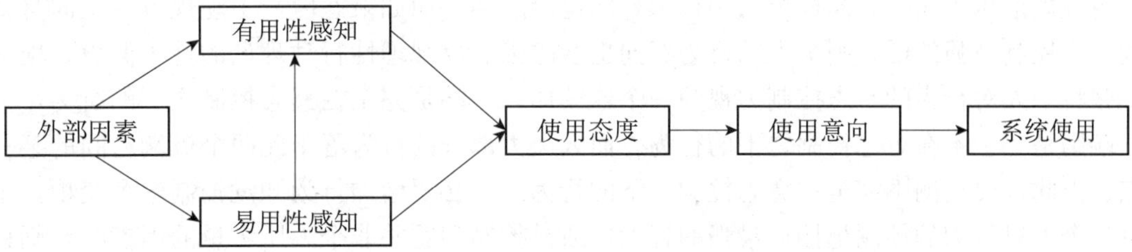

图 2－4　技术采纳模型基本框架

资料来源：FISHBEIN M，AJZEN I. Predicting and changing behavior：the reasoned action approach［M］. New York：Psychology Press，2010：43.

三、计划行为理论模型

计划行为理论（theory of planned behavior，TPB）能够帮助我们理解人是如何改变自己的行为模式的。该理论认为人的行为是经过深思熟虑的计划的结果。

计划行为理论是由埃捷提出的，继承了埃捷和菲什拜因共同提出的理性行为理论。埃捷研究发现，人的行为并不是百分之百地出于自愿，而是处在控制之下。因此，他将理性行为理论予以扩充，增加了一个对自我“行为控制认知”（perceived behavior control）的新概念，从而发展成为新的行为理论研究模式——计划行为理论。

（一）计划行为理论五要素

（1）行为态度（attitude）是指个人对某项行为所抱持的正面或负面的感觉，亦即指由个人对此特定行为的评价经过概念化之后所形成的态度，所以态度的组成成分经常被视为个人对行为结果的显著信念的函数。

（2）主观规范（subjective norm）是指个人对于是否采取某项特定行为所感受到的社会压力，亦即在预测他人的行为时，那些对个人的行为决策具有影响力的个人或团体对于个人是否采取某项特定行为所发挥的影响作用的大小。

（3）知觉行为控制（perceived behavioral control）反映个人过去的经验和预期的阻碍，当个人认为自己所掌握的资源与机会越多、所预期的阻碍越少时，则其对行为的知觉行为控制就越强。其影响行为的方式有两种：一是对行为意向产生动机上的影响；二是直接预测行为。

（4）行为意向（behavior intention）是指个人对于采取某项特定行为的主观概率的判定，它反映了个人对于某一项特定行为的采取意愿。

（5）实际行为（behavior）是指个人实际采取行动的行为。

埃捷认为所有可能影响行为的因素都是经由行为意向来间接影响行为的表现。而行为意向受到三项相关因素的影响：其一是源自个人本身的态度，即对于采取某项特定行为所抱持的态度；其二是源自外在的主观规范，即会影响个人采取某项特定行为的主观规范；其三是源自“知觉行为控制”。

一般而言，个人对于某项行为的态度越正向时，个人的行为意向越强；对于某项行为的主观规范越正向时，同样个人的行为意向也会越强；而如果态度与主观规范越正向且知觉行为控制越强的话，则个人的行为意向也会越强。反观理性行动理论的基本假设，埃捷主张将个人对行为的意志控制力视为一个连续体，一端是完全在意志控制之下的行为，另一端则是完全不在意志控制之下的行为。而人类大部分的行为落于此两个极端之间的某一点。因此，要预测不完全在意志控制之下的行为，有必要增加行为知觉控制这个变项。不过当个人对行为的控制越接近最强的程度，或是控制问题并非个人所考量的因素时，则计划行为理论的预测效果是与理性行为理论相近的。

（二）计划行为理论主要观点

（1）非个人意志完全控制的行为不仅受行为意向的影响，还受执行行为的个人能力、机会以及资源等实际控制条件的制约，在实际控制条件充分的情况下，行为意向直接决定行为。

（2）准确的知觉行为控制反映了实际控制条件的状况，因此它可作为实际控制条件的替代测量指标，直接预测行为发生的可能性（如图 2－5 虚线所示），预测的准确性依赖于知觉行为控制的真实程度。

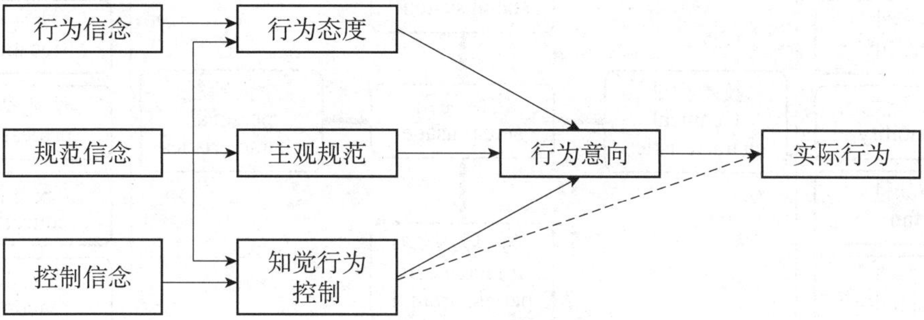

图 2－5　计划行为理论模型图

资料来源：FISHBEIN M，AJZEN I. Belief，attitude，intention，and behavior：an introduction to theory and research［M］. New Jersey：Addison-Wesley Publishing Company，1975：53.

（3）行为态度、主观规范和知觉行为控制是决定行为意向的三个主要变量，态度越积极、重要他人支持越大、知觉行为控制越强，行为意向就越大；反之就越小。

（4）个体拥有大量有关行为的信念，但在特定的时间和环境下只有相当少量的行为信念能被获取，这些可获取的信念也叫凸显信念，它们是行为态度、主观规范和知觉行为控制的认知与情绪基础。

（5）个人以及社会文化等因素（如人格、智力、经验、年龄、性别、文化背景等）通过影响行为信念间接影响行为态度、主观规范和知觉行为控制，并最终影响行为意向和实际行为。

（6）行为态度、主观规范和知觉行为控制从概念上可完全区分开来，但有时它们可能拥有共同的信念基础，因此它们既彼此独立，又彼此相关。

四、新媒体研究的 STIP 模型

创新扩散理论模型、技术采纳模型、计划行为理论模型都有着严格的适用范围，创新扩散理论旨在研究新事物的扩散过程，技术采纳模型用于人们对新技术的接受过程，计划行为理论对态度与行为的一致性进行探讨。这三个经典模型在新媒体领域有一定的适用性，但不能完全满足对新媒体产品及技术使用的研究需求。基于对以上模型的梳理、归纳和总结，笔者试图建立一种新的、适用于新媒体研究的理论模型—— STIP 模型。

STIP 模型认为，用户是否接受并使用一个新媒体产品，主要受到四方面因素的影响：社会制度（social system）、技术特征（technical characteristics）、周围人影响（influence of people around）及个人特征（personal characteristics）。我们简化了计划行为理论和技术采纳模型中从“行为态度”到“行为意向”，再到“实际使用”的复杂过程，直接采用“实际使用”作为结果变量。

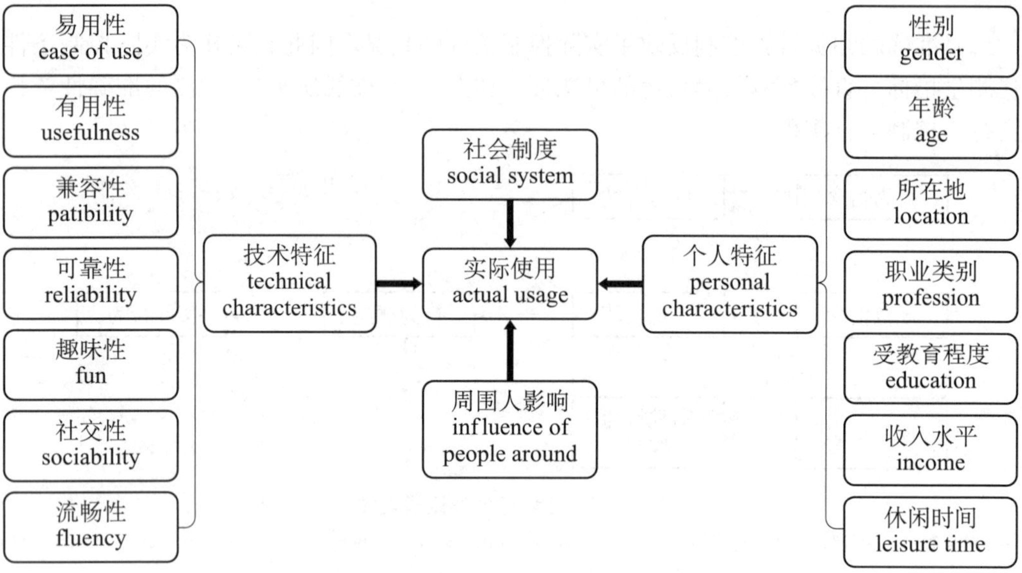

图 2-6 STIP 模型

资料来源：匡文波，吕聪聪，张晗煜．新媒体研究的 STIP 模型［J］．中国人民大学学报，2020（4）．

（一）新媒体研究的 STIP 模型的四要素

1. 社会制度

在不同的社会制度下，对新媒体产品及新媒体内容的管制程度不同，会影响用户对新媒体的使用。比如说，Facebook 在中国不能访问，直接影响用户的使用。此外，抖音海外版 TikTok 在印度尼西亚遭受集体抵制并且被封，也直接影响了用户使用。关于不同社会制度下对传媒（报刊）的划分，一般可以分为报刊的威权主义理论、报刊的自由主义理论、报刊的社会责任理论及报刊的苏联共产主义理论[①]。虽然对不同社会制度下传媒的划分没有那么绝对，且随着时间的变化也在变化中，但能达成共识的是不同的社会制度对传媒的管制程度不同，这也会直接影响用户对某个新媒体产品的接受程度。

2. 技术特征

技术特征是指某种新媒体产品所具备的一些技术层面的特征，也就是能使用户感受到的产品特点，如易用性、有用性、兼容性、可靠性、趣味性、社交性、流畅性。易用性是指这个新媒体产品操作简单、上手容易，大多数人使用起来没有困难和障碍。有用性是指新媒体产品所提供的内容是有用且有价值的，比如说能提供一些职场技能、生活妙招、兴趣爱好等有用的信息。兼容性是指使用这个新媒体产品与用户的学习/工作/休闲方式相符合，比如说适合现在快节奏、碎片化的信息获取方式。可靠性是指这个新媒体产品是安全可靠的，不会随意泄露用户隐私，不会将数据拿来二次利用和售卖等。趣味性是指这个新媒体产品能满足用户的娱乐需求，能看到好玩、有趣的内容，达到愉悦身心的目的。社交性是指这个新媒体产品不仅能自己使用，而且还能评论或分享里面有意思或有价值的内

① 弗雷德里克·S. 西伯特，西奥多·彼得森．传媒的四种理论［M］．北京：中国人民大学出版社，2008.

容，起到社交的作用。流畅性是指这个新媒体产品的使用是流畅的，不会突然被广告打扰或者接收一些很不感兴趣或者质量很低的内容，破坏用户使用的流畅感。

3. 周围人影响

个体在社会中生活，就会受到周围人的影响，我们将其对个人产生的影响细化为同辈影响和上级影响。同辈影响是指周围同伴对个体的影响，个体或由于耳濡目染的环境熏陶而接受新技术，或因害怕被同伴排挤而做出放弃自我也要顺从群体的选择。上级影响则指社会生活中权威、地位、知识、能力等高出个体的个人或团体，对个体做出的规范。有时是命令性规范，是上级对下级提出的“认为个体该怎么做”；有时是示范性规范，个体出于学习和模仿的动机产生对特定行为主观规范的感知。

4. 个人特征

用户的个人特征也影响其对新媒体产品的接受和使用。一般来说，性别、年龄、所在地、职业类型、受教育程度、收入水平这几个变量在很多研究中都是通用的变量，会影响个体的实际行为。在此，特别加入休闲时间这个变量，因为新媒体的使用要占据用户的时间，而时间和注意力都是当下快节奏工作和生活中的稀缺资源，所以能有多少可支配的休闲时间也直接影响到用户是否使用新媒体，以及使用新媒体的程度如何。

（二）新媒体研究 STIP 模型与前三个模型的联系

STIP 模型中的社会制度主要源于创新扩散理论模型中的“社会体系变量”，包括社会体系规范、对异常的宽容、传播的整体性等。在不同的社会制度下，对新媒体产品及新媒体内容的管制程度不同，会影响用户对新媒体的使用。

STIP 模型中的技术特征主要源于创新扩散理论模型中的“意识到的创新特征”及技术采纳模型中的“有用性感知”和“易用性感知”。创新扩散理论模型中的“意识到的创新特征”包括相对优越性、兼容性、复杂性、可试验性及可观察性，其中的“复杂性”与技术采纳模型中的“易用性感知”及计划行为理论模型中的“知觉行为控制”，即个体感知到的采取某项特定行为的难易程度，这三者代表同一个意思，因此我们将“易用性”作为 STIP 模型技术特征中的第一点，同时也对其他几个特征进行了取舍，仅保留了有用性和兼容性，并添加了新媒体时代对产品特征的新要求，如社交性、可靠性、趣味性、流畅性等。

STIP 模型中的周围人影响主要源于计划行为理论模型中的“主观规范”，也就是指个体在决定是否采取某项特定行为时所感受到的社会压力，反映了重要他者（significant others）对个体行为决策的影响。

STIP 模型中的个人特征主要源于创新扩散理论模型中的“接收者变量”和技术采纳模型中的“外部因素”。根据新媒体时代用户的需求、心理及生活习惯，采用性别、年龄、所在地、职业类型、受教育程度、收入水平、休闲时间作为个人特征的二级变量。

（三）新媒体研究 STIP 模型的实际应用：以“抖音”为例

为了验证 STIP 模型在新媒体研究中的适用情况，以下选取现在比较流行的短视频 App 抖音作为研究对象，分析影响用户接受使用行为的影响因素。

1. 研究假设

研究过程中我们做出如下假设：(1) 社会制度有时对个体的实际使用行为发生至关重

要的影响；（2）技术特征是影响用户实际使用的一个主要因素，包括易用性、有用性、兼容性、可靠性、趣味性、社交性和流畅性；（3）周围人对个体产生的影响也会决定个体的实际使用行为；（4）个人特征，包括性格、受教育程度和休闲时间等，都决定了个体作为用户对新媒体的接受或留存。

2. 研究方法

STIP 模型旨在研究个体对新媒体产品在实际使用中的影响因素，需要以个体为主要研究对象，因此深度访谈的方法更为合适。通过访谈可以知悉每一个访谈对象的个人情况、所处社会环境及复杂的内心想法，也能知悉研究者之前所不能预想到的影响因素。我们选取了 35 个受教育程度、职业、年龄和生活城市都不同的用户进行半开放式深度访谈，对一些问题进行适当的拓展和追问，以获取不同人群对抖音 App 的态度和使用习惯。

3. 研究结果

通过分析深度访谈收集到的资料，我们的研究假设基本得到了证实。

首先，关于社会制度对用户使用行为的影响，来自英国、美国、缅甸等国家的受访者认为抖音在这些国家不受限制，与在国内使用无差别，这是保障抖音在海外传播的先决条件。

其次，关于技术特征对吸引并留存用户所起的作用，很多深度访谈的用户表示他们乐意接受抖音的原因包括：操作简单，界面简洁，所以经常在通勤或者睡前使用；很多用户通过抖音获得工作技能的提升或实用的生活技巧；抖音 App 的出现，是与用户的生活状态兼容的；抖音内容有趣，可以满足休闲娱乐所需；抖音可以满足其社交需求，互相分享有趣的短视频也是当下一种比较流行的社交方式；界面播放的流畅性直接影响使用感受；隐私保护和安全性也很重要。

再次，关于周围人是否使用抖音对新用户所产生的影响，相当大比例的用户下载抖音的契机都是因为周围人在用，所以自己出于好奇或出于跟风，尝试着下载抖音。这部分人或者是从虚拟网络社会（例如微信朋友圈）了解到抖音，或者是在现实生活中看到周围人使用抖音。所以，对于新事物的接受和使用而言，周围同辈人群的传播和推荐至关重要。

最后，关于个人特征对用户实际行为所起的作用，可以看出：个性对个体的实际使用有着重要影响。对于乐意接受新鲜事物的人而言，他们更乐于探索互联网上的新产品，并作为“先锋”引领潮流；性别所带来的实际使用行为差别并不明显，但基于对模型拓展性的考虑，依然需要考虑到这一因素所带来的影响；年龄所带来的影响，最重要的就是其所处的信息社会中的技术层级，是否依然有兴趣、有能力接纳新事物；受教育程度影响了用户对于信息内容质量的评判标准，对于高学历用户而言，其对于内容质量要求也会更高；互联网对时间和空间的解构，使得世界成为信息交流、意义分享的一个“广场”，从这个意义上说，用户所在地对其影响不是太大；休闲时间充裕的用户，更容易接受并使用抖音 App，对于生活忙碌、休闲时间紧张的用户，则无暇消遣。

本章小结

本章主要阐释了新媒体给新闻传播理论带来的影响，特别指出在传统媒体研究中适用的理论在新媒体研究中需要做出调整；重点分析了创新扩散理论模型、技术采纳模型、计划行为理论模型、新媒体研究的 STIP 模型。

思考题

1. 你认为在网络传播中进行舆论引导有可能吗？说出你的理由。

2. 什么是“议程设置”？网络中的“议程设置”和传统媒体有何区别？

3. 什么是“新闻价值”？新媒体对新闻价值的实现有何影响？

4. 你认为在新媒体环境下，社会控制是更强还是更弱了？为什么？

5. 请简述创新扩散理论模型、技术采纳模型、计划行为理论模型及新媒体研究的STIP模型的基本内容。

6. 请你比较创新扩散理论模型、技术采纳模型、计划行为理论模型、新媒体研究的STIP模型的异同。

7. 请选择一种新媒体研究的理论模型，分析抖音等短视频App为什么能够在网络传播中得到广泛使用。

在线自测

扫一扫　练一练

第三章　新媒体用户特征

由于新媒体的互动性，在传播过程中，传播者与受众的界限十分模糊。在通常情况下，新媒体用户既是传播者又是受众。因此，在新媒体研究中，对新媒体用户的研究，尤其是对网民的定量分析，一直是西方学术界研究的热点。

第一节　新媒体时代的受众理论：从受众到用户

丹尼斯·麦奎尔（Denis McQuail）是英国传播学家，荷兰阿姆斯特丹大学传播学终身教授。他的著作《受众分析》是一本系统性、综合性较强的理论专著，也是迄今为止西方传播研究界最全面地总结和探讨受众问题的著作。但是到了新媒体时代，受众已经转型为用户。用户强调信息传播的互动性，不仅被动接收信息，而且主动发布信息。

一、受众、网络受众和网民

受众，简单地说，便是接收信息的人。传统上的受众是观众、听众、读者的统称。受众，在传播过程中是信息到达的终点（信宿），此过程可以简要表示为：信息→新闻传播者→大众传媒→受众→极少量的信息反馈。在这里，受众是与新闻传播者相区别的一个相对固定的群体，在信息传播过程中，他们只能被动地接收新闻传播者所传播给他们的完全一致的信息内容。而在受众选择性很大的新媒体中，有条件的受众摆脱了被动的地位，成为与从前的新闻传播者一样主动的信息传播参与者。

受众既包括大规模信息传播中的群体，即报刊的读者、广播的听众、电视的观众，也包括小范围信息交流中的个体。随着新媒体的出现，受众中又加入了一类新的成员：网络受众。受众的定义在网络上被赋予了新的含义。在新媒体中，无论是信息发布者还是受众，他们首先都是网络媒介的共同使用者，有条件的受众既可以在网上接收信息，也可以发布信息。所谓网络受众，我们可以将其定义为新媒体的信息接收者。这些信息接收者可以是个人，也可以是组织、团体或国家。

由于新媒体具有主动性和互动性，网络受众也有着传统媒体受众所不具备的许多新的特点。新媒体中的传播者和接收者可以在瞬间进行角色转换，这种转换尤其在BBS、电子邮件、网上聊天中表现得十分明显。在新媒体的许多情况下，信息的传播者和接收者在动态上难以清晰区分，两者的界限比较模糊。当然，新媒体中的传播者和接收者在静态上还是能够区分的。

“网民”泛指上网者，上网者除通过浏览等方式接收信息外，还经常通过BBS、电子邮件、网上聊天等方式发布和传播信息，即扮演传播者和接收者的角色；只有上网者处在单纯的接收信息的状态时，我们才能称之为“网络受众”。网民和网络受众是两个联系十分紧密的概念。网民有时既接收信息又发布信息；从外延上看，网络受众是网民的子集，或者说是其组成部分。在逻辑上，研究网民必然包含对网络受众的研究。

显然，在理论研究和实践中，都难以将网民与网络受众两者截然分开。本书的网民研究也可以理解为网络受众研究。由于新媒体具有互动性，传播者与受众之间的界限十分模糊，两者角色可瞬间转换，因此应该用“用户”一词取代“受众”。

从 20 世纪 90 年代开始，新媒体的崛起产生了巨大的社会影响。国内外一些调研机构和企业对网民做了大量的调查，积累了大量的数据。国内有中国互联网络信息中心（CNNIC）每半年一次的调查，国内的一些高校、市场调查公司及国外的 Nielsen/NetRatings、NetValue、Jupiter Media Metrix、IDC 等网络调查公司和机构也做了大量的网民调查。

2024 年 3 月 22 日，中国互联网络信息中心在京发布的第 53 次《中国互联网络发展状况统计报告》显示，截至 2023 年 12 月，我国网民规模达 10.92 亿人，较 2022 年 12 月新增网民 2 480 万人，互联网普及率达 77.5%。

目前的受众理论是基于传统媒体产生的，难以合理解释网民现象。从受众角度看，新媒体具有选择性、主动性和互动性的特点，这些传统大众传播方式所不具备的特点使得原有的受众理论亟须更新。

二、新媒体的互动性

无论是施拉姆（Schramm）还是马莱兹克（Maletzk），都强调受众社会结构的传播模式，受众反馈几乎都是一种“延迟”行为，大众传播中的反馈不能像人际传播中的沟通那样得到及时的回应，而且，就传播资源、传播能力以及传播时间而言，传受双方是不平等的，反馈在大众传播中是一个薄弱的环节。尽管在现代大众传播中，传播者充分注意到受众的反馈意见，诸多媒介设置了一系列渠道，实现了传受之间的直接对话，但是这种沟通仍然不能及时、准确、全面地反映所有受众的意见。

与传统媒介最大的不同是，互联网实现了类似于人际交流的双向信息传播模式，即互动性的模式，这是对旧有传播方式的一个革命性的变革。互联网是双向、多向交流的媒体，互动性是新媒体较之传统媒体的一大优越性。在新媒体中，受众享有了前所未有的参与度，由被动变为主动，随心所欲地从媒体中“拉”出所需信息，也可以参与媒体的传播活动。这样，媒体和受众形成了充分的双向交流。

新媒体的互动性使得传播者与受众之间的关系发生了一定的变化。新媒体的互动性带来受众的主动性，在新媒体活动中受众的参与性大大加强。

传播学理论认为，任何传播行为，尤其是大众传播都应该是双向的，只有及时获得受众反馈才有可能获得理想的传播效果。由于受到经济技术条件的限制，传统媒体的传播方式基本上是单向的，受众处于被动接收的地位，而网络的互动性则使新媒体的传播过程成为一个闭合的回路，这有助于媒体便捷、低成本地搜集受众反馈信息，从而提高传播效果。目前，许多新媒体在自己的网页上设立了可以联机填写的调查问卷。这类调查涉及方方面面，既有对社会热点问题的看法，也有对某媒体的评价和看法。传统媒体虽然也很重视对受众的调查和搜集受众反馈信息，但与新媒体相比，其反馈和整理速度要慢很多，为此花费的成本也要高得多。

三、新媒体带来受众获取信息的主动性

20世纪90年代中期，互联网的规模快速扩张，成为全球最大也是最流行的计算机信息网络。互联网的迅猛发展已将世界各国、各地区连成一片。它打破了传统的地缘政治、地缘经济、地缘文化的概念，形成了虚拟的以信息为主的跨国界、跨文化、跨语言的全新空间。在这种情势下，受众的地位及反馈发生了根本性的转变。新媒体中受众的主动性表现得十分明显。在新媒体中，受众能够主动地选择自己感兴趣的、需要的媒介信息，他们积极地使用媒介，而不只是被动地听任媒介的摆布。

在传统的大众传播过程中，受众只能被动地接收大众传媒传递的信息。在新媒体中，受众可以对信息进行自由选择，包括选择信息内容和信息的接收形式以及接收时间和顺序。目前网络信息是名副其实的海量，不仅有文本，还有图像、声音，供受众自由选用。在信息的编排上，网上媒体除少数重大新闻事件采取同步传播外，对大多数信息采取异步传播，将各种信息散布在网上，并随时更新，让受众去选择，使受众可以随时在网上按自己喜爱的顺序浏览或下载新闻信息。新媒体改变了受众的地位和角色。有条件的受众将从被动地接收信息变为主动地获取信息，进而主动地报道甚至发布信息。

传统的大众媒体是点对面的传播，传者处在中心控制地位，受众较少有主动选择的余地，受众的个性化受到一定程度的限制。广播、电视的线性传播带给受众的是强制性，它迫使受众只能按时间顺序线性地看下去。传统的大众传媒发送信息有两个特点：一是单向的推送式，媒体把经过编排的信息推送给受众；二是点对面式，一家媒体向众多受众推送同一种信息。媒体发送信息的特点决定了受众获取信息的方式。这种方式一方面是被动的，受众不管愿意与否，只能接收既定的信息；另一方面是群体性的，受众无论喜恶如何，只能接收同样的信息而别无选择。

新媒体打破了传统大众传媒的单向传播模式，从而使信息发送有了双向互动和点对点的特点。这种传播特点决定了受众获取信息的方式。这种方式首先是主动的，受众从丰富多彩的网络中自己拉取信息；其次是个性化的，受众根据自己的需要想选择什么就拉取什么。这种从群体向个体的转移无疑增强了受众的自主性。

在新媒体中，受众不再是被动接收信息，而是主动发现、处理信息。传播者与受众之间的关系发生了根本的变化，“受众中心”替代了“传者中心”，受众地位得到了充分的尊重。

四、新媒体对受众接近权的突破

接近权指大众即社会的每一个成员皆应有接近、利用媒介发表意见的自由。首倡这一理论的美国学者巴隆（Barron）认为，“为确保大众的言论自由，必须由宪法确认大众‘接近’媒介的权利”①。从理论背景上来看，它是对媒介作为社会公器这一基本性质的再

① 张国良．传播学原理［M］．上海：复旦大学出版社，1995：171.

次确认。随着实践的发展，古典自由论的观点被证明流于理想化而实不可得，人们对媒介的权力忧心忡忡。这一理论企图削弱体现在媒介身上的过于浓厚的权力色彩。

从传播学角度来看，对受众接近权的强调有比较突出的意义。

一是有利于提高传播效率。一种有效的传播模式不仅要包括从传者到受众的信息流动，也应该包括从受众到传者的信息反馈。只有实现传者与受众之间的信息互动，才能使传者的传播更好地满足受众的需要，更充分地被受众接受。而要建立畅通的反馈渠道，就必须保证受众的媒介接近权，使受众可以对媒介的报道进行纠正或补充，提供新的事实，并发表自己的意见看法。

二是有利于建立健康积极的媒介环境。传播理论认为，在客观环境和人们对它的认知之间存在着一个信息环境，这主要依靠大众传播媒介来构造。这个虚拟的媒介环境能在多大程度上接近真实，依赖于传者的修养、良知和观察力。如果受众除了被动地接收信息，还可以主动参与到媒介环境的构造过程中，无疑将对传者的行为产生有效的约束。

三是有利于妥善地解决信源和传者之间的关系。在信源和传者之间一直存在一个悖论。理论上讲，信源是传播的真正源头，传者的传播活动依赖信源。但在实际操作中，因为传者握有选择权，反而变成信源依赖于传者才有可能使信息被受众知晓。受众接近权的提出理顺了两者的关系。当受众主动接近媒介时，受众转为信源的角色，并为信源赢得了一定的主动性和独立性。从社会发展角度来看，受众接近权则成为实现现代民主制度的重要途径。

尽管在理论上受众接近权有着积极意义，但是在现实中要真正实现它还面临着诸多困难。有学者企图借助法律来保障受众接近权。实际上，法律保障依赖于现实的物质基础，缺乏基础便难以实施。这种现实困境表现在：

（1）传统的大众传媒的时间和版面的限制性决定了受众的意见和客观事实不可能全部被反映。

（2）传统媒介的高度选择性、时间和版面的限制让媒介对信息进行选择被普遍认可。而媒介出于自身立场和利害关系的考虑，必然在选择时有所偏重和回避，这使受众的意见和客观事实很难获得公平对待。

从实际运作角度来看，目前，传统媒介和受众对接近权的认可程度都还不高。辟出专门版面刊登读者来信的报纸不多，有的只是在报纸中缝。广播电视上热线电话类的节目差不多都属于传者的议程设置，受众意见是被限定和被选择的。理论上媒介应反映舆论，实际上媒介成为舆论代言人，真正的舆论（社会普通公众的言论）离媒介很远。媒介的这种现实状况也影响了受众参与的积极性。

网络这一新技术的诞生使我们看到走出困境的希望。首先是网上勃兴的 BBS 使用户可以自由发送信息、交流观点、展开讨论，为民间信息和意见提供了一个重要集散地。传统媒体开始建立网站，开设各种网上论坛，为获得点击率想方设法吸引用户参与，不再忽视大众意见。在电子论坛中，受众对媒体的接近已达相当高度。

网络对实现受众接近权的积极意义在于以下几点。

（1）新媒体打破了传统媒介的信息准入特权。传统媒介作为庞大的信息机构，人们赋予了它监视环境职能的同时，也赋予了它选择的职能。这样就产生了大大小小的媒介把关人，这些把关人拥有信息准入的特权。符合把关人利益的信息被传播，符合公众利益而与把关人利益相违背的信息则可能被忽略，把关人（媒介）利益超越于公众利益之上。这样的结果可想而知，强势力量可以利用媒介，处于弱势地位的声音却难以接近媒介。

网络技术使人们期待已久的大众传播过程中的互动不再那么艰难，并以其开放式结构和海量存储能力为各种信息和意见的进入与碰撞提供了空间。对于受众来说，网络技术最大的意义可能在于提高了他们在传播过程中的地位，他们由被动的接收者变成主动的参与者。网络较低的准入门槛（一定的技术、文化和物质条件）为大众发表多样的意见提供园地的同时，其实也就打破了传统媒介的信息准入特权。

（2）网络使个人意见获得有力传播。“大道不传小道传”曾经是在大众传播统治下处于弱势地位信息的唯一选择。个人意见要想产生较为广泛的社会影响，希望是渺茫的。网络的出现则改变了这种状况。古典自由论所极力倡导的“观点的自由市场”，几个世纪后在网络上得以实现。

（3）网络使传统媒介的权力受到制约和监督。自从传播学的社会责任理论提出以来，人们一直都在探讨如何监督媒介的问题。人们寄希望于媒介自律、媒介管理、媒介教育和公众监督等渠道。但细想，媒介的权力并非一种实在赋予的权力，它是依靠媒介在信息传播中的特殊地位，作用于社会舆论而产生的特权。因此，监督媒介权力，只有先打破它在信息传播过程中的垄断地位。现在，网络承担起了这个角色，我们已经在不止一个案例中看到大众传媒所制造的舆论氛围被打破。

网络正在实现受众接近权。网络成为信息传播的另一种渠道，因为种种原因而没有进入大众媒介的一部分信息，可以首先在网络上找到存身的空间，并可以获得一些浏览者的关注，于是传统媒介所制造的权力空间被打破。

网络使弱势信息获得被接收和沟通交流的机会。大众传播学中著名的“沉默的螺旋”理论在网络时代有望被挑战。通过网络，在大众传播中处于弱势地位的信息，绕过大众传播的环节有可能在网络中乃至网络外产生一定的影响。

当然，网络上信息准入的宽松也会产生一些负面效应，最主要的就是信息的可信度低。一部分人无事生非、制造信息垃圾使人们难辨真假，这从整体上降低了新媒体的影响力，同时也影响其更好地实现受众接近权。

五、新媒体挑战“沉默的螺旋”理论

“沉默的螺旋”是德国学者伊丽莎白·诺埃勒-诺依曼（E. Noelle-Neumann）于 1980 年在一篇论文中最先提出的。1980 年，她在《沉默的螺旋：舆论——我们的社会皮肤》一书中对这一理论进行了系统的阐述。诺依曼认为，舆论的形成与大众传播媒介营造的意见气候有直接关系。大众传播有三个特点：报道内容的类似性——由此产生共鸣效果；同类信息传播的连续性和重复性——由此产生累积效果；信息到达范围的广泛性——由此产生遍在效果。这三个特点使大众传媒为公众营造出一个意见气候，而人们由于惧怕社会孤立，会对优势气候采取趋同行动，造成一方声音越来越大，而另一方越来越沉默下去的螺旋式过程。

尽管这一理论夸大了人的心理中从众行为和趋同心理的作用，但它在一定程度上反映了大众传播媒介对舆论形成所起的重要作用。同时，诺依曼还把舆论比作社会的皮肤，以表明大众传播媒介在维持社会整合方面所起的重要作用。

在“沉默的螺旋”理论中起重要作用的“从众心理”会因为网络时代的到来而有所改变。从心理学的角度来说，从众心理的产生主要是由于认知失调和对孤独的惧怕。从认知失调理论看，群体的压力会让人感到失调，而从众是减少失调的一种有效方法。但是在网络中，网民的身份往往是匿名的，而且多数网民群体并不是稳定的，在这样的群体中，网民如果感到失调，可以通过转换群体的方式来逃离让他感到失调的环境。因此，相对来说，在网络环境中，从众心理发生的机会应当较少。从人害怕孤独这方面来说，这种心理往往在人们的生活圈子较小的时候表现得比较强烈，这时一旦人在意见上陷入孤独，往往意味着他在其他方面也陷入孤独，而且这种局面没有积极的办法可以扭转。但是当人们的交往能力随网络技术得到扩展时，人们的交往空间也得到了极大的扩展，因此，消除孤独的方式也变得多种多样。这时，人们往往不是消极地采取从众措施以保护自己，而是积极地在网络中寻找盟友。

网络时代被认为是一个尊重个体的时代，它更承认个人意见的表达与个性的发展，所以相对来说，传统的从众心理可能会表现得较弱。网络社会将是一个舆论更分散的时代，“沉默的螺旋”理论虽然在新媒体中未完全失效，但是受到了冲击与挑战。

第二节　网民的基本特征分析：由精英走向大众化

在传播学的受众研究中，定量研究方法起到重要作用，传播学史中著名的有关受众的理论基本上建立在对大量一手数据的定量分析和研究的基础之上。在新媒体日益兴盛的今天，对网民进行定量研究显得十分迫切和重要。

依据中国互联网络信息中心公布的《中国互联网络发展状况统计报告》的数据，以及在互联网上获得的 NetValue、Nielsen/NetRatings、Jupiter Media Metrix、IDC 等知名网络调查公司和机构的调查数据，笔者对网民进行了以定量研究为主、定性研究为辅的研究，发现了网民的几大特征和趋势。

互联网在发展的初期在很大程度上是“精英”的“专利”。这里所说的“精英”是指受教育程度较高、经济收入较高的年轻的单身男性，这从历次的中国互联网络信息中心公布的《中国互联网络发展状况统计报告》中就可以得出结论。国外早期的调查报告也得出同样的结论。一般的研究也认为，初期网民的群体特征为：信息需求大，年轻，受教育程度高，收入高，身处发达地区，以男性和白领为主。

但是，通过对大量的历次数据及国内外数据的对比研究，笔者发现随着互联网的日益普及，网民已经开始呈现出大众化趋势。

按照传播学界的共识，如果一种媒介的使用者人数超过总体的20%，它就跨越了“普及”的门槛。以美国为例，为达到这一标准，广播用了 38 年，电视用了 13 年，而网络只用了 5 年。根据创新扩散理论模型的 S 形曲线理论，当一种新产品或服务在其潜在市场中占据 10%～25%份额之际，扩散率就将急剧上升。

此外，手机正在成为媒体工具，促使网民数量飞速增长。短短几年，在中国，不仅手机的使用已经大大普及，而且手机的功能也大大扩充，它已由最初单一的双向语音通信工具，变成媒体信息的接收端和个人信息的发送端。尤其是第三代手机技术的完善与普及，使得手机正在成为互联网的延伸。手机技术的发展、手机功能的增强、手机新品的不断推出将使其媒体工具的特性越来越明显。手机不仅是人们随时随地获取信息的工具，而且是新闻记者及时快速传递新闻信息的利器。由于中国智能手机用户数量已经居世界第一，能够上网的手机的大量使用，将极大地促进中国互联网的普及。

在中国的经济领域，有所谓的“2 000 万现象”：彩电、冰箱、空调等均在用户数量达到 2 000 万以后迅速走向大众化，中国手机的普及更加印证了“2 000 万用户往往会带来雪崩效应”的观点。中国网络自突破 2 000 万用户后开始向低收入、女网民倾斜，也印证了这一趋势。

综合上述数据和分析，可以得出结论：互联网在迅速普及，并呈现出大众化趋势。而且，越是发达的国家和地区，网民的大众化特征越明显；越是欠发达的国家和地区，网络的“精英”特征越明显。

第三节　网民的心理和行为特征分析

如此庞大规模的网民，具备哪些特征呢？

一、网民的类型与心理

网民可以按照不同的标准进行分类。不同类型的网民有着不同的上网心理和行为。

（一）地域

不同的国度、地域，其气候、文化、风土人情也不同，对网民的心理和行为有重大影响。

有调查显示，中国人上网爱聊天，美国人常查地图，法国人爱写博客。当一个中国网民打开电脑开始聊天的时候，一个美国网民可能正在查找到他的一个商业伙伴办公地的行车路线，而一个法国网民可能正在自己的博客上“奋笔疾书”。不同的上网习惯不仅反映出一个国家互联网的发展水平，也反映出一个国家的网络文化。

（二）性别

男性网民和女性网民在上网心理和行为上均有较大差异。男性比较侧重于理性，喜欢搜寻科技、新闻、军事等信息；女性则比较侧重于感性，喜欢浏览时装、美容等信息，上网聊天的女性多于男性。

（三）年龄

不同年龄的人会有不同的上网心理和行为。新媒体应针对人们的年龄差异，发布不同内容的信息，设计不同形式的页面，最大限度地满足不同层次的网民的心理需求。

（四）经济支付能力

经济支付能力是直接影响网民上网动机和行为的重要因素。一个收入不高的人不太会花很多时间去上网聊天。

（五）教育水平

教育水平直接影响网民上网获取信息的心理和行为。受教育程度不同的人对网上信息的需求和兴趣也不同。受教育程度越高的人，花在娱乐上的时间越少，而花在阅读新闻、科技信息上的时间越多。

此外，不同职业、社会地位的网民也有着不同类型的信息需求。

二、网民的普遍心理分析

不同类型的网民虽然在具体的信息需求上有所不同，但是某些心理却具有较大的普遍性。与传统媒体的受众心理相比，以下是网民表现突出的心理特征。

（一）参与性心理

与传统媒介的受众不同，网民不仅仅是接收者与旁观者。网民更多地加入传播过程，他们可以提出自己对信息的需求，可以对传播的内容提出看法，也可以将自己认为有价值的信息放到网上传播。参与性不仅仅意味着传播者与网民之间界限的模糊，也不仅仅意味着网民地位的提高，它还意味着网上信息内容的多元化与复杂化。

由于新媒体的互动性，网民自主性心理增强，已不再仅仅满足于一般性的浏览阅读，他们还通过 E-mail、BBS、网上聊天等方式参与传播活动，发表意见，提出建议，展示自我的思想感情和喜怒爱憎。

（二）个性化心理

传统媒介的传播方式是“点对面”的，个体只是作为受众中的一员存在，任何一个传媒组织都不会针对某人的特别需求来进行传播。在传统大众传播媒介中，个体的个别需求通过个体自己在“大众化”的信息产品中进行挑选而得以部分满足。受众有一定的决定权，但挑选余地是很小的。

网民可以更加自由地选择自己喜欢的网站、信息或服务。更重要的是，网民的媒介消费行为在时间和空间上有更多的自主性。网民不必再根据电视台、电台的时间表来安排自己的行动，也不一定要在某个固定的空间里看电视。在传统媒体时代特别是电视时代，人们的生活规律往往更多地受到媒体节目的影响。例如，为了收看一个自己喜欢的电视节目，人们也许不得不放弃其他社交活动。而在网络时代，人们对于自己的日程有了更多的决定权。

（三）虚拟环境下的匿名心理

与传统媒体的受众不同，网民在网络这一虚拟环境下接收网络信息或服务。网络给他们提供了一种充分放开自己的环境。在匿名的状况下，网民的需求与其在物理世界的需求会发生一些偏离，或者说，他们会更多地追求在物理世界里无法满足的需求。

匿名心理，在社会心理学中，指的是在一种没有社会约束力的匿名状态下，人可能失去社会责任感和自我控制能力。而网络环境，虽然也是一种匿名状态，但一般情况下，网民都有自己的代号，如果是在一个比较稳定的社区里，每个人的代号也是相对固定的。如果一个人做出了违背大家意愿的事，他就可能遭受冷落甚至被赶出社区。另外，每一个上网者都有 IP 地址，对于网络管理者来说，他们可以通过 IP 地址来查找某一个违法行为的责任人。在网络进一步发展的情况下，网民会更加体会到，IP 地址实际上使他们在某种意义上不再是匿名的。这会促使他们加强对自己的约束。所以，网络的匿名并不是完全意义上的匿名。在大多数情况下，网民只有在面对自己时，才更有可能失去自我控制能力，例如浏览色情网站。

此外，网民还具有一定的从众心理，当然，由于网络的隐蔽性，从众的压力较在传统媒体环境下有所减轻，从众心理有所弱化。

三、网民上网目的分析

国内外的调查都表明，网民上网的首要目的是获取信息，尤其是新闻信息，其次是游戏娱乐，常用工具是电子邮件和搜索引擎。

历次的中国互联网络信息中心的调查结果都显示，网民上网的主要目的依次是：获得各方面的信息、学习计算机等新技术、工作需要、休闲娱乐。网民最常使用的网络服务是电子邮件和搜索引擎；网民在网上获得的最主要信息是各类新闻。

国外的调查也得出了类似的结论。在美国，互联网已经成为美国人首要的信息来源。美国人最常用的是电子邮件，其次是浏览各种信息，新闻只是他们所浏览的各种信息的一部分。美国人主要是把互联网当成为自己提供服务的工具，当美国人需要新的信息的时候，他们的第一反应就是去互联网查。

网民在网上获得的最主要的信息是各类新闻，但是，与传统媒体的新闻信息需求相比，网民的新闻信息需求至少有以下几个新特点。

（1）信息来源很多，选择余地很大，接收时的主动性和互动性很强。这对于人的发展和社会的进步是十分有利的。而新闻传媒只有按照新闻规律和传播规律进行运作，才能在众多的传播者中脱颖而出，获得受众的青睐，从而实现其使用价值和经济价值。

（2）在大量的信息面前，受众需要在选择上获得帮助。传媒的信誉和品牌的质量对受众的选择会有很大的影响。

（3）独立思考和判断的能力加强，个人的独立自主性也相应增强。网民眼界开阔，文化程度高，独立思考、判断的能力强，盲从度低。这与生活的多元化、各种选择机会的丰富多样相结合，于是个人的独立性和自主性便会很强。因此，受众对传媒质量的要求更高，且不易被欺瞒和愚弄。媒体必须时时处处、方方面面都保持其真正的高质量，才能不断地吸引受众。

（4）对传媒的需求增强，需求的个性化程度提高。由于受众的经济能力强，文化程度高，因而传媒消费能力大为增强。又由于社会联系多，生活、工作等各种活动的社会化程度提高，人们对信息、娱乐、生活指导等的需求以及自我表达的需求既多又强，受众和广告主对传媒的依赖程度不断提高，因而传媒消费欲望也会相应增强。许多受众会不满足于只接触一种日报、几个广播电视频道和少数网站。因此，广告会大量增加，并具有更强的针对性。所有这些都将给媒体带来新的机遇，同时又为传媒市场更加细分创造了条件。

另外，受众需要更优质的服务，包括符合他们个性化需求的传播。这使传媒小众化趋势更强。因此，媒体必须增强自己的特色，进一步提高对特定受众的针对性。

随着经济的发展，越来越多的网民开始关注经济信息。此外，随着网络的普及，许多网民上网的态度已经由重“量”转为重“质”。

四、网民上网动机分析

动机的原始含义是引起（或发动）动作，心理学把人们经常以愿望、兴趣、理想等形式表现出来的，激励人们行动的主观因素称为动机。动机是行为发生的先导和条件。网民上网的动机主要有以下几种。

（一）求知动机

求知，是以对知识、信息的追求为目的的一种动机，它是网民中最普遍、最常见的一种心理活动。发展自己、完善自己是人们普遍存在的一种需要，求知动机正是这种需要的心理反应。网民利用互联网，可以获取外部信息，监视环境，通过新媒体了解外部世界，了解国内外大事，了解别人的见解，决定自己的行为。网民在网上求知的过程中往往是主动寻求信息和知识，这与传统媒体受众的被动接收信息截然不同。

（二）休闲娱乐动机

休闲娱乐，是以追求精神享受和放松为目的的一种上网动机。用户通过新媒体可以增加见闻，满足好奇心，打发时间，寻求刺激，寻求快乐，放松情绪，消除烦恼和疲劳，释放日常生活带来的种种压力和烦恼。

（三）求名动机

求名动机是以追求自己成名、获得成就感为特征的一种上网动机。许多网民乐于在网站、BBS上发表见解，就是出自此动机。

（四）求便动机

许多网民进行网上购物，就是一种求便心理在起作用。网民在网上购物不仅要求交易迅速方便，而且要求送货上门。

（五）逃避动机

新媒体可以使网民逃避现实，不理会常规的工作。网民可以利用互联网在他与周围的人之间建立一个缓冲带，以摆脱他人的打扰和制约。在逃避动机中起作用的不是“合群倾向”而是“离群倾向”。事实上，逃避已经成为许多人上网的理由。一些网民在虚拟的网络社区中寻求安慰和解脱，回避现实生活中的矛盾和冲突。互联网成了一些人的避风港。对现实不满的人，或有心结的人，更容易到虚拟的网络世界中寻找支持和寄托。

事实上，网民上网的动机十分复杂，网民上网往往是多个动机综合作用的结果。从中国互联网络信息中心以及国外的统计数据可以看出，在互联网发展初期，网民上网的主要目的是获取信息；但是随着网民的大众化，为休闲娱乐而上网的网民比例已经逐步上升为第一位。

新媒体娱乐化的主要原因在于网民结构的大众化。网络正在由“精英”（年轻富有的高学历男性群体）的“专利”转化为大众化媒体，网民结构呈现出大众化趋势。从社会心理学的角度分析，与精英相比，大众更喜爱娱乐信息。网民结构的大众化造成了新媒体的娱乐化趋势。

网络游戏热也促进新媒体的娱乐化。此外，宽带的普及带来了新媒体的多媒体化，也加速了新媒体的娱乐化，网络不仅已经成为重要的新闻媒体与广告媒体，而且正在成为新兴的娱乐媒体。

新媒体的发展趋势是上网方式的宽带化、无线化，新媒体的娱乐化，网络新闻的多媒体化，新媒体与传统媒体界限的模糊与整合等。

五、网民行为特征分析——网民注意力呈现“马太效应”

调查显示，网民的注意力越来越集中在少数的知名网站，呈现出“马太效应”。

所谓“马太效应”（Matthew effect），是指好的更好、坏的更坏，多的更多、少的更少的一种现象。1968年，美国科学史研究者罗伯特·K. 莫顿（Robert K. Merton）提出这个术语，用以概括一种社会心理现象：相对于那些不知名的研究者，声名显赫的科学家通常得到更多的声望，即使他们的成就是相似的。同样地，在同一个项目上，声誉通常给予那些已经出名的研究者。例如，一个奖项几乎总是授予最资深的研究者，即使所有工作都是一个研究生完成的。

莫顿将“马太效应”归纳为任何个体、群体或地区，一旦在某个方面（如金钱、名誉、地位等）获得成功和进步，就会产生一种积累优势，就会有更多的机会取得更大的成功和进步。此术语后为经济学界所借用，反映贫者更贫、富者更富、赢家通吃的收入分配不公的现象。

在新媒体领域，“马太效应”指的是网民虽然越来越多，但是，他们经常访问的网站却越来越集中在少数几个网站上。包括美国媒体调查研究公司 Jupiter Media Metrix 在内的多家调查机构发布的报告称，Google、Twitter、Facebook、YouTube 四个网站吸引美国网络用户驻足浏览的时间占所有美国用户上网时间的一半还多，即四家网站瓜分了网民半数线上时间。Jupiter Media Metrix 公司的研究显示，在如今的互联网媒体市场上，网站规模越大就越可能获得成功。该研究还显示，AOL 与时代华纳合并的同时，很多小公司却因为资金匮乏而倒闭。互联网媒体市场的大部分份额将被几家大网站瓜分。这些大型网站都因其丰富多彩的内容及周到的服务吸引了数量众多的网民，因此，它们已经成为广告主在选择广告载体时必然要考虑的对象。

本章小结

本章主要阐释了新媒体时代的受众理论，特别强调由于新媒体的互动性，“受众”的概念已经过时，应该使用“用户”的概念；指出在传统媒体研究中适用的理论在新媒体研究中需要做出调整，并分析了网民的心理和行为特征。

思考题

1. 试分析网民大众化的原因。

2. 试分析网民上网的心理特征。

3. 试分析创新扩散理论模型与中国特有的“2 000 万现象”的关联。

4. 你如何理解“受众”和“用户”这两个概念的区别?

5. 为什么在新媒体环境下，人们会更多采用“用户”一词替代“受众”? 你认为新媒体环境下是否还存在“受众”? 为什么?

6. 相对于传统媒体，你认为网络传播对“受众接近权”的积极意义有哪些?

7. 什么是“沉默的螺旋”? 你认为在网络传播中，“沉默的螺旋”效应是否有了变化? 为什么?

8. 请列举你生活中使用频率前三的新媒体平台，分析这些新媒体平台用户的主要使用动机。

在线自测

扫一扫 练一练

第二单元

新媒体的类型和形态

第四章 新媒体的类型

新媒体将人际传播和大众传播融为一体，是一种全新的传播类型。我们在深入研究新媒体时可以比照传播学流行的分类方法，将其细分为网络人际传播、网络群体传播、网络组织传播、网络大众传播等，并对其进行深入研究。

第一节 网络人际传播

人际传播是网络中最常见的传播形态之一。对网络人际传播的需求使网络日益成为人们生活的一部分。人际传播也与网络中的其他传播形态相互交融、相互作用。今天，网络上的人际传播是十分频繁的。在互联网上，人和人的互动通过电子邮件、网上聊天等形式进行。目前在中国，微信聊天已经成为网络人际传播的主流方式之一，关于微信的内容参见本书第七章。

一、电子邮件

电子邮件（electronic mail，e-mail，email）是互联网上非常早也是非常重要的应用之一，世界各地的人们通过电子邮件联系在一起，人们通过电子邮件互相传递信息，进行网上交流。电子邮件已经成为现在人们互通往来的一种常用方式。电子邮件通信是一种将电话通信的快速与邮政通信的直观相结合的通信手段，与电话通信以及邮政通信相比较而言，电子邮件有其得天独厚的优点。

（一）电子邮件的特点

电子邮件具有速度快、操作方便、价格便宜、一信多发甚至还能发送多媒体信息等诸多优点。

1. 传输速度快

电子邮件通常在数秒钟内即可送至全球任意位置的收件人的信箱中，比电话通信更为高效快捷。例如，发送一封国际电子邮件只需要几秒钟，而邮寄一封信件需要花上一周的时间。如果接收者在收到电子邮件后的短时间内回复，发送者立刻就可以收到回复的电子邮件，双方交换一系列简短的电子邮件就像一次次简短的会话。

2. 非常便捷

与电话通信不同，电子邮件采取的是异步工作方式。它在高速传输的同时允许收信人自由决定在什么时候、什么地点接收和回复，发送电子邮件时不会因“占线”或接收方不在而耽误时间，收件人无须固定守候在线路另一端，可以在用户方便的任意时间、任意地点收取，从而打破了时间和空间的限制，给人们提供了更大的自由空间。

3. 成本低廉

电子邮件最大的优点还在于其低廉的价格，用户花费极少的上网费用即可将重要的信息发送到远在地球另一端的用户手中。

4. 信息多样化

电子邮件发送的信件内容除普通文字内容外，还可以是软件、数据，甚至是录音、动画、电视或各类多媒体信息，而且电子邮件可以很容易地更改内容。

5. 有广泛的交流对象

同一封电子邮件可以通过网络极快地发送给网上指定的一个或多个成员，这些成员可以分布在世界各地，但发送速度则与地域无关。与任何一种其他的网络服务相比，使用电子邮件可以与更多的人进行通信。

6. 比较安全

如果目的地的计算机正好关机或暂时从网络断开，电子邮件软件会每隔一段时间自动重发；如果电子邮件在一段时间之内无法递交，它还会自动通知发信人。

（二）电子邮件的传输原理

电子邮件的传输是通过电子邮件简单传输协议（simple mail transfer protocol，SMTP）来完成的，它是互联网的一种电子邮件通信协议。

电子邮件的收发过程类似于普通邮局的收发信件。邮件并不是从发送者的计算机直接发送到收信者的计算机，而是通过邮件服务器来传递邮件，邮件服务器在收到邮件后将其存放在收件人的电子邮箱内。邮件服务器通常是执行多任务操作系统的计算机，它提供24小时的电子邮件服务，用户只要向邮件服务器管理人员申请一个信箱账号，就可使用这项快速的邮件服务。邮件服务器在硬盘上为用户分配一定的存储空间作为用户的“信箱”，每位用户都有属于自己的电子邮箱，并确定一个用户名和用户可以随意修改的口令。电子邮件的存储空间包含存放所收信件、编辑信件以及存档信件三部分空间，用户使用口令开启自己的信箱，并进行发信、读信、编辑、转发、存档等各种操作，其系统功能主要由软件实现。不过，因为电子邮箱容量有限，所以用户应注意定期对电子邮箱中的信件进行处理，以腾出空间来接收新的电子邮件。

电子邮件不是一种“终端到终端”的服务，而是“存储转发式”的服务。这正是电子邮箱系统的核心，利用存贮转发可进行非实时通信，属异步通信方式，即信件发送者可随时随地发送邮件，不要求接收者同时在场，即使对方当时不在，仍可将邮件立刻送到对方的信箱内，且存储在对方的电子邮箱中。接收者可在他认为方便的时候读取信件，不受时空限制。在这里，“发送”邮件意味着将邮件放到收件人的信箱中，而“接收”邮件则意味着从信箱中读取信件，信箱实际上是由文件管理系统支持的一个实体。

二、网上聊天的特点

随着上网人数的增加，越来越多的人加入网上聊天的行列。网民以极大的热情体验着网上聊天这种交流方式。事实上，网上聊天是借助网络这一特殊媒介进行的人际传播。在聊天室里，人际传播的网络十分复杂，并且具有不确定性。

（一）虚幻的匿名性

网上聊天的基本特质之一就是匿名。网络的匿名不是没有名字，而是使用昵称。每个人都可以拥有很多昵称，而这些昵称大多都是自己选择的。昵称的多样化体现了人的身份的多样化，每个人都可以在网络生活中扮演不同的角色。

匿名是一种特殊的“面具”，匿名的目的很明显，就是刻意隐藏自己的真实身份。匿名是网上聊天的第一特质，这个特质不仅仅是某人的面具的体现，而且构建了网上聊天人际传播的特殊情境。匿名使得昵称不再指向人的社会身份，他人也无法从昵称开始追查昵称使用者的社会身份。昵称隐藏的是人们在现实社会中的身份，比如说我们的性别、年龄、职业等。昵称不指向社会身份，却依然指向网络身份，真正的匿名性不再是使用昵称本身，而是每个使用者可以随时更改昵称。

昵称的随时更改已经成为一种身份游戏。在不同的昵称下，同样的人会有完全不同的表现。人人都拥有改变昵称的权利，从而改变自己的身份甚至个性。网络人际传播不再受到地位、金钱、种族、性别的约束。

在网上聊天时，人们不用透露自己的身份。人们之间的交流也往往带有偶然性。在网上聊天时，人们往往无须对自己所说的话负责任。在一个多人参加的聊天室中，加入聊天的人数是可以动态变化的，人们之间的相互关系也可能随时发生变化。在网上聊天时，每个人都可以与参加聊天的其他人进行对话。这种结构是一种平等的交流结构。在聊天室中，人们谈话的主题时常会发生变化，人们之间的结盟关系也往往摇摆不定，所以常常是几个小时过去，人们也没有达成什么共识。此外，由于人们一般对交流对象缺乏必要的了解，传播的目的也就不是十分明确，通常也无法选择合适的交流内容以及说服对方的手段。

但是，网上聊天的匿名性，从网络监管者、互联网公司、智能手机制造商等角度来看，却又是透明的，完全可以追踪到真实的个体。

（二）与社会规范的冲突

一个上网者可以同时与多个对象聊天，或者在不同时候与不同的对象交流。在不同的交流情境中，他扮演的角色可能是不同的，与某一些对象聊天，他显示的是自己优秀的一面；与另外一些对象聊天，他可能更多地展示出阴暗面。网上聊天中角色转换的便利性也使一些人可以实现自己在现实生活中被压抑的欲望，特别是当这些欲望与社会规范相冲突时。

网上聊天的特点使它比物理世界的人际传播更轻松，并且可以作为紧张的现实生活的一个泄压阀。但是，如果用这种方法作为逃避现实的手段，日久天长，其负面效果就会越来越明显——一些人不能很好地处理现实中的人际关系与矛盾，一些人与身边人的交流日益减少。

网上聊天对人的社会化过程也有着重要的影响。社会化是一个人由“自然人”成长为“社会人”的过程。在这个过程中，个体要学习语言、知识、技能、行为准则以适应社会环境。社会化的一项任务是将一致的社会文化价值观传达给个体，使个体接受与维持社会规范，保证社会的运行。但网络的特点决定了它很难形成像现实世界那样强烈的社会规范，有很多行为也难以受到法律的明确约束。

《第53次中国互联网络发展状况统计报告》显示，截至2023年12月，我国即时通信用户规模达10.6亿人，占网民整体的97%。即时通信用户数与使用率不断上涨主要是由于手机即时通信的发展。手机即时通信是移动互联网应用中使用率最高的服务。即时通信软件手机预装与智能机手机应用市场的发展为手机即时通信软件的使用带来了便利，从而带动了手机即时通信使用率与用户数的增长。而专为智能手机设计的以语音内容、实时拍照、视频、定位服务（LBS）、位置交友、流量统计等功能为特色，且与其他互联网应用互联互通的新型手机即时通信产品，迎合了用户的新需求，进而提升了手机即时通信的用户量。

手机即时通信领域的巨大潜力使得电信运营商、手机制造商、互联网企业、软件开发商，乃至新进入市场的创业者都欲借助这块市场获得巨大收益，通过掌控即时通信市场进而掌控移动互联网入口。未来，新型手机即时通信用户数仍存在着较大的上升空间，在市场中，寻求产品差异化、开发垂直领域市场将成为必然趋势。

第二节 网络群体传播与网络组织传播

网络群体传播是临时松散的非正式群体在互联网上的传播活动，如BBS、同学录等。网络组织传播是指正式组织内基于计算机网络的传播活动，如企业内部局域网。

组织是指人们为了达到某种共同目标、协调彼此的行为并联合起来所形成的社会团体。组织是为了实现一定的组织目标而设置与成立的。它具有专业化的部门分工、职务分工和岗位责任制，组织系统的阶层制或等级制等特点。一般来说，组织传播不像人际传播和群体传播那样随便，它往往采用更加正式的方式。

一、BBS

（一）BBS的特征

作为网络媒介特有的产物，BBS（电子公告牌）是一种互动传播媒介。在BBS中，每一个ID（internet identification，网络身份）都可以被看作一个传播装置，这个装置既可做“信源”，又可做“信宿”。信源与信宿的身份自由转换，真正实现了信息的互动。

运用传播学的理论不难发现，网民在BBS中进行对话的交往行为，在传播类型中属于人际传播的范畴。但是，BBS中的人际传播与传统面对面或者通信及电话交谈式的人际传播又存在着很大的区别。其表现有：

（1）BBS中的人际传播缺乏语境支持。由于缺乏对对方性别、年龄、身份的了解以及表情、声音等辅助语言的支持，讨论者必须时刻做到尽量明白无误地用文字表达其所说的内容，因此讨论者需要使用大量文字以补充语境，而且要尽量减少积极修辞以防对方误解。

（2）BBS中的人际传播具有公开性，接受公开监督。在公共空间进行活动的讨论者，除对话的双方外，尚有无数的“潜伏者”（lurkers）在“监视”对话。因此，讨论者的话语不仅仅针对确定的对话人，还针对大量匿名的“听众”。

（3）BBS 中的人际传播是 ID 与 ID 之间的传播。ID 不仅掩盖了使用者的性别、年龄、籍贯，更隔离了人与人之间的感知。在 BBS 中，讨论者依赖虚拟平台与对方交流，而无法通过触觉、视觉、嗅觉等本能来感知对方的存在。当讨论者通过电子媒介交换符号信息时，其也被简化为一个 ID。ID 的所指是昵称、发文数、话语符号等电子数据库，而其作为人的复杂且瞬息万变的信息则被忽略不计。

BBS 之所以能够包容多个层面的传播类型，在于其超强的互动性。BBS 就像一张动态的网，网中的信源和信宿并不固定，只是网中节点的两个状态。假设某个节点处于信源态，当无数节点处于信宿态时，则构成大众传播；当一定数量具有特定身份的节点处于信宿态时，则构成公众传播；当数量很少的身份固定的节点处于信宿态时，则构成人际传播。因此，与其说 BBS 提供了新的传播方式，不如说它提供了新的传播结构，为其他的传播类型提供了新的传播空间。这种复合型的传播方式为其创造出多元化的舆论空间奠定了基础。

（二）BBS 塑造舆论的多元空间

BBS 为人们带来了无限广泛的舆论空间。在这个空间里，人们以匿名的身份互动。作为新媒体的一部分，BBS 必然影响传统的大众媒体。在议程设置方面，BBS 影响议程设置的方式主要有以下几种。

第一，在 BBS 中，不同媒体的议程设置彼此冲突。互联网技术的发展为媒体和受众提供了信息全球化的新语境。在互联网中，政治、经济以及意识形态等因素已不再能控制信息的传播范围。这意味着，网民不再满足于只依赖本国媒体建构的形象，而是依赖于全球媒体建构的形象。因此，与传统大众媒体不同，在网络中，媒体的议程设置可能会受到其他媒体议程设置的干扰。尤其对于两国关系等问题，本国受众不信任本国媒体或者不满足于本国媒体报道时，更希望获得其他国家媒体的消息。譬如在 2001 年 4 月中美撞机事件爆发后，不断有人在 BBS 中转载美国媒体 CNN、美联社的消息供讨论者参考。这一方面满足了信息透明的需求，另一方面也使得两国媒体的议程设置相互影响。两国媒体共同的议程可以得到受众的信任，而不同的议程则必然会相互干扰，降低议程设置的效果。对两国媒体而言，谁更能获得网络受众的信任，谁的议程设置才会更有效。

第二，媒体议程设置受到二级传播的重构。在 BBS 中，受众依据自己的文化意识形态将媒体议题过滤，以构成 BBS 中的效果议题。

来自媒体的消息首先抵达受众 1，然后受众 1 再把它发布在 BBS 中，从而使更多的受众——受众 2——获得这一消息。在这个过程中，受众 1 的作用是通过一切合适的媒介将 BBS 中的受众与社会环境的相关部分连接起来，因此，它应当属于二级流动传播（two-step flow of communication），这个过程体现了受众与媒体的互动活动。

第三，媒体议程设置还受到其他公众议题的影响，网民可以自己制造议题。在 BBS 中，并不是媒体提供什么议题公众便议论什么议题。出于舆论的需求，讨论者可能会自己制造议题。

由于网民可以自己制造议题，它解构了官方媒体的“舆论一律”，受众可以在BBS中拥有更多的知晓权、传播权、对媒介的接近和使用权以及选择媒介服务的权利。

面对传统主流媒体的沉默，网上有人大声指责。当一种危害公共安全的事情发生时，媒体尊重民众的知情权与剥夺民众的知情权是两种完全不同的处理方式。当然，尊重民众的知情权并不意味着民众能对事情做出正确判断，但起码是对民众生存状态的一种关怀，是对民众在社会环境中的地位的一种尊重。真正的媒体在面对如灾难或公共安全这样一些传言时，应该把来龙去脉告诉公众，从保护民众的角度看，这是媒体应该做的，也是有效消除传言的最好方式。

所以，当主流媒体做了“沉默的大多数”时，主流媒体之外的BBS受到了人们的关注，因为它为受众提供了更为民主的舆论空间。BBS空间信息传播的快捷性、BBS特有的议程设置功能使得民众拥有相对更多的知情权、质疑权，拥有更多的占有和传播信息的权利。

事实上，当人们通过主流媒体了解到的“民意”与BBS中的“民意”不符时，对主流媒体的信任必然会降低。所以，媒体在反映民意时，将不得不以BBS为参照物，从而促进媒体报道与公众的互动，增强公众的话语权。

一些国家的媒体，尤其是传统主流媒体，正处在被政治权力控制与被资本拉拢的时代。政治权力与社会资本的结盟决定了媒体信息传播的方向、领域和性质，在某种程度上让很大一部分消费不起或者说消费能力严重不足的弱势群体被遗忘。一方面，国家政治权力控制着媒体的运作，界定了新闻报道原则：什么不能报道，怎么报道，什么只能报道一点；另一方面，媒体要步入市场经济，要在市场竞争中生存下来，于是把眼睛盯住社会资本的控制者——广告主，尽量报道能引起颇具消费能力的群体注意的新闻，以吸引广告主的资本投入。广告主自然关心的是广告是否实现了视听和阅读效果，他们并不关心社会弱势群体的生活。媒体的新闻报道间接地被广告主所控制，远离了弱势群体。广告主与政治权力的结盟使一些媒体经受了双重压力，使得媒体在发展过程中受到诸多阻碍，难以做到真实、客观、公正。

BBS在一定程度上为弱势群体提供了表达意见的空间，实现了为受众而存在，而不是主要为某个媒介组织、某种集团利益的需要而生存。传统媒体在很大程度上受制于广告主以及政治经济因素，而BBS天性比较自由独立，对政治或者经济实体的依赖较少，这就使得BBS在舆论引导上少有“舆论一律”的僵化的束缚。

BBS建设与维护的低廉成本使得社会的各个团体以及个人都可以拥有自己的传播媒介，使得更多的社区、团体和个人拥有对信息发送和接收的支配权，从而促进了小众传播的发展。

理想的媒体应当为公众提供意见市场，但是由于受到政治、经济及技术等多方面的限制，传统的大众媒体并没有真正为公众开辟出意见批评与辩论的场所。大众媒体缺乏有效、高效的互动机制，无法提供完善的互动讨论的可能。借助大众传媒，一般公众很难获取面对面直接交流的可能，意见市场很长一段时间主要由各利益集团的代言人如政党领袖、学者、商业巨头等占据，他们发表意见及参与讨论，普通人很难直接参与。与大规模的、单向的、垄断性的官方媒介相比，小规模的、双向的、参与性的媒介更合乎社会理想，多元化的价值体系、小规模的双向互动性、传播关系的横向性及平等性等都是 BBS 突出的特点和优势。

第四，传统的大众传媒均是单向式传播信息，信息被把关人过滤，很可能出现意识形态上的偏差，又加上纸介传媒的篇幅限制，很难使信息的报道及相关讨论极大丰富化、彻底深度化。

依赖互联网的互动技术，BBS 为公众提供了一个超越时空的舆论多元空间。从传播学的角度来看，这也是基于 BBS 的三个主要特点而定的：首先，BBS 是一个自由的平台，它为网友提供了平等的畅所欲言的机会；其次，BBS 议题丰富，话题广泛，可以说是包罗万象，甚至无法预先设定；最后，BBS 高度互动，它将新闻信息传播和发表多元意见的形式有机结合在一起。

BBS 最大的特点是每一个用户既是信息的获取者，也是信息的提供者，而且用户可以匿名提供信息。借助互联网上 BBS 的这一特性和功能，用户在很大程度上实现了个人表达自由和言论自由。

尽管 BBS 在一定程度上接近于理想的公共空间，但其并不能完全摆脱政治、经济、语言文化及意识形态因素的影响。所谓物以类聚，人以群分。有研究发现，当某个 ID 的话题在某 BBS 中得不到响应时，该 ID 可能就会脱离该 BBS 而转到其他 BBS 中去。因此，BBS 在开辟公共空间的同时，也同样在切割公共空间。

二、社交网站

社交网站，又称社交网，英文名称为 SNS（social network site）。SNS 起源于美国，专指旨在帮助人们建立社会性网络的互联网应用服务。

在互联网领域，SNS 有三层含义：social network service、social network software 和 social network site。social network service 中文直译为社会性网络服务或社会化网络服务，意译为社交网络服务。中文中网络的含义包括硬件、软件、服务及网站应用，四字构成的词组更符合中国人的构词习惯，因此人们习惯上用社交网络来代指 SNS（包括 social network service 的三层含义），用社交软件代指 social network software，用社交网站代指 social network site。

社交网站的含义很广泛，除了基于计算机终端的 SNS，它还包括手机等移动终端所提供的已成熟普及的信息载体服务，如包括短信（SMS）、彩信、飞信等即时通信方式在内的移动互联网功能也逐步纳入社交网站的范围。

社交网站源自网络社交，网络社交的起点是电子邮件。互联网本质上就是计算机之间的联网，早期的电子邮件解决了远程的邮件传输的问题，至今它也是互联网上最普及的应用，同时也是网络社交的起点。BBS 则更进一步，把“群发”和“转发”常态化，理论上实现了向所有人发布信息并讨论话题的功能（疆界是 BBS 的访问者数量），从单纯的点对点交流成本的降低，推进到了点对面交流成本的降低。即时通信（IM）和博客（blog）则提高了即时效果（传输速度）和同时交流能力（并行处理）。

如果说在网络社交的起点——电子邮件时代，网络仅仅可以满足人们 5%的社交需求，那么今天丰富的社交网站，如 Facebook、Twitter，则可以把这个数字至少提升 10 倍。

但是，社交网站的安全性存在很大的隐忧。社交网站用户更容易遭遇财务信息丢失、身份信息被盗和恶意软件感染等安全威胁，而且其严重性可能超乎用户自己的想象。社交网站已经成为黑客的一个巨大目标。

与社交网站密切相连的一个概念是网络社区。网络社区是指包括 BBS、贴吧、公告栏、群组讨论、在线聊天、交友、个人空间、无线增值服务等形式在内的网上交流空间，同一主题的网络社区集中了具有共同兴趣的访问者。

网络社区就是网络化、信息化的社区，就是一个以成熟社区为内容的大型规模性局域网，涉及金融经贸、大型会展、高档办公、企业管理、文体娱乐等综合信息服务功能需求，同时与所在地的信息平台在电子商务领域进行全面合作。

网络社区一般都会提供信息资源、电脑网络、体育健身、游戏动漫、时尚生活和人文情感六个方面的内容。此外，一些网络社区还具有特别的功能：（1）发短消息；（2）送礼物给其他居民；（3）参加社区活动和街道活动；（4）使用聚会中心；（5）搬家；（6）搜索查询。

三、正式组织中的网络传播

（一）组织内的网络传播

正式组织内的网络传播主要指基于一个企业（或单位）的内联网（intranet）平台的传播。

现代企业呈现出集团化、多元化的发展趋势，同一企业往往跨越不同的地区、国家，所生产、经营的产品也往往涉及多个领域。这些企业需要及时了解分散在各地的分公司的经营状况，同一企业内不同部门、不同地区的员工之间也需要及时共享、交流大量的企业内部信息。另外，企业与客户之间以及企业与其合作伙伴之间也存在着大量的信息交流。

内联网是指运用互联网技术于企业内部网络。内联网以企业内部网络为基础，以国际统一标准的 WWW 为界面，提供了良好的用户接口，可使用任何一种 Web 浏览器在网络的任一节点方便地得到所需的信息。内联网通过适当的安全措施可直接接入互联网。利用电子邮件，企业员工和合作伙伴可以方便地传递信息，并可进行远程信息传送，将企业总部的信息传送到用户的工作站上进行处理。可以说，电子邮件已成为中型以上企业员工传递信息的一种最重要的手段，促进了企业管理信息系统（MIS）的应用，如一般的人事、财务管理系统等，并使企业逐步迈入无纸化办公。新闻组讨论的应用使企业员工可就某一事件通过网络进行深入讨论，且讨论结果会自动记录在服务器中。在 Web 上开展商贸活动，可以扩大企业的影响，并可接受订单，提供产品展览、销售的信息服务等。

运用 Web 的发布技术，电子邮件、新闻组等技术使得企业信息的发布与搜集更加方便，易于管理。信息流通刺激创意的产生，也使得跨功能与跨企业的沟通协调更容易进行。对于高度要求信息整合与程序配合的流程及供应链管理，方便的沟通工具可以发挥很大的促进效果。内联网可以实时连通企业各组织、各成员，提高管理工作的效率和信息反馈的速率。建立全面涉及企业内部产、供、销以及生产、经营、管理等主要环节的网络信息系统（NIS），可全面提高企业管理工作的质量和效率。

内联网的最大优势是实现了信息的共享，这使过去许多组织中下行传播占主导地位的现象被改变，上行传播变得更容易实现。在传统的组织内部，特别是在企业中，信息的掌握程度是与权力相对应的。例如，中层管理者通过限制上、下级的信息沟通来保持自己的权力。而在内联网中，信息可以最大限度地共享，并且可以自由流动，因而不会停滞在管理层中的任何一级。内联网的使用使组织的结构从金字塔式演变成网络式。

知识窗

内联网带来组织结构的转变

约翰·奈斯比特（John Naisbitt）把金字塔式的等级制度向网络式结构的转变视作社会发展的十大趋势之一。奈斯比特认为，“网络组织”的主要目标是共享信息。因此，它可以提供一种官僚制度永远无法提供的东西——横向联系。“网络的存在可以促成自助，交换信息，改变社会，提高生产力和工作环境的质量，并且分享资源。网络的结构可比任何其他现有的组织以速度更快、更富有情感、更节省能源的方式传递信息。”① 奈斯比特所指的“网络组织”泛指各种组织，但组织结构的变革更多的是从企业这样的组织开始的。内联网的应用正是给这样的变革提供了契机。

内联网有可能对传统的传播手段产生冲击，例如，组织成员可能更喜欢电子邮件而不是面对面的交流方式。使用内联网作为传播渠道，既可能增加成员间交流的热情，拓宽交流范围，也可能削弱传播中的非语言辅助信息，进而影响传播效果。

（二）组织外的网络传播

互联网是实现组织外传播的一种重要方式。组织外传播根据信息流动的方向主要分为两种：一种是组织的信息输入活动，即组织为进行目标管理和环境应变决策而从外部广泛搜集和处理信息的活动；另一种是信息输出活动，比较常见的是通过互联网来宣传本组织，这包括公关宣传、广告宣传和企业识别系统（CIS）宣传。

借助社交网站（如 Facebook、Twitter）进行对外信息传播、营销推广是近年来企业的一个新动向。

第三节　网络大众传播

互联网是一种大众传播媒介。1998 年 5 月，在联合国新闻委员会年会上，网络被正式作为“第四媒体”提出，时任联合国秘书长安南也指出，在加强传统的文字、声像手段的同时，应利用最先进的“第四媒体”，以加强新闻传播工作。

计算机网络作为一种媒体，其发展可以追溯到 20 世纪 60 年代的联机情报检索服务系统。著名的联机情报检索服务系统有始建于 1966 年、1972 年投入商业性运营的 DIALOG

① 奈斯比特．大趋势：改变我们生活的十个新趋向［M］．北京：新华出版社，1984：27.

系统；1965 年建立、1973 年投入商业性运营的 ORBIT 系统；成立于 1976 年的 BRS 系统；成立于 1975 年的 ESA 系统等。这些联机情报检索服务系统便是一种新媒体。然而，我们今天谈及的新媒体，往往是指基于互联网的文化传播载体。

有人认为世界上第一家网络报纸是美国得克萨斯州的《沃斯堡明星电讯报》（1982），更多的人认为世界上第一家网络报纸是 1987 年于美国创刊的《圣何塞信使报》。当时，这家位于硅谷腹地的报纸捷足先登，把纸质报纸的内容悉数搬上了互联网，开创了网络报纸的新纪元。此后陆续有报纸上网，但远没有形成热点。截至 1994 年年底，美国上网的报纸不过几十家，全世界也不超过 100 家。其主要原因是当时网上信息的发送和接收在技术上都还没那么便利。1994 年 12 月，美国网景通信公司推出了其划时代的软件产品——互联网浏览器 Netscape Navigator 1.0，极大地方便了人们在网上的搜索与浏览，因而激起了第一次用户上网的高潮。

世界上第一份中文网络报刊《华夏文摘》于 1991 年 4 月在美国创刊。中国第一份网络报刊《神州学人》于 1995 年 1 月创办，由当时的国家教育委员会主办，通过中国教育和科研计算机网向全球发行，主要是为出国留学人员提供服务。1995 年 10 月 20 日，《中国贸易报》也开办了网络版。

中国新媒体 1995 年以来的发展历程分为以下几个阶段。

（1）酝酿发展阶段（1995 年 10 月—1997 年 5 月）。

这是中国网络新闻传播发展的初始阶段。其特征表现在：1）上网媒体数量少。据国务院新闻办公室 1997 年 10 月统计，截至 1997 年 5 月，以各种形式上网的新闻传播媒体为 36 家。2）上网媒体一般无独立域名，多借助网络公司和科研机构的技术力量，委托网络服务提供商进行制作。3）上网信息一般为单一的文字信息，无多媒体信息。4）不能定时更新信息。5）缺少即时互动功能。6）除人民网这样极个别的网站外，基本上无数据查询功能。7）中国新闻最高管理机构还没有对新闻媒体在互联网上的运作进行直接管理。

（2）加速发展阶段（1997 年 6 月—2000 年）。

加速发展阶段的主要特征是：1）上网媒体的数量迅速增加。2）广泛采用独立域名，建设并运行独立网站。3）尝试使用多媒体信息。4）定时更新，频率加快。5）开发使用网络互动功能，加强与读者的联系。6）开发网络动态数据查询功能。7）多版本、多语种、多站点的建立。

此阶段突出的成果表现在：1）品牌化。不少网站建立了自己的声望和品牌效应，在网民心目中建立了自己较为权威、科学、规范和先进的传媒形象，这种品牌资源也将成为新媒体更好地进行新闻服务和其他综合类服务的优势资本。2）独立化。在酝酿发展阶段，很多网络新闻媒体属于“翻版网站”①，如报纸、广播、电视、杂志的电子版和网络版。在加速发展阶段，已有很多这样的电子版或网络版对自己提出了更新、更高和更远大的要求，把网络版和电子版改进成独立的和更加具有网络业运作特征的网站，反映在名称上是

① “翻版网站”是指报纸将其纸质版的内容原封不动地拷贝到其所建的网站上，就像是报纸纸质版的“翻版”一样。

建立独立域名，或以“某某网”“某某在线”来命名。

（3）大浪淘沙阶段（2001—2004年）。

加速发展阶段也暴露了盲目发展、网站普遍亏损的问题。而大浪淘沙阶段的最大特征就是网络泡沫的破灭。由于网络广告的收入十分有限，经营成本高昂，许多网站面临生存危机，盈利成为商业网站的第一追求。收费服务、短信收入、网络游戏、电子商务成为新媒体的主要业务。大浪淘沙后的幸存者成为新媒体的主力军。

（4）用户生成内容阶段（2005—2009年）。

从2005年起，网络媒体进入用户生成内容阶段。这个阶段有两个特点：一是用户上网目的的娱乐化；二是Web 2.0的兴起。

中国互联网络信息中心2005年7月发布的调查报告表明，网民的上网目的过去一直是获取信息占第一位，而该次调查显示，以休闲娱乐为上网目的的首次上升为第一位。

娱乐化的标志之一是以娱乐为导向的腾讯超越了以严肃新闻集成为特征的新浪，成为中国访问量最高的门户网站。

发达国家的网民行为也出现了娱乐化趋势。以日本为例，互联网流量跟踪分析公司comScore于2009年2月发布了一份关于日本娱乐网站的研究报告，该报告称日本有近74%的网民曾经访问娱乐类型的网站，日本网民在这些网站中花费的时间占日本网民总上网时间的15%，娱乐网站成为日本最受欢迎的网站类型。

Web 2.0也在这一时期内迅速普及，驶入高速发展的轨道。

（5）移动互联网阶段（2010—2017年）。

3G、4G、5G等新一代互联网和移动通信技术的研发，智能手机的普及等彻底打破了移动互联网和有线互联网的界限，新媒体进入移动互联网阶段。随着第五代移动通信技术（5G）的发展，5G具备低成本、低能耗、安全可靠的特点，传输速率大幅提升。5G将信息通信突破时空限制，给用户带来极佳的交互体验，极大缩短了人与物之间的距离，快速地实现人与万物的互通互联。

（6）短视频阶段（2018年至今）。

在短视频市场中，抖音、快手、视频号已经形成了“三足鼎立”的发展态势。短视频内容不断丰富，带动用户规模增长和黏性加强，成为移动互联网时长和流量增量的主要来源。此外，短视频还与直播、电商、教育、旅游等行业相互加成，逐步渗透至网民的生活全场景。

本章小结

本章主要阐释了新媒体中网络传播的类型，包括网络人际传播、网络群体传播、网络组织传播、网络大众传播。

思考题

1. 网络人际传播有哪些特点？其与面对面的人际传播有何区别？
2. 试举两例网络群体传播与网络组织传播的代表性案例，并分析其传播特点。
3. 网络大众传播的发展历程有哪几个主要阶段？

4. 网络大众传播与传统媒体的大众传播有何区别？

在线自测

扫一扫　练一练

第五章　Web 1.0 时代新媒体的主要形态

Web 1.0 采用的是技术创新主导模式，信息技术的变革和使用对于网站的新生与发展起到了关键性的作用。新浪以技术平台起家，搜狐以搜索技术起家，腾讯以即时通信技术起家，在这些网站的创始阶段，技术性的痕迹相当重。Web 1.0 的盈利都基于一个共通点，即巨大的点击流量。无论是早期融资还是后期获利，依托的都是为数众多的用户和点击率，以点击率为基础上市或开展增值服务，受众群众的基础决定了盈利的水平和速度，充分地体现了互联网的眼球经济色彩。

Web 2.0 源自 2004 年 3 月美国奥莱理（O'Reilly）公司与 MediaLive 公司的一次头脑风暴会议。奥莱理公司副总裁戴尔·朵菲提（Dale Dougherty）在会议上指出，同互联网"崩溃"的说法迥然不同，互联网比其他任何时候都更重要，令人激动的新应用程序和网站正在以令人惊讶的规律性涌现出来。他认为，那些当初幸免于网络泡沫的公司，其模式都具有相似性，互联网正在经历一种新的变革。在分析了这项新技术与新型网站的模式后，他与公司总裁提姆·奥莱理（Tim O'Reilly）创造性地提出了 Web 2.0 的概念。

提姆·奥莱理在其发表的文章中为 Web 2.0 给出了语义模糊的定义：Web 2.0 是以互联网作为跨设备的平台，其应用程序充分发挥了平台的内在优势，软件以不断更新的服务方式进行传递，个人用户通过组成群体贡献自己的数据和服务，同时允许他人聚合，以达到用户越多、服务越好的目的，通过这种"参与架构"，创造出超越传统网络页面技术的内涵，引发丰富的用户体验的网络效应。①

Web 2.0 与 Web 1.0 的区别在于，Web 1.0 是由网站主导生成内容，而 Web 2.0 是由用户主导而生成内容的互联网产品模式。

本章我们研讨 Web 1.0 时代新媒体的主要形态，在随后的第六章至第九章中，我们将研究 Web 2.0 时代新媒体主要的新形态。

第一节　搜索引擎

一、搜索引擎的定义

搜索引擎（search engine）是指在互联网环境中的信息检索系统。

---

① O'REILLY T. Web 2.0：compact definition?［OL］. http：//radar. oreilly. com/2005/10/web-20-compact-definiton. html.

随着网络技术的飞速发展，互联网上的信息资源量越来越庞大，用户越来越难以准确快捷地获取所需信息，从而产生了所谓的信息焦虑。互联网搜索引擎以其基于关键词匹配的信息检索机制为用户在瞬间搜寻出所需的相关信息，成为缓解人们信息焦虑最为有效的工具。

但是，现有的搜索引擎存在覆盖率低和查准率低的缺陷，无法充分满足用户对信息的快速性与有效性的要求。元搜索引擎通过调用多个搜索引擎来实现搜索，能较好地解决现有搜索引擎的缺陷，但仍然存在智能化程度低、搜索结果的易用性差、无法满足个性化需求等问题。

未来的智能搜索引擎将采用机器学习的方法研究文本信息的自动搜集、抽取与分类等处理过程，由此可以减少大量的人力资源需求，并提高信息处理的效率和精度。

二、搜索引擎的原理

搜索引擎并不真正搜索互联网，它搜索的实际上是预先整理好的网页索引数据库。

搜索引擎的目的是帮助人们寻找信息资源。在互联网环境下，其典型实现是基于关键词匹配的信息检索机制。搜索引擎主要由四部分组成：搜索器、索引器、检索器和用户接口。搜索器的功能是在互联网中发现和搜索信息，它要尽可能快、尽可能多地搜集各种类型的信息，同时还要定期更新已有信息，避免死链接和无效链接。索引器的功能是理解搜索器所搜索的信息，从中抽取出索引项，用于表示文档以及生成文档库的索引表，建立起自己的索引数据库。一个搜索引擎的有效性在很大程度上取决于索引的质量。检索器的功能是根据用户的查询在索引库中快速检出文档，进行文档与查询的相关度评价，对将要输出的结果进行排序，并实现某种用户相关性反馈机制。用户接口的作用是输入用户查询、显示查询结果、提供相关性反馈给用户。

搜索引擎起源于传统的信息全文检索理论，即计算机程序通过扫描每一篇文章中的每一个词，建立以词为单位的倒排文档，检索程序根据检索词在每一篇文章中出现的频率和每一个检索词在一篇文章中出现的概率，对包含这些检索词的文章进行排序，最后输出排序的结果。

搜索引擎的原理可以看作三步：从互联网上抓取网页→建立索引数据库→在索引数据库中搜索排序。

WWW 搜索引擎实际上是一个专用的 WWW 服务器，它存有庞大的索引数据库，搜集了全世界上百万甚至上千万个 WWW 主页的信息。搜索引擎通常采用一种被称作 robot（或 spider、crawler 等）的自动跟踪索引程序，自动跟踪浏览网页信息，然后将浏览结果进行加工处理（主要是为 WWW 主页上的文字信息建立索引，索引信息包括文档的 WWW 地址，每个文档中单词出现的频率、位置等），形成一个庞大的数据库。

WWW 搜索引擎一般根据用户输入的关键词，在数据库中查询相关信息，然后将结果提供给用户。一个完整的搜索引擎系统还需要一个检索结果的页面生成系统，也就是要把检索结果高效地组装成互联网页面（见图 5－1）。

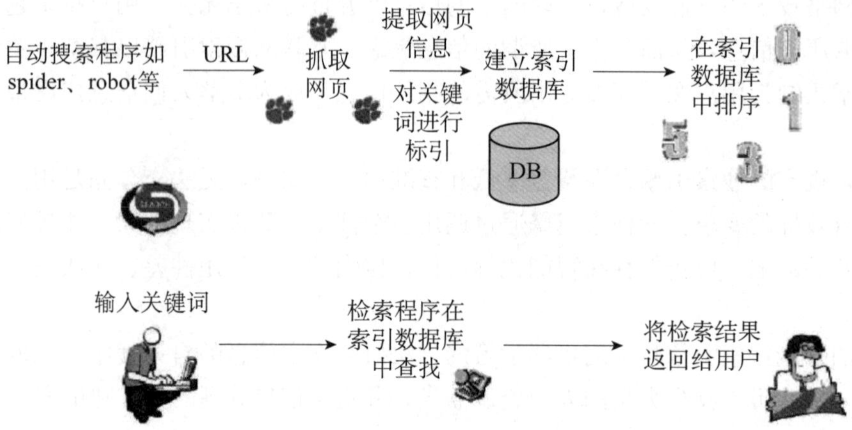

图 5-1 搜索引擎的工作原理

三、搜索引擎的类型

搜索引擎可按不同的标准分类，包括按查询类型、覆盖范围和引擎功能划分。

（一）按查询类型划分

同传统检索系统可划分为分类检索和主题检索一样，搜索引擎也可按查询类型分为分类型搜索引擎（即范畴层次搜索引擎，list-based search engine）和词语型搜索引擎（words-based search engine）两大类。但是，分类型搜索引擎通常带有关键词索引，词语型搜索引擎通常带有范畴层次索引，以弥补分类法和主题法各自的不足。

（二）按覆盖范围划分

搜索引擎按覆盖范围可分为通用搜索引擎和专业搜索引擎两大类。

（三）按引擎功能划分

搜索引擎按引擎功能可分为常规搜索引擎和多元搜索引擎（meta search engine）两大类。常规搜索引擎是单一引擎。多元搜索引擎是多个单一引擎的组合，对同一个查询可同时在多个搜索引擎上进行，或组合指定的搜索引擎查询，或在单一搜索引擎上查询，可综合输出查询结果，也可分别输出每个搜索引擎的查询结果。

四、搜索引擎尚待解决的问题

（一）缺乏检索词汇控制

网络检索工具大都采用自然语言标引和检索，其必然结果是同义词得不到控制，词语间相互关系得不到揭示，最终影响检索效果。而网络信息的数量大、变化大、涉及面广，现有的受控语言难以适应网络信息标引和检索的需要。

（二）自动标引有局限性

自动标引不可能像人工标引那样进行甄别和选择，而主要依赖关键词词频等标准判断网络文件的价值。为了弥补自动标引所带来的不足，大多数网络检索工具都先后增加了

"评论"栏目，由专门的雇员选评各行业和各学科的最佳网络信息。如雅虎的"Cool Sites"、Excite 的"Site Reviews"和 Lycos 的"Top 5% Sites"等都属于这类评论。

（三）缺乏检索专业信息的能力

网络检索工具不根据专业划分检索范围，这与传统的检索工具截然不同。每个学科都有自己独特的词汇和用语，因此特定的专业检索工具应该使用与之相应的标引和检索语言，而这一点是包罗万象的网络检索工具难以做到的，所以需要研制专业网络检索工具。

（四）把关人缺失

由于网络信息的发布存在把关人缺失问题，网络上的信息良莠不齐，因此，通过搜索引擎获得的信息从整体上看缺乏准确性、权威性、科学性，需要用户对信息内容进行甄别。

五、互联网信息检索策略

（一）基本检索策略：布尔逻辑检索

几乎所有的检索系统都具有布尔检索功能，布尔运算符包括 AND、NOT、OR。比如，检索式：engine AND（car OR truck）。

用"A AND B"进行查询的结果是既包含查询词 A 又包含查询词 B 的文章。

用"A OR B"进行查询的结果是至少包含 A 和 B 中一个查询词的文章。

用"A NOT B"进行查询的结果是包含查询词 A 而不包含查询词 B 的文章。

（二）范围限定

二次检索：对于再次检索，可以重新开始，在整个索引中检索，也可限定在前次检索结果内，优化检索。

时间范围（时间限制）：雅虎系统设定检索时间范围为最近三年，用户也可在一天到三年的时间范围内进行选择。

语言限制：AltaVista 可以查询基于 25 种语言的信息，其中包括英语、日语、汉语、德语等。但是查询时不能用含有双字节的字符（如汉语、日语等）进行查找。如果查找汉语信息，可用英语查找，并将结果限定在汉语中。

（三）智能检索/概念检索

Excite 使用智能概念检索（intelligent concept extraction）技术，通过发现词与概念间存在的关系，会自动加入一些检索词。如输入"elderly people financial concerns"，Excite 除找出精确匹配这些词的文献外，还会找出有关"economic status of retired people""the financial concerns of senior citizens"等节点。这些概念关系是从文献本身获得的，并且不断从它所索引的新文献中进行更新。雅虎、AltaVista 也提供类似的检索方法。概念检索实现了受控语言，即同义词、广义词或狭义词的一部分功能。

（四）字段限定

字段限定指限定词语在文献中出现的部位。大部分系统都可进行字段限定，但是字段的数目和表示方法稍有不同。

（五）词语检索

在一串词的前后加双引号（“ ”）或用连字符连接，可限定检索结果中的词语必须以同样的顺序出现且相邻，如“China economic development”。

（六）其他

字母大小写：有些系统区分字母大小写，如 AltaVista、Infoseek；有些系统不区分大小写，如雅虎。

名词检索：有些系统对名词检索有特殊规定，Infoseek 要求人名或地名的首字母大写，如查找电影明星 Rock Hudson，假如不大写首字母，则检索系统还会找出有关 rock climbing、rock music、Hudson River 等的资料。

六、检索结果输出

相关度：找到所有匹配结果以后，大部分系统都按相关性程度降序输出，首先显示相关度高的结果。有些系统还显示相关度大小（百分比）。

大多数检索遵循以下结果显示原则：(1) 匹配的词语数目。匹配的词语越多，相关性越高。(2) 文献部位。标题中的词比文本和 URL 中的词权值高。(3) 类目综合度。在雅虎类目等级结构中，综合类比专门类权值高。(4) 检索词权值。在数据库中检索词出现的频率越低权值越高。

显示格式：大多数系统都可改变显示格式。简短的可只包含标题，详细的可包括标题、摘要、地址、相关度、文件大小等信息。相应地，每页显示的结果数目也会发生改变。

第二节　门户网站

目前，门户网站正在逐步衰落，广告主转而青睐 Facebook、Twitter 等社交媒体。但是，门户网站依然有研究的价值。

一、门户网站的概念

门户（portal），原意是指正门、入口，现多用于互联网的门户网站和企业应用系统的门户系统。门户网站是指通向某类综合性互联网信息资源并提供有关信息服务的应用系统。门户网站最初提供搜索服务、目录服务，后来由于市场竞争日益激烈，不得不快速地拓展各种新的业务类型，希望通过门类众多的业务来吸引和留住互联网用户，以至于门户网站的业务包罗万象，成为网络世界的“百货商场”或“网络超市”。

从现在的情况来看，门户网站主要提供新闻、搜索引擎、网络接入、聊天室、BBS、免费邮箱、影音资讯、电子商务、网络社区、网络游戏、免费网页空间等。在我国，典型的门户网站有新浪、网易和搜狐等。

目前人们所理解的门户网站主要是指一些综合性质的网站，也就是与那些专业性较强、涉及内容较为单一的垂直类网站相对的网站。二者的区别似乎可以形象地理解为超级市场与专卖店之间的区别，前者的品牌及商品类型众多，后者却较为单一。但是如果严格地从互联网门户概念的诞生以及门户字面意义来讲，各种类型的网站都可成为门户网站，因为从字面上来理解，门户本身应该就是一种手段、媒介，人们通过这个媒介领略大千网络世界。

网络媒体的早期发展史几乎就是一部门户网站的发展史，从美国的雅虎到中国的新浪、搜狐和网易，它们的每一个动作或多或少都会影响这个行业。不仅如此，门户网站的模式还深入地触及了整个网络媒体模式，为网络媒体的模式创新打开了思路。

二、门户网站与新闻网站

我们今天所谈论的门户与当初雅虎初创时所说的门户已经有了很大的不同。那个时候，大多数网民面对茫茫网海无从下手，正是雅虎这种以提供搜索服务为主的网站扮演了引网民“入门”的角色，成为网民进入互联网的“门户”。将提供新闻服务作为门户网站的主业乃至核心竞争力，这其实只是后来的事情，原本就与门户网站的“本质”或者“正根”没有什么关系。因此，今天在门户问题上，有些网站极力强调新闻业务的重要性，似乎不做新闻甚至少做新闻就是对门户的“背叛”，有些不知所云。相反，简单回顾门户网站的起源和历史，我们可以清楚地看到，无论是搜索还是新闻，都只是门户网站发展的一个阶段，门户网站可以从搜索服务演进到新闻服务，未必就不能从新闻服务演进到别的服务。随着网络媒体的发展，原先的门户网站不一定再将搜索作为主业（如雅虎和搜狐），而提供搜索引擎服务的又不一定非门户网站不可（如百度和Google）。

新闻网站指以经营新闻业务为主要生存手段的网站，包括国家大型新闻门户网站（如新华网、人民网等）、商业门户网站（如网易、新浪等）、地方新闻门户网站（如长江网、大江网、大洋网等），还有各种行业门户网站（如湖北美食网、中国化工网等）。

从互联网的发展史我们可以看出，目前门户网站通常做新闻业务，而新闻网站的主业则只是新闻业务。

三、雅虎

1994年，斯坦福大学的学生杨致远和大卫·费罗创建了雅虎，集结了网站站点进行分类，为用户提供查询服务。彼时互联网正处于蛮荒时代，一个成熟的搜索引擎或者网站导航都尚未出现。正是这一痛点的存在，使能进行简单搜索的雅虎迅速赢得了网民的喜欢。用那时候的话来说，上雅虎就是上网的意思。凭借于此，雅虎在诞生后的两年便成功登陆纳斯达克证券交易所，上市第一天，市值就高达5亿美元。

雅虎并没有醉心于这份成绩，而是乘胜追击，不断对网站进行完善，建立了继搜索引擎、电子邮箱、即时通信、网页广告和网站建站平台于一体的生态系统。换言之，雅虎提供的服务已经开始覆盖人们生活的方方面面。在雅虎上，人们不仅能够搜索，还能够聊天。

到1999年，雅虎的用户已经超过1亿。有资料显示，1999年全球网民只有2.6亿。按照这样的数据对比下来，其实差不多半数的网民都是在雅虎上活动。由此可见，雅虎在当时的受欢迎程度非常之高。

在1998年，雅虎本来是可以收购谷歌的雏形“BackRub（网络爬虫）”项目的，谷歌创始人拉里·佩奇和谢尔盖·布林打算以100万美元的价格将该项目卖给雅虎。只可惜雅虎并没有意识到这将是日后显示巨大价值的一颗明珠，仅答应了和谷歌合作搜索引擎项目。在雅虎的帮助之下，谷歌发展很快并奋力追赶雅虎。

进入21世纪以来，雅虎在产品线上铺得非常宽广，视频、社交网络、游戏等方面都有所涉及。这就导致它再次忽略了最为重要的搜索引擎业务，给了对手崛起的机会。

2002年雅虎打算收购谷歌，开出了30亿美元的价码，谷歌的两名创始人要价50亿美元，雅虎放弃。

2006年雅虎CEO塞缪尔盯上了刚刚成立的Facebook。当时Facebook用户已经超过1 000万，收入达到2 000万美元。塞缪尔准备以10亿美元的价格收购Facebook，当时扎克伯格和Facebook的投资者几乎同意了这场交易。但是雅虎的管理层想压低价格，就在签约前一刻，雅虎把价格改成8.5亿美元。对雅虎的这一决定，扎克伯格非常生气，在董事会上当着所有人的面撕烂雅虎递交的协议书。

随着2008年金融危机的到来，雅虎面临危机，2001—2008年，这七年时间里雅虎暴跌了近800亿美元。此时的雅虎完全失去了市场竞争力。2008年2月1日，微软再次向雅虎抛出了橄榄枝，微软想再一次收购雅虎，而这次的报价是446亿美元。但是雅虎董事会表示446亿美元的收购价格严重低估了雅虎的实际价值，分析师觉得雅虎值560亿美元。最终微软让步了，将收购价格抬高至每股33美元，使整体收购价格增加了近50亿美元，但是雅虎的高层担心一旦被收购，个人手中的权力会受到大幅限制，最终还是拒绝了这项买卖。

雅虎错失太多良机之后，最后只得将自己贱卖。2017年6月13日，美国电信公司威瑞森宣布以44.8亿美元的价格收购雅虎旗下核心网络事业，市值曾一度高达1 200亿美元的雅虎，最终以超低价出售。2019年，谷歌以10亿美元的价格收购了雅虎的总部，到这时，雅虎的传奇结束了。

当年雅虎错过的谷歌、Facebook和微软，如今都已发展成为互联网头部企业，而雅虎的高开低走令人唏嘘。企业只有清晰定位、掌握技术优势、懂得适时而变，才能在激烈的市场竞争中立足。

第三节　电子商务网站

电子商务（electronic commerce），是以信息网络技术为手段、以商品交换为中心的商务活动（business activity）。

一、世界电子商务市场

根据美国市场研究公司Imarc Group的数据，2023年全球十大电子商务公司分别是：

（1）亚马逊（Amazon）——电子商务巨头，市值：1.65万亿美元。

在电子商务领域，亚马逊是一个无可争议的行业巨头。1994年由杰夫·贝佐斯创立的亚马逊，已经从一家网上书店转变为一家电子商务巨头，提供无与伦比的产品和服务。其 1.65 万亿美元的市值反映了其主导地位和创新能力，因为它继续扩大产品范围，重塑全球消费者的购物方式。

（2）沃尔玛（Walmart）——零售巨头数字化转型的成功典范，市值：3 610 亿美元。

拥有实体店传统的零售巨头沃尔玛已经成功地拥抱了数字革命。沃尔玛的电子商务业务增长迅速，市值达 3 610 亿美元。沃尔玛利用广泛的供应链和全渠道方法，已经巩固了其作为数字商务领域关键参与者的地位。

（3）阿里巴巴——亚洲电子商务巨头，市值：2 460 亿美元。

经常被称为“中国亚马逊”的阿里巴巴，已经成为全球电子商务领域不可忽视的力量。阿里巴巴的电子商务平台市值为 2 460 亿美元，已经改变了中国及其他地区人们的购物方式。其多样化的生态系统涵盖了从电子商务、云计算到数字娱乐和金融科技的方方面面。

（4）美团——一体化生活方式平台，市值：1 370 亿美元。

源于中国的美团通过将各种服务整合到一个平台上，重新定义了电子商务。虽然美团主要以外卖服务闻名，但随着其在旅游、休闲和娱乐领域的扩张，市值已达到 1 370 亿美元。美团提供整体生活方式体验的能力为它在电子商务领域赢得了突出的地位。

（5）拼多多，市值：890 亿美元。

拼多多以其创新的团购模式脱颖而出。拼多多平台注重价格实惠和社交互动，鼓励消费者组队以折扣价购买产品。其独特的经营方式已经带来了 890 亿美元的市值，展示了协作购物的力量。

（6）京东商城，市值：870 亿美元。

京东商城已经巩固了其作为技术巨头的声誉。京东商城市值为 870 亿美元，在自动化、物流和供应链技术方面的投资使其脱颖而出。它致力于提供无缝的购物体验，这在中国和全球消费者中都引起了共鸣。

（7）Shopify，市值：420 亿美元。

加拿大电子商务平台 Shopify 已经授权企业家建立和发展他们的在线业务。用户友好的界面和全面的工具套件使其市值达到 420 亿美元。通过让个人进入电子商务领域，Shopify 实现了在线零售的民主化。

（8）Flipkart——印度电子商务巨头，净资产：400 亿美元。

印度电商巨头 Flipkart 吸引了快速增长的数字市场的关注。凭借 400 亿美元的净资产，Flipkart 的战略合作伙伴关系、创新产品以及对客户满意度的承诺为其在竞争激烈的环境中取得成功做出了贡献。

（9）易趣（eBay）——在线拍卖的先驱，市值：280 亿美元。

易趣是电子商务领域的先驱，向世界介绍了在线拍卖的概念。易趣平台市值为 280 亿美元，仍然是买家和卖家联系和参与交易的中心。易趣持久的传统和对消费者商务的承诺为它赢得了在这份名单上的一席之地。

（10）Sea Limited，市值：270 亿美元。

Sea Limited 是一家新加坡公司，在电子商务、游戏和数字金融服务等多个数字领域都取得了成功。Sea Limited 拥有 270 亿美元的市值，能够提供多样化的产品，满足消费者不断变化的需求，是电子商务领域的重要参与者。

二、中国电子商务市场

2023 年 11 月 23 日，以“数字贸易 商通全球”为主题的第二届全球数字贸易博览会在杭州国际博览中心开幕，大会发布了《中国数字贸易发展报告 2022》。报告显示，中国可数字化交付服务进出口额规模再创历史新高，在全球竞争中已成为全球规模最大、最具活力的电子商务市场。2022 年，中国可数字化交付的服务进出口额为 3 727.1 亿美元，同比增长 3.4%，规模再创历史新高。其中，出口 2 105.4 亿美元，同比增长 7.6%；进口 1 621.7亿美元，同比下降 1.6%；实现顺差 483.7 亿美元，比上年增长 175.4 亿美元。跨境电商进出口额达 2.11 万亿元人民币，同比增长 9.8%。其中，出口额达 1.55 万亿元，同比增长 11.7%。

近年来，拼多多进步神速，中国久未变动的电商行业竞争格局也开始重新洗牌。截至 2023 年 12 月 31 日，拼多多市值达到 13 768 亿元，与阿里巴巴市值仅相差 190 亿元，为京东市值的 4 倍。

目前国内电商市场，已经形成阿里巴巴、京东、拼多多、美团、抖音等平台多足鼎立的竞争格局。2013 年，初创期的今日头条找上了腾讯战略投资部门，希望争取到融资。不过今日头条的“算法推荐”没能打动腾讯。2023 年，字节跳动营收已然超过腾讯，营收增速甚至是腾讯的三倍还多。字节跳动的王牌也早已不是今日头条而是抖音——中文互联网最大的流量平台之一、最主流的内容消费平台之一，也是最主流的电商平台之一。

三、中国电子商务企业耕耘国际市场

根据中国海关的统计，2023 年我国跨境电商进出口 2.38 万亿元，增长 15.6%。其中，出口 1.83 万亿元，增长 19.6%。我国跨境电商的发展离不开速卖通 AliExpress、SHEIN、TEMU 及 TikTok Shop 等跨境电商平台的飞速增长，商业模式在市场竞争中迅速迭代。以上“出海四小龙”背靠中国优质供应链，以性价比及社交营销策略扩大用户群，在发达和发展中市场均赢得一席之地，海外用户规模迅速增长。

阿里巴巴旗下的速卖通 AliExpress 带动了阿里巴巴的海外市场整体业绩。2023 年中报数据显示，阿里巴巴 2023 年上半年国际数字商业收入同比增长 47%。

国海证券研报显示，2017 年至 2022 年，SHEIN 的营收高速增长。其中，SHEIN 在 2022 年的营收达到 227 亿元，较 2021 年增长 45%。SHEIN 业绩的飞速增长与以“小单快反”的模式实现低价的策略有关。SHEIN 利用实际市场需求来预测销售和控制生产，对不同款式进行少量订单的试销，通过“测款”来判断市场需求，热销款式加大产量，滞销款式则立即停产。SHEIN 在美国、巴西、墨西哥等市场表现较为突出。点点数据显示，2023 年，SHEIN 下载量最大的国家为巴西，占比超过 10%。

在国内市场迅速增长的拼多多在海外市场复制了一个新的“拼多多”——TEMU，并迅速在美国、欧洲等发达市场取得了相当大的市场份额。TEMU 的迅速崛起与其巨额投入、高效运营以及创新的“全托管”模式密切相关。

TEMU 的全托管模式，是由公司的电商平台全权承包店铺运营、物流配送、售后服务等复杂环节，商家仅需负责产品的供应。通过这种方式，TEMU 可以在大量供应商中挑选最具性价比的产品，掌握定价权。营销方面，除了巨量广告营销外，TEMU 还沿用了拼多多的“拼团”模式，先后在美国和其他新市场上线各种基于社交裂变的优惠促销活动，鼓励消费者通过拼团的方式获得更低的价格。

TikTok Shop 起源于短视频平台 TikTok，让购物变得更为社交化。目前，其业务范围已迅速扩展到美国、英国、印度、印度尼西亚等全球多个国家。

中国电商“出海四小龙”的强势崛起已经对海外电商巨头形成了竞争压力，成长最快的 TEMU 在美国本土市场的用户规模甚至已经能够和亚马逊平分秋色。点点数据的监测显示，自 2023 年 12 月起，TEMU 在美国市场的日活用户数已经稳定在 2 500 万附近，已超越亚马逊。

除 SHEIN 外，TEMU、TikTok Shop、速卖通 AliExpress 背后都站着国内互联网巨头，分别代表着拼多多、字节跳动和阿里巴巴。中国跨境电商巨头的出海，本质上是国内制造业的外输。与以往不同的是，现在不仅是商品的输出，更多是产业链的输出。无论是美国还是东南亚，来自中国的新兴跨境电商平台都在当地市场刮起了一阵阵旋风，迅速革新了本土的商业面貌和竞争格局，甚至改变了人们的消费习惯，这是新的全球化切面，生动迷人而充满诱惑。

中国庞大的国内消费市场和完备的供应链体系为电商平台提供了丰厚的土壤，中国互联网公司经过多年本土激烈的市场竞争发展出了强劲竞争力。中国的互联网公司走向海外，不仅有助于消化国内制造业产能、大规模贡献就业，而且为全球消费者提供种类丰富、物美价廉的商品，这是一场双赢。

本章小结

本章主要阐释了 Web 1.0 时代新媒体的主要形态，包括搜索引擎、门户网站、垂直网站、电子商务网站，重点讲述了搜索引擎的原理与检索技巧。

思考题

1. 列出你最常用的搜索引擎，并简述其基本检索策略。
2. 如何对网络信息进行过滤和分析？
3. 你最喜欢的门户网站是哪家？谈谈你的理由。
4. 请分析淘宝网的优势与不足。
5. 你认为目前国内外主要搜索引擎服务中存在哪些问题？应当如何优化或改善？
6. 在网络搜索引擎的使用过程中，用户在刚开始输入关键词时，往往会自动出现一些“相关”的词语以补全搜索词条。你认为这种搜索引擎的“自动补全”功能可能产生哪些传播问题？为什么？
7. 你认为电子商务平台相比线下商贸活动的主要优势有哪些？网络购物过程中会涉及哪些传播活动？这些传播活动相对于面对面购物的场景而言有何优势？

8. 请简述我国电子商务平台的发展过程及运营模式的主要变化，并谈谈你认为目前我国的电子商务平台在信息与用户服务方面存在哪些问题。

在线自测

扫一扫　练一练

第六章 博 客

博客（blog）具有网络群体传播和网络大众传播的双重特点。

博客的历史在国外最早可以追溯到20世纪90年代。作为一种新的网络交流、沟通形式，博客的发展大受网友的青睐。

微博客（即微博）问世后，因其简便易用，发展势头很快超过博客。

第一节 博客概述

在博客短暂的发展史中有两件事不得不提。第一件是1998年的“德拉吉报道”（Drudge report），它让世界第一次真正感受到博客的力量。1998年1月17日深夜，麦特·德拉吉（Matt Drudge）在他的网站“德拉吉报道”上发布了一条令人震惊的消息：“在付印前的最后一分钟，星期六晚上6点，《新闻周刊》杂志抽掉了一条重要新闻。这条重要新闻注定将动摇华盛顿的地基：一位白宫实习生与美国总统有染。”（网站报道的局部页面见图6-1。）这就是后来世人皆知的“克林顿与莱温斯基绯闻案”。“德拉吉报道”率先播出克林顿与莱温斯基绯闻案，被认为是最早的、成功的政治博客，在整整半年时间内引领了美国的政治议程。这则报道在新闻史上创下了一个个人网站长时间设定社会焦点话题并使传统主流媒体蒙羞的先例。

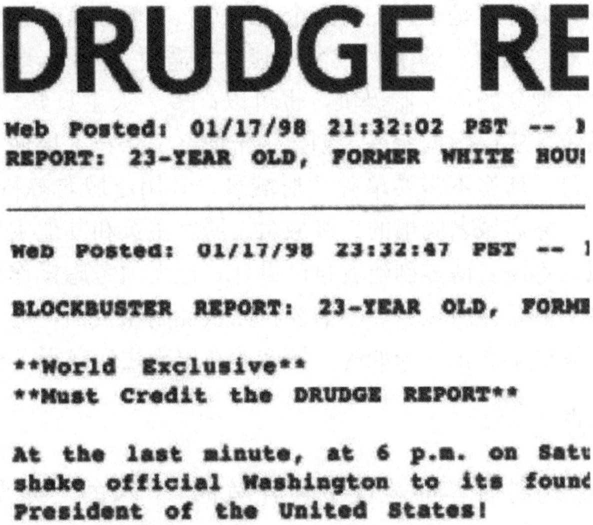
DRUDGE RE

Web Posted: 01/17/98 21:32:02 PST --

REPORT: 23-YEAR OLD, FORMER WHITE HOU

Web Posted: 01/17/98 23:32:47 PST --

BLOCKBUSTER REPORT: 23-YEAR OLD, FORME

World Exclusive

Must Credit the DRUDGE REPORT

At the last minute, at 6 p.m. on Satu
shake official Washington to its found
President of the United States!

图6-1 1998年“德拉吉报道”对克林顿绯闻案的报道（局部）

第二件是2001年的“9·11”事件，这是博客发展的分水岭。正是这场恐怖袭击，使人们重新认识到生命的脆弱、人与人沟通的重要，也对最实时、最有效的信息传递方式有了全新的认识。可以说，对“9·11”事件最真实、最生动的描述不在《纽约时报》上，而在那些幸存者的博客日志中；对事情最深刻的反思与讨论，也不是出自哪一位著名记者之手，而是在诸多博客当中。

正是在这两大事件之后，博客为越来越多的人所熟知，博客队伍迅速壮大。博客力量的日益壮大引起了广泛的关注，主流网络媒体纷纷开始吸引博客加盟，以免落伍。企业界把博客形式引入企业内联网和公司网站。

自2002年起，方兴东等人开始在中国大力推广博客，他们将blog翻译成“博客”，并创建了国内第一家较有规模的专业博客网站——“博客中国”。这种新的网络传播方式开始为越来越多的普通网民所关注。

一、博客的概念

博客是英文单词blog的音译。Blog是Weblog的简称，即Web和log的组合词，Weblog就是一种在网络上的信息记录形式，简称“网络日志”。Blogger或Weblogger是指习惯于日常记录并使用Weblog工具的人，国内普遍翻译成“博客”。事实上，博客不仅指使用Weblog的人，也可以指提供Weblog的服务或工具。人们一般将在网络上利用博客工具创建博客网站、写网络日志的现象称为博客现象。

博客概念主要体现在三个方面：频繁更新（frequency）、简短明了（brevity）、个性化（personality）。其更规范、更明晰的形式界定为：(1) 网页主体内容由不断更新的、个性化的众多“帖子”组成；(2) 内容按时间顺序排列，而且一般是倒序方式，也就是最新的放在最上面，最旧的放在最下面；(3) 内容可以是各种主题、各种外观布局和各种写作风格，但是文章内容必须以“超链接”作为重要的表达方式。

从技术层面上讲，博客就是个人主页或个人网站。一般而言，创建个人主页或个人网站，我们首先需要注册一个独立的个人域名；其次，需要一个IP地址；最后，需要一个空间，这个空间可以由独立的服务器提供，也可以许多个人主页共享一个服务器的空间，服务器还要有操作系统、底层数据库等。创建一个博客，从技术层面上讲，与创建一个个人主页是一样的。但是，博客不需要单独注册域名，利用泛域名解析技术和数据库技术，系统可以自动生成与服务商域名同根的二级域名。博客主页和其他主要页面都可以利用服务商提供的现成模板，不需要博客创建者自己设计，也无须考虑操作系统、底层数据库设置等技术问题。博客不需要注册域名，不需要自己设计制作页面，甚至不需要花钱租赁空间，理论上可以做到零成本。正因为如此，博客才在出现之后获得了很大的发展。

二、博客的特点

（一）博客从形式到内容都是自由和开放的，个人的思想与言论在这里可以得到原初的呈现

在现实生活中，人们往往因为社会环境、社会角色、社会地位与社会关系的制约而在

具体的场域、不同的情境说各种不同的话，习惯了戴着各种面具说话和办事，而更多地隐藏自己内心真实的思想或只在自己的私人领域表达与交流。博客则不同，它提供了一个没有束缚的空间，也提供了主体充分表达自我的可能：网络的虚拟性使主体可以隐匿其真实身份，无障碍地表达心中的真实思想与感受；网络的开放性使主体可以随时传播自己的文章、作品与观点，并且瞬间传遍全球；网络的互动性使主体可以方便地与人交流、沟通与互动。

（二）博客在一定程度上左右着网络甚至社会舆论

博客在国外出现之初，就表现出不同凡响的社会价值。麦特·德拉吉在披露克林顿与莱温斯基的绯闻案时就被传统的新闻界认为“不准确、不道德”。但博客最终以其对事实的追求与对真相的披露赢得了不同寻常的公信力。在对伊拉克战争的报道中，博客报道客观中立，找回了主流媒体在战争中失去的中立原则。博客行为独立自主，在揭露事实真相方面具有独特的优势。2002 年，有博客披露了美国参议院多数党领袖洛特的种族主义言论，导致他被迫辞职。

（三）博客具有共享性

用博客方式产生的知识，以共享方式扩散。每个博客都有固定的网址，所有网民都可以通过这个网址阅读文章，最大限度地实现个人资源共享。

（四）博客具有互动性

博客以留言的方式进行交流，传者和受者可以实时互动，成为真正意义上的对话者。博客打破了传统媒体中单向的传播方式，信息的发出者也可以是接收者，具有双重性。这种互动性可以调动人们积极参与的热情，实现一些在现实中受限制而不能参与的交流。

（五）博客具有大众化特征

在技术层面，博客满足了“四零”（零技术、零成本、零编辑、零形式）条件，将最简单实用的形式免费提供给使用者，人们只需选择简单的模板，就可以创建属于自己的博客，使用博客几乎不产生任何费用。正因为博客的“零进入门槛”，几乎任何人都可以拥有自己的博客；相比之下，在传统媒体中只有社会精英才有话语权。

（六）博客具有娱乐性

许多博客出于自娱自乐而创作，并非完全为了获得经济报酬，写作源于内心冲动，强调感性，是一种自由体验式写作。博客文章没有文体限制，没有字数、质量要求。博客同时具备记者、编辑和出版者三种身份，实时写作、自我校验。

（七）博客具有草根性

无论是在技术、形式还是在商业模式上，博客都平淡无奇，然而这也正是它的草根或平民气质所在。博客没有很高的技术含量，没有任何新技术，不需要注册域名，不需要租用服务器空间，不需要许多软件工具，不需要许多网页制作知识。博客是一种“傻瓜式”的工具，就如同人们拿到纸和笔就可以写、画一样。

（八）博客具有感性化的特点

博客写作源于内心冲动，是一种体验式写作。博客文章无内容限制，没有字数要求，甚至也不苛求质量，只需手指与键盘配合便可用文字捕捉自我刹那间的所思、所想、所感。这种强调感性的特质特别适合现代人的需要。因为在生活节奏不断加快的消费社会里，现代人会产生“无家可归感”，尤其是在大都市里游走的孤独人群，常常感觉自己如一叶浮萍，飘飘悠悠找不到落脚的地方。这里的“家”，不是指身体居处的物质空间，而是哲学意义上的“家”，即精神上的平衡、安宁、和谐之所在。博客借助电脑和网络技术为现代人提供了一个精神交流的场所。

三、博客对新闻传播的影响

在博客发展过程中，对克林顿与莱温斯基绯闻案、“9・11”事件和伊拉克战争的报道是几件具有标志性意义的事件。1998 年 1 月 17 日，德拉吉的博客网站成为世界上第一个报道克林顿与莱温斯基绯闻的地方；2001 年“9・11”事件爆发后，以戴夫・温纳（Dave Winer）的 Scripting News 为代表的个人博客网站成为人们获取信息的重要来源。在国内的博客发展中存在两种趋势：一是以博客中国为代表的专业化、专栏化；二是以中国博客网和 Blogbus 为代表的“私人日志”式。前者专业板块多、专栏作者多，涵盖了社会、网络产业、经济、文化等多层面，以权威性和深度见长。后者大多是以个人主页形式呈现的、连续更新的、较为完整地记录个人生活的网络日志，它基本以个体生命的感悟、个体经验的传达为主，呈现出鲜明的私人性和个性化特征。

博客这一新媒介的出现影响了传统的传播方式，并对既有的传播学理论产生影响，而由库尔特・卢因（Kurt Lewin）提出的“把关人”理论就是其中之一。由于新媒体的匿名性，人们可以自由地在网上发布自己认为有用的信息，这些信息可以是传统媒体未予披露的新闻内幕，也可以是传统媒体众多信息的集纳，甚至个人的所见所闻等，这使得过去大众传媒组织所特有的把关特权开始为广大的公众享有。因此在网络时代，把关人机制出现了漏洞。尤其是博客的大量涌现导致这一情况更加严重。

传统的大众传播媒体的传播者，无论是特定的社会集团还是媒体组织或媒体工作者，都是传播的主体，是传播行为的发起者，是通过发出的信息主动作用于他人的人。他们始终处于传播过程的上游，对信息的内容、流向、流量以及受传者的反应起着重要的控制作用，是传播特权的拥有者，也就是所谓的“精英”阶层。对于“精英”们传达的信息，广大的公众只能被动地接收。

博客的零技术门槛，使得每个人都可以自由、随意地参与到新闻生产中。虽然博客无法和大众传媒相比，但其作为新闻信息的补充来源，作为新闻信息的再加工者、整合者以及解读者，已经越来越显现出在新闻生产环节中的独特价值，可以在某种程度上不受把关人的限制。因此，有人提出了“市民新闻学”或“公民新闻学”的概念。

四、博客存在的问题

博客给传统道德带来了一系列冲击，其虚拟性弱化了道德规范，信息多元化导致了道德信念的迷失，匿名性导致了道德人格的异化。博客作为一种弘扬个性的新媒体方式，其主要目的应该是发掘个人的社会价值，拓展个人的知识视野，充分发挥网络的知识价值，追求健康、个性、平民精神。而一些人开通博客，仅仅是为了赶时髦、哗众取宠，其做法严重违背博客的基本道德精神。博客对传统道德的弱化、迷失、异化，已成为不容忽视的社会问题。

此外，从新闻传播的角度看，博客仍存在很大局限性，无法替代传统主流媒体。这主要体现在以下几点。

（一）博客仍然需要传统主流媒体

博客的发展离不开传统主流媒体。目前在信源上，博客在很大程度上还要依赖传统媒体，因为许多博客的内容并非原创，而是把传统媒体的消息转发或链接在博客空间里。传统媒体还为博客提供了批判的靶子，离开了报纸和广播电视，博客便失去了批判对象，很多以挑战传统媒体为己任的博客将不复存在。

（二）博客不具备新闻专业性，不是真正的新闻媒体和记者

尽管博客在及时性、目击性、多元化，甚至在某些领域的专业性上具有优势，但是在新闻专业素养方面，博客仍远远不及传统媒体的新闻记者，还不是真正的新闻记者。真正的新闻记者需要具备洞察能力，需要有对现场的处理经验和把握能力以及审慎的态度，博客不可能都成为新闻记者。博客只是碰巧报道了发生在自己身边的事件，并不是真正意义上的自觉的新闻记者。博客文章往往从发布新闻直接跳向发表评论，缺乏平衡性的分析，很容易被不同利益集团操纵。非专业性也使得虚假新闻、误导性内容和错误及失实报道频频出现，影响博客的可信度。

第二节 微 博

微博，即微博客（microblog）的简称，是一个基于用户关系的信息分享、传播以及获取平台，用户可以通过 Web、WAP 以及各种客户端组建个人社区，以简短的文字更新信息，并实现即时分享。国际上最早、影响力最大的微博是美国的 Twitter；国内微博市场份额最大的是新浪微博和腾讯微博。

一、微博的发展

第一家提供移动社交网站和微博服务的公司是创建于 2006 年的美国公司 Twitter（推特）。Twitter 可以让用户更新不超过 140 个字符的消息（除中文、日文和韩文外已提高上限至 280 个字符），这些消息也被称作推文（Tweet）。

Twitter 最初叫 Twitch（意为抽搐、振动），这是形容手机振动状态的一个词，网站的创建者们试图引发用户对无处不在的手机振动声的联想。考虑到 twitch 用作产品名称引发的视觉想象不是特别友好，他们查看字典寻找发音和 twitch 相近的字，最终找到了“twitter”。在英文字典中，twitter 的释义有二：一为“简短、细琐、突然迸发的信息”；二为“小鸟的啁啾”。该词的使用形象地展现了 Twitter 的特性并能赋予产品美好的视觉想象。

图 6－2 是 Twitter 的一个页面，从中可以看出人们在 Twitter 上交流的多为日常生活经历。

图 6-2　Twitter 页面

微博从诞生之初起，就秉持跨平台数据互动交流的理念。

以 Twitter 为例，它支持的输入界面有：Twitter API、Facebook 等社交网、即时通信、短信、Twitter 自身界面。它支持的输出界面有：Twitter API、Facebook 等社交网、即时通信、短信、RSS、Twitter 自身界面等。图 6-3 列出了 Twitter 所支持的输入、输出界面。

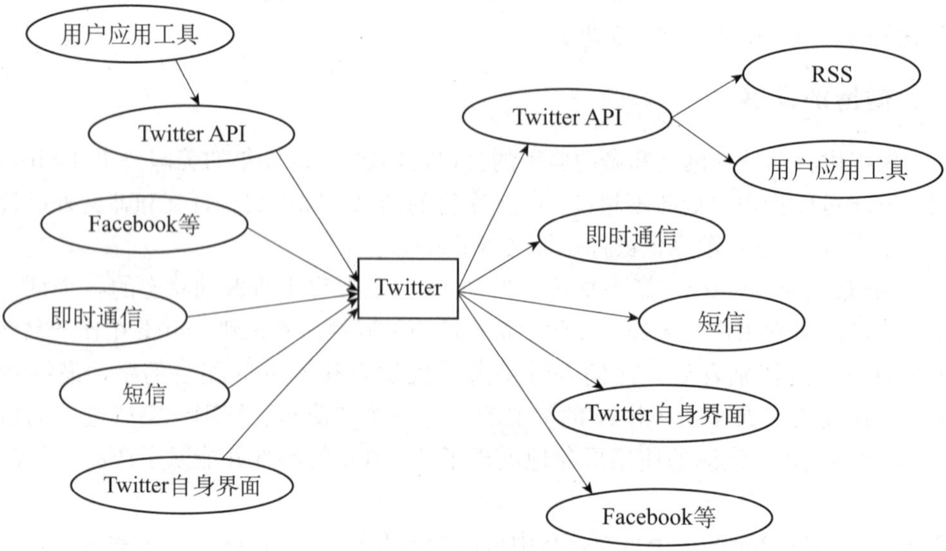

图 6-3　Twitter 支持的输入、输出界面

值得一提的是，Twitter 的成功有赖于其开放 API。网站提供开放平台的 API 后，可以吸引一些第三方的开发人员在该平台上开发商业应用，平台提供商可以获得更多的流量与市场份额，第三方开发者不需要庞大的硬件与技术投资就可以轻松快捷地创业，从而达到双赢的目的。第三方应用扩大了 Twitter 原有的功能，让 Twitter 更好用，从而极大地丰富了 Twitter 平台自身的功用。现在，Twitter 超过一半的流量都是来自第三方 API。

但是，随着 Twitter 的开放，API 发布数量不断增加，其运营过程也开始暴露出一些问题。开放 API 的巨大的访问量引起了 Twitter 种种性能问题，使得 Twitter 的稳定性大为降低，为了支持大量的外部 API，Twitter 宕机频繁，这种情况几乎所有 Twitter 用户都遇到过。

2022 年 10 月，埃隆·里夫·马斯克以 440 亿美元达成收购 Twitter 的交易。2023 年 7 月，Twitter 更名为 X，其月活跃用户数量超过了 5.41 亿。

二、微博的优势

微博有不少优势，主要表现在以下几个方面。

（一）简单易用

微博对用户的技术要求门槛很低，用户可以通过手机、电脑等来即时更新自己的个人信息。

（二）主动性强

只要轻点“关注”，即表示用户愿意接收某位用户的即时更新信息，用户不想继续接收特定用户的信息时，点“取消关注”便不会再接收来自特定用户的信息了。

（三）及时性强

微博网站的即时通信功能强，在没有电脑的地方，只要有手机也可即时更新内容。一些大的突发事件或引起全球关注的大事，如果有微博客在场，他们便利用各种手段在微博上发表出来。

（四）发布平台的开放与多样性

可以通过手机、IM 软件（Gtalk、MSN、QQ、Skype）和外部 API 接口等途径向微博发布消息。

作为博客之后的一种新型媒介形态，微博的诞生也引发了学界、业界的广泛关注。有人认为微博带来了 Web 3.0 时代的春天，有人认为微博的出现对于新媒体的发展而言是一次巨大的跃迁，在微博上真正实现了 Web 2.0 时代都不曾有过的即时互动。

微博的社会意义在于推动社会的民主化，促进企业营销，有助于公民社会的形成。但是，微博亦是一把双刃剑，微博的不足正在制约其发展。

三、微博对新闻行业的影响

（一）微博成为重要的消息来源

微博支持多界面的信息输入和输出，尤其是它与手机的结合，使其具备了成为一种重要的消息来源的条件。

案 例

微博在伊朗“绿色革命”中扮演重要角色

微博在2009年伊朗“绿色革命”的信息传播中扮演了重要的角色。2009年伊朗的“绿色革命”是一场大型的反政府群众运动。在2009年伊朗总统选举中，官方宣布马哈茂德·艾哈迈迪-内贾德以绝对优势成功连任，但是反对派总统候选人、前总理米尔·侯赛因·穆萨维认为选举存在严重舞弊，要求重新选举。从6月13日凌晨开始，大批民众走上街头抗议选举不公和艾哈迈迪-内贾德政府。由于穆萨维用绿色作为竞选颜色，因而示威群众大多身穿绿衣或者佩戴绿色丝带、头巾等，并挥舞绿旗，因而该场运动被称为“绿色革命”。

“绿色革命”是伊朗革命以来伊朗国内最严重的冲突，同时，这场运动的一个很大的特点就是对微博技术的广泛应用。由于伊朗政府进行信息管制，封锁和驱逐媒体，导致有关伊朗国内局势的信息不能及时传递出去。但是伊朗民众利用新兴的网络工具，如Twitter、Facebook、YouTube和代理服务器，将示威和政府镇压的实况报道出去。所以很多人也称这次运动为“Twitter革命”。

伊朗“绿色革命”是在重大政治事件中，正常采访途径受到阻碍的情况下，利用微博获取新闻信息的典型事例。

在一些特殊的环境中，由于客观技术条件等的限制，新闻记者有时候也不能及时获得消息。比如在太空探索中，记者要对宇航员进行采访需要克服较多的条件制约，要经过的程序也很多。但利用微博来和宇航员进行沟通，可方便地获得更多的一手信息。2009年5月，美国宇航员迈克·马斯米诺利用Twitter发送哈勃太空望远镜修护的过程，是Twitter首次在太空中应用。

在新媒体时代的记者，如果忽视微博，就等于丧失了一个重要的信息渠道，更等于在媒体融合时代的新闻行业中失去竞争力。

（二）微博在一定程度上影响重大新闻事件发展

在重大新闻事件中，微博扮演着越来越重要的角色，新闻工作者不应忽视这股力量。

案 例

奥巴马在总统竞选中利用微博

在2008年的美国总统选举中诞生了美国历史上首位黑人总统——奥巴马。当选总统后，奥巴马被人们称为首位“互联网总统”。在竞选中，奥巴马非常重视微博的沟通交流功能。其实奥巴马的民主党竞争对手希拉里也在Twitter上建立了个人主页，但是，希拉里仅仅把Twitter当作单向信息发布平台，而不是交流工具。奥巴马的Twitter有专人维护，并不会主动关注任何人，而一旦有人关注了奥巴马的Twitter，这些人就会被加为好友。当这些好友发表一些关于奥巴马的言论时，奥巴马的Twitter会主动回复，这拉近了奥巴马与普通选民的距离。而希拉里却很少主动追踪回复她的关注者。到竞选后期，奥巴马获得了15万关注者，而希拉里仅有6 000多。

由此可见，微博使得名人与普通人的零距离、感性接触成为现实。传统的网络传播方式，比如电子邮件，虽然也提供了便捷的沟通方式，但是，电子邮件私人性较强，而且这种信息反馈方式往往有点“冷冰冰的”。

第45任美国总统唐纳德·特朗普（Donald Trump）除了经常在媒体上“语出惊人”地爆出猛料之外，他还拥有千万粉丝的Twitter账号。特朗普很善于利用新媒体资源来向公众传播，因此被称为“推特总统”。特朗普在受弹劾时期，曾创造个人最高发推纪录：单日发推142条。2021年1月6日，在美国国会清点总统大选选举人票期间，部分特朗普支持者暴力冲击国会，造成至少5人死亡，多人受伤。特朗普的Twitter账号也被暂停使用，之后Twitter认为特朗普的言论存在“进一步煽动暴力”的风险，于是将他的账号永久停用。2022年10月，马斯克收购Twitter后，于11月宣布解封特朗普账号。2023年8月24日，在美国社交媒体Twitter（现称“X”）上沉寂超过两年半的美国前总统特朗普再次发帖。帖子发布后仅5小时，就获得了6 100万的阅读量，势头更甚当年。

作为一种社交网络，微博围绕着关注者的理念进化发展，某一用户选择了关注某个微博客，该微博客的更新就会以逆时序出现在该用户的主页上。关注者关注一个人并不需要双方的相互确认，而且关注者可以通过各种方式，如手机等，即时获知被关注者的更新。从系统论的观点来看，一个关注者和被关注者之间可以看作一个系统，在这个系统里，信息从微博支持的各种沟通渠道得以传递。从信息数量上看，微博使从被关注者流向关注者的信息量增加；从信息内容上看，微博上名人的信息更加日常化，更能满足关注者对名人全方位了解的欲望，甚至于满足他们的一定程度的“偷窥欲”；从信息流向上看，在微博里，信息的传递方式是互动的、双向性的。在一个系统里，“熵”的存在使得系统趋于无序、混乱，而信息——“负熵”能通过减少或消除不确定性来使系统内部达到有序、平衡。微博里，信息的数量、内容、双向流动等都比传统网络传播模式更加有利于消除“熵”，使关注者和被关注者构成的系统趋于良性发展。

了解这一点，能使我们对微博在重大公共事件中发挥的作用及其影响力的来源有更深刻的了解，从而在新闻采写中善于利用微博，甚至通过微博里的互动方式对事件的发展进行一定程度的预测。

（三）微博是媒介组织传播产品的新方式

微博短小精悍的特点使其也成为实时新闻更新的重要来源。新闻机构使用微博发送重大新闻的链接、发布头条以及简短网址。在这个方面，Twitter可以算是传统RSS的替代品。

此外，新闻媒介组织还可以利用微博发现潜在受众。在微博里，如果一组节点相互间的联系要比与节点外的联系明显密切得多，那么我们可以笼统地把它称作一个“群落”，这些群落常常因共同的兴趣而形成。用户在某一群落中的行为可能与其进入另一群落时的行为大有不同。比如，在某一群落里，一个人可能是活跃的信息源，而在另一个群落里，他扮演的却是信息搜寻者的角色。

利用一定的技术手段，我们可以通过确定一些社群来实现新闻产品的定点传播。比如，通过电脑数据分析，我们发现某群人之间的交流频率非常高，他们交谈的关键词可能包括工作、Xbox、电子游戏等。他们探讨着共同的兴趣——电玩，同时也会在微博上分享个人感受和经历。那么媒介组织就可以将收集到的关于电玩的最新信息发送给他们。

2009年4月30日，Twitter对其界面进行改版，增加了搜索栏以及热门话题。热门话题是用户在帖子里讨论最多的短语，短语会实时更新。由此，微博具备了另外一个重要功能：除了让用户得到关于自己社交圈或者所关注的圈子的消息，还可以通过向用户展示整个网络最受人关注的焦点，使用户得以及时感知外部世界的整体状况。

这项功能的开发对于克服社会学家们提到的媒体细分化所导致的“信息茧房效应”有积极作用。所谓“信息茧房效应”，是指20世纪90年代以来越来越明显的一种社会现象：人们通常选择接收那些符合自己既有判断标准、自己易于接受的信息。人们企图借助这所“茧房”来逃避现实生活的某种不确定性，减少不得不做出的众多选择。

美国前总统奥巴马的法律顾问、哈佛大学法学院桑斯坦教授在其著作《信息乌托邦》中提出了“信息茧房”的概念。在信息传播中，因公众自身的信息需求并非全方位的，公众只注意自己选择的东西和使自己愉悦的通信领域，久而久之，会将自身桎梏于像蚕茧一般的“茧房”中。桑斯坦认为，“信息茧房”以“个人日报”的形式呈现伴随着网络技术的发达、信息的剧增，公众可随意选择想关注的话题，可依据喜好定制报纸、杂志，每个人都可为自己量身打造一份“个人日报”。当个人被禁锢在自我建构的信息脉络中，个人生活必然变得程序化、定式化。

桑斯坦解释说，生活在“信息茧房”里，公众就不可能考虑周全，因为他们自身的先入之见将逐渐根深蒂固。一些国家就由于这个原因走向灾难。对于生活在“信息茧房”的领导人和其他人而言，一个安慰是这是一个温暖、友好的地方，每个人都分享着我们的观点。但是，其重大的错误就是舒适的代价。对于私人和公共机构而言，“信息茧房”可以变成公众一种可怕的梦魇。桑斯坦指出，在互联网出现之初，麻省理工学院的传媒与科技专家尼古拉斯·尼葛洛庞帝就预言了“我的日报”——一种完全个人化的报纸的出现。在其上，每个人都可以在其中挑选他喜欢的主题和看法。对于社会普通公众中的某些人而言，这是一个真正的机会，也是风险，有时会给商业和民主带来不幸的结果。

在桑斯坦看来，网络的广泛使用，让每个人都能获得自己所喜欢的信息。假如说一个社会也是如此的话，各个社会群体便会分裂。这样的一种思想偏狭将会带来各种误会和偏见。正是因为消息是免费获取的，所以在无数的新闻面前，公众必须做出取舍。假如每个人都只按照自己的心意选择自己喜欢看的消息，那么，每个人的世界图景都只是他们所希望看到的，而不是世界本来应该拥有的样子。“信息茧房”的提出，不乏思想渊源。早在19世纪，法国思想家托克维尔就发现，民主社会天然地易于促成个人主义的生成，并随着身份平等的推广而扩散。微博有可以过滤自己不感兴趣的信息和人的功能，有可能会导致其使用者被分化为越来越小的、与社会其他部分没有什么共同点的兴趣群体。而热点话题的实时更新，为使用微博的人打开了一扇关注外部社会的便捷窗口。这无疑是信息传播扩散方式的一大进步。

（四）微博与媒介组织的网络口碑营销

口碑是人们口口相传的对某一事物的评价。在市场营销中，口碑是一个顾客与他人分享关于某一公司、产品、服务的细节，对其进行评价的互动过程。口碑得以形成有赖于人们的社交网络，人们往往更相信来自自己社交圈子的信息。口碑往往是市场营销中最难控制和影响的方面。随着互联网的发展，口碑对企业形象、产品形象产生的影响越来越大。

微博被用来提供产品信息，或者把潜在顾客吸引到媒介组织的网站或者博客上。一些媒介组织雇用商业机构监控微博上关于自己产品和竞争对手产品的信息，可实行精确营销。

利用微博监控工具，媒介组织还可以跟踪对自己的产品或服务有不良评价的用户，及时介入解决问题，化解尚处于酝酿期的危机。此外，媒介组织还可以通过微博的投票、调查工具等获得实时反馈。

在激烈的同行竞争中，无论是想保持优势地位还是维持生存，媒介组织都必须靠良好的企业形象。微博作为网络口碑的重要传播方式，对于媒介组织形象的树立和维护，起着不容忽视的作用。

（五）微博在媒介组织内的应用

微博有望成为一种新的组织内沟通媒介。在过去几年里，随着远程办公的发展，组织内传播由传统的面对面传播，转向越来越依赖利用电子邮件、即时通信等的在线网络传播。但是，随着企业扁平化管理、精减裁员等所带来的工作压力的增大，电子邮件、即时通信等虽然便利，但是可能会对工作造成干扰，因此一些公司明令禁止在办公时间使用即时通信工具。

随着越来越多的用户在微博上发布近况，微博可能成为媒介组织内员工的非正式沟通渠道，满足组织成员的信息需求以及社交、情感需求。在信息需求方面，媒介组织成员间可以分享有用的机会信息，交流职业心路历程，维护共同的利益基础等。在情感需求方面，微博可以通过展示工作以外的多彩生活，让媒介组织成员共享生活体验，从而成为媒介组织内部公众的情感纽带。

四、微博的不足

（一）发布信息随意性强，真实性没有保障

微博上发布的信息的传播缺少传播学中所说的把关人的把关，微博信息均未经核实，网民发布信息随意性强，真实性没有保障。微博上的各种虚构事件进一步凸显了微博信息可信度低的问题。

有人热烈地颂赞微博以 140 字的“微内容”带来了“微革命”，但是微博上个人发表的声音与意见，其真实性依然难以得到确认。在自我表达的同时，微博上的言论仍然面临着失范的危险。微博进一步催生了大众书写与表达的欲望，但是这种书写是零碎的与片段式的，内容呈现出多元化、琐碎、没有标题等特征。微博上的信息是博主自己发布的，具有私密性与公开性，这些没有经过认证、筛选的信息甚至有可能引发社会恐慌，扰乱社会秩序。

微博用户发布信息时所处的环境往往充满着不确定性与随意性。这直接导致微博用户在发布信息时往往蜻蜓点水般地一带而过，很少去深思熟虑。加上微博网站对用户的发布

状态没有过多的限制与要求，因此用户表达会更加随意，这种状态往往导致用户的表达缺乏节制。

微博流言的盛行及广泛传播深深阻碍了它作为时代记录者的公正角色。这意味着在微博中找寻有价值的新闻点不仅如同大海捞针，而且即使在各类庞杂的信息中找到了有价值的新闻，也未必就能确定它的真实性。

知识窗

“僵尸粉”

“僵尸粉”指极度不活跃的用户，多是被人注册来增加粉丝数或制造垃圾微博的账户。“僵尸粉”的大量存在使得网民对微博网站或频道、知名微博客产生了信任危机。“僵尸粉”的界定标准有三条：已注销、粉丝数低于5个、微博数低于5条。只要满足其中任何一条的微博账户就可被认定为“僵尸粉”。

（二）微博具有草根性，实质是娱乐化平台

每条微博限定在140字以内必然导致信息传播的碎片化。单条微博信息十分有限，但是微博信息总体上却又具有海量性，两者之间存在尖锐的矛盾。这一矛盾，造就了微博的草根性和娱乐性。在微博上，140字的限制将平民和莎士比亚拉到了同一水平线上。

不少微博过于关注甚至有意暴露个人隐私，尤其是明星的隐私，微博甚至已经成为娱乐圈的“微观江湖”。作为一种公共传播的私人媒介，微小的个人事件特别是名人的个人生活、情感事件都可能会被微博用户曝光。目前，访问量最高的微博几乎都是娱乐明星的微博，微博实质上成为娱乐化平台。如果一些未经核实的事件被网民盲目转发，极容易造成微博用户集体娱乐公共事件。

（三）微博已经成为商业炒作的工具

通过微博进行商业炒作提升人气是微博的一种重要功能。作为一种网络沟通方式，微博有别于传统的网络营销，它反映了公司与客户之间沟通方式的多元化，增加了公司与客户群体之间相互了解的可能。由于微博用户登录采取匿名制，微博信息又处在实时更新状态，再加上其真实性难以考证，微博网站也就最终成为虚假信息的制造工厂和传播源。而在网络平台上以秒为单位不断刷新的海量信息中，难免存在一些别有动机的人故意歪曲事实。

微博营销存在着很多缺憾。首先，微博需要有足够的粉丝量才能保证传播效果，因为人气是微博营销的基石。其次，由于微博里内容更新几乎是无时无刻的，所以如果发布的信息没有及时被粉丝关注，就很有可能被湮没在海量信息中。最后，一条微博信息往往只有几十个字，信息含量非常有限。所以其信息仅限于在微博平台上传播，很难像博客文章那样被大量转载。因此微博营销走向了另外一条道路——炒作。只有通过商业化炒作，微博才能达到其营销的目的。

（四）容易导致社会不稳定

微博用户能够在第一时间获得信息并且更新博文，但是微博这个舆论先锋极有可能在发布正确信息的同时传播许多不准确的消息，甚至是虚假的消息。一些微博用户为了赚取

更高的利润还会借网民之名，打着正义的旗号，造谣生事，煽动网民，甚至不惜采用散布黄赌毒信息、制造虚假新闻、披露隐私、发布不良智力游戏等方式吸引网民的参与，引诱和拉拢未成年人以提升其微博的传播力。与此同时，微博谣言传播行为无法得到及时的法律监管和社会监督。而微博的匿名性和开放性更是掩盖了微博的责任缺失问题。

基于微博自身的快捷分享，其为信息的病毒式传播提供了便利条件。也正是这些特征使得微博成为假信息的发源地与集散地。微博传播是一个交谈双方不断建构话语文本与解构话语文本的过程。传播过程中信源模糊，遇到敏感事件网民往往又没有足够的判断力，很可能会导致谣言进一步传播。谣言的传播一旦失控，其引发的后果将难以预料。

技术的进步往往在政治事件中扮演催化作用。许多人将发生在突尼斯、埃及等国的"茉莉花革命"① 归因于互联网，尤其是 Facebook 和 Twitter 等新媒体和公民媒体。微博在 2011 年埃及革命中成为会聚抗议力量的重要工具。它有效地放大了反对派的力量与声音，促使骚乱横扫全国。尽管穆巴拉克随后采取了极端手段，立即屏蔽了 Facebook 和 Twitter，切断了埃及全国的互联网及移动通信，但是，与突尼斯发生的情况一样，一切都已经太晚。

（五）缺乏有效的盈利模式

全世界所有的微博网站如果独立核算都亏损。Twitter 用户的增长速度虽然令人吃惊，但是仍然处于亏损状态，其收入主要来源是即时信息开放供 Google、微软必应等搜索引擎做即时消息搜索。

目前国内微博的盈利模式主要是"免费＋广告营销"，即免费供网民使用，向企业收营销费用。此外，一些微博网站通过加粉丝、转发博文、评论和炒作话题等方式获取一定的收益。认证是提升微博关注度的方法，不少微博网站的认证渠道都不够透明。这时候就有很多人提供付费认证服务，他们通常通过"内部"关系来完成认证，价格从几十到几百元不等。

没有明确的盈利模式是当下中国微博发展的一个瓶颈。虽然当下关于草根利用微博赚钱的金点子层出不穷，但是在所有微博网站中，还没有一个是盈利的，大多数微博网站仍然停留在跑马圈地的时代。一方面，微博比较零散，界面较混乱，其信息的碎片化程度较高，对于营销传播的技巧要求也相对会更高；另一方面，微博信息可信性较低。这些都决定了在微博上投放广告可能会难以获得持续的关注，因为客户群体从微博上难以获得具有较大吸引力的服务体验。

当前，根据埃弗雷特·罗杰斯的创新扩散理论，微博已经走过了获知、说服、决定、实施、确认五个阶段，已经走过了其发展高峰，正步入下降阶段。

本章小结

本章主要阐释了博客的特点、博客对新闻传播的影响、博客存在的问题，重点讲授了微博的优势及对新闻行业的影响，分析了微博存在的问题。

① "茉莉花革命"，指 2010 年 12 月至 2011 年初在突尼斯、埃及等北非和中东的阿拉伯国家发生的政治剧变。

思考题

1. 请分析博客对新闻传播的影响。

2. 请分析微博的优势与不足。

3. 请简述博客的主要特点。

4. 你认为博客上传播的新近发生的消息是否属于新闻？博客能否替代新闻媒体？

5. 微博相比博客而言具有哪些优势？

6. 请谈谈对微博内容泛娱乐化的看法。

7. 微博中的热点话题往往会引发社会舆论和广大公众参与讨论，对社会舆论环境具有重要影响。结合目前我国网络空间的现状，请谈谈你认为应该如何提升微博中的内容治理。

在线自测

扫一扫　练一练

第七章 微 信

微信改变了很多人的生活方式和信息传播方式，带给人们前所未有的信息便捷、黏合便捷和生活便捷。微信作为时下最热门的社交信息平台，也是移动端的一大入口，正在演变成一大商业交易平台，其对营销行业带来的颠覆性变化开始显现。

第一节 微信的发展

微信是腾讯公司打造的一款社交软件，2011 年 1 月 21 日正式推出。微信支持跨通信运营商、跨操作系统平台通过网络快速发送免费（需消耗少量网络流量）语音短信、视频、图片和文字，同时也可以使用通过共享流媒体内容的资料和基于位置的社交插件。微信提供公众平台、朋友圈、消息推送等功能，同时支持用户将内容分享给好友或者分享到微信朋友圈。微信与支付宝一起已成为中国最重要的移动支付平台。

一、微信概况

微信是一个为智能手机提供即时通信服务的免费应用程序。微信用户数、用户活跃度的持续增长主要源于三个方面的原因：第一是微信群功能、支付功能的不断完善；第二是同京东、搜狗等垂直领域的伙伴达成合作，深化了运营优势；第三是在国际市场上持续推动用户参与度。

微信不是国内第一款移动互联网即时聊天工具，其设计理念也非原创。微信的创意来源于加拿大 Kik Interactive 公司推出的即时通信软件 Kik。Kik 是通过手机用户本地通讯录与联系人直接建立连接，同时实现免费通信聊天、状态同步等多种功能的社交软件。其设计理念越过移动通信自身的硬件壁垒、通信公司运营壁垒以及社交网络障碍，使得个人手机、平板电脑等移动终端成为社交平台。它操作简单、即时性强、推广迅速、资费低廉。Kik 的应用方式非常简单，实现了高效、自然的在线沟通。通过使用 Kik，用户无须面对面就可以充分了解到信息是否真正到达沟通的另一方和是否有反馈。虽然这一款软件在当时还不能发照片、不能实时对讲或者发附件，但却连接了现实世界和虚拟世界，使移动终端成为新的社交节点。随后，全球类 Kik 产品不断问世，至此，基于手机通讯录的即时通信工具初具规模。

国内第一款类 Kik 产品是小米科技推出的米聊。该产品主张“熟人关系”，在米聊联系人中，百分之百是互联网圈内好友。米聊在普通用户中接受程度并不高，主要用户是互联网 IT 界人士，也许是因为米聊基本上是在业界口口相传，欠缺一些面向大众的推广。

微信在 2011 年 1 月正式推出后，其发展速度远超微信团队自身预期，也超出了外人的想象。2011 年 11 月初，微信用户数超过 3 000 万；一个月后，这个数字已达 5 000 万，数倍于其先行者、竞争对手。

微信能够成为“国民第一社交 App”，则得益于微信支付的普及，以及新冠疫情期间健康码的使用。健康码是以实际真实数据为基础，由市民或者返工返岗人员通过自行网上申报，经后台审核后生成的属于个人的二维码。该二维码作为个人在当地出入通行的一个电子凭证，实现一次申报，在申报当地通用。由于健康码是基于微信和支付宝平台的，使得很多原本不用微信的老年群体成为微信用户。

二、微信的传播优势

微信是移动互联网代表性产品。移动互联网（mobile internet，MI）是一种通过智能移动终端、采用移动无线通信方式获取业务和服务的新兴业态，它将移动通信和互联网络两者结合为一体。

微信极大地促进了网络人际传播与人际沟通。人际沟通指的是两人或者两人以上面对面或凭借简单媒介如书信、电话等非大众传播媒介进行的信息交流活动。马歇尔·麦克卢汉认为，媒介塑造和控制着人类的连接方式、行动的规模与形态。媒介起到一种中介作用，而中介正是媒介最基础的本质。这种中介处于人与人之间、人与现实之间，媒介与人体的器官、中枢连接起来，并向外扩展，形成对“人的延伸”。媒介的每一次变革都将改变人们对外界的感知和理解方式，从而彻底地改变社会。微信的广泛应用冲击了之前所有的人际沟通方式，为现代人带来了前所未有的交流体验方式，引发了人际沟通领域的革命。

保罗·莱文森（Paul Levinson）认为，说话与走路是人类两种基本的交流方式，唯有手机的出现，才实现了这两者的真正结合。数字化、互动性是手机的基本特征，其最大的优势是便携性和私密性，作为网络媒体的延伸，兼具互动性好、信息获取即时等特质。作为手机媒体的原始形式，短信具备传播成本低廉，传播及时且能保存编辑，既能同步交互也能异步交互等优势。

微信正在悄然改变着人际沟通方式，其优势是其他媒体无法比拟的：微信本身是免费的；相较短信，微信的语音和视频传播功能使信息传播者与接收者双方之间的沟通更直接、更真实；相较 QQ 与电子邮件，微信又具有更高的到达性；相较微博平台，用微信沟通更为私密。具体地说，微信的传播优势如下。

（一）人性化设计，操作便捷

腾讯微信官网上的广告语曾为“极速、新奇、方便，带给你拇指沟通新体验”。这条广告语点出了微信的第一个便捷之处：“会说话的短信”。而“说”的操作并不复杂，只需用户在语言对讲时按住手机屏幕相关键，将自己想说的话说出去即可。简单的操作深得用户心意，也极大程度地扩展了微信用户基础。

微信打破了传统网络交流的固定范围。通过微信，用户可以与 QQ 好友、手机通讯录联系人，甚至微博的用户进行交流。这样跨平台的交流更加便捷，用户使用一种工具就可以与存在于不同平台和圈子的用户进行沟通，节省了用户熟悉不同产品的时间，提高了沟通效率，也拉近了用户之间的距离，衔接了用户的网络与现实生活。

微信推出 Web 版本后，用户可以不再使用传统的用户名密码登录方式，而是使用手机扫描二维码登录，开创了国内 Web 端扫描登录的先河。

微信可以实现让用户永远在线。微信不占内存，资源消耗很少。从理论上讲，QQ、飞信也可以永远在线，但用户的手机不可能永远不充电、不换电池。另外，手机用户在室内 WiFi 与室外 GPRS、5G 间互动，网络的变换造成信号不稳定，变换一次 QQ 掉线一次，假如信号不好则更加影响使用体验。而这些问题微信都避开了，它可以真正躲在手机后台长久地运行。

（二）多媒体传播

微信可以实时传播文字、图片、音频、视频来全方位、立体地展示传播内容，使信息形式和结构发生本质的变化，使具有不同阅读或收视习惯的受众都得以满足。

智能手机得到迅速普及，以智能手机终端为主要载体的手机媒体具有巨大的发展空间。微信具有语音、文字、图片、视频等多样的传播方式，为媒体传播提供了技术支持和传播平台。

微信的语音和视频传播方式使得人际传播的双方能够充分地表达自己的情感，即自我表达。自我表达是传播者把自己的情绪、心思、感情、态度及地位、身份与对方进行交流的一个过程。自我认识和让他人与自己相互认识是人际传播中的两个内容。人际传播活动能否顺利进行，取决于传播双方能否充分地相互认识、相互理解，而这又取决于双方的自我表达是否充分。面对面的交流仍然是人们觉得最真实和亲近的交流方式。传统即时通信工具基本都是使用文字符号进行信息传播的，其缺陷是无法运用其他辅助的表达手段。同时，交流的背景信息被消减。只使用文字表达，看不到表情和肢体语言；没有声音，感受不到语气、语调。这样的交流缺少对信息的直观感受，传播的质量受到影响。而微信正好弥补了这个缺陷，其视频和语言聊天功能为人际传播提供了必要的背景信息，能给双方更多情感情绪上的感染，在传达信息的同时使传播的内容更加生动；并且“说”短信不仅给用户带来了独特的体验，更方便省时，增加了用户发布信息的能力，还加大了微信的信息量。

微信综合运用语音、文字、图片、视频等多种方式，使得传受双方可以进行充分有效的自我表达，多元化的传播方式满足了用户的各种需求。而“摇一摇”、“搜一搜”、实时对讲机功能更是对社交平台的创新，丰富了用户的社交体验，使传播效果准确且生动。

（三）系统开放，免费使用

微信使用几乎是零资费，性价比非常高。微信可以跨运营商和跨手机操作平台互发“免费”短信，短信通过使用 GPRS 流量发出。30M 流量可以发送上千条语音信息，而目前运营商的短信标准收费为 0.1 元/条，相较之下，微信的资费可以忽略不计了。因此微信对传统短信和飞信产生了非常大的冲击。

（四）用户黏度高

为了推广微信，腾讯旗下产品全线联合，从 QQ 聊天面板到 QQ 邮箱，不遗余力。从传播模式看，微信的传播主体非常明确，就是基于手机 QQ 用户。与米聊等需要注册信息的即时通信工具相比，微信通过 QQ、QQ 邮箱、QQ 音乐等相关联，可以直接登录并且在 QQ 好友里添加好友，可以接收离线信息，这些优势更增加了用户黏度，使微信得到了更大范围的普及。

（五）传播主体——双向性、互动性

从传播学角度来看，微信传播以点对点的人际传播为主，具有双向性和互动性。

微信的传播主体即用户群体非常精确。微信主要依托智能手机移动平台，基于腾讯的平台，手机 QQ 用户是其主力军，除通过从 QQ 好友中选取传播对象外，用户还可从手机联系人中选取传播对象，传受双方容易产生双向关注。

由于微信传受双方选取自 QQ 好友和通讯录，因此信息传受双方关系亲密。微信的主要功能是类似于电话联系的语音对话，从用户的心理和习惯来说，使用语言进行聊天的传受双方关系会更为密切。在精确化的交际圈中，微信的传受双方以亲人、朋友、同事为主，这也就决定了双方通过媒介传递与反馈信息的互动性更强。

（六）传播内容——私密性、即时性

由于传受双方的强人际关系，微信信息交流内容也更为私密。在微博上，粉丝可以看到所关注用户发布的相关信息，传播者传播的内容是给所有认识或者不认识的人看的，内容是公开的。微信在添加好友、建立朋友圈时，只有选择通过加入手机和用户关系的验证，才能与其互动聊天或者在朋友圈状态中留言。尤其在朋友圈中，用户的好友可以看到其发布的状态信息，且信息互动只停留在传受双方的移动终端上，只有传受双方能够听到、看到，其他用户无法在自己的界面获知。用户在使用这一款软件时的隐私得到了保护，利于私密内容的交流，恶意骚扰和垃圾广告则无法介入。

另外，微信整合了 QQ 和微博的功能，其内容发布具有即时性。只要用户在线，就能够对信息进行快速接收和反馈，且微信还支持离线消息接收，在信息传达上比较迅速。

（七）传播渠道——多媒体平台集成共享

在未来，以智能手机终端为主要载体的移动媒体具有巨大的发展空间，未来的信息传播媒介也将会是多媒体平台的优化集成。

除了对手机基本功能的最大化利用外，微信同时实现了传播渠道的拓展和优势平台的集中。微信相继推出了二维码、LBS 定位等功能，其中二维码是身份认同，在摄像头前扫描即可辨认用户身份信息，而 LBS 定位功能则可以用来找朋友。另外，微信已经打破了手机通讯录、QQ 通讯录、QQ 邮箱、QQ 微博等产品间的壁垒，实现了平台的跨越，表现出了移动互联网时代成为平台型产品的潜质。优势平台的集聚共享基本上将人们日常使用的所有通信工具都囊括在内。微信可以说已经成为全媒体时代的新生力量。

（八）用户分析——全方位、立体化的社交网络

微信是以强人际关系为主要社交关系的。作为一款基于手机端的通信软件，微信是以个人人际关系为核心，通过强关系和弱关系两种方式进行信息的生产和传递的。从微信强关系来看，微信最基本的关系网络都是基于现实生活关系的，这种关系都带有相互关注的特性，双方主要以点对点方式沟通信息。从微信弱关系来看，微信提供了许多功能，可以

扩大社交范围。弱关系所传递的信息一种是用户信息，可以通过查找“附近的人”“摇一摇”等功能接触陌生用户；另一种是通过 App 和公众平台等方式接收来自陌生用户发布的信息。

微信用户社交范围可以分成熟人交际圈、千米交际圈和陌生人交际圈三类。熟人交际圈代表的是近距离交际圈、强人际关系圈，千米交际圈和陌生人交际圈代表的是中距离和远距离交际圈、弱人际关系圈。这三类社交圈表明微信的社交圈从熟人推向陌生人。微信通过实现三个断面的全面覆盖，形成了全方位、立体化的社交网络，人们可以根据需要更加精确化地分配社交精力。

（九）传播效果——扩散性、准确性

1. 一对多传播的简单扩散能力

首先，微信上的公众账号具备简单的广播能力，微信提供了公众账号的关注功能，有些“大号”的粉丝数可达千万级，可以实现简单的广播功能。其次，微信朋友圈也渐渐成为新的分享平台。与微博的公开信息分享不同，微信的朋友圈是一个熟人圈的信息分享，是一个充分稳固的关系链，用户发送至朋友圈的信息可以被圈内所有朋友共享，实现了一对多的信息扩散。

2. 点对点的准确传播能力

微信以点对点的人际传播为主。点对点传播可以使信息到达率几乎达到 100%。而微信主打的语音聊天，点对点的传播类似于现场直播，通过声音来传达情感，能够更好地把握传受双方的心理，传受双方的关系会更加亲密。在精准的微信交际圈内，传受双方以强人际关系为主，传递与反馈的信息内容真实而准确。

总之，微信给人们的生活方式带来了变化。微信官网上写的广告语是“微信，是一个生活方式”。以微信为代表的新的信息传播媒介的产生改变了人类的生活方式和生存方式，它为用户建立了从熟人到陌生人的全方位、立体化的社交网络，同时满足了人们的情感需求。

媒介的使用与需求理论认为：受众能够主动选择信源，而不是简单、被动地接收媒体所传送的信息；是人在利用媒体，而非媒体在利用人，即便媒体对人产生影响，也是人主观选择接受媒体的影响；人可以通过多种选择来满足自己的需求，这些选择受控于人际关系和心理活动。“微信控”现象的产生，其根源是个体的需求得到了满足。

马斯洛的需求层次理论认为，人有生理需求、安全需求、归属与爱的需求、尊重需求、自我实现需求，后来他又在后两者间增加了认知需求和审美需求。想要获得或维系爱情、友情、亲情，或者证明自己的优势和展示个人的特长从而获得他人尊重，或者得到理解、支持与认可，以实现自身价值并获得自我满足，都离不开建立在沟通基础上的人际交往。

现实社会的多种复杂因素左右人际沟通，会使部分人产生交往障碍，自我价值需求无法满足。基于微信的人际沟通，部分是建立在陌生人关系圈基础上的，弱化了身份、地位等因素对交流的限制，平等的话语地位最大限度地保证了表达的真实性；间接性的人际沟通，过滤掉了肢体、表情等语言，保全了对方面子，弱化了尴尬感，消除了顾虑，使人更

能吐露真实想法。以微信为媒介的人际交往，可以提高自我认可程度，形成自尊、自信和自我肯定的主观感受。

同时，现代人生活节奏快，生存压力大，渴望与人交流，但在现实生活中，多数是“沉默孤独的一代”。微信则为陌生人的交往提供了情感表达需求得以满足的平台。交流与交往的身体的缺位使具有不同性格、不同性别、不同文化程度的人相互结识并充分进行自我表达，使现实中孤寂的心灵得到安慰，把人从紧张的心理状态中解放出来。微信的另一部分交流是建立在熟人关系圈中的，这种交流巩固了熟人关系，也迎合了中国人含蓄委婉的交往特质。

三、微信存在的问题

（一）信息过载

微信信息过载主要是指微信推送可能会造成的垃圾信息问题。微信的信息传达方式是通过实时推送来完成的，推送让用户不会遗漏任何信息。然而，正如垃圾邮件一样，如果微信信息推送功能被滥用，就会降低用户体验，不可避免地给用户带来困扰。同时，许多传统媒体希望通过微信扩大自己的影响力，因而试水公众平台。但如果用户关注的公众平台较多，而媒体每天推送的内容高度相似，则容易使用户产生不耐烦甚至厌恶的情绪。对用户来说，过载之后的信息就变成了垃圾。

（二）国家安全与个人隐私保护

在主流的通信软件中，微信的安全性相对较差。从苹果系统上的 iMessage、广为人知的 WhatsApp 再到俄罗斯的 Telegram、斯诺登代言的 Signal、来自瑞士公司的 Wire，还有 LINE、Kakao Talk、FB Messenger 等，无一不默认使用端对端加密或提供端对端加密选项。端对端加密意味着聊天对象双方协商生成一个加密密钥，只有双方才有能力解密，任何第三方，包括通信服务器，即使获取了聊天数据，也无法解密内容。相反，使用 SSL 加密（根据微信“隐私服务协议”，微信采用了 SSL 加密技术保护信息安全）或者私有的加密协议，理论上服务器还是能够查看，无法保证用户聊天信息的安全性。

虽然微信在添加好友需认证、朋友圈可设置可视范围等功能上对用户隐私起到了一定的保护作用，但社会上利用微信进行不法活动的案例仍屡见不鲜。微信涉及用户个人数据、隐私信息，如果保存和管理不得当，例如，对通讯录和手机备份资料没有进行安全设置或妥善保管，则存在泄露的可能性。另外，用户在利用 LBS 功能去做人际关系拓展的同时，也存在个人信息泄露的问题。

第二节　微信的社会影响

微信，是数字经济下的重要产品，以社交关系链为核心，通过连接、协调、赋能的平台力量，将新技术、新应用、新模式深度植入工作生活及社会治理，促进互联网惠及更多民众，持续拉动信息消费，不断带动相关就业，推动人与人、人与设备乃至人与社会的深度互联，为经济社会转型升级与和谐发展带来积极的影响。另外，微信还成为最重要的移动支付平台。

一、意见领袖多样化

日常生活中存在着可以通过传播信息对别人的行为产生一定影响的人物，即意见领袖。研究发现，无论是对报纸、杂志还是对电视、广播，意见领袖的接触频度和接触量都远远高于和大于一般人。因此，大众传播中信息并不是直接“流”向一般受众的，而是要经过意见领袖这个中间环节，即大众传播→意见领袖→一般受众。这就是两级传播。

新媒体的出现使得意见领袖们可以不再借助于大众传播这个环节，它为意见领袖们提供了更为方便的传播手段，可以说新媒体催生了自媒体。只要你拥有话语权、拥有信息，你自己就是一个媒体，能吸引到关注你信息的人来关注你，随之产生影响力。微信作为很好的自媒体平台，吸引了非常多的自媒体人入驻。平等的话语权和操作简单、开放的公共平台使得越来越多的意见领袖纷纷涌现，他们的职业、阶层变得更加多样化。

知识窗

强联系和弱联系理论

美国社会学家马克·格兰诺维特（Mark Granovetter）于1973年在其论文《弱联系的力量》（The Strength of Weak Ties）中提出强联系和弱联系理论。他认为，每个人接触最频繁的是自己的亲人、同学、朋友、同事，构成了一种十分稳定的、传播范围有限的社会认知，即“强联系”（strong ties）现象；同时，还存在更为广泛的、更为肤浅的社会认知，例如被无意间提到或者打开媒体偶然看到或听到的一个人。他把这种关系定义为“弱联系”（weak ties）。

微信通讯录中的人都是用户自己熟知、至少是知晓的人，属于所谓的“强联系”现象。从强联系和弱联系理论出发，可以理解为什么微信中的新闻信息信任度高：微信属于强联系传播，所以用户对其中的新闻信息更加信任。

二、构建“熟人-熟人”和“熟人-陌生人”的多维社交网络

微信对于构建多维度的社交网络具有重要价值。如果对人们现实生活中的社交关系进行归类的话，可以通过实际距离将社交圈分为熟人社交圈、千米社交圈和陌生人社交圈。微信是从相对稳定的熟人群体，基本是朋友、同事、亲戚出发，然后再逐渐扩展到陌生人层面。首先，微信可以与QQ、手机通讯录等无缝对接，只要好友有微信账号，就可以通过通讯录直接添加好友或者邀请好友开通微信。这为微信打开了以手机通讯录等为代表的熟人强关系社交圈。而且由于微信全媒体的传播方式使得熟人社交圈的关系得到维护，熟人之间变得更加亲密和私密，因此它在“熟人-熟人”的人际传播方面具有无可比拟的优越性。这也是微信推出之初便迅速发展的重要原因。其次，微信又逐渐把社交圈扩展到陌生人层面，相继推出了基于LBS的查看“附近的人”功能，能够查找距离用户1 000米范围内的其他用户，这个范围属于一个可视范围，用户可以查看附近用户的头像、昵称、签名及距离，进而与其他用户产生联系。而“摇一摇”等功能可以拓展弱关系链（即陌生

人)，最终构建一个“熟人-陌生人”的多维度社交网络。

三、带来企业营销新变革

(一) 微信带来企业营销的新变革

微信具备强大的LBS定位和二维码扫描等功能，其强大的功能和社交关系链衍生出巨大的商机。随着精准营销概念的引入，微信的点对点精准营销优势表现得更加明显，为移动互联网的发展带来一场营销革命。

1. 基于LBS技术和查看“附近的人”功能，挖掘潜在客户，实行精准营销

微信查看“附近的人”功能原本是微信2.5推出的陌生人交友功能，却被一些商家用来对商业活动进行宣传，对于一些小商家进行促销活动有较好的效果。商家点击查看“附近的人”后，可以根据所处的地理位置查找周围的微信用户。在这些附近的微信用户中，除了显示用户姓名等基本信息外，还会显示用户签名档的内容，所以商家可以利用这个免费的广告位为自己的产品打广告，对附近的用户进行信息展示，甚至主动向用户打招呼，如果符合用户的需求则能够产生较高的销售转化率。

2. 基于O2O (online to offline) 模式和二维码扫描功能，开展品牌病毒式传播，发展电商业务

移动互联网时代，二维码的商业用途越来越多，微信也顺应潮流结合O2O展开商业活动。二维码方便用户通过扫描或在其他平台上发布二维码名片，拓展微信好友。用户可以通过扫描识别二维码身份来添加朋友、关注企业账号。而企业可以设定自己品牌的二维码，用折扣和优惠来吸引用户关注，开拓O2O营销模式。二维码抽象的图案连接了线上和线下，通过摄像头的扫描就能够轻松获得相应的信息。它在线上可与商家产生联系，在线下能进行消费，充分体现了移动端在O2O发展上的优势。

微信主推业务之一的“微生活会员卡”也是基于二维码扫描功能的。所谓“微生活”，其内涵就在于将微信融入具体的日常生活中，提供本地化服务。用户只需用手机扫描商家的独有二维码，就能获得一张存储于微信中的电子会员卡，可享受商家提供的会员折扣和服务。

用户先通过大众点评网寻找附近美食，之后再在微信上寻找该商家的公众号并添加，商家便能够提供订餐和导航服务，消费者在结账时可以扫描店内的打折二维码，把优惠信息分享到微信朋友圈等社交平台，甚至能成为该店的微信会员，并获得微信优惠券。朋友在关注其他人的同时，就可以知道其偏好和关注。这样企业就借助微信个人关注页和朋友圈实现了品牌的病毒式传播。

3. 基于公众平台和朋友圈功能，打造全新社交关系网，开创企业口碑宣传新方式

微信公众平台在精准性和专业性方面更上一层楼。微信公众平台拥有丰富的功能，可以发送包括文字、图片、音频、视频等各种信息。对于企业来说，所有信息可直接到达用户，实现企业对用户的点对点精准营销。企业完全可以将微信制作成会员刊物式的内容。面对主动选择关注的微信粉丝，企业可以通过充满文化气息的互动和特色内容，将品牌文化传达给这些现有或潜在客户。微信公众平台后台可以看到用户的系统、性别和地域等信

息，未来还可能提供更加丰富的信息。作为一款移动社交应用，微信还提供了更大的公众平台与个体用户进行互动的可能性。这为企业和用户之间建立了全新的社交关系网。目前许多企业和商家都已经开通了公众平台与用户进行联系和互动。例如星巴克，用户发送一个微信表情，星巴克账号就会选择一首代表某种心情的音乐，加上一段视频通过微信发送给用户，同时还会给用户发送咖啡品种和文化的介绍，充分展示其品牌的人文关怀，进一步构建品牌文化。

而朋友圈功能让微信的私密社交能力被激活，成为分享式口碑营销的最好渠道。移动社交分享在移动商务中一直是热门。在移动互联网上，以首批与微信合作的“美丽说”App应用为例，它通过开放平台的“对接”，用户无须离开聊天窗口，就能看到大图、价格、购买链接、“美丽说”社区热度信息，既得到了朋友分享的信息，又可以继续轻松聊天。用户通过微信把“美丽说”上面的商品一个接一个传播出去，达到社会化媒体上最直接的口碑营销效果，其灵活性受到用户、企业与商家的喜爱。微信4.0版本中朋友圈分享功能的开放，使用户可以将手机应用、PC客户端、网站中的精彩内容快速分享到朋友圈，并支持网页链接方式打开，这为企业的口碑宣传提供了一种全新的宣传方式。

（二）微信营销的特点

1. 低廉的营销成本

传统的营销方式如电视广告、报纸、宣传海报等通常要耗费大量的人力、物力和财力，而微信营销基于微信这一平台，微信的各项功能都可供用户免费使用，使用过程中仅产生少量的流量费。相较于传统营销方式，微信营销的成本极为低廉，几乎接近免费。

2. 大量的潜在客户

截至2024年6月，微信月活跃用户的数量已经达到13.7亿。随着微时代的到来，微信用户的数量还将不断增加，这意味着巨大的营销市场。愈发壮大的微信用户群体将成为企业微信营销的潜在客户，这吸引了越来越多的企业加入微信营销的行列。

3. 精准的营销定位

在微信公众平台中，通过一对一的关注和推送，企业不仅可以向其粉丝推送相关产品及活动信息，还可以建立自己的客户数据库，使微信成为有效的客户关系管理（CRM）系统。企业可以通过用户分组和地域控制，针对用户特点，将信息精准推送至目标用户。

4. 信息交流的互动性

微信的载体是智能手机，这意味着只要手边有智能手机，无论何时何地，企业都可以与客户进行互动，进一步了解客户的需求，进而满足客户的需求。微博营销虽然也可以与粉丝进行互动，但其即时性远远比不上微信营销。

5. 信息传播的有效性

企业利用微信公众平台向客户推送信息，能保证客户百分之百接收到企业推送的信息。另外，客户是因为对产品或企业感兴趣而自愿扫描企业二维码或输入账号添加官方微信的，因此，当接收到来自企业官方微信的信息时，他们能有效地进行关注。

6. 多元化的营销模式

微信营销有位置签名、二维码、开放平台、朋友圈、微信公众平台等营销模式，这些营销模式各有其特点，企业可以针对不同的营销目的选择不同的模式组合。另外，微信可以支持多种类型的信息，不仅可以支持文字、图片的传达，而且可以发送语音信息，这使得企业可以利用微信完成和客户的全方位交流与互动。

四、为传统媒体数字化转型提供平台

基于微信的传播特征，微信公众平台很适合被传统媒体借用进行更为有效的大众传播。微信在给用户提供服务时，是把所有用户视为一个人，这个人没有性别、年龄、区域、受教育程度的属性，他就是一个对象，他包括了所有用户，他是所有用户共同需求的交集。

（一）纸质媒体使用微信情况

《钱江晚报》的微信账号在众多纸媒中最早突破万人大关，最早尝试报纸微信互动。

1. 纸媒“发声”

纸媒通过音频、视频等工具传播新闻资讯、观点评述。“掌上青岛”和《钱江晚报》在运营中都特别注重语音播报这一沟通手段。声音比纯文字更有感染力，而且解放了用户紧盯手机的双眼，接受度高。“掌上青岛”用语音播新闻、播笑话，并招募发掘了多位主播加盟，兼职播天气、讲笑话、教英语等。《钱江晚报》则找到一批“萌妹子”，用杭州话播西湖新闻，吴侬软语让人倍感悦耳，普通话播即时新闻，也形成了小清新的特色。此外，《钱江晚报》还尝试了明星语音打招呼、喊你起床、给你拜年等创意活动。

2. 互动服务

纸媒与读者的互动以前大部分只依靠热线电话，因而与读者的互动效果一般。而利用微信的即时互动性来维护粉丝群体，做互动服务，提高粉丝活跃度，效果则出人意料，如“掌上青岛”的“缘来有你”交友活动等。

3. 深度报道

纸媒推崇“内容为王”，依靠其专业的采编团队，使深度报道成为其优势。而在微信推送上，粉丝对深度报道的需求同样存在。“掌上青岛”不仅对新闻内容的制作有很高的要求，在新闻延伸方面也花了大量的精力，力求让用户不仅要看新闻，更要收听新闻和参与新闻。雅安地震发生后，“掌上青岛”发挥了巨大的即时信息播报能力及互动优势，拓展了报道深度。比如，该媒体一线记者进入雅安现场直播，在微信上只要输入“地震”两字，就能看到、听到全部第一时间由前方记者发回的文字、音频及视频。而《钱江晚报》则发挥报纸特长，追踪社会热点。比如“雷××案”，《钱江晚报》特派记者去往雷××的家乡，回溯他当官前的日子，微信平台则将报纸信息整合并配发相关视频，组成了一组“立体”报道。

（二）微信在广播上的应用

微信以其便携性、速度快、容易操作等特点吸引了众多听众，提高了大家收听广播节目的兴趣，迅速成为电台与听众交流的重要平台。

微信火爆现象也得益于广播的先天特性。广播“伴随性”收听的特性，使得汽车特别是私家车成了收听的主要载体，而私家车车主拥有智能手机的比例较大，这为微信的广泛使用奠定了基础。同时，使用简单、听众参与容易、信息发布及时、互动性强等特点都使微信和广播在短时间内融合，促进了电台与听众的沟通，增强了电台的影响力。

（三）微信在电视媒体中的应用

电视媒体大都有着高黏度的群众基础，在做内容方面有深厚的经验和人才储备，也有积淀已久的内容量可以重组输出，推送的主题新闻可以提供更深入的资讯、更深度的报道、更独到的视角、更多元的观点。电视媒体利用微信的优势，可为用户提供有价值的内容。很多电视和栏目媒体都纷纷开通微信推广电视节目，尤其是节目预告的相关信息，及时准确地推送节目预告，为收视预热。同时电视媒体通过微信与粉丝互动，培养了年轻观众的黏性。

（四）媒体类公众平台的发展

从平台功能来看，公众平台的主要功能包括多媒体信息大规模推送、定向推送、一对一互动、多样化开发和智能回复等。这些功能为公众平台的实际运营带来了媒体、营销、客服、公共服务等应用方向。当前的微信公众平台可细分为新闻阅读类、综艺明星类、科技数码类、生活购物类、影音娱乐类、社区交友类、文化教育类、地方政务类、公关名人类等几大类。

媒体类公众平台运营主体主要包括四类：第一，门户网站频道，如腾讯科技、新浪科技等；第二，传统广电及平面媒体，如央视、《南方周末》等；第三，独立科技媒体，如虎嗅网等；第四，自媒体，如知名媒体人。整体来看，门户网站及独立科技媒体等互联网属性较强的运营主体已经探索出了一套较为成熟的运营套路，它们依托门户网站已有的内容资源，对现有内容进行了多渠道分发及创新，对新应用、新平台的适应性较强，不论是在运营理念、功能探索上，还是在与用户的互动和对需求的把握上，都表现出较高水平。传统媒体虽然在创新性、功能利用上还有很大发展空间，但是对新媒体应用的敏锐度已经大大提高。

但媒体公众平台的运营也存在一定问题。微信以平等、私密性互动关系见长，用户对公众平台定向推送过来的资讯接受起来比较困难，如果内容不符合兴趣，很容易就取消关注。如果用户关注的公共平台过多，也会造成信息过载的现象。信息过载意味着用户会有意识过滤和筛选公众平台推送的消息。虽然微信的推送是定向的，到达率几乎是百分之百，但是垃圾信息过多，各个公众平台定时发来各种“通知”，只会带给用户不良体验，促使用户取消关注，而取消的方法又非常简单。因此，传统媒体应当把更多精力投入用户研究、数据分析、用户需求把握中去，评估现有用户对不同内容的喜好度，同时要重视推送形式的重要性，保持多变，发挥创新意识，才能保留用户的关注。

（五）传统媒体与微信的融合发展

由于互联网技术的不断发展，以微信为代表的新媒体的出现和发展对传统媒体带来了巨大的冲击，它们的出现打破了处于相对稳定状态的传媒格局，新兴媒体与传统媒体之间的竞争将日趋激烈。虽然传统媒体以及门户网站、论坛等都在发挥着传递公共信息的职能，但是传统媒体也具有数字移动媒体所不具备的品牌优势和信息加工能力。因此相互之间取长补短、相互融合发展是一个必然的趋势。

首先，传统媒体可以借助微信平台实现其固有品牌的病毒式传播。传统媒体可以设立公共平台，借助个人关注页和朋友圈，发布最新信息，进行较好的自我宣传，把受众引导到自己的网站上。只要用户在线，就能够对信息进行快速接收和反馈。2011 年 12 月微信添加了二维码功能，用户可以通过扫描传统媒体平台上的二维码名片加为好友。这样传统媒体不仅可以提高自身的知名度，还能以“零”成本与受众保持互动。

其次，传统媒体可以利用朋友圈功能作为“原料加工厂”的平台。用户可以通过手机通讯录、QQ和直接查找传统媒体微信号来添加好友。微信上的真实声音可以帮助传统媒体迅速接触受众并了解受众感受，获取其最新动态。在朋友圈中可以了解朋友的动态，传统媒体可以借此广泛了解受众的兴趣点，在此基础上与微信、微博共同构建一个话语的公共领域。

最后，传统媒体可以用微信的用户筛选推送功能提高传统报纸媒体信息传播的准确度。今后的市场是细分的市场，传统媒体可以借助微信打造手机上的地方资讯门户或细分行业门户，拓展传统报纸媒体的单一信息传播方式，加强媒体与受众之间的联络，建立社区情感式的深厚关系。

传统媒体还可以借助微信的实时接收特性加强重大事件的报道和突发新闻上的影响力，即时发出权威解读和声音。作为以内容擅长的传统媒体，不能原原本本把原本报纸的纸质版面做成电子版。如电视媒体必须考虑到用户流量的顾虑，不能依赖微信做大时段的视频推送。如果要借力微信，则必须精选内容，注重推送时段、频率和推送形式，做出自己的特色，才能留得住用户。

五、将人际传播、群体传播和大众传播融为一体

原始的信息传播方式是一对一的，是一种典型的人际传播。人际传播作为人类传播活动的初始形态和典型形式，它的突出特点在于：传播过程中的传者和受者均是个体，没有面向大众，也不涉及任何组织和团体。人际传播在本质上来说是个人之间相互交换精神内容的活动。精神内容交换的质量如何，在很大程度上取决于它的媒体。书籍传播时代出现了一对多的传播，这是大众传播的端倪。大众传播是专业化的媒介组织运用先进的传播技术和产业化手段，以社会上一般大众为对象而进行的大规模的信息生产和传播活动。

微信传播将即时的大众传播、群体传播和人际传播相融合。微信的传播范围多为手机通讯录中的好友，属于群体传播。个性化的传播操作功能使得微信既具备了大众传播与人际传播各自的优势，又突破了两者的局限。移动终端上的微信不但可以令交流更加及时，其丰富多样的沟通方式也使得信息传播更具精度、深度和广度。联系人间的信息传受由静态向动态转变，具有一级扩散能力，而且传播形式更加个性自主。微信越来越像一个移动的平台，通过“二维码＋账号体系＋LBS＋支付＋强关系链”的O2O方式融合了线上线下，既可以与熟人进行多种方式聊天，又可以通过“摇一摇”和陌生人交友，开启了人际传播、群体传播和大众传播融合传播的新时代。

第三节　微信与微博的比较

随着信息技术的不断革新与发展，传播时代的主角已不再专属于传统的大众媒体了。移动互联网技术的发展催生了新生的自媒体。微博、微信、米聊等，这些伴随着网络时代到来的新鲜“微”事物在大众生活中普及。我们似乎来到了一个处处是“微”的传播年代。然

而，“微”的能力不容小觑，这些以“微”为特色的媒体或者媒介的影响力和渗透力已经追赶上甚至超越许多传统媒体，成为个人获悉信息、对外交流的一条新通道。

2009 年新浪微博诞生以来，其热度和影响力有增无减。随着全民都加入“织围脖”的大军后，微博正在引领大家获取更新颖的交流方式，乃至改变网络社交的思维和使用习惯。

2011 年，微信闯入平常百姓的生活，成为引领大众，尤其被青年群体追捧的新鲜事物。它的出现除了提供给用户新鲜的体验外，更悄悄地改变着人们的沟通方式。在这个人人自媒体的年代，以微信为代表的即时通信产品，格外引人关注。

虽然微博和微信都是自媒体的代表，但是它们之间存在着一定区别。

一、传播方式比较：微信侧重人际传播与群体传播，微博侧重大众传播

微信侧重人际传播与群体传播，即微信是一对一、点对点的传播，目标群体更具有针对性。微信涉及的传播方式大致可以分为三种：好友之间传播、朋友圈传播以及信息接收。好友之间传播，是指通过微信从通讯录和 QQ 好友中互相添加为好友的用户之间的点对点双向传播。该类传播传受双方的关系比较稳定，传播方式与手机短信类似。朋友圈传播，是指微信用户可通过手机接收到自己的朋友圈好友动态，也可通过手机拍照发送到朋友圈，并在朋友圈里进行简单讨论，其传播范围跟自己的好友数量相关。微信朋友圈被定义为一种私密性的图片分享平台，限定在相互关注的“朋友”范围内。基于私密性，微信朋友圈的传播功能有“赞”和“评论”，但不支持转发，难以形成大规模传播。信息接收，是指微信用户接收来自腾讯网站推送的新闻广播和来自公众账号推送的信息等，并可以向自己好友转发或分享到朋友圈。个人账号接收到信息后，分享给好友是一种点对点的传播模式，分享到朋友圈可以进行简单的讨论和点赞的交流，但是由于没有转发功能，微信传播无法形成微博那样的多级链条传播。

微博侧重大众传播，传播对象通常是不确定的陌生的多数人。微博是一个完全开放的信息平台，其传播可以实现一对一、一对多、多对一、多对多的交互传播，信息的发布者无法预知信息的发送和接收。微博既不同于传统的线性传播，又不同于即时通信和手机的点对点传播，也不同于 BBS 等网络媒体的网状传播，它是一种裂变式传播，微博转发可以将信息转发给更多的用户，也增强了互动性。同时微博发送信息的频率不受限制，支持二次转发，可以大规模传播，传播范围广泛，具有大众媒体的特性。

应该说，微博是通知系统，而微信是通信系统。微博无须双方实线连接或者互动，比如，如果被关注者设置了更为开放的私信权限，那么其粉丝无须与之互粉即可发送私信，系统即可通知对方。至于微信，双方彼此添加才可以实现交流，同一订阅号的不同读者也没有频繁互动，不同订阅号之间的交流也不是主流。这意味着微博承载的依然是传统的广播中心功能，而微信更像是一个 I/O 系统，承载输入与输出的功能。

二、用户网络社交比较：微信以强人际关系为主，微博以单向关注的弱人际关系为主

从用户的网络社交方面来看，微信以强人际关系为主要社交关系。微信作为一款基于

手机端的通信软件，以个人人际关系为核心，通过强关系和弱关系两种方式进行信息的生产和传递。从微信强关系来看，微信最基本的关系网络是基于现实生活关系的亲戚、朋友、同事等关系，这种关系都带有相互关注的特性，双方主要以点对点方式沟通信息。从微信弱关系来看，微信提供了许多功能，可以扩大社交范围。弱关系所传递的信息大致有两种，一种是用户信息，另一种是通过 App 和公众平台等方式接收来自陌生用户发布的信息。微信用户社交范围可以分成三个层次：熟人交际圈、千米交际圈和陌生人交际圈。三个交际圈使微信用户社交圈从熟人向陌生人展开。

相对于微信，微博以单向关注的弱关系人际关系为主。在微博上实现社交的过程极其简单：通过添加“关注”即可成为对方的粉丝，“转发”“私信”等功能也促进了彼此之间的交流。由这个添加“关注”行为所形成的是一种不对称人际关系。微博以单向的跟随关系简化了社交关系，用户可以随意关注他人以接收信息，而不需要形成双向的好友确认关系，这个过程中人群易于集结。

三、传播效果比较：微信信息可信度高于微博

由于微信的传播对象多为手机通讯录中的熟人、朋友、亲属，微博侧重大众传播，传播对象通常是不确定的陌生的多数人，所以微信信息的可信度高于微博。

微信与微博完全是具有不同基因属性的产品。微博有更强烈的传播和媒体属性，而微信有更强的黏性、更好的交流体验，是一条具有私密性的沟通纽带。

微信传播以点对点的人际传播为主，传播基于个人社交关系，好友基本来自现实生活实际交往人群，微信账号绑定 QQ 号码和手机号码，用户以实名交友为主，导致其传播内容具有个人私密性和准实名制的特征。从产品基础功能来看，作为一款应用于个人社交通信场景的产品，微信天然属于强关系产品，主要是熟人间聊天交流的工具，因此用户隐私得到了严密的保护。微信着眼于点对点的精准定位，这一点决定了微信在产品功能上也做出了限制信息分享的功能限制，这些因素都导致微信的大众传播能力较弱。

微信可以接收腾讯新闻、公众账号信息广播、腾讯微博和朋友圈推送的信息。微信虽然有三种传播方式，用户获取信息的途径多元化，但是各种传播方式在传播频率、传播渠道、传播范围上存在一定限制，导致了微信在大规模群体交互上有先天局限性。微信上的公众账号具备简单的广播能力，微信提供了公共账号的关注功能，有些“大号”的粉丝较多，可以实现简单的广播功能。但是这些“大号”的传播量受到限制。因此，微信公众账号难以实现像微博一样高度互动的大众传播。

较之微信，微博即时化的个人媒体与大众传播机制的特点更为明显。在微博上添加“关注”形成一种不对称人际关系，这种过程很容易将人际关系从熟人的圈子扩展到陌生人，因而使得个人社交范围大大拓宽，粉丝数可高达数十万乃至上千万。松散的社交关系使微博具备了一对多的大规模群体交流的能力，从而使微博大众化传播成为一种现实。微博通过一对多的发布模式，借助转发使其影响力呈几何级增长，赢得了规模性话语权，并且进一步反作用于传统媒体。

微博与微信的具体比较可见表 7－1。

表 7-1 微博与微信的具体比较

比较项目	微博	微信
传播类型	大众传播 微博更像个人门户网站，具有大众传播特征。	人际传播、群体传播为主 微信更多的是朋友熟人间的点对点沟通与信息传播，微信群的信息传播属于群体传播。
传播对象	以不确定的“陌生受众”为主。	传播对象为“熟人圈子”，即熟知的少数受众，具有个人通信、人际传播、群体传播的特征。
传播速度	即时性与延时性并存 博主发布消息后，其粉丝可以实时刷微博查看消息，也可以延迟阅读信息。 接收者通过主动刷微博接收信息，接收信息的时效性更多由接收者掌握。	即时性更高 微信是一种即时传播，两人或群体之间发布消息后，对方可以即时收到信息。 接收者通过被推送接收信息，传播者的信息同步到达在线接收端。
传播内容	公共性 微博上的传播内容多以公共性的话题为主，多涉及政治经济、国计民生。 微博是开放的扩散传播。 传播信息有公开性的特点。	私密性 微信上的传播内容多以私密性的个人生活为主，微信是私密空间内的闭环交流，传播信息有私密性的特点。 微信近似一个私人网络，是在亲朋好友以及认识的人之间分享信息内容。 传播者对有价值的信息，会从强关系到弱关系顺序传播，越有价值的信息被传播者传播的范围会越小。
信息类型	140 个字以内，可以是图片、文字、链接。	不限字数，可以是图片、文字、链接、语音、视频。
传播效果	社会效果强，个人效果弱 微博具有大众媒体的性质，其传播内容经过大范围转发易在社会上形成舆论压力，具有强效果，但微博内容对个人用户的传播效果相对较弱。	社会效果相对弱，个人效果强 微信具有私密空间性质，且传播对象都是认识的人，增加了参与度和互动性。微信属于熟人群体间的信息分享，信息传播信度高，个人传播效果强。
营销效果	由于有转发评论等功能设置，能看到信息的大量回复，其中不乏谣言传播和灌水现象，容易稀释或混淆真正的传播内容。 ID 有买卖价值，存在大量的“僵尸粉”，意见领袖营销影响力较弱。	在信息的传播及评论等过程中，由于发布信息者是朋友熟人关系，参与人数相对较少，因此大大增强了信息对于用户的可信度，灌水率低，不良信息传播量大幅减少。 ID 不可以买卖。 意见领袖营销影响力更强，好友间的强关系使得微信上的意见领袖可能就是现实中的意见领袖，其观点更有可能影响群体成员，被接受程度更高。
传播结构	放射状 微博的传播结构图是以用户为原点的放射状图。	圆圈加点线状 微信的传播结构图是一个一个的圆圈加上点线的综合图，呈现出不规则性。
用户关系	微博用户的粉丝之间多为从未谋面的陌生人，相互之间工作生活无交集。	微信用户的好友之间多为亲戚、同学、同事等小群体。

续表

比较项目	微博	微信
开放度	高 能通过转发让很多的人看到，微博用户的关系网是公开的，用户的粉丝有多少、有哪些，用户关注了哪些用户都是公开的。	低 微信用户的社交关系网是秘密的，好友之间不可查看对方的好友有哪些 。
定位功能（LBS）	不支持查看所在位置。	支持查看所在位置。
产品载体	电脑、智能手机等所有智能终端都使用。	手机是微信的主要平台。

第四节　微信支付与支付宝

微信支付是腾讯集团旗下的第三方支付平台。2013 年 8 月 5 日，财付通与微信合作推出微信支付，微信支付正式上线。2014 年 1 月 4 日，滴滴打车接入微信支付，3 天突破 10 万单。2014 年 1 月 27 日，微信正式推出微信红包，并迅速流行开来。2015 年 5 月，零钱用户突破 3 亿。2016 年 1 月，微信支付接入线下门店超 30 万家。2021 年 9 月 30 日，腾讯微信支付与银联云闪付联合发布深化支付合作与互联互通的声明。2023 年 3 月，数字人民币 App 支付平台新增“微信支付”。2023 年 5 月 22 日，微信刷掌支付功能正式发布，用户可以在刷脸设备上进行刷掌操作。用户需要先在设备上绑定个人微信账号，录入手掌纹样。消费时，将手掌对准支付设备的扫描区，确认后即可完成支付。2023 年 7 月，腾讯陆续开放微信支付商户网络给 Visa 等国际信用卡或借记卡组织，方便境外用户在中国内地能以常用的信用卡和借记卡绑定微信支付。2023 年 7 月 20 日，微信支付完成对国际银行卡用户服务的全面升级。境外用户使用微信支付绑定境外银行卡后，可在境内包括餐饮、交通、酒旅、商超等领域的绝大部分商户使用移动支付，同时可使用扫码与被扫码、小程序支付、免密代扣、App 内支付等多种支付方式。2023 年 12 月，《非银行支付机构监督管理条例》公布，将非银行支付机构及其业务活动进一步纳入法治化轨道进行监管。微信支付称，将进一步深刻领会党中央关于金融工作的重要论述和决策部署，牢牢把握金融工作的政治性、人民性，在金融管理部门的指导下，坚持小额、便民宗旨，专注主业、提升服务，更好满足用户支付结算需求，不断提升服务实体经济质效，为经济社会高质量发展注入更多价值与活力。

微信支付盈利模式主要有：沉淀资金可用于金融投资、资金周转，以及获取相应的利息；提供简洁的交易渠道，按每笔交易收取 0.1%的手续费；按流量收取手续费。微信提现免费使用量是 1 000 元，超过部分要收取相应的手续费；广告提成；第三方游戏收益。

虽然中国国内移动支付的开拓者是支付宝，但是微信支付已经后来居上超越支付宝，成为中国国内移动支付的主要方式。

2003 年，为了推进淘宝网购的进一步发展，淘宝网推出了支付宝服务。从此，一个影响中国人至深的国民级软件诞生，并引领了中国移动支付的潮流。支付宝的出现，有其特殊和必然的原因，是电子商务催化的产物。买卖双方要达成交易，诚信和支付的环节必不可少，诚信是基础，支付是手段。可以说，是电子商务平台的出现倒逼支付宝的产生。而微信支付更像是在已经修建好的城市公路中拔地而起的一座高架桥，是在原来有路可走的前提下另辟蹊径开拓一条快速通道，加快车辆通行速度。

支付宝盈利模式主要有：沉淀资金可用于金融投资、资金周转，以及获取相应的利息；服务佣金，目前第三方支付企业首先和银行签协议，确定给银行缴纳的手续费率，然后第三方支付平台根据这个费率，加上自己的毛利润即服务佣金，向客户收取费用；按流量收取手续费。支付宝免费使用量是 1 000 元（实名认证用户 10 000 元），超过部分要收取 5%手续费；交易抽成，每笔使用支付宝完成的交易需要缴纳一定的费用；广告提成。

2014 年之前，支付宝一直都是第三方支付市场的绝对霸主。然而，2014 年的一场春节红包大战，却让支付宝被结结实实打了一闷棍。2014 年，在腾讯集团的策划下，微信凭借春节的有利时机，发动了春节微信红包活动，以此突袭了第三方支付市场。仅仅两天之内，微信的绑卡量就达到了 1 亿张，是支付宝需要花 8 年时间才能够完成的任务。

支付宝影响力下降的背后，其原因是非常深刻的。在客观层面，支付宝定位的是工具型软件，这也注定了支付宝很难增加用户时长。许多人虽然手机里也是必备支付宝，但是每天打开支付宝的次数并不多，使用支付宝的时间也并不长。只有在特定的支付或者金融需求下，人们才会习惯性地去打开支付宝。一旦人们对支付宝的需求不大，甚至逐渐变小的时候，那么它的影响力就会下降。而在主观层面，支付宝营销团队鲜有推出亮眼的活动来吸引用户。正是因为支付宝的工具型属性，用户在支付宝上面的使用时长，天然的赶不上社交类的软件，比如微信，QQ 等。想要保证支付宝的影响力和活跃度，就必须不断推出新的、有吸引力的活动，来增加用户对支付宝的打开频次，创造更多的支付场景。早几年，支付宝的许多新活动或新功能，确实非常吸引人，所以支付宝还能时常保持存在感。但现在，支付宝营销团队已经很久没有推出一项现象级的活动了。因此，支付宝关注的衰减和影响力的下降，也就变得不可避免了。

支付宝在国内移动支付市场被微信支付打得节节败退，但在海外市场却领先于微信支付。不过，支付宝和微信支付开拓海外移动支付市场仍处在起步阶段，即使 Apple Pay 在美国超越了 PayPal 成为移动支付市场带头大哥，全美市场支持 Apple Pay 的商家也只有 36%。所以在微信支付和支付宝的这场较量中，国内市场仍然还会是关键，如今的微信支付已经占尽了先机。

2023 年 12 月，中国人民银行官网发布“非银行支付机构重大事项变更许可信息公示（截至 2023 年 12 月）”。公示中显示：同意支付宝（中国）网络技术有限公司变更为无实际控制人。支付宝本次调整源于 2023 年年初蚂蚁集团调整投票权结构，调整后不再存在股东单一或共同控制蚂蚁集团的情形。

本章小结

本章分析了微信的传播优势和社会影响，比较了微信与微博的区别，微信信息的可信度高于微博。还介绍了微信支付和支付宝。

思考题

1. 请比较微信与微博的异同。

2. 请比较微信与 QQ 的异同。

3. 请分析微信信息可信度高的原因。

4. 你认为微信在人际传播、组织传播、群体传播与大众传播中的主要优势分别有哪些？

5. 微信虽然在很大程度上方便了人们的日常工作、生活，但信息过载、社交压力、强制扫码、隐私泄露、私人时间的减少、在线工作的延长等问题也越发明显，对此你怎么看？

6. 请从传播学的角度分析微信朋友圈中“三天可见”功能的意义。

7. 请对比微信和微博在传播类型、对象、速度、内容、效果、用户等不同方面的异同。

8. 目前，微信是中国网络用户规模与活跃度最大的应用之一，你认为传统媒体应当如何与微信进行融合发展以提升传播效果？

在线自测

扫一扫　练一练

第八章 社交网站

社交网站是社交媒体的第一个阶段。社交媒体（social media）指互联网上基于用户关系的内容生产与交换平台。常见的社交媒体主要包括社交网站、微博、微信、博客、论坛、播客等。目前的社交媒体已经进入第二个阶段，即基于智能手机的移动应用软件阶段，代表性的产品是微信、WhatsApp、抖音（包括 TikTok）、快手等。

社交媒体改变了生活，改变了我们与朋友、家人、社区和企业的互动方式。它还引入了更快、更有效的消费新闻和其他类型信息的方式。

第一节 社交网站的概念及特点

社交网站是基于互联网的一种服务，它可以让用户在特定的网络系统中构建一个公开的或者半公开的形象，用户还可以在上面列出自己的各种联系人，彼此进行交流互动。

在英文里，social networking site 也经常被使用者、研究者们提及，而且和 social network website 互用。严格地说，在强调点和视野上，这两者是有所区分的。Networking 强调的是一种关系的始发，它常常用于陌生人之间的关系初建。尽管在社交网站上，通过彼此分享、交流，新的关系常常得以形成，但是，这并非社交网站上的主要活动。仅就开拓新的关系网而言，它还不足以把社交网站和其他以计算机为媒介的传播方式相区别。

社交网站一个最显著的特点在于，它使用户能够系统地在网络上将自己现实的社交网络公之于众。虽然社交网站也使一些线下无现实接触的人在社交网站上建立一种线上联系，从而交往到新的朋友，但是这并非人们上社交网站的主要目的。在很多大型的社交网站上，如 Facebook、MySpace、Bebo，人们主要和他们既有的、线下的、现实的社交群体中的一部分人进行交流。

在社交网站出现之前，相关的应用已经零散出现在一些网站中。比如一些大型的婚介约会网站以及网络社区较早允许个人创建主页；AIM 和 ICQ 也有“老友”列表（Buddy List），但是这些列表只能由创建列表的用户看到，并未公开。Classmates 虽然支持高中同学、大学同学间的互联，但是用户却不能拥有自己的主页。

最早将各项功能结合起来的社交网站是创建于 1997 年的 SixDegrees，它允许使用者创建个人主页并公开好友名单及链接。SixDegrees 将自己定位为“促进人们彼此联系沟通的工具”，短短几年就赢得了数百万用户，但是由于经营不善，于 2000 年倒闭。

从互联网大气候看，SixDegrees 有些生不逢时。当时尽管涌进“信息高速公路”的网民已经很多，但是比起之后的几年，上网还没有像今天这样成为“常态”行为完全融入人们的生活，成为人们生活中不可或缺的一部分。一部分 SixDegrees 的早期用户在注册后，没能在网上找到周围的朋友，而又对接触陌生人毫无兴趣，久而久之便逐渐放弃使用 SixDegrees。

第二节　社交网站对社会的影响

社交网站对社会的影响并非都是正面的。如今的社交网络被一些学者比作英国哲学家杰里米·边沁于 1791 年设计的"全景式监狱"。这个概念也通过福柯的《规训与惩罚》一书而广为人知。"全景式监狱"是一座环形建筑，中心有一座高塔，监狱的管理者只需待在高塔上便可以监视到所有囚室。在这种监狱中，犯人处于持续的、无时无刻不被"监视"的状态中，而不像以往的监狱那样，只在出操、吃饭等特定的时间段里被看到。边沁的监狱在那个年代只停留在蓝图里，但它在互联网时代却变成了现实。实名制代替了匿名性，身份信息在各个 App 之间交错链接，使我们每个人都好像活在一座圆形的监狱中，它甚至比在现实中被观看到的监狱更加可怕。

一、六度分隔理论与社交网站

社交网站的建立理念基于六度分隔理论。

六度分隔理论（six degrees of separation）又称六度空间理论、小世界现象、小世界效应。该理论假设世界上所有互不相识的人只需要很少的中间人就能建立起联系。1967 年哈佛大学的心理学教授斯坦利·米尔格拉姆（Stanley Milgram）根据这个概念做过一次连锁信件实验，尝试证明平均只需六个人就可以联系任何两个互不相识的美国人。这种现象并不是说任何人与人之间的联系都必须要通过六个层次才会产生联系，而是表达了这样一个重要的概念：任何两个素不相识的人之间，通过一定的联系方式，总能够产生必然联系或关系。显然，随着联系方式和联系能力的不同，实现个人期望的机遇将产生明显的区别。

社交网站上人际关系的含义已经远不止"熟人的熟人"这个层面，比如可根据相同话题、相同爱好、相同学习经历，甚至根据周末出游的相同地点把大家聚合在一起等。通过社交网站，用户可以便捷地创建自己的社会网络，玩游戏、看视频，并创建网站、网络电台、网络电视频道，甚至逛商店等，因此很受年轻人喜爱。社交网站仅仅基于个人的服务器便可实现多人一起工作和娱乐的需要，甚至使上百人聚在一起召开会议、讨论问题、共享照片、欣赏音乐成为可能，彰显了"社会化网络"中的"社会化"的真义。社交网站的出现真正动摇了"物理实在"与"虚拟实在"之间的障碍，因为其价值来源于真实性。

在社交网站上，用户之间的关系被称为"朋友""联系人""粉丝""追随者"等。要成为"朋友"，一些网站要双方相互确认，但是也有一些网站只要一方的确认即可。往往单方认同者会被称为"粉丝"或者"追随者"。所以，在社交网站上，笼统地使用"朋友"会造成一定程度的误导。用户可以点击好友名单上的链接到达特定的好友主页上。一些社交网站赋予用户选择权，决定是否公开自己的好友列表，如在 MySpace、LinkedIn，用户可以隐藏自己的好友列表。

社交网站通过诸如兴趣、政治观点、行为等使得原来素昧平生、远隔千里的陌生人也能相互联络，结成朋友。同时有数据表明，大多数社交网站支持既有社会关系在网络上的延伸、维护和持续。比如在韩国，Cyworld已成为人们日常生活不可或缺的一部分。一项调查显示，85%的受访者使用Cyworld的主要动机是维持和加强既有的社交关系，即使某些线下关系链条可能很弱，比如上某门选修课的一面之缘。加强既有的社会关系这一维度成为社交网站与新闻组等早期互联网应用的重要区别之一。

二、社交网站与自我中心的彰显

尽管不同的社交网站采用不同的技术，形成了各自的特色，但相同的是社交网站的一个最重要的特色——社交关系的公开呈现。在注册社交网站的时候，用户被要求填写一些表格或者回答一系列问题，诸如年龄、住址、兴趣等，一些网站还鼓励用户上传个人照片。于是个人主页成为在社交网站上展示自我的重要手段。

社交网站的兴起暗示着在线社区的一个转向。基于兴趣、爱好的BBS、网络社区仍然存在并显示着蓬勃的生命力，但社交网站存在着在本质上不同的理念：它们主要是围绕人，或者说围绕人与人之间的关系而构建。在社交网站里，兴趣并非其主旋律。

BBS、网络社区围绕话题而建构，话题与话题之间通常是一种逆时序的线性结构，话题与回复之间呈现的是一种金字塔式结构，而在社交网站里，结构主体是人。在互联网上，人与人之间等级秩序并不明显，由此，社交网站中人与人之间交错联结，呈现一种网状的系统。人们摆脱客观事件的束缚，个体在自己的页面中都有较大程度的自我操控能力，决定着什么被展现、如何展现，从而使得自我得到彰显。

三、社交网站与现实人际传播的回归

恩斯特·卡西尔（Ernst Cassirer）曾经说过："只有在我们与人类的直接交往中，我们才能洞察人的特性。要理解人，我们就必须在实际上面对着人，必须面对面地与人交往。"① 卡西尔道出了一个朴素的真理：只有在人与人的真实交往中，人才能理解自己，理解他人，理解社会。

社交网站鼓励实名制，在这个意义上，它实现了网络虚拟世界向真实世界的回归。在之前的BBS、网络社区中，用户匿名注册之后所扮演的往往是一种虚拟角色。这种匿名状态往往使人放弃自我约束，很容易诱发出人天性中的破坏性。这也是网络群体事件，比如人肉搜索中出现的一些诽谤、侵犯他人隐私、肆意侮辱他人人格行为的深层原因。在社交网站中，实名制实现了现实角色的移植，物理世界中的身体属性、社会属性和地域属性依靠实名制得以在虚拟世界中继续构成主体，物理世界中的角色规范继续有效地影响着主体，这都有效地杜绝了匿名制带来的"网络暴民"等不符合道德规范的现象。

社交网站在本来难分真假的网络世界中告诉人们网络不是完全虚拟的，它也可以真实。

① 卡西尔. 人论［M］. 上海：上海译文出版社，2004：10.

四、社交网站促进人际关系的构建、维系及良性发展

心理专家指出，现代都市生活节奏越来越快，人与人之间的距离越来越远。在社交网站中，通过导入 QQ 和 MSN 的好友名单、雅虎和 Gmail 等邮箱联系人，以及通过使用一些搜索功能，用户不仅可以找到自己的同事、大学同学，甚至连一些小学、幼儿园同学都能找到。

社交网站甚至通过简单游戏的方式把大家联系在一起，大家互相“买卖”，争抢“车位”，“偷菜”，还可以发起投票，讨论一些好玩的话题。虽然是在虚拟的世界里，但对社交网站的用户来说，他们在社交网站上是真实存在的。

社交网站为了吸引用户创造出形式各异的活动方式，以促进用户间的交流。以曾在中国白领中较流行的开心网为例，开心网中有“姓名缘分”“朋友比较”这几个组件，朋友间通过透露、传播一些看似隐私的信息来减少疏远感，提高亲密程度。开心网上还有一些小道具，比如“动他一下”，是开心网上加强版的“打招呼”的一种动作，另外还有十多种动作能准确表达发送人的心态，增强接收人的感受。

从网站的界面设计来看，社交网站中的房子、宠物以及它们的笼舍，都被设计得活泼有趣，与理性、冰冷的办公室氛围形成了鲜明的对比。

为了进一步增强现实感，一些社交网站还提供“虚拟物品”赠送服务，有免费的，也有收费的礼品，还可以匿名赠送。腾讯的 Qzone 就从虚拟物品中获得巨额利润。

社交网站通过以上各种方式，让用户能更紧密地保持和朋友之间的关系。

五、社交网站与个体的边界管理

桑德拉·佩特罗尼奥（Sandra Petronio）提出，人际关系中的各方不停地管理公共领域和私人空间之间的边界。所谓“边界”指的是在思想和感情上是否愿意和他人分享的界限，或者可以理解成私密性和非私密性事务之间的界限。保持一个封闭的边界可以带来更大的自主权和更多的安全感，而开放的边界会导致更为亲密的关系和更多的共享信息。通过对边界的管理，建立起更加宽泛的关系网络，传播效果会更好。

相对于先前的互联网服务，社交网站提供给人们比较有效的边界管理手段。比如，BBS 等过于偏向公众化，而即时通信又过于偏向私人化，这常常使得与人分享和保护自己的需求产生矛盾，甚至陷入透露信息不安全与发布信息无人分享的窘境。而社交媒体较好地解决了这一问题。它将个人空间和公共空间相结合，同时拥有个性的博客以及各种交友、用户搜索、论坛群等。用户可以通过隐私设置让好友之外的人无法浏览自己的主页信息，他们可以放心地在自己的小圈子内管理、发布自我信息，同时及时了解朋友们的最新情况，还可以通过“朋友的朋友”与网内搜索、交友功能不断拓展自己的人际关系，在自我透露与好友信息的获取中不断增进相互间的情感，深化拓展人际关系。

六、社交网站与名人

对于名人来说，社交网站给他们提供了一个与支持者互动交流、加深彼此理解的平台。

以 MySpace 的发展为例。较早的社交网站，如 Friendster，鼓励人们注册，但对乐队等在社交网站上安营扎寨、进行公关的支持力度并不大。相反，MySpace 则善于利用知名人士，尤其是一些流行音乐歌手来拉拢用户，手段之一就是鼓励乐队和支持者在社交网站上交流互动。

第三节　社交网站带来的一些问题

无论在哪个国家，安全问题、违法事件等围绕社交网站的各种争议都挥之不去。社交网站甚至在一些国家和群体中受到排斥。比如，一些公司在办公时间屏蔽社交网站。MySpace 被美国军方所禁，服役人员不能对其进行访问；加拿大政府禁止其职员访问 Facebook；美国国会则提议立法禁止青少年在学校和公共图书馆访问所有社交网站。

下文将阐述社交网站带来的一些主要问题。

一、虚假身份对社交网站造成的困扰

上文提到过，社交网站最大的亮点就是以既有社会关系为基础，拓展用户的真实交际圈，力求回归现实中的人际传播。统计数据也表明，人们在社交网站上的好友多为线下有联络的朋友。但是，也不排除一些人制造虚假的身份，尤有甚者假冒名人，通过社交网站达到各种各样的目的。

一个明显的例子就是 Friendster 上假冒者的泛滥。Friendster 在北美市场的式微有技术方面的因素，也有因其管理不善导致假冒者对用户体验的损害方面的原因。

二、隐私

对社交网站的信任程度以及使用的目的也会影响所分享信息的完整、真实程度。比如 Facebook 用户对 Facebook 的信任程度要高于 MySpace 用户对 MySpace 的信任程度，因而前者更乐意在社交网站上分享信息。

社交网站个人主页及其链接的数据都可以通过特定的技术自动搜集。美国有些学校专门提醒年轻人注意保护自己在社交网站上的隐私，不要让陌生人从个人主页上的信息如家乡、出生日期、地理经纬度等中获得过多隐私，甚至让他人推测出身份证号。

另一方面，开放式平台是 Web 2.0 的要素之一。很多社交网站都允许应用程序开发者实现平台提供者没有提供的功能，允许应用程序开发者重构或替代平台提供者所提供的不尽如人意的功能。

无论是社交网站运营方还是应用程序开发商，若对搜集来的用户资料不能妥善、依法处置，都很容易使用户隐私遭到不法利用。

三、角色冲突

社交网站里公开的朋友列表，提供给用户一个用户群，从而建立了一种对应的行为模式；好友的数目、分布、社会经济地位等都会影响使用者的行为。然而，当自己的上司、同学、密友、老师同时出现在社交网站时，用户在不同对象面前扮演的不同角色可能会产

生冲突。

所谓角色冲突（role conflict），是当一个人扮演一个角色或同时扮演几个不同的角色时，由于不能胜任而发生的矛盾和冲突。角色冲突大体可以分为两类：角色间冲突和角色内冲突。角色间冲突是指一个人所担任的不同角色之间发生的冲突。角色内冲突是指同一个角色，由于社会上人们对于他的期望与要求的不一致，或者角色承担者对这个角色的理解的不一致，而在角色承担者内心产生的一种矛盾与冲突。

在社交网站里，同一用户身上产生的主要是角色间冲突，表现为两种情形。第一种情形是空间、时间上的冲突。比如当一位老师出现在Facebook上，他的学生看到自己老师不同于站在讲台上的一面时会产生何种想法，这对于师生关系又会产生怎样的影响。

第二种情形是行为模式上的冲突。比如，当一个人改变了旧角色，担任了新角色，并且新的角色与旧角色有性质上的区别时，也会产生新旧角色之间的冲突。比如某个社交网站的用户，之前在学校与同学相处时，可能比较随意、放松；大学毕业后进入公司，在上司面前展示的是兢兢业业、沉着稳重的一面。面对先后两种对象，他的说话方式可能有很大的差异。但是，在社交网站里，由于上司、同学同时看到自己的一言一行，这个用户可能在选择表达方式时会产生某种矛盾心理。

四、现实关系的疏离

有学者提出，社交网站上的交往很可能制造了一种“虚假的真实”，而事实上是对真实社会交往的逃避。社交网站的兴起再次提醒我们，当某个媒介制造的现实比真实生活有趣得多的时候，会发生什么？当一个人在开心网上“种花”“偷菜”忙得不亦乐乎时，他会不会已经很久没有跟朋友一起外出郊游了？

一些用户沉溺于社交网站中不能自拔，一反生活的常态。比如开心网的一些用户，半夜起床上开心网的农场“收割”“偷菜”，利用上班时间在社交网站上“做买卖赚钱”。

五、垃圾广告

广告和其他增值服务是目前社交网站主要的盈利模式。社交网站可以采用植入式广告的模式，让用户在与朋友的互动中接收广告，减轻排斥心理。例如，开心网在停车位上放置宝马汽车的广告，在买房子游戏中内置了万科房地产的广告，都收到了较好的广告效果。

另外，社交网站还可以利用用户相对真实的数据进行分众式广告投放，准确定位目标人群。在社区交友网站中，用户的性别、年龄、所在城市、工作场所、收入层次及爱好等都有详细记载。如果社交网站根据用户的差异投放各自喜好的广告，收效将大于传统门户的广告。

但是社交网站上垃圾广告仍频频出现，有些营销机构专门注册虚假账号，骗取其他用户加为好友，发布垃圾广告。

如何巧妙利用优势，在吸引广告主增加利润的同时又不招致用户的抵触、反感，减少垃圾广告，这些都是社交网站发展中需要面对的问题。

本章小结

本章主要介绍了社交网站的概念及特点，重点讲授了社交网站对社会的影响，分析了社交网站存在的问题。

思考题

1. 请分析社交网站对社会的影响。
2. 请分析社交网站对青少年网民的心理影响。
3. 请简述六度分隔理论。
4. 请分析哪些因素影响着社交网站用户的自我呈现。
5. 社交网站中的信息分享与用户互动行为往往伴随着个人信息隐私的披露，你认为应当如何协调社交网站用户的隐私边界？
6. 有观点认为，社交网站拉近了人与人之间的距离，使空间和地理不再成为阻碍，但也有观点认为，社交网站的使用对现实中的人际交往有负面影响，对此你怎么看？

在线自测

扫一扫 练一练

第九章　视频网站

视频网站带来了新的收看模式，改变着社会互动，这既给互联网产业带来新商机，也有助于提升用户的创造能力。比尔·盖茨曾经预言，互联网视频必将为传统电视业带来一场革命。如今，上千万用户生成内容的生产者和消费者正重塑着人们的传统收视行为。

第一节　视频网站的概念及特点

一、视频网站的概念

Web 2.0 的一个核心概念是让用户参与创造内容。在短短的时间里，Web 2.0 的应用从文本到图片，很快席卷了音频、视频世界。视频网站就是以传播视频信息为主的网络媒体。目前，视频网站的主流是视频分享网站。视频分享网站是脱胎于 BBS 的一种社交网站，网络用户可以通过视频分享网站上传、搜索、观看视频文件。视频分享网站建设的初衷是在越来越多的人观看视频文件的同时，使每个人都能分享他的经验及专门知识。

二、视频网站的特点

（一）内容生产速度极快

目前最大的在线电影数据库 IMDb 上保存的从 1888 年至今生产的电影和电视节目大约只有 96 万部。而 YouTube 上每天上传的视频就达六七万个，也就是说，仅就数量而言，生产同样数目的视频，YouTube 只需要约 15 天。

（二）内容来源多样化，草根性与专业性并存

视频网站主要是利用 Adobe Flash video 技术来呈现各种用户生成的视频内容，包括电影 Clip、电视 Clip 和音乐电视等，也有来自视频博客以及各种简短的原生态视频等的内容。

从技术上看，多数视频网站的内容主要是编码成 Flash video（.flv）格式的视频和音频。它们一般也支持无声视频，因而有些内容并没有音轨。还有些内容并非连续拍录的视频，而是由文字或照片做成的幻灯片。技术门槛的降低更有利于视频的上传。

此外，视频网站还会和传统的大众媒体机构合作，共享内容。如 YouTube 与 CBS（哥伦比亚广播公司）、BBC（英国广播公司）、UMG（环球音乐集团）签订了一系列合作协议，这些公司会定时给 YouTube 提供内容。

（三）视频可植入其他网页

很多视频网站可以让用户在自己网站之外的网页上观看视频。比如 YouTube 使用者可以在 YouTube 以外的网页上观看其视频，因为每一段 YouTube 视频都有个 HTML 以植入 YouTube 之外的网站。用户常常将上传到 YouTube 的视频插入社交网站和博客，点击数经由这些外部链接攀升。经常链接视频网站内容的是一些大型社交网，如 Myspace、Orkut、Friendster 等。此外，用户也常经由视频评论网站到达视频网站的某一特定链接。

第二节　视频网站对传播行业的影响

传统的视频点播（video-on-demand）由少数的媒体机构采集、制作、生产并向受众传播内容，这些媒体机构往往需要获得政府颁发的许可证才有传播权。由于电视的影响力以及作为一种稀缺资源的发射频率，无论是在中国还是在一些发达国家，政府对电视的传播控制比对其他大众传播方式如报纸、杂志等的控制要严格。传播特权给传统视频生产者带来较强的把关、操控力度。内容的受关注度可以通过专业化的内容生产商、通过营销手段加以控制。

视频网站重塑了在线视频市场格局。海量的微内容呈现在用户面前，它们瞬息万变，可能转瞬即逝、知者寥寥，也有可能引起人们的极大关注甚至引发主流媒体的热议。在视频网站里，各种内容尤其是用户生成内容的受关注度存在较大的不可预测性。

在电视时代，人们守在电视机旁观看同一节目或连续剧是司空见惯的情景。一些内容极度流行，抑或另外一些内容受到冷落，这两个极端在用户生成内容时代都得到一定程度的中和。用户的观看行为得到个性化发展，媒体使用行为和注意力持续时间也在发生变化。所有这些都极大地影响着市场营销策略、广告投放和搜索引擎。与此同时，由于编辑和把关制度的缺失，用户生成内容对内容的扭曲以及对知识产权的侵犯严重影响视频网站的发展。

一、视频网站促进了个体的自我表达

在 2005 年 YouTube 出现之前，鲜有网民将视频内容放到网上。YouTube 友好、易用的界面，使得用户能在几分钟内将视频传到网上，开创了新的互联网文化。

视频网站上形态万千的微内容其实起着一个“过滤器”的作用，留在“滤网”上的往往是制作者认为“有趣、有价值”的事物，无论这些事物是他们自己拍摄的，还是别人拍摄他们剪辑截取的。电视剧的搞笑片段、一位政客的偶然失态、精彩进球片刻抑或自己孩子迈出的第一步……这些都可成为人们茶余饭后的谈资，在社交圈里引发话题。从这个意义上说，视频网站更像一个社交的渠道。

二、视频网站使传统权威对信息的管控力度受到挑战

视频网站给公众提供了一个向大规模受众传播视频内容的渠道。这一方面使公众获得了更加自由、开放的话语权；另一方面，传统权威对于特定事件或问题的信息控制程度也

受到挑战。这方面突出的例子是 2008 年的美国总统大选。在视频网站出现之前，相关的支持或反对活动只能是在当地集合数量极其有限的持相同政见者去影响社区内的其他人，影响往往限于初级群体。视频网站出现后，竞选智囊团对于候选人形象以及相关信息的管理、操控，受到来自 YouTube 等视频网站的或正向或反向的影响，因为无论是支持者还是反对者都可以建立页面，上传相关的视频。在 2008 年美国总统大选中，总统候选人奥巴马和麦凯恩（McCain）都在 YouTube 上建立了与民众沟通的渠道，他们在 YouTube 上发出提议，征询民众的意见、反馈。此外，YouTube 还联合 CNN 收集网民的提问视频，交由候选人回答和辩论。

三、视频网站的“长尾”

“长尾”（long tail）这一概念由《连线》杂志主编克里斯·安德森（Chris Anderson）在 2004 年最早提出。

长尾理论认为，由于成本和效率的因素，过去人们只能关注重要的人或重要的事，如果用正态分布曲线来描绘这些人或事，人们只能关注曲线的“头部”，而忽略处于曲线“尾部”、需要更多的精力和成本才能关注到的大多数人或事。例如，在销售产品时，厂商关注的是少数几个所谓 VIP 客户，“无暇”顾及在人数上居于大多数的普通消费者。而在网络时代，由于关注的成本大大降低，人们有可能以很低的成本关注正态分布曲线的“尾部”，关注“尾部”产生的总体效益甚至会超过关注“头部”产生的效益。

网络时代是关注“长尾”、发挥“长尾”效益的时代。在传统媒体时代，受众的特殊需求由于把关人的存在而被层层过滤。由于发行渠道的稀缺，小众化的内容不能在大众电影院放映。这个发行瓶颈在视频网站上得到了很好的解决。视频网站流通的是虚拟产品，支付和配送成本几乎为零，可以把长尾理论发挥到极致。因此视频网站可以满足细分受众群体的潜在需求，填补利基市场。

长尾理论在视频网站中的应用对于新闻传播行业也是一个重要的启发。由于播放渠道的限制，电视台的很多节目还存在潜在价值，在播出一次后就被归档，无法实现内容增值。尤其是一些制作精良的纪录片或者晚会、重大新闻事件的视频，这些视频资料都存在较大的潜在受众群，具有再利用价值。传统的电视节目制作机构可以与视频网站合作，将增值潜力大的旧内容放到视频网站上，以实现优势资源再利用。

四、视频网站上热门内容的“马太效应”

视频网站的视频内容可以分为三大类。

（一）用户生成的视频

用户生成的视频指业余人士用摄像头、家用摄像机或者手机等设备拍摄他们策划、观察、亲身经历的事件并进行剪辑生成的视频。

（二）用户生成的专业表演

这类视频的拍摄者和拍摄工具与第一个类别相同，但是拍摄对象却是一些专业机构的职业活动，比如乐队演出、歌剧、舞蹈表演等，剪辑工作由业余人士完成。

（三）专业录制节目

这类视频指专业化机构使用专业设备录制的内容，并由职业人员对这些内容进行剪辑，有着明确的专业化目的，比如电影、新闻、纪录片等。

一般来说，在视频网站的排行榜上点击量最多的往往是专业录制节目。除非是后来发展成为网络事件的用户生成内容，绝大多数的用户生成内容都未进入网站访问者的视线就被后来者淹没。即使拍摄内容相同，如拍摄对象都是一场专业表演，用户剪辑的视频热门程度往往不及经专业化剪辑的视频。而且，用户剪辑的内容一般要比后者短。

哈佛商学院的一份调查显示，在视频网站上，10%的最热门视频几乎占了点击数的80%，剩下的90%的视频大部分是基于用户主动搜索而得到访问。随着视频总量增加和搜索引擎带来的易得性，人们的个性化需求得到更大的满足，然而总的来说，视频网站上的内容还是呈现出“马太效应”。

在YouTube上，用户搜索最多的还是那些流行视频，呈现出“热门视频更加热”的态势。其中原因有两个：一是人们本能地希望看到别人已经看过、热议的内容，无论动机是好奇、使自己不落伍，还是寻求和他人交流的共同话题；二是这些网站上的排名、推介等技术系统会把早先人们较为关注的内容列在显著位置，从而使热门内容赢得更多点击，在用户注意力有限的条件下，这也意味着其他内容的潜在流行度受到相应的影响。视频网站的把关权、控制权也体现在首页推荐中。网站推荐栏就像是报纸的头版，在人们注意力有限的前提下，放在首页的视频无疑更能吸引眼球，点击率和受关注度会得到提升；反之则可能石沉大海。

用户用自己的把关标准把他们认为“有价值”的内容上传到网上，那么，视频上的热门内容又是由什么标准“过滤”出来的呢？很多流行视频的制作者往往也预想不到自己的视频会如此受欢迎。在YouTube视频网站上，曾出现过两个比较典型的受到热捧的用户生成内容：

（1）一位三岁的小女孩对着一群人讲解《星球大战》，由她的父亲拍摄下来。该视频被点击500万次。

（2）一位在校大学生创建了一个帮助人们寻找丢失的照相机的网站。为了宣传他的网站，他把CBC专业录制的广播节目和一些自己拍摄的照片剪接起来。这个视频也引发了人们对其是否侵犯版权的讨论。

初步的研究结果表明，受到热捧的视频一般具备以下的特点：

（1）视频必须达到一定的长度，目前看来是至少三分钟。视频过短会影响意义的表达，也不利于冲突性因素的展开。

（2）有趣。草根性的原创内容尤其需要这一特质。

（3）大众化。从传播学的角度看，即传受双方要有共通的语义空间。“《星球大战》女孩”之所以风靡网络，是因为西方人大多看过或听说过这部影片，知道大概的剧情。

五、视频网站上的“内容别名化”

早在传统视频点播服务出现之初，节目提供商就经常提供同一个视频的不同编码版本，以方便使用不同的下行带宽的用户。而在现今的视频网站上，某一流行事件往往会有多个相同或者相似的版本。美国有学者将这种现象叫作“内容别名化”（content aliasing），指的是这些视频内容是基本一致的，只是起了不同的名字而已。一组针对同一事件、内容大同小异的视频及其复制品被叫作“别名视频”。而一组视频里，最早上传到该网站上的就叫原始视频。大部分视频都会有一到四个别名视频，多者会有几十个甚至上百个别名视频。

视频网站上的内容别名降低了分配到每一个视频的点击数，这给排名和推荐系统带来新的难题。而对于新闻行业而言，要追踪某一事件的热门程度不再像传统收视率调查机构那样一劳永逸，因为我们面对的不再是某一个节目，而是一个相同或相似内容的集合体，在这个集合里，即使内容一模一样的两个拷贝，得到的点击数也可能大相径庭。

大量别名视频的存在，虽然与网络媒介复制成本低、传播扩散迅速有关，但是在一定程度上也说明了视频网站内容同质化状况严重。从节目源这个环节来看，存在的主要问题是节目来源较单一，缺乏资源开发意识。以中国为例，中国国内虽然有 300 多家视频网站，但大多数网站的主体节目来源有三：一是国内各家电视台。这些网站对全国各家卫视和部分未上星地方电视台节目实时转播。二是影视机构。这些网站购买各影视机构制作的电影、电视剧、动漫版权后重复播放所购产品。三是网友自传的共享视频短片，但这些内容缺乏专业的制作，大多质量不高。①

对于视频网站本身来说，优质、独特的内容是增强受众黏度，吸引广告主和客户的制胜法宝。没有吸引受众的特色频道、特色节目、高品质的网友原创作品，适合网络播出的网络电影、电视剧和其他增值服务，很难提高知名度，建立品牌。

六、视频网站的媒体化路线

随着视频网站的发展，其走上媒体化路线的条件越来越成熟，主要体现在以下方面。

（一）热门视频多为专业化制作

视频网站上用户生成内容的质量参差不齐。对绝大多数用户来说，视频网站的海量信息只有极少一部分能引起他们的兴趣。从质量上看，专业化的内容生产机构，在生产、制作、加工、发行、市场推广等环节中，无论是资金还是人力物力，都比用户生成内容投入更大，专业水平也更高。更重要的区别还在于它们的生产目的与用户生成内容有着本质区别。专业化影视机构要把内容推向目标市场以赢得最大化的利润，而用户自己制作的视频大多是本着自娱自乐的目的，希望家庭成员、朋友等观赏。

用户生成内容浩如烟海，但在视频网站上受到热捧的内容多为专业化制作的内容。在此意义上，与其说视频网站为人们提供了展示创造力的舞台，不如说它更像一个人们相互分享感兴趣的内容的平台。而随着视频网站的发展，其媒体化的路线也越来越明显。

（二）视频网站的自我推广策略

有人把 YouTube 与 20 世纪 20 年代到 50 年代期间的好莱坞相比，因为两者都是让公

① 胡玲．视频网站内容创新的对策研究［J］．新闻界，2009（4）．

众展示创造力的平台。好莱坞有大型的影片制作公司，它们资助导演拍摄，并且拥有自己的剧院，从影片生产到放映都拥有一定的控制权。同时，好莱坞还是各种独立工作室成长的土壤，独立影片、小众化电影在这里都有成长的空间。

1927 年起，好莱坞一个重要的推广策略是由美国电影界知名人士发起组织“非营利组织”电影艺术与科学学院，每年在美国洛杉矶颁发“电影艺术与科学学院奖”（Academy Awards，奥斯卡金像奖的前身），由演员、导演等专业人士评选出自己领域的最佳影片。

类似地，YouTube 的合作伙伴也包括一些专业制作公司，它们确保部分 YouTube 的内容能达到一定的水准并吸引足够的受众。并且，从 2007 年起，YouTube 也开始设立“YouTube 大奖”，以吸引眼球，自我推广。

（三）视频网站自制内容彰显媒体化特性

2007 年 4 月，一次对美国各大媒体和娱乐公司高层管理人员的访谈揭示，媒介集团的高管们认为这个行业最大的威胁来自视频网站上的用户生成内容。视频网站媒体化经营之后，将拥有自制内容并掌控话语权。

在中国，视频网站也将走媒体化路线，从而使自制内容获得话语权。比如土豆网与包括电视台、影视公司、文化机构在内的超过 2 000 家内容提供方实现了密切合作。改版后土豆网大大增强了对自制节目内容的投入力度。它还筹划组建覆盖全国各大城市的采编团队，用网络视角记录广大网民所关注的大小娱乐事件。除与传统电视台抢播热播剧版权之外，土豆网还与传统电视台共同投资拍摄一些影片。土豆网与合作伙伴利用手机互联网用户以及现场直播时的观众互动推出互联网版《百万富翁》，这是一次互联网节目制作的尝试。这些都是视频网站所逐渐展示的媒体化特性。

（四）视频网站接收终端的扩展

视频网站走媒体化路线以扩大市场份额的举动还体现在其内容向各种接收终端扩展上。视频网站在媒体化方面要想获得成功，还必须全方位地满足细分的用户需求，进一步提升内容整合能力。

七、视频网站上的版权争议

版权是逐步完善视频产业生态链中的重要环节。随着内容产业链的健全发展，版权会实现更广范围内的深度合作关系，在一个市场化的产业链中找到合理的平衡点。

上传非法内容的视频网站陷入两难境地。有数据统计，YouTube 上近 10%的内容在上传前都未经许可，因而 YouTube 常因其某些内容侵犯知识产权而饱受争议。网站并不对用户发布的内容进行事前审查，在上传视频的时候，用户会被告知：除非完全是自己制作之内容，否则电视节目、音乐视频、录制音乐会或者广告等内容未经同意不得上传。YouTube 的网站指南上也提供知识产权的相关内容，协助使用者判断其上传的视频是否侵犯版权。尽管如此，YouTube 上的侵权内容仍不计其数。

在中国，早在 2003 年，国家广播电影电视总局就颁布了《互联网等信息网络传播视听节目管理办法》，并确立许可证准入制度；2004 年，颁布修订版。但直到 2006 年年底，政府才开始正式实施对网络视听节目的监管。目前，在国家广播电影电视总局已颁发的许可证中，多数授予广电系统下属网站，少数授予电信和门户网站，其他网站都在等待广播电影电视总局的审批。监管的加强让国内大多数视频网站面临生存危机。

对于视频网站来说，“收视率”高的节目的版权，包括电影、电视节目、专题片，它们或者买不到，或者没钱买。也有一些视频网站从创立之初就坚持购买版权，但这需要巨大的资金投入和内容提供商的支持。国际版权方都紧盯着中国的视频网站，如美国电影协会（MPAA）曾主动定期把侵权节目链接发给国内各大视频网站，并评估删除进度。日本NHK电视台曾与国内主要视频网站交涉，每月数次向网站提出删除要求。

总的来说，就版权这一问题，中国的视频网站推进正版化进程的努力是值得关注的。构建一个共赢的模式，能够促使内容商有动力做更好的内容，广告主也有兴趣采用更多的视频广告。在用户、内容方、广告方、视频网站之间多方共赢，是一个良性循环的体系。此外，一些视频网站还在开发“版权通知系统”和“版权标记系统”等内容辨认保护的多项技术。

本章小结

本章主要阐释了视频网站的概念及特点，重点讲述了视频网站对传播行业的影响。

思考题

1. 请分析视频网站对传播行业的影响。

2. 你如何看待视频网站对电视业的影响？

3. 在网络视频行业的发展中，产生了网络节目、网络综艺、网络剧等视频产品，你认为相比传统电视节目与电视剧，网络视频平台的自制内容具有哪些特点和优势？

4. 在网络视频传播中，一些用户会将已有的影视作品进行剪辑、拼贴、解说以形成自制内容进行传播，你认为这种行为是否侵犯了原作品的版权？平台和政府等管理者应当如何规范这种行为？

5. 你如何理解网络视频行业中的“长尾”现象？

6. 弹幕是目前网络视频中的一种主要的用户互动方式，你认为弹幕对于视频传播具有怎样的功能和意义？

在线自测

扫一扫　练一练

第三单元

新媒体管理

第十章　新媒体的宏观管理

伴随着新媒体在全球的发展，几乎所有国家都认识到在促进新媒体发展的同时也应重视对其进行管理。新媒体是一把双刃剑。如果任由新媒体的负面效应泛滥，就会扰乱社会秩序，破坏社会稳定，甚至直接危害国家安全和人民群众的根本利益。

第一节　新媒体带来的负效应

互联网的开放性和便捷性为大众参与新媒体传播提供了方便。任何人都可以在网络上发表任何言论，而不像在报刊等传统媒体上发表文章时需要经过编辑的筛选和加工。这种几乎毫无限制的“自由”被一些人滥用，从而导致新媒体中出现不少为法律所禁止或社会道德所不容的行为。鉴于新媒体主要指互联网，下面将主要论述互联网所产生的负效应。

互联网是一个自由且身份隐蔽的地方，网络犯罪的隐秘性非一般犯罪可比。互联网的自由性、开放性和隐蔽性使得网络中的犯罪行为层出不穷，而且难以被发现，网络成了高智能犯罪的温床。

一、信息安全形势严峻

在互联网建立之初，为了防止核打击的破坏，互联网被设计成不需要控制中心就可以工作的样式。因此，在网上不存在对传送的信息进行监控、审查和封锁的中心阻塞点，这一效果被称为“迄今为止可以最大限度让大众参与发表言论的形式”。但与整个网络系统的开放性、兼容性相伴而生的是单个网络点的安全问题。网络安全包括四个层次。

（一）国家安全

国家安全即如何保护国家机密不因受网络黑客的袭击而泄密，保证国家机构不受网络黑客的袭击正常运作。

（二）商业安全

商业安全即如何保护商业机密、企业资料不被窃取。对新闻事业而言，网络的商业安全在于如何保护新闻信息的内容、背景及消息来源不被他人非法利用。

（三）个人安全

个人安全即如何保护个人隐私（包括电子邮箱密码、个人背景资料、信用卡号码、健康状况等）不被非法利用。

（四）自身安全

自身安全即如何保证接入互联网的电脑不受网络病毒的侵袭而瘫痪。

目前，国际普遍认同的维护网络安全的途径有两种。其一，技术保护。通过网络主机或在服务器上加装安全软件，对来访信息检查过滤。其二，立法保护。制定和完善法律规范，对新媒体行为进行约束。这两种途径在一定程度上起到了监控的作用，但互联网给人类社会带来的前所未有的开放性、兼容性给网络安全保护造成了极大困难。网络安全意识尚未普及，许多用户，尤其是众多个人用户的安全保护措施有待加强。

网络是一把双刃剑。它给全世界带来了巨大的利益，但同时也会成为黑客和恐怖分子的武器。

“黑客”一词最初是指那些痴迷于计算机的电脑天才，而现在则成了对网络系统非法入侵者的统称。黑客问题已经成了全球关注的世界性问题。以网络安全技术最先进的美国为例，白宫、美国国防部、中央情报局、联邦调查局、重要军事基地、科研部门、美国航空航天局、著名企业网站都有被“黑”的记录。从理论和技术上讲，没有哪个网站敢说自己不会被黑客攻破。黑客利用某种技术手段，侵入他人网站，堵塞他人网站信息通道，涂改、删除他人网页信息，犹如蒙面人穿门入室。据美国联邦调查局的调查，在计算机犯罪中，有80%的案例为黑客通过互联网非法侵入别人的计算机网络系统。每年美国政府的计算机系统遭非法侵入的次数达30万次之多，黑客犯罪引起的损失估计有15亿美元。

在针对新媒体的袭击中，黑客是攻击的执行者，计算机病毒则是黑客的首选武器。现在，一些国家已组建“黑客部队”，专门用来发动网上攻击。对新媒体危害最大的正是这种有国家和政府支持的“合法”黑客。

当今几乎每天都产生新的电脑病毒，而且是“青出于蓝而胜于蓝”。计算机病毒是一种计算机程序，具有寄生性、潜伏性、隐藏性和传染性的特点，一旦发作，会修改计算机系统信息，影响系统运行的稳定性或夺取对系统的控制权。一些恶性病毒会使系统崩溃，甚至毁坏硬件，使整个网站的设备全部报废。

在互联网上严重危害社会和他人的行为，其表现形式主要有两种：一种是在互联网上实施不法行为，袭击网站并在线传播计算机病毒。另一种是利用互联网实施金融诈骗、盗窃、贪污、挪用公款、窃取秘密和其他不法行为，如电子讹诈、网上走私、网上非法交易、电子色情服务、虚假广告、网上洗钱、网上诈骗、电子盗窃、网上毁损商誉、网上侵犯商业秘密、网上组织邪教组织、在线间谍、网上刺探等。其特点是行为的跨国性、公然与隐秘的交织性、无现场性、危险及结果的可修改性和成本的低投入性。虽然世界各国对各种网络非法行为采取多种管理措施，但要将这些东西从互联网上清除，还需要漫长而艰苦的努力。

中国的网络安全状况不容乐观。近几年来，在中国利用计算机网络进行的各类违法行为以每年30%的速度递增。此外，国际黑客也频频“光顾”中国网络。更严重的是，许多网民对信息安全缺乏应有的警惕和认识。例如，超过一半的网民不更换自己的电子邮箱密码，1个月换一次密码的只是极少数。网络安全专家、中国科学院高能物理研究所研究员许榕生指出，目前中国网络系统其实非常脆弱，提高网络的可靠性和安全性应该成为互联网发展的当务之急。他还说，在美国，网络安全费用占网络工程总费用的20%，而在中国这个数字小于1%。

目前，微软在中国市场庞大，约有九成五的用户都采用微软的Windows系统，但在中国政府近年来积极筹建的电子政务系统上，有官员认为，如果再采用微软的软件，将来中国的机密政务被外国窃取将易如反掌。因此，为了安全起见，中国电子政务平台开始转向 Linux[①]。依据《中华人民共和国政府采购法》，除个别情况外，在同等条件下，只要中国有的软件，政府就不会购买国外进口的。中国拥有自主知识产权、商品化的通用高性能微处理晶片“龙芯一号”等产品不断问世，标志着中国晶片走上产业化道路，对中国国防、国家安全也将起重大作用。

为应对互联网发展带来的信息安全问题，我国新增设了信息安全专业。1998 年，教育部颁布了《普通高等学校本科专业目录（1998 年颁布）》，信息安全专业正式出现在该目录的《经教育部批准同意设置的目录外专业名单》中。2012 年，教育部颁布了《普通高等学校本科专业目录（2012 年）》，原信息安全专业（071205W）和科技防卫专业（071204W）合并为信息安全专业，属计算机类专业。2020 年，教育部颁布了《普通高等学校本科专业目录（2020 年版）》，信息安全专业为工学门类专业，属计算机类专业，授予管理学或理学或工学学士学位。

人工智能的发展，带来了新的管理难题。在内容端，利用深度合成技术和生成式大模型，可以非常容易甚至能够一键生成文本、图片、视频、音频信息。一方面在制造谣言上更方便了，另一方面在识别和监测谣言上更困难了。

二、侵犯知识产权

信息生产、加工和处理的计算机化、网络化大大方便了信息的复制和抄袭。有人戏称网络内容提供商（internet content provider，ICP）是“网络复制和粘贴”（internet copy and paste），该戏言一针见血地反映出网络上知识产权保护的混乱状况。侵犯网络知识产权的形式包括抄袭他人的文字作品、网页设计，任意下载、删改、转发和刊登其他网站的信息内容。这导致当前网站告网站、网站告传统媒体、传统媒体告网站、著作权所有人告网站等诉讼案例频频发生。

在网络上，知识产权被侵犯的现象屡见不鲜。一位作者要在互联网上维护自己的合法权益往往要付出很高的时间、经济成本，并且承担着较高的败诉风险，因为在网络上对知识产权的侵犯具有零成本、隐蔽性、迅速性、全球性以及罪证难以搜集等特点。简言之，在互联网上侵权非常容易，而维权却十分困难且成本高昂。

发表在网络上的作品与发表在报纸上的作品相比，只不过是传播的载体不同而已。后者是以报纸这种传统的纸质媒体为载体进行传播，而前者是以网络这种新型媒体为载体进行传播，二者在本质上是一致的。从网上“下载”网络作品，与摘登其他报纸的作品一样，应视为“转载”，应依照《中华人民共和国著作权法》（简称《著作权法》）的规定，对著作权人的合法权利予以保护。

网上信息资源诸如论文、软件、专利、商标、未经授权的资料乃至商业秘密等十分丰

① Linux 是由理查德·马修·斯托曼（Richard Matthew Stallman）等人研发的，它是一种自由、开放源码、免费使用和自由传播的多用户、多任务、支持多线程和多 CPU 的操作系统。因为它是开放源码的，不存在 Windows 等“黑箱”，所以大家认为它的安全性更高。

富，都易为不法之徒所侵犯。撰写论文、开发软件要投入大量的时间、精力、资金，但复制却轻而易举。对于在网络上侵犯知识产权的行为，最有效的措施就是将侵权者绳之以法。

美国 1997 年通过了《1997 年网络著作权责任限制法案》《1997 年世界知识产权组织著作权条约实施法案》《1997 年数字著作权和科技教育法案》；1998 年 10 月又颁布了《数字千年版权法案》。

日本国会于 1997 年 6 月 10 日通过《著作权法修正案》，修正的主要内容是扩大传媒的公开传播权的范围。

1997 年 11 月 12 日欧盟执行委员会针对信息社会著作权制定了履行《世界知识产权组织版权条约》的新规则，其中规定了复制权、公开发行权、著作权管理信息等内容。

在我国，人们对于"公众传播权"有肯定意见和否定意见，但国际趋势和中国司法实践都趋于对该项权利进行保护。

《著作权法》第十条第一款第十二项规定："信息网络传播权，即以有线或者无线方式向公众提供，使公众可以在其选定的时间和地点获得作品的权利。"这为中国的互联网知识产权保护提供了基本依据。

在人人都能创作短视频的大环境下，我国网络视频作品的数量呈指数级增长，其中版权侵权的问题日益严峻。电子证据的真实性、合法性和关联性的认定问题，是目前审理网络视频侵权案件中的一个难题，因为它比较容易篡改。

人工智能发展势头迅猛带来了新的版权难题，目前人工智能版权存在的争议主要集中在两个方面。首先，人工智能大模型在研发过程中，涉及使用那些拥有版权保护的内容进行算法模型训练，是否构成侵权？其次，人工智能生成的内容到底有没有版权？如果有，归属又是谁呢？

互联网知识产权保护之难往往并不是无法可依，而是维权的经济成本、时间成本依然过高。而网上侵权的特点往往使违法者能轻易躲过法律的制裁。因此在中国要想有效保护互联网知识产权，还有漫长的道路要走。

三、信息泛滥

互联网使得信息的采集、传播的速度和规模达到空前的水平，实现了全球的信息共享与互动，它已经成为信息社会必不可少的基础设施，将世界更进一步地联结为一体。但与之俱来的问题是，汹涌而来的信息有时使人无所适从，从浩如烟海的信息海洋中迅速而准确地获取自己最需要的信息变得非常困难。在新媒体活动中，信息的发布、传播失去控制，产生了大量虚假信息、无用信息，造成信息环境的污染。因为在网络上任何人都可以自由发表意见，并且发布的成本几乎可以忽略。在某种意义上，每个人都可成为全球范围的信息制造者，从而增加了人们利用信息的难度。这种现象被称为"信息爆炸"(information explosion)。

此问题给人类社会带来了负面效应和潜在危机。信息是潜能巨大的战略资源和取之不尽的财富，如何使信息资源得到有效利用、提高信息的质量，已经成为一个世界性的亟待解决的问题。

网络给每个传统的受众都提供了成为传播者的可能。这提高了受众的地位，打破了传统媒体传播者的单向性，但也带来了传播权的滥用，任何人都可以以任何目的传播任何消息。这其中，有谣言，有泄密，有危害国家安全的信息，还有侵害社会伦理道德的信息，以及大量色情、暴力、虚假广告等有害信息。这些垃圾信息已泛滥成网络新公害，就像大城市中的工业垃圾和生活垃圾造成环境和生态污染一样，它们阻碍用户迅速查到有用信息，因而需要得到及时处理。如何排除不良信息的干扰，并从网上过滤出真正满足自己需要的信息，已成为网络受众面临的重要挑战。而在网络信息的海洋中查找所需的信息，绝非一件轻松自在的事。

信息传播的空前自由为人类带来太多的信息而导致信息选择困难，造成信息选择的不自由。因为过多的信息会使人无从入手。阿尔温·托夫勒（A. Tottler）在《未来的震荡》中曾对这种情况做过这样的表述："有时选择不但不能使人摆脱束缚，反而使人感到事情更棘手、更昂贵，以致走向反面，成为无法选择的选择。一句话，有朝一日，选择将是超选择的选择，自由将成为太自由的不自由。"①

人们在享受着网络上丰富的信息带来的便利的同时，也在忍受着"信息爆炸"的困扰。"信息爆炸"已经对社会经济的发展产生了负面的影响。在一些情况下，每天要处理的信息超出人们的分析能力，降低了人们的决策效率，甚至导致决策失误或是难以做出最佳决策。在另一些情况下，搜集信息所花费的成本已超过了信息本身的价值。因为一方面，个人用于接收、处理信息的时间和能力有限；另一方面，大众传媒借助新科技传播信息的时间和能量的无限拓展性，导致信息汹涌而来。大大超过人的处理能力以及大量无法有效应用的信息会引发一系列社会问题：信息太多导致人们紧张不安；滥用信息造成信息犯罪；信息堆积引起信息危机、信息雪崩，以及对信息的错误判断。

信息的真实性不能保证是阻止互联网正常发展的一大难题。互联网从整体上缺乏传统媒体的把关人。由于网络的开放性、自由性，任何人都可以在网上发布信息，这势必造成网上信息真假难辨，更有甚者故意乃至恶意散布虚假信息。这些信息在产生、传递过程中没有传统媒体的层层审查程序，没有人对这些信息的严谨性、真实性、权威性把关，而且多媒体技术的发展使得制造假新闻、假照片易如反掌。

人们试图从技术上寻求解决办法。从20世纪90年代中期开始，各国日益将研究重点放在数据库技术、信息挖掘技术、信息标准化技术上，形成了信息获取技术的研究热潮，产生了由许多学科互相交融的新的交叉学科——知识发现。

目前人们获取信息的方法主要有检索（information retrieval）技术，如分类目录型搜索引擎、基于关键词的检索搜索引擎、基于内容的检索等技术。另外，一些网络内容提供商通过智能化的代理服务器，由用户定制感兴趣的信息，从网上将有关信息定期发给用户，帮助用户高效率地从网上提取有价值的信息，这就是邮件列表推送（push）服务。

数据挖掘（data mining）技术的研究成为热点。数据挖掘技术是从大量的数据中发现隐含的、前所未知的、对决策者具有潜在价值的知识和规则。这些规则包含了数据库中一

① 托夫勒．未来的震荡［M］．成都：四川人民出版社，1985：313.

组对象之间的特定关系，揭示出一些有用的信息，为经营决策、市场策划、金融决策等提供依据，以此来从数据库的相关集合中抽取出有价值的知识、规则或信息，从而使数据作为丰富可靠的资源为知识归纳服务。数据挖掘是一项正在发展中的技术，它的成果必将对信息获取起到积极的作用。

四、网络犯罪日益猖獗

有人说，在互联网上没有人知道你是一条狗。网络的隐蔽性、开放性、自由性为网络犯罪提供了得天独厚的条件，网络犯罪的例子可以说不胜枚举。

一些网民对网络色情存有强烈的猎奇心理，甚至有不少网络色情犯罪者。

虽然黄毒自古以来就已经存在，但可怕的是互联网使色情内容更容易传播。使用新媒体犯罪，使犯罪成本越来越低，传播手法越来越隐蔽且快速，犯罪者也越来越低龄化。

传统媒体的信息传播方式是单向的，即传者将信息主动推送给受众，受众处于被动的地位，因此政府易于控制网民与色情内容的接触。而新媒体则将这种单向传播方式改变为双向传播，受众的主体地位得到体现，他们可以主动地选取自己所需要的信息。自制力较弱的网民往往会出于好奇或冲动心理刻意地去寻找一些色情、暴力信息。互联网缺乏传统媒体中的把关人，网民能够在隐蔽的情况下看到低级庸俗的内容。

许多国家进行了相关立法，以应付日益猖獗的网络色情犯罪。例如，由美国前总统克林顿签署的《儿童在线保护法》，要求公共图书馆和学校在电脑上设定电子过滤设备，也就是设定过滤网络色情内容的软件，否则公共图书馆和学校将丧失联邦政府对电脑设备和网络划拨的补助。但是，因为网络犯罪的隐蔽性、跨国性、快速性，其至今未得到有效抑制。世界各国都在制定限制措施和技术法规，以规范网络行为。

网络诈骗大多发生在金融领域。在美国和俄罗斯都发生过计算机工作人员通过网络盗窃银行高额资金的案例。

有不少犯罪分子利用网络的隐蔽性、迅捷性、全球性的特点，在网络上非法贩卖武器、毒品等。

五、网络诽谤

在现实中如果有人捏造并散布某些事实，损害他人的人格、名誉，就有可能构成诽谤罪。那么在网络中捏造并散布某种事实，损害了他人的人格或名誉是否也有可能构成诽谤罪呢？答案是肯定的。

在网络的“发祥地”美国，早在20世纪90年代初，法庭就已经审理过网络诽谤的诉讼，英国和澳大利亚也审理过网络诽谤诉讼案件。随着互联网越来越普及，网络诽谤诉讼会越来越多。对此也有人认为，网上出现的诽谤言论，许多都是可以立即进行驳斥的。如在某BBS上一出现诽谤言论，被诽谤者可以立刻在BBS上进行回应。如此一来，一方起诉另一方诽谤实在没有必要。但也可能存在这样的情况：被诽谤的一方不能或不可能立即进行反驳回应，他们也许平时并不经常浏览网页，得到的消息是经旁人传达的，或他们并不具备一般的电脑知识，根本不知道如何将自己的言论放入BBS。

网络诽谤在国外并不鲜见。美国弗吉尼亚州一名大学教授在一宗互联网匿名诽谤案中胜诉，获得 67.5 万美元的赔偿。这是美国首宗网上诽谤赔偿案。

六、网络恐怖主义

“9·11”事件是美国人挥之不去的阴影，数千个生命在 2001 年 9 月 11 日的那场恐怖袭击中消逝了。恐怖分子利用网络进行攻击的预言又成为人们新的梦魇。在网络化的社会，发生“数字珍珠港事件”不是没有可能。爆炸、劫机和其他大规模破坏活动等恐怖分子常用的手段一度成为人们的话题，也成为一些国家的防范重点。在当今的网络世界，计算机也会成为被恐怖分子利用的重要武器。与一般的恐怖主义不同的是，网络恐怖主义以网络为战场，通过网络上的漏洞进行破坏，达到危害人类的目的。制止网络恐怖主义需要全球各国政府、企业甚至每个人合作，从预防入手，在每个环节采取防范措施，这样才能保证网络的世界安全。

七、警惕网络暴力

网络暴力就是在网上发表具有攻击性、煽动性和侮辱性的言论，损害当事人名誉。网络暴力亟待运用教育、道德、法律等手段进行规范。

网络暴力是暴力的一种，是指借助互联网这一载体，对受害者进行谩骂、抨击、侮辱、诽谤等，并对当事人的隐私权、人身安全权及正常生活造成威胁或某种不良影响的行为。网络暴力并非是特指一种不当行为，而是指多项不当行为导致在个人或群体中的不良作用。

对于监管机构、网络平台而言，舆情初起时制止怕影响社会监督，等发现网暴流瀑效应形成时，再发文、断链制止为时已晚。而对于审判机关而言，缺乏网络暴力的法律定义，只能以是否符合侵权行为构成要件或者犯罪构成要件来回应当事人提出的关切。在具体办案实践中，中国没有具体明确的法律规定和司法解释来规制网络暴力，也没有明确其法律内涵。因此易导致立案困难、取证艰难、受害者陷入维权困境等。

在网络上针对个人肆意发布谩骂侮辱、造谣诽谤、侵犯隐私等信息的网络暴力行为，贬损他人人格，损害他人名誉，扰乱网络秩序，破坏网络生态，致使网络空间戾气横行，严重影响社会公众安全感。与传统违法犯罪不同，网络暴力往往针对素不相识的陌生人实施，被害人在确认侵害人、收集证据等方面存在现实困难，维权成本高。

八、网瘾症

互联网充斥着形形色色、无穷无尽的信息，能满足不同个体对信息占有与索取的需求。另外，互联网有开放、平等、相对宽松自由的环境，能使人产生对其他任何事物都无法产生的亲密感、无时空感和无压抑感，因此容易导致使用者上瘾。

网络可以让人们足不出户就能获得自己所要的物品、想要的信息，可以让网民交到一些网友，可以聊天，可以听音乐、看电影，在虚拟的世界中网民的生活似乎比在真实世界更丰富多彩。然而，网络却使网民与生活现实的距离进一步拉大。长期沉溺于网络当中的网民容易产生人际交往障碍，其性格变得孤僻，与他人距离疏远，对人冷漠，容易变得孤独、苦闷、焦虑、压抑，甚至情绪低落、消沉、精神不振。长期沉迷网络易让人产生空虚的感觉，并引发心理常见疾病，如躁郁症、厌食症、强迫症等。痴迷网络者与现实世界接触机会减少，与家庭成员缺乏沟通，造成精神抑郁、情绪低落，生理、心理都受到影响。人们习惯于网上的指令，回到现实世界，有可能出现人与人之间交流的不顺畅。

上网成瘾不仅危害网民自身的身心健康，还对网民个人家庭、社会造成危害。为了有效克服网瘾症，专家提出以下建议：利用业余时间上网，上网时间每天控制在两个小时以内，千万别打破正常的饮食与生活习惯；上网要有明确的目的，要有选择地浏览自己所需要的内容，不要漫无目的；上网过程中应保持平稳的心态，消除猎奇心理，不宜过分投入；别迷信网络爱情，要知道爱情是在现实中的；不要为了打发时间而泡在网上。

但是我们也要反对夸大网瘾症的危害，甚至将其归入精神病的做法。网瘾症从根本上来说是一种媒体依赖现象。

九、数字鸿沟

信息技术的发展还造成贫富国家的差距进一步拉大，即强者越强、弱者越弱。这在新媒体方面表现得淋漓尽致。一方面，在家庭计算机拥有率较高的西方国家，新媒体发展迅速，个人获取网上信息非常便捷；另一方面，许多第三世界国家的温饱问题与教育问题尚未解决，更谈不上入网或从网上获取信息。这就造成富国容易获得信息，从而能获取更多财富；而穷国信息闭塞，经济更为落后。

目前，世界各国范围较大的基础网络都是由国家统一规划布局并兴建的基础性信息设施。各国综合国力、技术水平各异，网络的发展水平也存在很大差别。传播和技术已日益冷酷无情地把世界隔离成两座营垒。一座营垒由那些受到良好教育且极具经济实力的信息精英把持盘踞，他们是计算机系统的经营者，控制着传播工具。另一座营垒则属于传播圈的“下层阶级”，这里的成员文化水平有限，他们在巨大的传播机器的摆布下过着物质与精神双重贫困的生活。信息成为能迅速接触它并能有效地处理它的人的力量源泉，互联网则加速了弱势更加弱势、强势更加强势的进程。

尽管中国互联网在短时间内的发展可谓突飞猛进，但如果以网络用户占国民总数的比例与世界发达国家和地区横向比较，就会发现我国网络用户占全国总人口的比例与发达国家和地区的差距还很大。网络的发展和普及取决于综合国力以及国民的科技文化素质。中国作为地域辽阔、人口众多、经济文化发展水平不平衡的发展中国家，将始终面对信息时代数字鸿沟这一严峻问题。

数字鸿沟首先表现在与发达国家和地区的差距上，中国不仅与北美、欧洲诸国差距巨大，而且与亚洲的日本、韩国、新加坡等国差距也甚大。

我国内地与港澳台地区、东部地区和西部地区、中心城市与中小城市、城市与乡村在网络基础设施、网络知识与技能教育、网络用户数量等方面都存在着较大差距。

数字鸿沟造成互联网上各国舆论力量失衡。发达国家尤其是美国舆论主导新媒体，而发展中国家因技术、资金和人才问题在新媒体中的地位甚至低于在报纸、广播、电视中的地位。

各国计算机和网络技术水平的差异使发达国家在互联网上占据了优势地位。相对富足的西方国家拥有较强的网络信息生产能力，新媒体中来自发达国家的声音多，而来自发展中国家的声音少，这就是网络信息传播中语言和文化的不平衡。发达国家利用互联网技术控制发展中国家，并凭借新媒体优势对发展中国家实施信息侵略和文化侵略，宣传和鼓吹其文化，进行文化渗透。网络信息内容中所携带的西方价值观、意识形态冲击着非英语国家和民族的人们原有的思想观念和文化。例如美国在新媒体上的优势地位形成美国文化对小国文化的销蚀和征服，最终形成一种以西方文化为主的全球网络文化，这造成发展中国家本民族文化的衰落。如何保护和发扬本民族的优秀文化传统，保持全球文化的多样性，已经成为发展中国家亟待解决的问题。

十、网络谣言

谣言，指的是没有相应事实基础却被捏造出来并通过一定手段推动传播的言论。谣言的历史与人类的历史一样漫长，而互联网又推动了谣言的快速传播。在现代环境下，利用灵活无序的网络传播，谣言传播变得速度更快、作用力更强。

1947 年，美国学者奥尔波特（Gordon Allport）给出了一个决定谣言的公式：谣言=（事件的）重要性×（事件的）模糊性。他在这个公式中指出了谣言的产生和事件的重要性与模糊性呈正比关系：事件越重要，越模糊，谣言产生的效应就越大；当重要性与模糊性任何一方趋向零时，谣言也就不会产生了。要想终止谣言的传播，就应及时披露事件的真相，所谓“谣言止于真相”。

第二节　新媒体的管理对策

伴随着新媒体在全球的发展，几乎所有国家都认识到在促进新媒体发展的同时也应重视对其进行管理。因此世界上绝大多数国家先后颁布了相关的法规对新媒体传播进行管理和控制。

新媒体的优势是信息传递速度快、信息量多，并且可以与受众之间形成互动，这些都是报纸、广播、电视等无法比拟的。但是，新媒体的迅速发展也带来许多垃圾，包括信息垃圾和政治垃圾。如果任由它们泛滥，就会扰乱社会秩序，破坏社会稳定，甚至直接危害国家安全和人民的根本利益。因此，对新媒体必须进行必要的管理，不然将会形成信息漏洞，会对其他媒体的管理形成冲击。

上网的隐蔽性决定了对新媒体的控制比对其他媒体的控制要困难得多。最近十几年，新媒体技术发展突飞猛进，而对其进行的规范管理进展缓慢，于是引发了一系列的管理问题，主要表现如下。

一、互联网监管的难点

互联网泥沙俱下、鱼龙混杂的信息流，必须通过技术、行政及法律手段正本清源。目前，网络已成为全球性的虚拟社会系统，它是整个社会的缩影，因而网络问题的存在具有全球化的色彩，这无疑加大了网络问题的监管难度。对互联网进行监管，存在不少难题。

（一）网民及网络信息的海量性

在过去的 150 年里，人类取得的技术进步超出了之前 2 000 年的总和，网络技术和网络信息也已经渗透到人们生活的各个方面。从纸质媒介到电子屏幕，传播介质的改变带来了信息形式、信息内容和信息量的巨大变化。2020 年，全世界创建、捕获、复制和消耗的数据总量为 59 泽字节（ZB），相当于 59 万亿 GB。具体来说，地球上每天都会产生 5 亿条推文、2 940 亿封电子邮件、400 万 GB 的 Facebook 数据、600 亿条 WhatsApp 消息和 72 万个小时的 YouTube 新视频。这导致当下受众每天接收的信息远远超出互联网时代之前，形成了信息传播泛化的局面。显然，互联网每天产生的信息量是一个天文数字，给互联网的监管带来了极大的挑战。

（二）传播时间和地点的不确定性

由于网络上的不良信息都是通过计算机随时发布的，大范围的信息的横向整合与提供由系统自动进行，所有的终端、用户都有可能是信息发布主体，而不仅仅是单一的某一家网站；同时，传播者可以在瞬间完成传播信息的任务，而且不留痕迹，然后再换一台计算机或另外一个地方，这给有关部门的查证、侦破和审理都带来很大困难。

（三）传播者自身具有较高的技术水平

互联网技术在突飞猛进的同时，从事非法行为和恶意传播活动的人所具备的计算机与网络技术水平也在不断提高。一般的黑客都是计算机专家，其计算机技能不低于管理部门和执法机构工作人员的水平。所以，对于破坏互联网安全的黑客们，法律取证成为制裁他们的最大障碍。到目前为止还没有研制出足够有效的工具或产品来对付那些无处不在而又行踪不定的害群之马。

（四）跨国传播挑战司法管辖

新媒体是超越国界的。在网络信息的流动中，国界观念是模糊的，用户可以轻而易举地登录世界上任何一个国家和地区的网站、BBS、聊天室，这使网络用户出现了地域上的极端分散性。在网络上从事违法犯罪活动经常会影响很多国家，然而在处理这些违法犯罪行为时，国界的观念是非常清晰的。一旦在一国的纠纷涉及国外事务，该国就可能丧失了管辖权，即使发现了违法信息发布者的真实身份或拥有了一定的证据要把网络犯罪嫌犯绳之以法，首先也要解决如何判定起诉地点，应该适用哪国法律，国与国间或国家与地区之间的法律体系发生冲突时如何协调等管辖权方面的棘手问题。

（五）文化传统不一

一国认定有害的信息在他国可能并不被认为是有害的。例如，在英国可以在网上流通的图片，在有些中东国家却被认为是色情的，是绝对禁止的。同样在英国被认为必须禁止的信息在另一些国家（如斯堪的纳维亚半岛的一些国家）却认为是可以传播的。可见，到底怎样来定义有害信息实际上是很难的。文化、道德、法律观念的差异导致对信息内容的不同认定标准，这给网络信息内容管制带来巨大的挑战。

（六）政策法规滞后

法律往往落后于科技的发展，新媒体的飞速发展与相关政策法规管理的落后形成鲜明对比。同时，管理机构对于互联网这个全新的媒介暂时还缺乏管理经验，管理手段和方法更新的速度总是慢于网络信息交流新问题产生的速度。一方面是还没有对网络上某些不良信息内容制定管制措施，这种暂时滞后给人一种假象，似乎互联网是一个自由主义的乐园、法律的真空地带、从事违法犯罪活动的天国；另一方面是新出台的法律法规中的某些制度又缺乏现实可操作性，执行起来存在各种冲突或难以实现。

二、互联网信息流通中的政府控制

互联网在把无数信息展现在世人面前的同时也可能使虚拟空间陷入混乱无序，依靠“冲浪者们”的自律和自我教育并不如想象中那样有效。网络出现后的一系列新的特点和许多暂未界定的新媒体权利使许多原有的法律无法有效地约束网络行为。在互联网的发展中，政府的重要性是不容忽视的，它不仅是互联网的发起者和管理者，还应当是互联网发展的促进者。政府有责任净化网络内容，保障网络安全，增加民众上网机会，使这一新兴媒体得到蓬勃发展。

（一）政府作为互联网的发起者和管理者

在大众传播的发展历程中，政府始终扮演着重要的角色，互联网的出现和快速发展也不例外。最先出现的互联网是美国国防部在 20 世纪 60 年代末开发的一个电脑网络，目的在于加强其遍布全球的基地之间的联系。但网络思潮深入人心还是从 1992 年克林顿与戈尔的竞选活动开始，当时他们的关于“信息高速公路”的说辞逐渐进入公众的视野。从 1993 年入主白宫开始，克林顿政府开始了一系列建设“国家信息基础设施”（NII）的努力，力图使全美的每个公民最终都能进入这一新的网络。此后英、德等发达国家争相效仿，相继提出了发展本国“信息高速公路”的计划。生怕落后于日新月异的信息时代，世界各国的政府几乎都迅速行动起来，根据新的形势调整或制定发展策略。大量的人力物力投入建设宽带光纤和其他基础设施、培训专门人才和鼓励市民上网的努力中。和其他许多国家一样，中国政府承担了建设主干计算机网的工作。这样，政府在提供启动资金、制定全国性的条例和通用标准方面发挥着巨大作用。

目前，技术上对网络的硬性控制暂时还没有跟上，但这并不意味着互联网是自由主义的乐园。权力组织缺乏管理经验并不意味着它们没有管理能力。互联网可能暂时削弱了控制力量，但硬性的控制将会以同样的科技手段实现。目前，通信运营商有权切断用户的线路，软件的设置可以在一定程度上过滤网络广告，BBS 也处在不断的监管之下。事实上，对互联网信息流通的控制是无所不在的，所不同的只是隐藏和明显、软性和硬性的区别罢了。

（二）监管互联网的实践和争论

在互联网出现之后，一系列新的传播特点和尚未界定边界的新媒体权利使许多原有的法律束手无策。规范互联网的论题在美国、德国、中国、新加坡、法国、澳大利亚等许多国家引起热烈的争论。这场争论事实上是在言论自由的支持者和相信应当采取信息审查的人之间展开的，焦点逐渐集中在“引起反感的内容”如淫秽内容上。各国都开始立法管理互联网内容及其使用。

尽管是否应该监管互联网的争论还在继续，但事实上，所有国家都对互联网进行了或明或暗的监管。

据新浪网报道，美国国会曾发布报告称，美国政府一直以来违背它自己的网络政策，暗中对政府网站访问者的网上行为进行跟踪。这份报告审查了 16 个政府代理机构，发现政府网站不顾对搜集访问者的个人信息的严格规定，使用 cookies 跟踪记录访问者的浏览和购物习惯。该报告还列举了一些使用跟踪技术的政府服务网站，这些网站的管理人员被政府赋予了特殊的访问权限。美国国会的调查表明有相当一部分政府网站使用了跟踪设施，其中包括能源部、交通部、教育部和内务部，国家航空航天部也在其中。而根据美国政府的政策，只有在有特殊需要和得到部门领导授权的情况下才能跟踪访问者的网上行为。该报告称，美国交通部有 23 个（其中包括 3 个授权网站）、联邦政府有 15 个、能源部有 11 个、财政部有 6 个、教育部有 4 个网站违反规定搜集个人信息。美国国家航空航天部承认有 3 个网站搜集个人信息，但实际的数目可能更大。

在崇尚自由与民主的美国，许多网民和新闻媒体反对对互联网进行监管，而且抨击其他国家管制互联网的行为。然而，“9・11”事件在很大程度上改变了这种观点。“9・11”事件使美国人认为互联网不安全。

CNN 2002 年 9 月 10 日发表的文章称，在“9・11”事件之前，美国联邦政府所属机构大多认为互联网安全无虞，因此把它作为存储公共文件的图书馆以及彼此迅速联系的通信工具，但“9・11”事件之后政府当局意识到，恐怖分子也在利用互联网，并掌握了同样的技术。据 2002 年一项由皮尤研究中心的“互联网与美国生活项目”所做的研究，69%的美国人认为，为了使资料不落入恐怖分子之手，政府可以采取任意措施，即使公众将因此丧失自己所需的资料也没有关系。这项研究发现三分之二的美国人认为，政府应该被赋予广泛的权力，来决定应该把何种信息发布到网站上；如果是出于打击恐怖活动的需要，他们对美国政府审查互联网网站的做法并不担心。

在遭受“9・11”事件恐怖袭击一年之后，美国政府和一些私人网站已将一些涉及化学工厂和化学制品、军事基地和其他类似的敏感资料从互联网上删除。即使是那些在以前极力强调公众对政府信息有知情权的人士也认为，如果对打击恐怖主义活动有帮助的话，可以将某些信息从网上删除。

但公民自由团体和政府监督机构的人士争辩说，尽管他们理解一些资料应该从互联网上清除，但担忧这种“清除”无人监督，而且移除一些公共信息将使公众利益受损。争执双方其实并无根本分歧，问题的焦点是，如何在信息资料的公共使用和安全之间做出平衡。

美国人对允许官方限制某些网上信息的容忍度与允许当局窥探电子邮件活动的容忍度是不同的。不到半数的美国人认为，政府没有权力监视私人的电子邮件和互联网通信活动。如果当局打击恐怖主义的政策导致政府监视公民的网上活动的话，很多美国人就表现得非常担心。调查发现，在对待网民的网上活动和网民可获悉何种网上信息方面，“9・11”事件所留下的创伤对人们的看法有着深远的影响。

（三）制定符合实际的传播控制策略

控制和自由如同一个硬币的正反面，是不可分割的。但是这里的控制策略的制定，必须结合新媒体的实际情况，不能沿用对传统媒体的控制办法。

互联网的开放性、自由性、互动性和低成本化为网上“噪声”传播提供了技术上的可能，新媒体的突破地域、时间、信息量界限等特点无疑为新媒体的控制增加了难度。对于传统的大众媒体，国家可以通过制定法律、法规和政策控制媒体的立场，保证其为国家的主流意识形态和广大人民的利益服务。但对于新媒体来说，这种有形的控制手段很难奏效。一方面，每天网络信息在大规模地更新流动；另一方面，每天又会有大量的新网站出现，国家根本无法实现全面监管，而对于网络自身的特点，国家欲实施审批登记或经济控制的方法也不具有现实性。

目前对于网络新闻传播，主要有以下几个层面的控制策略。

（1）技术监管。通过信息过滤、邮件监管、自动跟踪等各种技术措施对互联网进行管理，是一种无声的有效方法。

（2）加强新媒体的法律法规建设。这是一种硬性控制手段。目前，世界各国的网络法律法规还缺乏经实践检验后修正完善的过程，立法的类型还很不全面。而且立法毕竟只是形式上的问题，更大的难处在于执法的障碍重重。对互联网信息传播的监管，对违法事实的调查、取证，与国际法律的协调等都是执法部门的新课题。

（3）加强网络道德规范。虽然这只是一种软性的控制手段，但也是一种相当有效的手段，毕竟控制的最高境界是防患于未然。道德与法律一起成为现代社会调节人与人之间关系、规范人的行为、维护社会安定的两大支柱。道德通过舆论、习俗、信念发挥作用，法律通过威慑和惩罚发挥作用。网络作为现代人生存的第二空间理应有自己的一套伦理道德体系。

应该指出的是，网络道德规范的建设与网络本身的内涵有着天然的契合。网络倡导平等、蔑视霸权、要求互助合作、追求公开公正，这一切为网络道德伦理体系的建设奠定了良好的基础。

法律是最昂贵的社会组织工具，它的作用常常产生在事后，这就使得法律失去了人们的信赖，人们不能指望有法律的存在就能随时杜绝违法行为的产生，使得社会经济系统在运行过程中耗费了大量的成本用于实施法律之外的民间保障行为。而道德，如亚当·斯密所说，是出自一种对光荣而又崇高的东西的爱，一种对伟大和尊严的爱，一种对自己品质中优点的爱。道德的实质就是同情心，就是对同胞的爱和对自我利益的克制，这是受个人利益支配的命令，它是主动的，而不是被迫的。因此，从这种意义上说，我们认为道德自律对媒介或对传播者的作用要大于法律的作用。因为有了道德，人类社会才变得丰富多彩，才会运转有序，才会始终保持积极向上的时代主旋律。

（4）经济制约。经济制约策略指采用税收的增减、产业政策引导等经济手段，培植积极健康的网站，制约不良低俗网站的发展。

（四）互联网监管的效益/成本的思考

事物往往具有两面性，对互联网进行监管是要付出代价的，而且监管越是严格，成本就越高。这里的成本是指广义的社会成本。

中国政府采取监管的决心是坚定的，措施是严厉的。中国政府投入了大量的资源发展互联网硬件，积极成为“互联网大国”，并出台了一系列限制性法规，且建立了网络警察部队。在社会稳定与经济发展之间，中国政府选择了社会稳定，这种选择无疑是正确的。

不过，对互联网信息流通监管得过分严格要付出昂贵的代价。这里的代价是指广义上的社会代价。

三、对互联网的法制管理

从20世纪末开始，互联网在全球范围内迅速发展，互联网具有传播速度快、传播范围广、信息量大、多媒体、互动性强、检索便捷等巨大的优势。但是互联网中的信息在权威性、可信度、知识产权保护、信息安全性方面不如传统的传播方式，同时在互联网上还存有大量黄色的、反动的、虚假的信息垃圾。因此世界上绝大多数国家先后颁布了相关的法律法规对网络新闻传播进行管理和控制。

由于网络信息传播具有隐蔽性、连续性、无国界性，其中的有害信息带来了极坏的社会影响和破坏作用，直接危害国家的政治、经济、文化等各方面的正常秩序，所以运用法律手段来管理网络信息是必要的。网络信息立法的几个重要领域包括：对计算机病毒传播者的处罚，追究非法利用他人私人信息和数据的法律责任，打击在互联网上建立淫秽网站、网页的措施，对网络盗版与网络信息合理使用的界定等；可引以为鉴的法律法规有：美国的《网上儿童隐私保护法》、澳大利亚的《广播服务法案修正案（网络服务）》等。目前虽然已经有了相关方面的立法，但是总的来看，网络信息内容立法涵盖的范围仍很小，有的领域几乎是空白，对于现在已经发生的一些问题仍然没有可循的法律措施。所以还应该坚持不懈地努力加快网络信息管理的立法步伐，兴利除弊，建立更加完善的网络内容管理立法体系。

美国1996年2月8日颁发的《通信道德条例》规定，不仅通过新媒体发布有害青少年的内容要受到惩罚，甚至知情者也有罪。德国制定了《信息与通信服务法》，为互联网的管理提供了法律依据。

世界上第一部关于互联网的法律是1997年德国的《信息与通信服务法》，该法案提出了网络服务提供商的责任三原则：第一，对自己提供的网上信息内容负全部责任。第二，对网上提供的来自他人的内容只是在一定条件下才负有责任，这个条件就是若知道有关内容违法，并且有可能阻止其传播。第三，对仅仅提供进入通道的网上信息不负责任。

中国政府于1996年2月发出通知，要求进入互联网的计算机用户进行登记，以便加强管理，成为率先采取措施规范互联网的国家之一。为了促进中国互联网新闻传播事业的发展，保护互联网站登载新闻业务的合法权益，维护互联网新闻的真实性、准确性、合法性，相关部门制定了《互联网信息服务管理办法》《互联网站从事登载新闻业务管理暂行规定》《互联网电子公告服务管理规定》。在中国，互联网的发展为人们提供了较为充分、及时的新闻信息，但由于缺乏必要的管理规范，一些互联网网站登载新闻信息时不与新闻单位签订协议，不注明来源，擅自转载新闻单位发布的新闻或冒充新闻单位发布新闻，侵犯了这些新闻单位的正当权益；一些互联网站将道听途说的消息编发上网，转发或引用虚假新闻和有害信息，误导公众，混淆视听，造成混乱，损害了受侵害者的合法权益和社会公众的利益。依法规范互联网网站登载新闻信息，使互联网网站能够对公众负责，对社会负责，这既是广大公众的要求，也有利于促进互联网在中国的发展。

2016年11月7日，第十二届全国人民代表大会常务委员会第二十四次会议通过《中华人民共和国网络安全法》，自2017年6月1日起施行。《中华人民共和国网络安全法》明确规定：国家坚持网络安全与信息化发展并重，遵循积极利用、科学发展、依法管理、确保安全的方针，推进网络基础设施建设和互联互通，鼓励网络技术创新和应用，支持培养网络安全人才，建立健全网络安全保障体系，提高网络安全保护能力。国家采取措施，监测、防御、处置来源于中华人民共和国境内外的网络安全风险和威胁，保护关键信息基础设施免受攻击、侵入、干扰和破坏，依法惩治网络违法犯罪活动，维护网络空间安全和秩序。国家积极开展网络空间治理、网络技术研发和标准制定、打击网络违法犯罪等方面的国际交流与合作，推动构建和平、安全、开放、合作的网络空间，建立多边、民主、透明的网络治理体系。网络运营者开展经营和服务活动，必须遵守法律、行政法规，尊重社会公德，遵守商业道德，诚实信用，履行网络安全保护义务，接受政府和社会的监督，承担社会责任。任何个人和组织使用网络应当遵守宪法法律，遵守公共秩序，尊重社会公德，不得危害网络安全，不得利用网络从事危害国家安全、荣誉和利益，煽动颠覆国家政权、推翻社会主义制度，煽动分裂国家、破坏国家统一，宣扬恐怖主义、极端主义，宣扬民族仇恨、民族歧视，传播暴力、淫秽色情信息，编造、传播虚假信息扰乱经济秩序和社会秩序，以及侵害他人名誉、隐私、知识产权和其他合法权益等活动。

四、网络中的道德伦理约束

网络负效应不是仅仅靠法律和技术就能够解决的。提倡网络文明，加强网络道德建设，是有效管理网络信息的重要保障。强调道德建设的原因之一是法律调整的范围是有限的，法律只是禁止和制裁不法行为，对于网络上形形色色的问题不可能一一解决。为此，网络伦理成为减少网络不良信息的一条重要途径。网络道德包括网络信息经营者的伦理守则或行为规范、网络用户的网络礼仪。业界的信息伦理守则可以约束各个机构、组织、企业人员的信息行为。网络礼仪是对在网络上应该做什么和不应该做什么所做出的规范。网络道德在唤起网络用户的道德感、养成尊重知识产权以及他人隐私信息的习惯、规范用户的网络信息行为、维护网络信息秩序等方面，能够发挥明显作用，甚至在消除有害信息方面可以充当“准法律”的角色。

越来越多的人认识到自律是管理网络信息的一个重要手段。由于网络特有的自由度和开放性，过于严厉的管制手段反而会影响网络信息资源的正常开发与利用。与政府的直接干预比较，自律有其优势，是一个较适合的政策取向。防止有害和非法信息在网上传播还有待于网络用户本身素质的提高，只有每一个网民的自觉性和责任心都得到提高，才能最终消灭滥用网络的行为。

人性中有阴暗、虚伪的一面，受法律、道德等规范的约束，一般不会轻易表现出来，但是在缺乏法律和道德规范约束的条件下，人性的阴暗面会不同程度地显现。虚拟化及相对宽松自由是网络的重要特征，它一方面给网民在网上呈现真实的自我提供了条件，另一方面也给非道德行为甚至违法乱纪行为撑起了保护伞。

人们生存和从事一切活动都需要秩序，而道德是社会秩序的主要维护者之一。物理空间是人们长期生活在其中并熟悉的实在，是传统道德的基础；它的道德监督、规范大多是非强制性的，具有柔性特点，其评价主要是人们的是非观、传统习惯和社会舆论。网络中的交往是虚拟的、符号化的、封闭式的，从传播范围的速度看，具有“时空压缩化”的特点。因此，网络中道德行为的监督和管理方式不同于物理空间，这就使物理空间中的传统道德监督和评价受到了网络道德与评价的冲击。

应该看到，网络时代的传统教育方式的功能和道德传递效果相对减弱，随着现代通信技术及网络的发展，网民以极快的速度接受新的知识或信息，道德观念也随之变化。这就大大拓展了他们思维和行动的空间，同时也增强了道德行为的自由度和灵活性。因此，在现有的环境下如不加强道德责任感教育，由此产生的不良后果是非常严重的。网民是社会中最活跃、最有潜力、最有作为的群体，是社会发展最有生气的动力，他们的道德状况敏锐地反映着社会伦理的发展方向。在网络世界尤其应增强伦理意识和道德责任感，让网民养成良好的道德习惯。遵守网络规范是这一时代赋予网民的道德责任。因此，加强对网民的道德教育、心理调整和行为引导是十分必要的。

作为现代科学技术的成果，网络本身是中性的，无论是良性作用还是负面效应，都是参与其中的人“制造”的。网络可以改变人，人类也可以改变网络。我们不能因为网络存在种种弊端而因噎废食，视网络为洪水猛兽。相反，在人类历史跨入一个新的世纪后，我们应该认真总结和反思网络道德问题，充分利用网络的优势，在道德教育方式方面进行一场革命，借助现代科技手段，提高道德教育水平。提高中国网民的道德水平，及时排除各种不利于网络发展的道德困惑，还必须借助现代技术手段。

五、技术管理

有效地克服互联网带来的负效应的对策，除了加强政府对互联网的监管、对互联网进行法制管理、倡导文明的网络道德外，还要有技术措施，即以技术对抗技术，进一步加强技术控制。只有采取比网络污染者们更先进、更高超的技术手段，进一步加强技术控污能力，才可能清除这些同样是高科技的产物，如不良信息、垃圾信息，尤其是信息“病毒”污染源。例如对于垃圾信息问题，可以通过开发技术控污产品，采用反垃圾过滤器解决；对于计算机病毒问题，可以培养专门的计算机安全专家，制订病毒防范措施，增强反病毒技术的研究与开发能力，在病毒检测、病毒消除、病毒免疫和病毒预防等方面努力研制新产品；对于色情信息的防范，可以通过过滤软件和分级系统来实现，高新技术的使用在一定程度上可以把网络不良信息屏蔽在用户视野范围之外。

互联网上的电子邮件、BBS 系统及电子广告等的设立，原本是以高科技为依托，为用户提供快捷、灵活的信息服务的，而现在却成了信息垃圾的传播源。

世界各国正在积极研究开发信息控污技术、反病毒技术，积极防范信息污染，主要包括：(1) 研究确保网络信息真实性的控制技术，如使用口令、数字签名以及在工作站和网络服务器上使用用来鉴别用户的标号，对超界值的检验等，以预防信息的变形与失真。(2) 对于网络上的淫秽信息和意识形态领域的越境信息采用以防火墙为主体的多重信息保护措施予以过滤。(3) 进一步研究反病毒技术，在病毒检测、病毒清除、病毒免疫和病毒预防等方面增强反病毒技术的开发，防止计算机病毒对信息的污染和破坏。

互联网管理是一项极其复杂、艰巨而又长期的任务。任何一种管理手段都只能起到一定的作用，而不能够完全解决网络有害信息传播中的问题。不管是通过法律手段、技术产品还是道德教化和自我约束，不管是他律还是自律，每种方法都有一定的局限，都不是百分之百地奏效。所以，网络信息内容的监管应该是一种综合管理，在管理模式的选择上应该确立一个综合管理框架，综合法律、政策、技术、伦理等多种管理手段，使它们互相配合，互相协调。只有这样才能最终实现对互联网的有效管理，才能真正建立一个无污染、无噪声的赛博空间（cyber space），才能充分发挥网络信息资源的作用，才能给人类社会带来一个健康、有序的网络信息交流环境。

对互联网的管理，除法律法规管理、道德伦理约束、技术管理之外，还可以通过税收、产业政策等经济手段进行管理。

第三节　正确看待新媒体的双刃性

以互联网为代表的新媒体虽然是一把双刃剑，但是其对整个社会的物质文明和精神文明的发展的正面意义远远超过其负面效应，不应该有意或无意地将其妖魔化。而且新媒体的负面性往往是现实社会的折射，很多问题产生的根源并不在网络本身，而是现实社会问题的延伸。

一、新媒体对社会进步的推动是主流

在人类历史上，科学技术的发展受到干扰和遏制的时候，也经常是人性、人类社会发展很不正常甚至很黑暗的时候。如文艺复兴前的欧洲中世纪就是这样。相反，科学技术正常和加速发展的时候，也经常是人性充分发展、人类社会进步成绩斐然的时候。这是因为科学技术的发展不仅是追求和体现着“真”（科学真理），而且同时是在追求和体现着“善”和“美”（狭义和广义的道德）。人类总是通过科学技术的不断发展，追求和实现着“真”“善”“美”的统一。蒸汽机、电的发明和应用，无线电、飞机的发明和应用，原子弹、航天飞行器的发明和使用等，使人类进入高度文明的阶段。虽然这些科技成果的出现都带来了新的问题，甚至提供了使人类自我毁灭的可能性，但从总体上看，它们显然推动着人类文明和社会的进步，现代社会的“成熟度”（如公民理念、法律意识、权益概念等）显然也是不断提高的。今天新媒体的发展也势必如此，那种过分渲染新媒体发展的副作用、将新媒体妖魔化的做法是把科技发展与社会进步的正比关系这一大前提抹杀了，是本末倒置了。

作为现代高科技代表之一的新媒体，在“科学技术是第一生产力”的今天，对物质生产活动具有极大的推动作用，从而对社会精神文明的发展产生着积极影响。在物质生产活动领域，新媒体的作用首先表现在它对经济信息传播方式的变革上。电话、广播、电视等传统的信息传播手段尽管也能传播经济信息，但均有明显的不足，有的信息直观性差，有的传播范围有限，有的传播速度不够快，从而影响了信息的交流和传播。新媒体克服了上述信息传输手段的不足。作为一个高度开放的系统，它使地理国界等用来定义空间距离的要素越来越失去其意义；它可以满足人们对文本、图像（包括动态图像）、声音的不同需要；它传输的速度极快，能使任何信息在很短的时间内到达目的地。这种高效的信息传播

手段的广泛运用，必将强有力地促进经济信息的全球性广泛传播，促进经济信息最大限度地得到收集和利用，造就全球范围的大市场，从而促进生产力要素的优化组合，推动生产力的发展。新媒体对生产力的促进作用还表现在其有力地促进了人类物质生产领域的扩大和产业结构的调整。近年来崛起的信息产业就与新媒体的发展需要密不可分。如今，新媒体这一新兴产业正有力地推动着世界范围内经济的发展。西方发达国家特别是美国近几年经济持续增长，其重要原因之一就是信息技术产业得到了飞速发展。

新媒体对人类精神文化活动的影响更不能低估。新媒体促进了学术思想和科学研究成果的广泛传播。电子版图书和报刊的发行、网上数据库的开通、网上书店的开张、数字图书馆的建立、信息资源的共享，为学术思想、科技信息和文学艺术作品的传播提供了前所未有的便利条件。另外，新媒体还使教育模式发生了深刻的改变，也为人们展示艺术创造才能提供了新的场所，为人们充分表达各自的思想和意愿提供了技术基础。这些均有助于个人素质的提高。

在现代社会，人们面对着越来越多的道德难题和精神危机，如人情冷漠、精神空虚、金钱至上、恐怖主义等。但在互联网中，我们却往往能更多地感受到“真”“善”“美”。在互联网中，不论谁有疑难，只要在网上发布求救求助信息，网民一般都会热情地给予无私的帮助。当网民提供这种帮助时，是不期待任何利益回报的。例如，Linux 的设计者不是为了赚钱，而是怀着交流技术、打破微软垄断的理想投入开发，并将源代码公之于众，使之成为免费资源。另外，在互联网中，空间距离的意义弱化，人们交往的频率提高，有利于增进人们之间的相互了解和信任。同时，由于互联网中信息传递的可匿名性，活动主体突破身份、角色、地位的现实差别而实现平等交往。这些都有利于在网络中形成一种平等、互爱、和谐的人际关系。

综上所述，互联网技术的发展为人类自下而上的发展创造了新的技术基础和实现手段，它是人类实现自由、实现理想的强有力的武器，它所内含的有利于生存和发展的道德价值是难以估量的。

二、不能简单地把互联网问题的出现归咎于互联网的发展

伴随着互联网的诞生和广泛使用而出现的问题是多种因素综合作用下形成的复杂的社会现象。人们之所以忽略其他因素对网络的影响是基于这样一种认识：大家熟悉并生活在其中的空间是“物理空间”，而互联网则是所谓的“虚拟空间”（又称为“电子空间”“赛博空间”）。传统社会中形成的既有道德在网络社会中并不适用，“虚拟空间”中存在着相对独立于“物理空间”的网络道德。对此，我们可加以澄清：把互联网解释为“虚拟空间”，把现实世界解释为“物理空间”，然后把在社会学意义上作为“物理空间”组成部分的“虚拟空间”与“物理空间”割裂开来、对立起来，是完全错误的。其实，网络天地、“虚拟空间”、信息高速公路等，都是始终附着于现实的“物理空间”的，都是现实生活通过技术载体的某种实现、某种表现形式，否则它们就无以存在，毫无意义。“虚拟空间”自身的运行规律只是一种技术规律，只有和“物理空间”结合起来，也就是和处于现实生活中的人的活动结合起来，才具有社会属性和意义。只有以“物理空间”为基础，以“虚拟空间”为媒介，二者共同作用，作为新的表现形式的网络问题才能成立。脱离“物理空

间”谈论网络问题，完全是夸大、曲解了互联网对社会的影响。

互联网中出现的问题深受互联网空间外的其他因素影响。这其中，网络空间中活动主体（一般指互联网技术的研究和开发者、互联网运营商以及互联网的一般用户）素质的影响尤显突出。科学是一种强力的工具，怎样用它，究竟是给人类带来幸福还是灾难，完全取决于人类自己，而不取决于工具。

此外，网络中出现的许多问题是可以通过网络自身的发展和完善来解决的。

第四节　发达国家对互联网的管理

互联网是一个现实社会的缩影，也是最主要的新媒体形式，如何对互联网进行管理是摆在世界各国面前的一个重要问题。从发达国家的经验教训来看，互联网管理需要统筹运用立法、行政、行业自律等多种手段。

首先，立法是互联网管理的基础，发达国家政府看似很少对互联网实施监管，而事实上已利用法律对互联网上的行为做出了明确的规范。其次，行政是各国管理互联网的重要手段，比较常见的包括内容分级制、内容审查制、网站注册制、税收优惠制等。而行业自律则是互联网管理的必要补充，也是发达国家普遍采用的一种手段。

一、美国的互联网管理

美国政府对于互联网的管理，可以从立法管理、技术监管、自律引导、市场调节几个方面来分析。

（一）立法管理

立法管理互联网最早源于美国。虽然美国政府对于互联网的管理一向倡导的是“少干预，重自律”的最低干预的原则，但是自由的氛围也要依托在一定的管理控制的基础上。美国政府对于互联网所传播的内容的管理主要体现在立法层面的控制上。

美国互联网立法的现状可以从联邦和州两个层次来分析。

（1）从联邦的层次上来看，美国对于互联网所在的电信产业的管理，立法、司法和行政三个体系相对独立，分别行使各自的权力。在立法方面，由参议院和众议院组成的国会作为最高立法机关，对包括互联网在内的电信立法法案进行听证、辩论、表决，从而影响国家电信政策的制定。国会也可通过一些非正式的方式，如控制预算、人事任命、立法、公共舆论等来施加压力，影响政策的制定。在司法方面，美国最高法院、联邦审判法院和申诉法院组成了美国的联邦司法体系，它们拥有对电信管理机构进行监督并解决纠纷的权力。在行政方面，行政机构主要是指由各部组成的美国联邦政府，对于电信产业来说，主要是司法部反托拉斯局和商业部国家电信与信息管理局两个部门。美国联邦政府通过这两个部门对包括互联网在内的电信业进行管理。在联邦层次上，还存在着一些专门负责某个领域的事务，拥有一部分执行权和一部分准立法权和准司法权，直接对国会负责的相对独立的委员会。美国联邦通信委员会就是这样一个专门针对美国的通信政策与通信产业的独立机构。它根据 1934 年通信法成立，兼有立法、司法和行政执行职能，可以制定规章、仲裁争议、执行各项法规。美国联邦通信委员会在履行有关职责时，要受到联邦司法系统的制约，受法院监督。

在美国的各种机构中，联邦通信委员会是对美国的通信产业最具影响力的机构。在对于互联网络的建设和管理上，美国政府一直扮演的是一个推动者的角色，以联邦通信委员会为代表，美国政府对于互联网的管理基本上采取一种自由的、非管制的态度。

美国的关于互联网的信息法规，既有针对互联网的宏观的整体规范，也有微观的具体规定，囊括了行业进入规则、电话通信规则、数据保护规则、消费者保护规则、知识产权保护规则、诽谤和色情作品抑制规则、反欺诈与误传法规等许多方面。这些法规主要包括：1977 年《联邦计算机系统保护法案》、1984 年《伪装进入设施和计算机欺诈及滥用法》、1986 年《计算机欺诈和滥用法》、1987 年《计算机安全法》、1990 年《电子通信秘密法》《中小企业计算机安全、教育及培训法》、1991 年《高性能计算机及网络法案》、1994 年《计算机滥用法修正案》、1996 年《电信法》、1996 年《全球电子商务框架》、1999 年《统一电子交易法》，等等。

(2) 从州的层次上来看，美国的各州是相对独立的，它们的权力主要来自法律的授权，各州都拥有自己的立法、司法和行政机构。美国宪法在规定联邦和地方的权力与义务之后，各州又通过州议会来确定本州的法律。在美国，各州都制定有自己的宪法或基本法，以此来规定管理本州的主要原则。对于互联网所属的电信事业的管理来说，其在各州所处的管理体制和法律环境也是不同的。有的州是把电信事业作为一般公共设施来管理的，而有的州则专门制定了本州的电信法，如 1995 年《密歇根电信法》。1995 年 5 月 1 日，美国的犹他州率先颁布的《数字签名法》，不仅拉开了电子认证立法的序幕，而且是美国乃至全世界范围的第一部全面确立电子商务运行规范的法律文件。

（二）技术监管

在网络内容管理方面，包括美国在内的很多国家都在其对传统媒介信息传播的内容管理模式的基础上，借助许多高科技的手段，针对不同的内容分别采取保护、规范、限制和禁止等不同的措施，对网络内容管理的模式进行进一步的发展和调整。在西方，根据许多国家的法律原则，由媒介所传播的信息（即言论）一般可以划分为政治性言论、商业用语（商业广告）、冒犯性言论、色情言论几个基本种类。由于这些不同种类的言论在法律上的地位各不相同，所以各个国家对其采取的手段和措施也不尽相同。一般来说，政治性言论会受到保护（当然也不能一概而论，譬如纳粹主义的言论在许多欧洲国家就属于被禁止的言论）；而商业用语则可以加以规范；不适于未成年人接触的冒犯性言论可以限制；少数明显具有社会危害性的言论则被明令禁止，如以儿童为表现对象的色情内容等。

美国政府通过各种技术手段来进行针对互联网上传播的各种非法信息、不良信息、有害信息的管理。下面介绍其中的两种主要科技手段：分级（rating system）和过滤（filtering system）。

(1) 分级：对网络信息内容进行分级是一种很常用的网络管理手段。这主要是通过对网络上纷繁复杂的信息内容进行分级整理，使得网络用户在通过搜索引擎等方式查找所需内容时，可以直接取得所需内容，而其他的一些不符合法律规范、道德规范的不正当内容则会直接被屏蔽掉。

（2）过滤：2009 年 6 月，中国政府曾计划要求个人电脑制造商在全部新出厂的电脑上预装互联网过滤软件“绿坝-花季护航”，用于帮助家长避免孩子在互联网上接触色情内容。类似软件在美国非常普遍，通常为有孩子的家庭设计，以帮助其过滤色情信息。据皮尤互联网与美国生活项目 2009 年发布的研究报告，超过 50%的有青少年的美国家庭和 90%的美国公立学校利用了互联网色情内容过滤技术。美国唯一要求互联网审查的联邦法律是 2001 年制定的《儿童互联网保护法》，该法律的宗旨是过滤色情产品。

美国政府还提供人力、物力、财力方面的支持，帮助培养出一批计算机安全人才，通过对一系列反病毒、反黑客、反垃圾的技术的研发，来积极防治日益猖獗的网络犯罪。

（三）自律引导

美国政府一方面从互联网供应商、经营者、国内外提供者入手，呼吁其遵守互联网行为准则，保障互联网秩序；另一方面，从互联网使用者入手，呼吁他们培养自我保护意识和安全意识，同时也呼吁禁止不良使用行为。这样，既能保障公民的合法权益不受侵犯、个人权利得到维护，又能限制公民侵犯他人利益、危害国家社会。为了营造较好的道德氛围，美国政府不仅向互联网的社区成员进行宣传呼吁，还借助于社会团体、组织和国家的力量来保证道德规范的作用。

如美国政府一直倡导的有关互联网行为的道德标准，这些道德标准是由美国计算机伦理协会制定的关于计算机道德的十条戒律，这十条戒律通常被认为是每一个网民在进行网络活动时应该引以为戒的不成文的行为规范：（1）不能用计算机危害其他人；（2）不能妨碍别人的计算机工作；（3）不能偷看别人的文件；（4）不能利用计算机进行偷窃；（5）不能利用计算机作伪证；（6）不能非法拷贝软件；（7）不能在未经允许的情况下使用他人的计算机资料；（8）不能非法使用别人的智力成果；（9）想一下你写的程序对社会将产生的影响；（10）遵守计算机使用规则。

（四）市场调节

美国政府管理部门，以联邦通信委员会等管理机构为代表，在对互联网的管理上，以新自由主义、后凯恩斯主义为指导，强调利用私有资本进行发展，依靠市场驱动。美国对于互联网市场的基本管制政策倾向是以不管制为主。政府积极为网络发展营造宽松、安全的良好政策环境，并不断加以调整以适应市场的变革。如 1998 年 5 月 14 日，美国众议院商业委员会以绝对多数赞成的投票表决通过了三年内禁止州政府和地区政府对互联网征收税费的税收优惠政策。同时，美国政府积极向其他国家提出对互联网免除税收和关税的要求，即 1998 年的《互联网免税法》（Internet Tax Freedom Act），该法案坚决要求制止对网络贸易采取“歧视政策”，杜绝所有不公平的新税种出现。

美国政府虽然倡导企业在信息市场的自由竞争的基本原则，但是也在尽力防止许多公司因商业目的而出现的对互联网行业的垄断，在竞争市场有利于大公司与大消费集团的情况下，注重保护消费者和中小电信经营者的利益。

二、英国对互联网管理的特点

英国互联网发展迅速，主要是由于英国政府大力提倡发展信息通信技术，并采用多种互联网管理手段推动英国信息通信业的发展，使英国的电子发展战略取得了明显的成效。英国国内的信息通信应用水平大幅提高，电子商务、电子政务建设等飞速发展。

（一）英国互联网行业自律唱主角

英国在对互联网的管理过程中始终坚持这样的管制理念：最低限度的管制、基于事实的管制、与市场竞争状况相称的管制。这使英国的网络管理呈现出自由与多元的特色，即以行业自律为主，以行政管理导航，同时加强技术管理，并辅之以必要的法制管理。这是一种倡导提升业界与网络用户素质、以行业自律为主的管理模式，这种管理模式为英国的互联网管理带来了诸多福音。

自我管理在今天英国的网络管理中占据主导地位，这和英国历来奉行自由主义有密切关系。自律提倡的是伦理道德的自我约束，英国以自律作为提高业界和用户的媒介素养的手段，培养并规范人们的网上行为。由于互联网的开放性，培养互联网业界和用户的媒介素养，使其能自我约束行为，才能实现有效的互联网管理。在英国的互联网行业中，这种自我约束体现得非常明显，极具特色。

上网人数激增是英国在20世纪80年代初进行电信改革后的事，当时英国的电信执行的是“双寡头垄断政策”，对互联网的管理主要是依靠行政管理和法制管理的手段。20世纪90年代后，随着互联网的飞速发展，上网人数激增，网络引发的社会问题增多。虽然有行政手段和法律法规做后盾，但英国政府意识到仅依靠现行法律远不足以对互联网实施有效控制。而且，国内法对大多数源自国外的色情网站无可奈何，因为各国对色情网站的看法不一，英国认为非法的东西，在其他国家则可能是合法的。只有互联网行业实行自我监管，由互联网的各服务商按照行业协约进行自我管理，才能有效控制由网络引发的一系列问题。自1996年后，英国对网络的管理就多偏重于通过行业自律进行自我管理。

英国互联网实行行业自律有专门的监管机构，即互联网监视基金会（Internet Watch Foundation，IWF），由独立董事会管理，不受英国政府的管制。行业自律是为了培养业界和网络用户的媒介素养以及道德伦理的自我管理。由于英国实现全民上网，巨大的网民群体使行业自律显得更为重要。

英国互联网行业自律是在现行法律框架下进行的，并且它自有一套以协议形式体现的行业规范，并不能自行其是。此外，英国互联网行业自律重点保护的对象是儿童以及言论自由。

（二）英国互联网行政管理

英国互联网行政管理的主要特点是：英国政府一直都在为互联网的发展和管理做政策导航，而政府部门管制下的网络管理机构相对独立。具体表现为：第一，英国政府为互联网管理提供法律依据和政策保障，而具体操作权由政府赋予专门机构执行；第二，具体进行网络管理的机构依法设立，且有较高的权威，是有较强专业技术的管制机构；第三，网络管理机构与政府相关部门的关系，既有其相对的独立性（如政府不干预其具体执法），又有一定的关联性（如许可证的颁发，一般由网络管理机构做初审等基础工作，再由相关部长签发）。

英国互联网的行政管理主要由内政部来负责，而政府负责电信政策的主管部门是英国贸易与工业部（Department of Trade and Industry）。它的主要职责是负责提出互联网管理的政策和建议框架，并设定互联网管理机构的管制目标和职责，同时还负责频谱的制定和电信经营许可证的发放及其数量的确定，以及电信业的国际法律事务。这是管理互联网的两个行政部门，具体的执行由信息通信管理局（Office of Communication）负责。

英国信息通信管理局是英国信息通信业的主管机构。它是2003年年底由五家独立的管制机构——互联网管理局、广播标准委员会、独立的电视委员会（ITC）、无线局和无线通信局——合并而成的。它是由英国贸易与工业部授权依法而设的，最主要的职责是负责维护电子媒体的内容标准，以法律为基础来确保通过持续有效的机制，加强对互联网非法内容的管制。

（三）英国互联网安全技术管理

在网络管理的框架中，安全技术手段是基本的和必不可少的手段之一。英国在这方面主要是制定了信息安全标准BS 7799①，以这套完整的安全管理标准加上先进的安全技术控制，来实现对网络的技术管理。

网络安全技术管理遵循BS 7799信息安全标准。BS 7799信息安全标准是由英国标准协会（BSI）制定的信息安全管理体系标准，主要针对较大的网络使用者，如企业和组织。这套基于网络安全技术的信息安全标准，在其安全框架内，能有效构建信息安全防护机制，是防止黑客入侵网络、将病毒杜绝于外并将整体安全漏洞降至最低的较为有效的方法。

BS 7799-2是一个体系规范，可以使用该规范对组织的信息安全管理体系进行审核与认证。通过使用该规范能使组织建立信息安全管理体系，包括以下几个主要步骤：（1）建立信息管理框架，设立方向、信息安全目标，定义信息安全方针，同时管理层应承诺该方针；（2）评审组织的信息安全风险，控制措施需要在信息的价值、所面临的风险和这些风险对组织运营的影响间保持一个平衡；（3）选择和实施控制措施，使确定的安全风险减少到可接受的程度；（4）不同的组织将选择不同的控制措施。

三、各国普遍高度重视未成年人保护

各国普遍高度重视互联网上色情、暴力等不良内容对未成年人的侵害。为此，几乎所有的国家都制定了专门的在线法律或采用保护未成年人的普遍性法律进行管制。

（一）美国

在美国，两个旨在保护儿童免受不良信息侵害的法律《传播净化法案》和《儿童在线

① BS 7799标准于1993年由英国贸易工业部立项，1995年英国首次出版BS 7799-1，即《信息安全管理实施细则》，它提供了一套综合的、由信息安全最佳惯例组成的实施规则。1998年英国公布标准的第二部分《信息安全管理体系规范》（BS 7799-2），它规定信息安全管理体系要求与信息安全控制要求。BS 7799-1与BS 7799-2经过修订于1999年重新发布。1999年版考虑了信息处理技术，尤其是在网络和通信领域应用的新发展，同时还非常强调商务涉及的信息安全及信息安全的责任。2000年12月，《信息安全管理实施细则》（BS 7799-1：1999）得到了国际标准化组织ISO的认可，正式成为国际标准——《信息技术-信息安全管理实施细则》（ISO/IEC 17799-1：2000）。2002年9月5日，BS 7799-2：2002草案经过广泛的讨论之后，终于发布成为正式标准，同时BS 7799-2：1999被废止。现在，BS 7799标准已得到了很多国家的认可，是国际上具有代表性的信息安全管理体系标准。

保护法案》，都受到了宪法第一修正案的质询和挑战，表现了面对这一管理难题时传统法律手段的捉襟见肘。

1996 年的《传播净化法案》规定，信息传递者“故意”向 18 周岁以下的接收者传播“猥亵”或者“明显侵犯性”的在线内容将被处以罚金或监禁。然而，美国最高法院认为《传播净化法案》对于“猥亵”和“明显侵犯性”的定义过于含糊，“尽管政府为保护儿童而使他们避免具有潜在危害的信息……实际上禁止了成年人根据宪法被赋予的权利，即接收和向他人传播信息的言论的自由”。因保护儿童而过分压制成年人的言论自由可能引发“寒蝉效应”（chilling effect）。美国政府未能举证说服最高法院。在此问题上除了将沉重的负担置于成年人的言论自由之外，没有其他限制性更小的选择。因此，该法案最终被裁决为违宪。可以看出，美国最高法院谨慎权衡了保护未成年人利益和成年人的言论自由这两方面的因素后得出的结论是：不应该为了达到保护未成年人权益这一规范性目标而过分限制成年人的言论自由。

《儿童在线保护法案》遭遇了大体相同的命运。这一法案规定：出于商业目的传播对未成年人有害的内容要负刑事责任，事先要求用户身份核实（如输入信用卡号）来预防未成年人进入的除外。因为政府未能举证美国公民自由联盟提出的其他方案（如拦截和过滤软件）不能产生同《儿童在线保护法案》一样的效果，2004 年 6 月，美国最高法院裁决：“禁止《儿童在线保护法案》的实施，因为它违反宪法第一修正案。”虽然最高法院承认，过滤软件可能会“禁止某些对未成年人无害的内容，而放过一些对未成年人有害的内容”因而并非完美解决方案，但过滤软件“将对言论的限制加诸接收终端，而不是在源头上进行普遍限制”，从而可能比《儿童在线保护法案》更加有针对性，更加有效。

由此可以看到，在美国，运用法律工具来保护未成年人免受在线不良内容侵害往往通不过宪法这一关。尽管美国对言论自由的解释，相对于中国，甚至欧洲，有或大或小的差别，我们仍可从中得到一些启发。在新媒体环境下，要在保障言论自由这一基本权利和保护脆弱的未成年网络用户间达成适当平衡是件复杂的事，当面对法律的固有特征——刚性、由政府强制力保证实施、管理内容问题带有“审查”性质时，这一问题变得更加复杂。

美国政府还通过税收优惠的经济驱动促使商业色情网站采取限制未成年人浏览的措施。美国在 1998 年底通过《互联网免税法》，规定政府在两年内不对网络交易服务课征新税或歧视性捐税，但如果商业性色情网站向未成年人提供浏览裸体、实际或虚拟的性行为，缺乏严肃文学、艺术、政治、科学价值等成人导向的图像和文字，则不得享受网络免税的优惠。

美国政府敦促家长关注孩子的网上安全问题并给予指导。美国联邦调查局、教育部等有关部门发布指导手册，内容包括家长如何追寻孩子受到网上不法分子诱惑的蛛丝马迹，如何向有关执法部门报告等细则。政府还提供相关网址，开设网上专页和电话专线，发布有关网上儿童色情活动的最新信息，让家长提高警觉。

为了保障未成年人健康上网，通过安全的途径在网上学习和娱乐，美国联邦政府专门开办了一个网站，域名为 kids. us。用美国前总统布什的话说，这个网站“功能有如图书馆的儿童部，是家长可以放心让孩子学习、徜徉和探索的地方”。其所有网页内容均受到有关部门核查，不含任何色情内容，不开设聊天室和即时电子邮件服务，不链接到任何儿童不宜访问的网页。

（二）英国

英国内政部2001年设立了儿童网络保护特别工作组，专门为在网上保护儿童安全出谋划策。英国内政部还开展了名为“如何在网上保护你的孩子”的宣传活动，向家长介绍网络的功能、潜在危险及其可能对儿童造成的危害，提供屏蔽危险信息和网站的途径，帮助家长教育孩子不要沉溺于网络。英国教育和技能培训部也设立了专门网站，向家长提供最新的网络安全信息。英国政府公布了24小时儿童热线，家长和孩子可以随时就网络问题寻求帮助。

2004年多家英国移动运营商联合发起一系列行动，对新媒体内容进行自我规范。O2、Orange、T-Mobile、Virgin Mobile、Vodafone、Hutchison 3G等运营商联合制订行为准则，涵盖视频内容、在线赌博、移动游戏、聊天室等领域。2005年2月，移动运营商委任和资助的独立移动分级机构（Independent Mobile Classification Body）颁布了商业化移动内容分级框架，确立标准以判断哪些内容不适合儿童（18周岁以下）。

（三）澳大利亚

澳大利亚的网络内容管理方案是在1995年《广播服务法案》的基础上制定的，于2000年1月1日生效。这一方案的基本组成部分是投诉热线、行业制定的执业规范以及社区教育，具有较明显的共同管理特征。在澳大利亚，媒介内容主管方是澳大利亚传播和媒体总局（Australian Communications and Media Authority），它是由之前的澳大利亚广播总局和澳大利亚传播总局合并而成的。

澳大利亚初期共同管理策略主要针对广播：各个广播公司要依据执业准则，详细说明广播内容的级别；澳大利亚传播和媒体总局负责核准和监督。随着新媒体的发展，这一针对传统媒体的体系也被应用于互联网。《广播服务法案》的第四部分指出共同管理实现了公共利益和行业利益的最佳协调：共同管理方案使公共利益得到满足，也不会将不必要的经济和管理负担加诸互联网内容和服务提供商。

澳大利亚网络内容管理方案主要由执业准则以及提供安全保障的法律框架组成。其中，执业准则包括三方面内容：（1）对公共管理者：必须由具有经验和资源的管理当局做出法律评价和决定；（2）对企业：要协助家长加强教育和提升责任；（3）对家长：鼓励使用技术手段，如内容过滤软件和附加内容标签。

澳大利亚传播和媒体总局所代表的政府一方有权通过以下方式进行监督：（1）命令网络服务提供商或内容提供商纠正违规行为；（2）当行业准则不恰当或不能提供必要的安全保护时，有权制定强制标准。

如果说澳大利亚政府的加入为内容管理提供了有震慑力的“硬保障”，那么澳大利亚互联网行业协会发起的“家庭友好网络服务提供商”项目则是通过激励机制充分调动行业的积极性。按此计划，完全遵守准则的网络服务提供商可以在网页上放置互联网行业协会授权的“瓢虫”标识，表明服务提供商对儿童及其家长做出的质量承诺。

随着移动网络的发展，澳大利亚互联网行业协会还对方兴未艾的手机媒体及时做出反应。2005 年 5 月，该协会修订了三项在网络和移动领域保护儿童的行业准则，其目的在于：提供关于移动内容的明确、有效、负责的内容评价自律体制，特别是保证移动公司和移动内容提供商采取合理措施预防未成年人观看不适宜的移动内容。

澳大利亚由行业推进、政府提供法律保证、授权于终端用户的共同管理模式最大的优点在于管理机制与新媒体行业技术系统和商业模式相协调，从而提高了管理效率。

四、发达国家互联网管理的总体特点

（一）互联网管理重视立法，但是主要依靠现有法规

互联网所带来的绝大多数法律问题涉及各个法律部门，这些问题的解决最终还是要靠各部门法律自身的完善来完成，而没有必要建立一个独立的法律部门。

英国非常强调依靠现有的法规，如《刑法》《猥亵物出版法》《公共秩序法》等。英国互联网管理的法律基础主要是 1984 年的《英国电信法》和 1998 年的《竞争法案》，这是两部基于市场准入和反垄断考量的法律。在此基础上，英国管理互联网的法律既有传统法规中的相关条文，如《刑法》中猥亵内容的相关立法以及种族主义内容的相关立法，又有专门的信息通信方面的法案，如《通信监控权法案》《调查权法案》等。

法国管理互联网主要也是利用社会原有的法制基础。法国的民法和商法比较完备，有些只需移植或借用到互联网领域就可以了，而有些则要建立新法规。

（二）国家安全成为互联网管理的重中之重

美国的互联网内容管制模式是最宽松的，但是当互联网触及国家安全时，政府将依法拥有“特殊”的权利。

“9·11”事件后，在反恐高于一切的方针下，在美国被看作特殊时期互联网管理主要法律依据的，一是“9·11”事件六周后颁布的《爱国者法》，二是时任总统布什于 2002 年 11 月签署的《国土安全法》。这两部法律都大大加强了对美国国内机构与人士的情报侦察的内容，这在以前是不允许的。

政府和执法机构根据《爱国者法》获得了很大权限。政府或执法机构调查人员可大范围地截取嫌疑人的电话通话内容或互联网通信内容，还可秘密要求网络和电信服务商提供客户的详细信息。美国《国土安全法》对互联网的监控更为严密，增加了有关监控互联网和惩治黑客等条款，在此情形下，服务商信誉和客户机密只能让位于国家安全。

（三）一些国家对互联网内容实行强制管理

德国是全球第一个制定互联网成文法的国家，于 1997 年颁布《信息与通信服务法》，此法为综合性的法案，用来解决经由互联网传输的违法内容，包括猥亵、色情、恶意言论、谣言、反犹太人等言论，更严格地规范了有关纳粹的言论思想与图片等相关信息。

新加坡是主张政府必须强制介入互联网内容管理的国家之一。新加坡根据广播法颁布了《互联网行为准则》与产业标准，由新加坡信息通信发展局管理，最初检查的重点是对青少年有害的色情信息。《互联网行为准则》明确规定禁止那些与公众利益、公共道德、公共秩序、公共安全和国家团结相违背的内容。同时，新加坡传统的《诽谤法》《煽动法》《维护宗教融合法》等相关内容也适用于互联网管理，任何危害国家安全或防卫的内容都

禁止在互联网上交流。

许多国家和地区都实施了内容过滤政策，如欧盟采取技术措施处理有害内容，增强过滤软件和服务的实际效果，确保用户对信息的选择接收权利。

日本总务省与NEC（日本电气股份有限公司）共同开发过滤系统，此系统能够防堵有关犯罪、色情与暴力的网站，并研究如同美国的“反暴力芯片”，希望借此在电脑连接外部网络时，自动防堵青少年与儿童接触不适宜内容。

美国的中小学如今都对学校的电脑实行联网管理。这样可以集中对那些影响儿童身心发育的网站进行屏蔽。华盛顿市所有公立中学的电脑都实现了联网，网络管理员就是华盛顿市教育委员会。该委员会随时可以监控所在辖区的儿童是否在学校的网络上接触了不良内容。

法国也越来越重视对于网络内容的过滤。2006年6月，法国法律增加了“互联网服务供应商必须向用户介绍并推荐使用内容过滤软件”的条款。

各国有专门的机构对内容（主要是色情内容）进行评估，按等级划分，以判定哪些内容可以在网络上传播，并帮助父母过滤不适合儿童的内容。例如，美国的娱乐软件业实行分级制度，韩国等国也设立了法律对互联网上的内容进行限制。

此外，反垃圾邮件受到越来越多国家的重视。面对垃圾邮件给全球经济带来的越来越大的损失，各国和地区也纷纷对反垃圾邮件进行立法。比如美国和日本都颁布了《反垃圾邮件法》；欧盟颁布了《隐私和电信指令》，重点打击垃圾信息；澳大利亚于2003年颁布了《垃圾邮件法案》。这些法律均取得了较大的成效。

五、行业自律与实行社会监督是发展趋势

“少干预、重自律”是当前国际互联网管理的一个共同思路。各国越来越强调政府作为服务者的角色，承认政府管理的“有限性”，着重发挥政府的服务和协调职能。在对互联网的监管方式问题上，这一管理原则也得到了较为充分的贯彻，当前各国的监管的一个重要特点就是以行业监管为主，政府强制为辅，实行政府与行业的协同监管。政府的职责主要集中在制定相关法规和政策导向上，具体的操作规范则由行业协会等组织来制定实施。比较而言，政府监管具有补充性。以行业为主的协同监管具有较强的可操作性，同时还可以减少政府对行业的干预，减少管理成本。

美国的网络行业组织在发挥日益重要的作用，如美国计算机伦理协会制定了“十大戒律”、美国互联网保健基金会的网站规定了八条准则、各大论坛和聊天室有服务规则与管理条例等。美国在1998年出台《互联网免税法》，对自律较好的网络商给予两年免征新税的待遇。

美国政府对数字内容市场实行有限监管，联邦通信委员会的权限主要集中在内容的传播方面，更多的监管任务则由行业协会和民间组织来承担。其中重要的有软件和信息产业协会、美国唱片协会、美国电影协会等。行业协会对数字内容市场的发展保护和监管并重。一方面，行业协会代表行业的利益向政府争取尽可能多的权益，同其他行业及国外市场达成贸易协议，采取措施保证本行业的权益不受侵害。软件和信息产业协会以及美国唱片协会、美国电影协会近年来都不遗余力地同盗版行为做斗争，要求政府通过法律禁止盗版行为，对侵权者发起诉讼。另一方面，行业协会作为政府和行业的沟通平台，也不断推动行业实施自律，以确保行业的行为符合国家法律规定和道德要求。对于“违规”者，行

业协会代表整个行业向其施加压力，迫使其改正其行为，甚至采取严厉措施使其失去发展机会。再者，行业协会也为行业内成员提供了交流与合作的机会。

欧盟于2004年建立“安全互联网论坛”，广泛吸引了包括企业代表、法律强制机构、决策者以及用户群体代表在内的各界的关注和参加，为各方提供了一个经验交流、借鉴以及共谋对策的平台，对希望建立自律机构的国家给予建议和支持等。

英国对互联网内容进行管理时贯彻“监督而非监控”的理念，主要通过英国网络服务提供商于1996年9月成立的行业自律组织互联网监视基金会来实行。半官方性质的互联网监视基金会在英国贸易与工业部、内政部和英国城市警察署的支持下开展日常工作，主要解决互联网上日益增多的违法犯罪活动问题，如色情、性虐待、种族歧视等，尤其致力于解决儿童色情问题。为鼓励运营商自律，英国互联网监视基金会于1996年9月与由50家网络服务提供商组成的联盟组织、英国城市警察署和内政部等共同发表了《安全网络：分级、检举、责任》，以此作为运营商自律的基础。之后由50家网络服务提供商组成的协会联合草拟了一项运营商行为守则，作为运营商自律的规范，其主要精神有鼓励新科技使用、帮助家长与教师认识新科技、网络服务提供商有责任确保内容的合法性等。

日本总务省主管媒体的机关主动邀请网络服务提供商、软件开发企业及消费者代表组成自律性组织，并引进分级管理制度，待组织成立并正常运作后，政府则退出该组织，完全由民间组织的力量对互联网内容进行监督并促进行业自律。

重视发挥社会监督的力量，促进互联网市场的健康发展，是各国综合推进互联网产业发展、规范市场秩序的一个较为明显的趋势。与相关机构依职权进行的管理相比较，发挥社会监督的力量，以申请和投诉的方式开展查处比纠正的方式具有更强的针对性，效果要明显得多。目前各国基本都有相关的投诉举报机制，并通过多渠道方便各领域用户使用。

欧盟在打击非法内容方面的主要措施是建立市民热线。公众通过热线举报非法内容，然后由热线网络将相关信息报告各主管部门。市民热线还通过构建专家中心，就何为非法内容等问题向网络服务提供商提供指导。现有的热线网络得到了欧盟的大力支持，并取得了显著成效。

本章小结

本章主要阐释了新媒体带来的负效应（主要是信息安全、侵犯知识产权、信息泛滥、网络犯罪、网瘾症、数字鸿沟等），讲述了互联网监管的难点及管理对策，重点分析了新媒体的双刃性，介绍了发达国家互联网管理的经验和教训。

思考题

1. 试分析新媒体的负效应及其对策。
2. 试分析中国政府对互联网监管的现状。
3. 请分析全球的数字鸿沟现状。
4. 目前互联网空间中存在的主要信息安全问题有哪些？
5. 什么是数字鸿沟？你认为互联网是否拉大了数字鸿沟？
6. 美国学者奥尔波特（Gordon Allport）给出了一个决定谣言的公式：谣言=（事件

的）重要性×（事件的）模糊性，在此基础上，你认为还有哪些变量会对网络谣言的传播产生影响？

7. 联系目前互联网空间中存在的现实问题，你认为网络治理中的难点主要有哪些？

8. 近年来，人工智能技术对网络传播产生了越来越大的影响，与此同时也伴随着各界人士褒贬不一的看法。请结合人工智能对网络传播的影响，谈谈你如何理解“新媒体发展的双刃性”。

在线自测

扫一扫　练一练

第十一章　新媒体舆论的理论模型

近年来，我国相继发生的几件大事被新媒体聚焦并在“虚拟社会”中掀起巨大波澜，引起现实社会的广泛关注，使人们开始关注新媒体舆论的影响力。新媒体已成为中国公众表达民意、讨论公共事务、参与经济社会及政治生活以及进行舆论监督的重要公共平台。当前，新媒体舆论已经成为我国社会舆论的重要组成部分，对政府行为产生着越来越重要的影响。

新媒体作为一种新兴的媒介形式，对社会发展、民众生活的影响力日益增强，逐渐渗透到政治、经济、文化等社会生活的各个领域，并开始在社会发展与大众生活中扮演日益重要的角色。新媒体成为社会公众新的话语平台，伴随而生的新媒体舆论作为一种新的舆论形式，成为社会总体舆论中日渐重要的组成部分。“孙志刚案”“宝马撞人案”“躲猫猫事件”等都说明，新媒体舆论已从影响甚微的边缘走到了主流的位置，成为各类社会事件发展进程的重要影响因素和主流舆论的组成部分。

第一节　新媒体舆论的特点

网络舆论是指在互联网上流行的对社会问题的不同看法，网络舆论是社会舆论的一种表现形式，是通过互联网传播的公众对现实生活中某些热点、焦点问题所持的有较强影响力、倾向性的言论和观点。

一、新媒体舆论的概念界定

通过检索发现，2000 年前后，我国国内学术期刊和大众媒体上相继出现“在线舆论”“网上舆论”的提法。2003 年，互联网在“孙志刚案”及其他热点事件中扮演了民意表达平台角色，网络舆论成为一种正式的社会现象，并进入公众话语。随着与互联网相对独立的手机媒体等新媒体也成为民意表达的重要平台，“新媒体舆论”这一概念开始逐步流行。我们认为，新媒体舆论，是指在互联网、手机媒体等新媒体上传播的公众对焦点问题所发表的影响力的意见或言论，也是现实民意借助于新媒体的表达。

（一）舆论的界定

舆论是一种极为丰富和复杂的人类精神现象，人们对舆论的定义说法不一。国内外学者就舆论的定义各抒己见，已多达七八十种，但一直未能有一个公认的定义。

关于舆论，古代称之为“舆诵”“舆颂”“清义”，指众人的意见。目前我国多数专家学者也把舆论看成意见，认为舆论是多数人对于某一事件有效的公共意见。刘建明在《社会舆论原理》中指出："舆论是一定范围内多数人的集合意识及共同意见。"① 李广智在《舆论学通论》中指出："舆论是社会公众对涉及个人利益事件的意见的自由表达和传播而形成的共同趋向。"② 甘惜分认为，"舆论是社会生活中经济政治地位基本接近的人们或社会集团对某种事态发展大体相近的看法"③。项德生在《舆论与信息》中指出："舆论，就是社会公众或集团对人们普遍关心的事态所做的公开评价。"④ 喻国明在《解构民意：一个舆论学者的实证研究》中指出："舆论是社会或社会群体中对近期发生的、为人们普遍关心的某一争议的社会问题的共同意见。"⑤ 沙莲香在《社会心理学》中指出："舆论是指大家共同关心的有争议的问题上多数人意见的总和，是社会上的众人对某些社会事件的一致反应和判定，是具有代表性的综合性的意见。"⑥ 陈力丹认为，"舆论是公众关于现实社会以及社会中的各种现象、问题所表达的信念、态度、意见和情绪表现的总和，具有相对的一致性、强烈程度和持续性，对社会发展及有关事态的进程产生影响，其中混杂着理智和非理智的成分"⑦。胡钰在《新闻与舆论》中指出："舆论就是社会中特定群体对特定事件表现出来的特定意见。"⑧

联合国教科文组织的专题报告《多种声音，一个世界》中给舆论下的定义是：舆论是一种常常难以进行确切的科学分析的集体现象，它是与人的社会性紧密联系在一起的。但是舆论既不是暂时无变化的，也不是从地理角度上构成一个整体的。李普曼在《舆论学》中对舆论做了粗糙的描述："他们头脑中的想象，包括对于他们自己、别人、他们的需要、意图和关系等等，都属于他们的舆论。"⑨

综合以上不同的观点我们不难发现，舆论具有以下几个特征：舆论应该是公众的意见；舆论必须要有一个焦点；舆论是不断发展变化的；舆论是一种巨大的社会精神力量。具体可参考多伊彻⑩的舆论形成"瀑布模式"（见图 11－1）。

在社会现实中，人们往往把大众传媒或媒介的言论等同于社会舆论，把民意等同于社会舆论，把众意或公意等同于社会舆论。

---

① 刘建明．社会舆论原理［M］．北京：华夏出版社，2002：70.

② 李广智．舆论学通论［M］．哈尔滨：黑龙江教育出版社，1989：4.

③ 甘惜分．新闻理论基础［M］．北京：中国人民大学出版社，1982：42.

④ 项德生．舆论与信息［M］．郑州：河南人民出版社，1992：9.

⑤ 喻国明．解构民意：一个舆论学者的实证研究［M］．北京：华夏出版社，2001：26.

⑥ 沙莲香．社会心理学［M］．北京：中国人民大学出版社，2002：44.

⑦ 陈力丹．舆论学：舆论导向研究［M］．北京：中国广播电视出版社，1999：14.

⑧ 胡钰．新闻与舆论［M］．北京：中国广播电视出版社，2001：112.

⑨ 李普曼．舆论学［M］．林珊，译．北京：华夏出版社，1989：22.

⑩ 艾萨克·多伊彻（Isaac Deustcher，1906—1967）是一位出生在波兰，后在第二次世界大战爆发时迁居英国的犹太马克思主义作家、新闻工作者和社会活动家。他最为人熟知的身份是列昂·托洛茨基和约瑟夫·斯大林的传记作者以及苏联时事评论家。他的三卷本托洛茨基传记《先知三部曲》在英国的新左翼中有着巨大影响，迄今仍是举世公认的研究托洛茨基的最权威著作，已被译成多种文字。

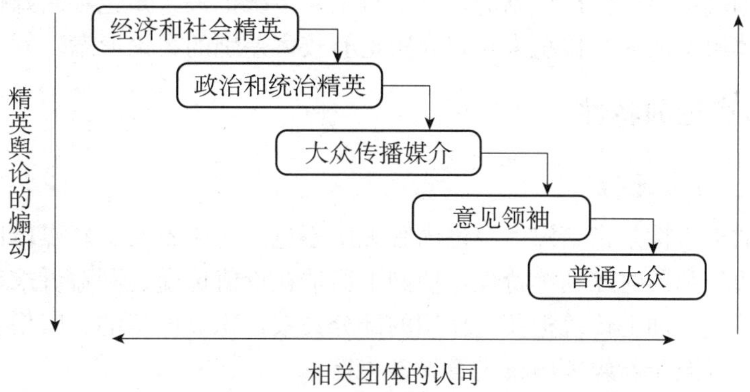

图 11-1　多伊彻的舆论形成“瀑布模式”

（二）网络舆论与新媒体舆论

舆论作为公众发表的集合性意见，在古代社会主要是通过口耳相传，舆论的载体也主要是人群自身。现代舆论的形成和大众传播媒介有着密不可分的关系。在 20 世纪 90 年代以前，现代舆论的载体主要是报纸、广播、电视等大众传媒。随着网络作为“第四媒体”的出现，一种新的舆论类型——网络舆论也应运而生。

与传统意义上的舆论相比，网络舆论主要是因其传播主体、载体、传播方式和受众特点等具有不同特征，但作为舆论在网络传播方式下的延伸，它仍然具备舆论本身的性质，因此我们这里将网络舆论界定为：网络舆论是伴随着网络传播方式的流行而兴起的一种特殊的舆论形态，是网民对出现在网络上或社会现实中（两者往往相交）的各种现象、问题所表达的具有共同性的观点、态度、信念和情绪的总和，具有相对的一致性、影响力和持续性，并对社会发展及有关事态的进程产生影响。也就是说，网络舆论是公众意见与网络传播媒介相结合的产物。只要满足方式上以网络媒体为载体进行传播、内容上是公众发表的集合性意见这两个条件，就是网络舆论。

网络舆论的兴起是社会发展过程中的必然现象。目前中国正处于社会的转型期，社会摩擦急剧增加，不同的集团、群体存在不同的利益诉求和文化需求，因此就有必要提供一个活跃的公共话语平台，来促使他们充分、合法地发表各自的意见，从而实现沟通、化解偏见、消除冲突。网络正好适应了这一要求，由此形成了活跃的公共话语平台。在网络传媒时代，借助电子邮件、BBS、博客、微博等信息交互工具，网民结合内容讨论、参与媒体建设的热情极为高涨，舆论的影响大大增强。而且网络舆论有相当的言论自由度，许多用户在其中发表自己现实中不愿意说或不敢说的意见，因此网络舆论常常是社会焦点问题的意见集散地，其地位也日益受到人们的重视。

随着手机的普及，手机媒体也成为民意表达的重要平台。由手机传播的言论更具有开放性和民主性，范围也更具广度和深度，传播速度更加快捷、方便，形式也多种多样，社情民意的表达更加自由和高效，因而手机媒体成为公民参与政治的一个新平台，手机媒体政治参与已成为中国民众政治参与的一条重要途径。因此，包括网络舆论与手机舆论在内的“新媒体舆论”一词逐步开始流行。

作为舆论形式的一种，新媒体舆论必然具有舆论的特征。但是，与传统舆论相比，传播空间的不同，加之新媒体传播机制的影响，特别是传统把关人角色在新媒体传播中部分失效，使得新媒体舆论成为与传统大众媒介舆论有较大差别的舆论形态。

二、新媒体舆论的特性

（一）丰富性与多元性

新媒体舆论的丰富性是指新媒体舆论内容无所不包、无所不及。新媒体所具有的虚拟性、匿名性、无边界和即时互动等特性，使网上舆情在价值传递、利益诉求等方面呈现多元化、非主流的特点。加上传统把关人作用的部分失效，积极健康的、庸俗和灰色的都可以找到立足之地，以至于新媒体舆论内容异常丰富。

新媒体本身承载着海量信息，可以超越时空的限制，快速汇总和整合信息并对其进行存储。随着网络技术的发展，网络论坛、博客、微博日益成为活跃的公共话语空间。新媒体舆论包罗万象，既存在轻松话题，也存在严肃话题；既有庸俗话题，也有高雅话题。网络论坛、博客等作为新闻的集散地，可以在最短的时间内呈现世界各地的重要新闻和突发事件，这就为舆论的产生提供了丰富的“议题”；同时网络又是自由互动的交流平台，使得新媒体舆论的内容五花八门、异常丰富。

过去，由于地理位置的自然屏障作用，交通和通信技术相对落后，加上传统媒体的把关人的存在，恶意的政治信息难以入侵。但是，互联网的自由性与开放性使得天然的地域障碍不复存在，新媒体舆论的意识形态呈多元化特征。

（二）开放、自由与互动性

在现实社会中，人们处于特定的群体中，个人行为往往会受到各种社会习俗与制度的制约，很多人戴着“面具”。而在虚拟的网络世界中，虚拟的身份与匿名的形式给了人们一种前所未有的平等，人们感受到空前的安全感。正是这种安全感增加了人们对自我意志的认同，并激发了人们表达与表现的欲望。

新媒体舆论的主体是成千上万分布在不同区域的网民，这些网民通常在网上匿名表达自己的观点与意见，具有很强的虚拟性。网民的匿名性特点决定了新媒体舆论具有开放性与自由性的特点。

新媒体具有即时互动性，其舆论传播过程得以延续和完整。新媒体舆论的受众不再是毫无主动性可言的“靶子”，传播者也不再拥有绝对的话语主导权和控制权。而且，在新媒体传播中，传播者与受众的角色模糊，可以在瞬间相互转化。相对于传统媒体的强势，网民个体逐渐成为网上信息发布的主体，个人的力量在增强。

（三）速成性

新媒体舆论的迅速形成得益于新媒体传播的优势。互联网打破了时间和空间的界限，新媒体舆论的速成性主要表现在新媒体舆论形成的时间的缩短与空间的缩小上。

首先，与传统媒体相比，新媒体在信息传播过程中省去了印刷与录制等诸多环节，缩短了从媒介议程转向公众议程，也就是缩短了形成社会舆论的周期。由于新媒体传播的优势，信息发布速度迅速，并且能够借助新媒体进行快速传播。帖子或言论一旦引起网民的关注，就会被网民反复转载，以惊人的速度扩散。

其次，新媒体的即时互动性使交流成为一个动态的系统，网民能够对网上意见迅速做出反应。这种互动的过程可以迅速使新闻事件成为大众普遍关注的焦点，很快引发并形成舆论。新媒体为网民提供了相互交流的平台，消除了传统媒体信息的传递和反馈过程中存在的滞后问题，使各种意见能在短时间内迅速聚集，并得到整合，进而形成舆论。一些重大新闻和热点问题在网上发布仅几个小时，新媒体舆论便会沸腾。

此外，互联网传播具有广泛性，作为舆论主体的数亿网民虽然散布于世界的各个角落，但在短时间内就可以打破地域的界限与空间的阻隔，实现意见的互动，从而快速形成舆论。

新媒体舆论既可能“兴”“衰”迅速，也可能长期持续。新媒体舆论分为两大类：一类是信息类型的舆论，另一类是观点类型的舆论。由于新媒体传播效率超过一切传统媒体，当重大突发事件发生时，新媒体都会在第一时间予以报道，迅速吸引网民眼球，引发网民表明立场，交流信息，引起共鸣，形成一个主导性意见，并在网上迅速形成舆论。这是典型的信息类型舆论。观点类型、话题类型的舆论，如网上有关社会不公、腐败等的舆论就长期滞留，即使网上删除了引起某种舆论的信息和言论，相关话题仍难以消除。观点类型的舆论一旦形成，在舆论目的没有实现之前，网民不改变原来的观点，舆论往往短期难以消除，它总会在新闻跟帖中、论坛或者博客上出现。

新媒体舆论容易“一边倒”。在很多案例中，多数网民的认识和看法普遍简单直接，不深刻不全面，带有很强的群体盲从性，出现“一边倒”的态势。对于网民普遍关注的问题，如敏感的国际关系问题、社会阴暗面、腐败案件和负面的突发事件等，种种偏激的言论甚至比正面的主流的言论传播的速度更快、波及面更广，出现舆论“一边倒”或“关键时刻的雪崩现象”，从而导致网民意见的“高度集中”，即使这些舆论是非理性、情绪性的。

互联网是个开放的、参与性十分强的世界。任何人，不论其社会地位、贫穷富贵、文化程度高低、性别种族，在互联网上一律平等。最突出的是在网络论坛中，所有访问者都能在其上发布自己的消息和对事物的看法。

（四）非理性和理性因素并存

新媒体作为民意表达的重要平台，在社会中的作用和影响力越来越不可小觑，新媒体舆情也日益成为政府执政所必须参照的“晴雨表”。由于新媒体的匿名性、开放性等特征，有人会把新媒体作为发泄情绪的场所，形成一种情绪型舆论。这种舆论有政治情绪型、社会情绪型、文化情绪型、生活情绪型等。新媒体情绪型舆论在网上出现有助于党和政府了解真实民意，新媒体在日益成为公共民主生活的“推进器”。

但是情绪型舆论也存在着非理性、消极性、感染性、扩散性的特点。新媒体的匿名性和互动性加剧了新媒体舆论在感性上的膨胀与理性上的匮乏，使新媒体舆论呈现出一定的盲目、冲动、偏激、缺乏理智等特点。

新媒体舆论的非理性还可能造成现实的冲突。新媒体舆论的冲突性是指新媒体舆论的伦理相对主义强化和伦理基础准则的冲突。伦理基础准则有一定的地域性，但互联网却是全球范围内共享的，这就造成了在互联网上不同地域间的伦理基础准则相互冲突。

在某些国家和地区，法律与道德上允许对成人提供色情服务，在网上提供色情服务和信息属于合法，而在绝大多数国家和地区，在网上提供色情服务和信息是要受到谴责、反对甚至法律制裁的。新媒体的跨地域、跨国性与各国政府的地理管辖权相矛盾，使得一些在现实世界属于违反法规而会受到制裁的行为，一旦移到新媒体空间，由谁充当制裁主体以及如何制裁就会变得模糊不清。这就造成了新媒体舆论的伦理相对主义强化和伦理基础准则的冲突。

在很多案例中，新媒体舆论具有“群体化”倾向。一方面，群体中的非理性特点在网民中十分严重；另一方面，新媒体聚集的群体极易导致群体认同的现象。通过说服机制，网民会向讨论时的倾向性结果靠拢。这一特点很容易导致言说者的态度偏激，话语权的争夺在一定程度上走向“语不惊人死不休”的极端。

（五）难控性

新媒体舆论的难控性是指在新媒体上要对舆论进行控制是比较困难的。对于传统大众传播媒体的舆论控制，各国政府通过规定大众传播体制，制定有关法律、法规和政策，分配传播资源，对创办新媒体进行审核登记，限制或禁止某些信息内容的传播等来规范。对传统媒体来说，由于把关人的存在，舆论的控制是不难做到的。然而互联网是高度开放的空间，每个人都有“麦克风”，新媒体信息的传播者数以亿计，网上信息的传播不可能都经过新闻出版部门的审批。

在网络上匿名地发送邮件、参加 BBS 讨论都相当容易，电子邮件也极易被人截取、更改和伪造。新媒体的开放性在理论上使每个人都成为“新闻发布者”。对于海量的新媒体用户，不可能在“信息高速公路”上检查每一条言论，更不可能对其做出全面的客观评价，这就使得新媒体舆论控制变得复杂和难以操作。新媒体舆论的难控性是新媒体舆论一个最重要的特征。新媒体舆论的丰富性、复杂性、多元性、冲突性等特征都是由难控性派生出来的。

新媒体舆论的调控难度表现如下：

一是新媒体舆论主导权不完全由网站掌握，而是由参与议论的网民数量的密集度和强度所决定的。

二是新媒体的开放性使信息传播者往往可以想方设法绕开各种障碍来发布消息，网站管理者也不可能对网上的言论逐一进行检查评价。

三是新媒体舆论具有复杂性。新媒体舆论混乱、无序，自觉舆论与自发舆论并存。网民可以在网上对任何事情畅所欲言，新媒体舆论以自发舆论为主。

四是新媒体舆论具有多元性。新媒体舆论的意识形态呈多元化。世界上存在着对立的社会政治制度和意识形态，随着新媒体的发展，地域屏障已不复存在，希望在网上完全控制言论不太现实，网络信息可以从地球任何一个地方无限量地向另一个地方传输，这就使新媒体舆论的意识形态呈现多元化特点。

由于“网络水军”的存在，新媒体舆论呈现出容易被人操纵的特点。网络水军受雇于网络公关公司，为他人发帖、回帖造势。网络水军有专职和兼职之分。关于网络水军对新媒体舆论的操纵，我们在后面部分将做详细的论述。

三、新媒体舆论的功能

新媒体舆论的功能表现在诸多方面。

（一）舆论监督

政府决策、法律法规的制定现在都可以通过互联网、手机上传播的舆论来施加影响。如物权法的制定，全国人大常委会就通过网络公开征求意见。一些学者、专家呼吁叫停征收养路费，以及国务院法制办等部门对此的回应也都是通过网络的快速传播而为人们所知晓的。

（二）信息传播

新媒体的存在使得信息的传播速度越来越快，网络的即时传播特性使之超过了传统媒体。如 2013 年 3 月，中国政府对缅甸毒枭糯康、桑康・乍萨、依莱、扎西卡四名湄公河案罪犯执行了死刑，仅仅几分钟后，各大门户网站就对此进行了报道。由于新媒体舆论具有集散、传播甚至放大效应，网络成为人们获取信息的重要渠道，过去存在的一些信息不透明、不对称现象得到很大改变。

（三）交流思想

新媒体舆论通常是多种声音并存，使得网络成为各种思想碰撞的场所。2013 年 1 月 11 日，因被很多人嫌弃长相丑陋、认为受人歧视的四川某大学学生曾××，在持续的心理压力下走向极端，在校园湖边杀死一名女生，刺伤两名男生。曾××“因丑杀人案”是否要进行精神病方面的司法鉴定，成为法学专家与网民争辩的热点。许多网站开通的辩论台、网上投票等为不同舆论的争辩提供了场所。

（四）对政府行为产生一定影响

新媒体舆论对政府行为产生的影响主要表现在以下几个方面。

1. *以敏捷反应形成即时性影响*

2001 年广西南丹矿区特大渗水事故正是由于新媒体的披露，黑幕才得以揭开。同样，2003 年的“孙志刚案”也是由于新媒体舆论的力量，涉案人员才受到法律的严惩，同时也推动了我国的法制进程。2009 年 5 月 7 日的杭州飙车案被中国网民称为“欺实马事件”（音同“70 码”，取欺负老实人之意）、河北大学新校区“10・16”交通肇事逃逸案（“我爸是李刚”事件）、“孙伟铭案”、“药家鑫案”等，都产生了较大的社会反响。

新媒体舆论传播更敏捷、更快速，对政府的行政效率提出了更高的要求。广大社会民众有权质询政府，政府也有责任回复民众。面对质询，政府要有更快捷的反应能力和足够的重视，及时公布有关信息，对民众所关心的社会问题予以反馈，以消除民众的疑惑。公众的质疑、猜测大多源于信息的不畅通，极个别是少数部门的乱作为和不作为。

2. *以多元反应形成印证性影响*

新媒体的出现使信息可在瞬间从一个地方无限量地向任何地方传输。任何组织或个人都可以在网上找到发布自己的信息的空间。传播的开放性和传播者的多元化打破了传统媒体对舆论传播的垄断。

3. *以海量反应形成复杂性影响*

与传统媒体相比，新媒体摆脱了报纸版面、广播电视固定时段和节目容量等诸多限制。由于传播主体的多元化，网络上的每个人都成为潜在的信息提供者，使得网络信息源源不断；同时，数据库的存在使历史信息得以保存，正是信息集纳的广度与深度型积累形成了新媒体舆论的海量信息。

4. *以互动反应形成挖掘性影响*

新媒体的快速回应特性使互动成为一种必然的经常性交流方式。在传统媒体时代也有传统意义上的互动，但其范围和影响有限，而且内容也必须受到严格审查，是一种“分时”的互动。而网络将互动变成一种“即时”互动。网络在线调查、即时点评和多渠道的参与使新媒体舆论形成速度远远快于传统新闻舆论。一个热点事件的存在加上一种情绪化的意见，就可以成为点燃一种舆论的导火索。新媒体舆论互动的影响已经得到中央高层领导的重视和肯定。

第二节　新媒体舆论研究的蝴蝶效应模型

蝴蝶挥动翅膀的力量，看似微不足道，产生的威力却难以想象，最后的结果同样出乎预料。古语有云：“风起于青萍之末。”这是典型的蝴蝶效应。

一、新媒体舆论演化的蝴蝶效应

（一）网络舆论蝴蝶效应的定义

从沃尔特·李普曼在《舆论学》中提出“舆论”概念肇始，这一概念呈现多样化特征，人们普遍认同的一种定义是：舆论指在一定社会范围内，消除个人意见差异，反映社会知觉和集体意识的、多数人的共同意见，其主体是“意见”，舆论的传播也就是意见的流动过程。

如果只把网络视作传播工具，则“网络舆论”可界定为“在互联网上传播的、公众对某一焦点所表现出的、有一定影响力并带倾向性的意见或言论”①。实际上，这一对“网络舆论”的基本定义超越了简单的技术层面解读，而将其看作社会表达渠道，更加切合我国当下的国情。

蝴蝶效应（the butterfly effect）由美国人洛伦兹（Lorenz）在 1963 年提出。蝴蝶效应说的是复杂混沌的系统无法精确预计和完全控制，虽然个人不具有传统意义上控制者的力量，但都是拥有微妙影响的蝴蝶力量，即“无力者的力量”②。网络舆论蝴蝶效应是对网络舆论产生巨大社会影响的一种隐喻。有学者提出，网络舆论中的“蝴蝶效应”是在网络舆论初始条件不确定的情况下进行意见表达时形成的一种非线性不规则混沌现象。③ 这个定义强调了蝴蝶效应中网络意见表达的“非线性不规则性”及“混沌性”，但将网络舆论初始条件的细微性及引起结果的不确定性省略为网络舆论初始条件的不确定性，忽视了蝴蝶扇动翅膀的本来含义及风暴产生的可能性。也有研究者提出，蝴蝶效应是指日常生活中的

① 谭伟．网络舆论概念及特征［J］．湖南社会科学，2003（5）．

② 捷克作家哈韦尔提出了“无力者的力量”一词。转引自《混沌七鉴》（上海世纪出版集团，2008）。

③ 李若冰．混沌理论视野下的网络舆论监督特点与管理初探［OL］．（2009－12－21）［2024－02－20］．人民网．

"平常"小事，在网络作用场中产生巨大的连锁反应，引起文化界、思想界乃至政界的普遍反响。[①] 这种提法实质是强调"小事"可以演变成舆论"龙卷风"或产生"轰动效应"，注意到了蝴蝶效应的中立性，但作为定义描述得较为宽泛，缺乏对演变过程的分析，失于空泛。

我们认为，网络舆论蝴蝶效应是指微内容经过舆论压力集团——网民对信息的细化与叠加，引发网络媒体与传统媒体的协同效应，经实体社会的相关方反馈后，最终形成舆论的倍增效应。在这个概念中，首先，强调网络舆论产生的初始条件具有敏感性；其次，强调蝴蝶振翅产生的效应并非突然之间的风暴，而是有着自相似性；再次，强调初始条件经过演变产生的结果具有不确定性，而非必然的破坏性；最后，强调蝴蝶效应产生的过程具有混沌性，在无序中可见到有序，分形和迭代即为其秩序。

（二）网络舆论蝴蝶效应的要素及特点

在网络舆论蝴蝶效应演变中，通过对网络事件细节的细化与叠加，形成信息的树状结构。对于某些热点事件，受众会把知识和认知范围内的情绪和倾向作为增效剂，利用普通网页、新闻通道、论坛通道、博客通道等多种通道，混合放大成新的信息，形成新的舆论。同时自身身份发生转变，从单纯的信息接收者转为同时拥有信息发现者、传送者角色，同时向网络中的不同方向、不同群体进行信息反馈，诱发大范围、多层次受众的思想和行为"共振"，借助网络独特的双向互动、多向互动作用，"共振"循环往复，产生叠加效应。[②] "共振"区域不断扩展，"共振"幅度扩大，以几何倍数的扩散速度，呈现爆发式影响力，最后产生"雪崩"效应，舆论风暴就此形成并不断推进，社会动员功能不断增强。

可见，网络舆论蝴蝶效应的发生有如下三个要素：微内容的发布、网络媒体与传统媒体的协同反应，以及利益相关者的反馈。

网络舆论蝴蝶效应的舆论倍增、指数级放大效果，主要体现在以下几个方面：一是微内容发布者与事件相关者拥有社会资源的对比上体现的是弱者之力；二是初始内容之"微"与舆论风暴引起的物质、信息、能量等的变动之大；三是舆论压力集团人数之巨，观点触角之深。

网络舆论蝴蝶效应包括社会事件，其特点是以新闻人物为主体，以媒体尤其是网络媒体为实施权利救济的主要渠道，也包括文化事件，其特点是以某个人物作为某种文化的代表，大众追捧某种异质文化，形成社会舆论。本书重点讨论网络舆论蝴蝶效应中的社会事件。

二、新媒体舆论演化的模型与变量

（一）模型概述

为解释网络传播发生社会影响的演变路径，需要构建一个网络传播蝴蝶效应的演变模型，将看似繁杂的网络传播过程按照信息源、传播主体、反馈主体、反馈指数等要素进行模式化处理。然而，"适用于一切目的和一切分析层次的模式是不存在的"，任何模型都有适用性和局限性。此外，鉴于某些数据的有限性及现阶段研究的限制，本书所构建的模型

① 王益富，申可君．网络社会角色心理现象与分析［J］．淮阴师范学院学报（哲学社会科学版），2009（3）．

② 任贤良．舆论引导艺术：领导干部如何面对媒体［M］．北京：新华出版社，2010.

也只能是一次有益的尝试。

网络舆论蝴蝶效应是非线性系统。在非线性方程中，一个变量的微小变化可能会对其他变量有不成比例的甚至倾覆性的影响。各要素之间的相关性可以在很大范围内保持相对不变，但在某些临界点会发生分裂，系统进入新的状态。同样，在舆论演进的不同阶段，某个变量的微小变化会对其他变量产生影响，造成舆论传播效果的指数级放大，模型的设立具有一定难度。

同时，模型不仅要反映网络与外部世界的复杂联系，还要重现网络传播过程中各种因素在各个阶段的作用及相互影响，将整体与局部、要素与因素、内在结构与外在关系等有机结合起来。最重要的是，网络与外界环境进行交流的方式是复合式的，是点对点的、多对多的、双向的、水平散布的网状模式。在这种网络模式中，哪些因素居于中心位置，需要大量数据和实验才能明确把握。

本书构建的模式既有结构性模式的特点，侧重于描述网络舆论蝴蝶效应发生的结构，又有功能性模式的特点，从传播功能、能量、信息流向等角度，描述传播系统及传播要素间的关系及相互影响。

需要指出的是，网络舆论蝴蝶效应的发生概率与信息本身的重要程度并没有必然联系。一些重要而敏感的事件可能不会进入蝴蝶效应发生轨道，因为传统媒体已经注入了足够的注意力。同样重要的事件，由于发布平台和解读机制不同，会出现截然不同的效果。因此，网络舆论蝴蝶效应演变模型的一个重要问题是，同等重要和敏感的事件，哪些因素解释网络舆论的倍增效应。本书提出一个简单公式，即：网络舆论蝴蝶效应＝网络参与度×传统媒体参与度/相关方正反馈度。网络舆论影响因素见图 11－2。

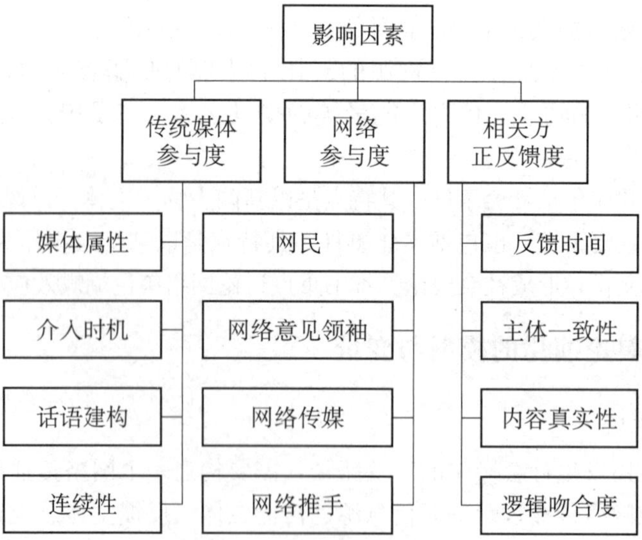

图 11－2　网络舆论影响因素

从图 11－2 中可以看出，这个模型包括以下几个要素。

一是传者。在网络舆论蝴蝶效应中，传者具有多元化特点，包括传统媒体、网民、网络意见领袖、网络媒体、网络推手。网络舆论中传者的特点主要是每种传者，包括网民在内都具有自我议程设置功能，摆脱了原来纸质媒体的权威地位，摆脱了失语状态。在网络舆论蝴蝶效应中，传者同样可以决定传播的时间、内容和形式，但少了信息的把关和过滤。

二是受众，即信息的接收者。受众是传播过程中信息的接收者，是传播的对象或“目的地”，同时又是传播的积极主动的接收者和反馈者。传统意义的受众具有以下特点：人数众多，具有广泛性、复杂性和分散性，以及无组织性、不固定性、不确定性和隐匿性。在网络传播中，受众（网络用户）由隐匿走向公开，由接收者变为发布者。

三是传播媒介。随着技术的进步和日益广泛的应用，媒介大规模融合，不仅融合了传统媒体和网络媒体，而且在网络媒体内部又有微博、播客、流媒体等新形式。值得关注的是，突发性新闻事件可能从发酵和媒体介入开始，直接发展到爆发阶段，也有一些热点事件由于事件的不断发展，线索的不断提供，形成一波一波的舆论热点。随着便携式终端的发展，网络舆情不再局限于互联网，移动互联网也成为值得关注的领域。

四是传播内容。通常而言，在网络舆论蝴蝶效应发生过程中，不仅包括原创微内容，也包括纸媒内容，二者交替出现，呈现乘数效应。从数量上看，原创微内容具有小体积、大容量的特点，在短期内集中出现，并且在信息和观点交换的过程中碰撞出新的观点，发现信息的新线索，增长速度惊人。纸媒内容则与前者有交叉现象，其出现速率与前者成正比。从质量上看，原创微内容由于缺乏传统“把关人”对信息的过滤筛选机制，质量上良莠不齐。而纸媒内容虽然在出现时间点上稍有时滞，但由于较为严谨的工作流程及现实社会的诸多约束，因而对观点的平衡和客观也要求更高。二者皆具有井喷和发酵特点。

五是传播方向。网络舆论蝴蝶效应的传播方向最为明显的特点便是多向互动性。网络媒体与传统媒体之间、网民与网民之间、普通网民与意见领袖之间、网络虚拟世界与线下实体社会之间，时刻保持着活跃的互动状态。由于网络媒体的互动性、即时性、多媒体性等特点，信息传播方向在网络共同体的小范围内有明确指向，而在大范围则呈网状发散。

六是传播效果。网络舆论蝴蝶效应传播效果方面最大的特点是指数级放大，突出体现在初始条件与最后结果之间在等级、数量、影响范围等方面的巨大反差，也体现在影响人群数量之庞大、观点冲击力之强等方面。由于网络舆论蝴蝶效应中信息传播呈现短期集中爆发等特点，信息噪声突出。信息噪声的处理过程也是传者与受众、线上与线下、网络媒体与传统媒体交相互动的过程。传统媒体的介入、实体社会的反馈皆扩大了传播效果。

（二）网络参与度

中国互联网络信息中心在第25次《中国互联网络发展状况统计报告》中提出“互动参与指数”，以反映网民的社会参与程度。报告显示，我国网民2009年的互动参与指数为49.0，高于2008年的47.0，也高于美国的45.8。这一特征在各种突发公共事件中突出表现为公众在公共领域中参与程度的提高。

1. 网民的内部协同

网民作为一种自媒体，在起源于微内容的网络热点事件发展过程中扮演了重要角色，具有一系列协同优势。

其一，庞大的用户群＋瞬时传播造就“压力集团”。网络传播由线性传播进化为非线性传播，受众由“聆听者”和“被教育者”演进为拥有几乎与媒体同样的话语权的信息发布者，由传统媒体一人“宣讲”的“教堂式传播”变为众人喧哗的“大集市式传播”。庞大的用户基础将网络媒体推上了主流媒介的位置。这种靠体制外监督产生的体制内监督，在当今我国特殊的管理体制下，有着巨大的影响力。

其二，自我赋权意识强烈。赋权一般被定义为“给予权力或权威；给予能力；使能，给机会”。哈佛大学著名管理学家奎因·米勒（Quinn Miller）指出，赋权是指发展积极的自我能力意识，对周围的社会政治环境有批判性的、分析性的理解和认识，同时可以增强个人和集体的资源。网络社群因观点而结成暂时的联盟，对意见的发布和社会动员进行自我赋权。这种赋权不是与政府权力和既有权威部门的简单交接，而是各种力量错综交织和此消彼长的长期博弈过程。

其三，信任度与约束感强。网络舆论复杂自适应系统具有约束力。一是对意见的约束。新的媒介技术赋予人们越来越强的信息“过滤”以及“自我选择”的能力，也使网络公共空间分化的问题凸显。随着舆论的不断推进，网络舆论会自动聚集为针锋相对的两种意见，其他零散的意见会被逐渐排挤出公众视野。这种约束呈现出网络舆论主体的分化倾向，使得舆论主体同质化特点更加明显。二是对未来行动的约束。舆论主体不仅会对事件本身发表看法，而且会对如何发挥网络的社会动员功能提出计划和步骤。两种约束机制发挥何种效力，取决于网络意见领袖在内的组织力和凝聚力。

其四，共享偏好度高。网络舆论蝴蝶效应发生过程中的网民具有较高的共享偏好，乐于将自己的目标、技术和信息与他人分享。即使缺乏直接的收益，信息也得到广泛共享，这是由于在线互动的某些特征以及互联网参与者的文化所致。与物理社区的交换文化不同，网络中严格的、双向的、实时的互惠并非必需。对于贡献者而言，提供信息的成本远远低于其能获得的潜在回报，但这种提供使其在网络世界中被奉为信息灵通人士，提高了其自我成就感，且由于接受者众多，形成了规模经济，创造了积极的外在效应。

其五，网络的数据库功能。信息数字化带来的数据库功能和记忆特性为搜索引擎、技术的更广泛应用及网民自我满足信息需求提供了可能。网络记录的个人言行，尽管权威性难以保证，但容量却在不断更新和扩大，经过相互印证后也具有某种权威性。同时，它还具有公开性，任何人只要进行简单注册，就可以从时空两个层面接近信息。在网络事件中，越是经过数据挖掘得到的信息，越具有吸引力；越是被作为他者客观记录的内容，越被视为权威资料。对这些细节进行反思性解读，在许多事件中具有“敲门砖”的功能。

其六，隐性议题的发掘。信息需求具有立体性，既包括与事件本身高度相关的细枝末节，又包括其发生背景、前因后果等制度性反思。这就使得一个网络事件的“信息树”格外庞大。

2. 网民内部协同效果影响因素分析

其一，自我议程设置效果。在网络舆论蝴蝶效应发生后，网民通过论坛、博客、新闻点击、新闻留言等方式，对某些重要问题进行反馈、讨论、传播，达到自我设置议题的目的，促使传统媒体、权力部门来关注热点事件，引导热点事件的解决。议程设置主体变化后，议程设置的力度并没有减弱，而是在和传统媒体的交互性设置中，议程主题传播的范围更广，影响更大。在传统媒体中，议程设置沿着议程设置者→媒体→受众的单线程方向流动，网络媒体则是网民→网络媒体→传统媒体议程设置者→传统媒体的环形立体流动。[①]不容忽视的另一面是，议程设置主体的更迭，在依靠意见而难以掌握充分的信息时，也会滋生流言，使得网络暴力在网络媒体和传统媒体的交互推波助澜中肆意横行。

其二，议题转换次数。互联网凭借技术特性在信息扩散和动员方面具有无与伦比的优势，其能否建构有效的公众舆论，则取决于网络舆论的分割程度。一方面，网民态度的极化降低了这种分割程度，舆论形成初期，网民意见的极化程度越高，越容易形成具有影响力的舆论，进入传统媒体的选择体系。另一方面，在舆论形成后期，网络舆论是否具有一致性和持久性，则取决于隐性议题的发掘。网络舆论具有共同目标，在运用一定的网络技术共同完成这个虚拟目标，甚至进行线下行动时，这种分割程度也会在共同行动目标、步调中得以弥合。这在一定程度上弥补了网上公共行动风险带来的冲击。

其三，舆论——信息树的立体化程度。在网络事件发生之始，信息需求会呈现井喷趋势。众多网民通过微内容集聚，思维方式呈树状。网络舆论总是从一个中心点开始的。每个关键词都成为一个子中心，合起来以一种无穷无尽的分支链的形式向四周放射，或者归于一个共同的中心。

其四，与网络历史事件的关联度。网络事件在经过一定时间的发酵之后形成一个热点，之后由于缺乏新近信息的刺激会处于冷冻状态，即网友既未完全忘却，也由于没有新的刺激而无从再次“冲高”。在这个新闻节点上，如果有类似事件发生，也会发挥联想机制的作用，再次形成新闻热点。

联想机制发挥作用的另一个体现是跻身网络事件的门槛不断提高。换句话说，发生网络舆论蝴蝶效应的阈值不断提升。随着社会极端事件的不断发生，天然偏爱“坏消息”，甚至以“坏消息就是好消息”为职业信条的新闻媒体对某些曾经敏感的新闻产生了钝感。同样地，网民的新闻敏感性和社会同情心及责任感也在日益发生的网络事件的门槛前钝化。

3. 网络意见领袖

网络意见领袖是指以互联网为平台，经常为网民提供信息、观点或建议并对网民施加个人影响的人物。博雅公共关系公司（Burson-Marsteller）研究小组（2005）调查发现，网络上有一批“e-influentials”，意即网络意见领袖。他们通过在聊天室、论坛、公司网站和博客上进行信息传播而创造或改变舆论、建构潮流、引领时尚。

网络舆论蝴蝶效应中的舆论领袖是指能够敏锐感知和判断网络舆论微内容发布的重要性，能对事件形成自身鲜明观点，影响其他网民持久关注，实现信息落地，从虚拟世界走向现实参与的人群。权力分散到个人之后，最重要的资产不再是原有的金钱、地位，还包括想象力、人格特性和决策力。

知识窗

意见领袖

意见领袖最早是由传播学者拉扎斯菲尔德在20世纪40年代提出的。意见领袖是团队

① 焦德武．网络议程设置与网民自我赋权［J］．淮南师范学院学报，2009（6）．

中构成信息和影响的重要来源，并能左右多数人态度倾向的少数人。他们不一定是团体正式领袖，但往往消息灵通、精通时事；或足智多谋，在某方面有出色才干；或有一定人际关系能力而获得大家认可。在消费行为学中，意见领袖特指为他人过滤、解释或提供信息的人，这种人因为持续关注程度高而对某类产品或服务有更多的知识和经验。家庭成员、朋友或媒体、虚拟社区消息灵通的权威人士常常充当意见领袖。

（1）网络意见领袖三要素。

意见领袖是指在人际传播网络中经常为他人提供信息，同时对他人施加影响的“活跃分子”，他们在大众传播效果的形成过程中起着重要的中介或过滤的作用，由他们将信息扩散给受众，形成信息传递的两级传播。与传统意见领袖相比，网络意见领袖面临的环境更加复杂，信息接收量更大，意见形成和传播的门槛也更高，就像一场没有终点的信息竞赛。传统媒体中意见领袖与三个因素有关：一是体现了某些价值观，对于追随者具有吸引力；二是获知大量信息的能力；三是社会联系，即该人认识谁。美国加州大学伯克利分校萧强教授认为，网络活动中的“代表性人物”或者“发言人”应该具备以下几种要素：拥有发言平台，言说可以形成身份认同，身体力行，某方面的“专家”及私人品行可靠。换句话说，“基于对公共领域关注的价值观具有草根性”“认知、判断和行动力具备优势”“社会联系的广泛性”是网络舆论领袖的三大要素。

其一，价值观具有草根性。与以往社会资本较为丰富、社会地位较高、拥有精英式价值观的传统意见领袖相比，网络舆论意见领袖产生范围更广、草根性更强。从产生途径看，网络意见领袖是通过非政治制度渠道，如网络发帖数、点击率、影响力等文化和心理因素自然选择的结果，而不是由正式制度安排——组织任命或选举产生的。网络意见领袖的价值观具有鲜明的草根性。已有的网络舆论意见领袖评选结果也证明，具有草根性价值观是网络舆论意见领袖的重要条件之一。当然，我们并不是否定官员身份无法代表公共利益，而是强调在当前社会条件下，基于公共理性、关注公共领域的草根意见领袖更能获得响应。

其二，对网络信息具有认知力，对网络事件具有判断力和行动力，在认知、态度、行动三个层面具有权威性和可靠性。在认知方面，主要强调对信息的高度熟悉和准确运用；在行动方面，重点在于身体力行，勇于承担责任和压力。

其三，社会联系的广泛性。网络意见领袖的身份在某些网络舆论蝴蝶效应中与现实社会的职业、兴趣和爱好可能会重合，这有利于他们更好地利用自身所拥有的知识、技能、经验和人脉资源。

根据以上三个要素，现阶段网络舆论中的“意见领袖”的来源大致可以分为三类。第一类是传统意见领袖往网络舆论世界的迁徙，这部分人群包括作家、学者、艺术家及传统媒体记者。第二类是其他行业的业余观察家和自由撰稿人。他们在实体社会中也是某个行业的专家，只不过不属于传统的文化圈，在网络舆论中摆脱了行业局限，利用自身的知识资源发挥影响力。第三类是自由职业者，甚至是无业游民。这部分人群的草根性最强。

（2）网络意见领袖的行为动机。

分析网络舆论意见领袖的行为动机，一个重要视角是知识权力的新特征。网络社会的权力呈现出知识化、扁平化和分散化三个特征。权力知识化的第一个表现是权力来源的知识化，它是一种非强制的权力，是一种“软权力”。托夫勒曾经说过，在支撑权力的支柱——暴力、财富和知识之中，知识产生高质量的权力，不仅用于惩罚、奖赏、劝说，还用于转化，具有更大的灵活性。只是权力的凸显不仅改变了权力的形式，也改变了权力的运用方式，具有全新的劝诱性、共享性特征。运用知识权力可以努力控制信息的生产和流动，还可以推销自己的价值观念，争夺对“博弈”规则的支配权。因此，分析网络事件中的网络意见领袖的行为动机，主要有以下两点。

一是作为虚拟社会资本的网络威望。网络意见领袖的威望是通过他在网络事件中对蝴蝶效应的产生和推动来发挥作用的，而网络威望也是他在事件中耗费心力和体力的最大收益。网络威望的获得能够满足他在潜意识中对成为权威和英雄的需求，虽然这可能对现实生活并没有实际的改变，甚至有时会带来负面影响。虚拟社会资本的一个典型例子是，人们觉得通过扶持有意义的事业会提升自尊，做一些有助于他人的事情会令自己的心情更好。

二是作为社会实体资本的商业利益。网络意见领袖会被商业利益所诱惑，如许多论坛编辑都与网络推手有较为稳定的合作关系。当网络推手为了满足私利或是某个企业或组织的利益时，知名论坛的编辑一面为了满足制造网络热点的工作需要，一面也为了获取网络推手的商业利益，在充当重大网络舆论连锁反应孵化器和推动者的同时，也在许多网络文化事件中助长了低俗文化的泛滥和推广。

(3) 网络意见领袖的影响因素。

网民在舆论酝酿和发酵过程中容易受到权威暗示效应的影响，更容易成为民间“意见领袖”的追随者。在网络舆论发生连锁反应的过程中，网络意见领袖发挥效应的决定因素包括以下几个方面。

一是事实的模糊度与网络意见领袖在舆论蝴蝶效应中的作为呈正相关。网络事件的发生，实际上是网民在网络意见领袖的带领下，力图打破信息不对称，实现网络信息链的供求平衡的一场博弈。博弈中的双方，一方是信息需求方，将网络视作社会资本的有机组成，争取网络权利的完整运用，对有关事件的信息要求知情权和参与权，提出了诸多信息需求；另一方是信息供应方，把持传统信息资源，将信息看作既有权力一部分。双方的力量越不均衡，网络意见领袖的用武之地也就越大。在有争议的新闻事实不清晰的情况下，网络意见领袖便会形成自身的独立判断，发布可能含有合理想象与偏见、成见等因素的见解，并在网民中引发共鸣，使得网络舆论与实体社会的互动走出虚拟世界，造成事态的扩大。

二是网络技术的发展与发达与网络意见领袖发挥作用的大小呈正相关。日新月异的通信技术使网络意见领袖的影响力日益增强。搜索引擎等技术的出现大大增强了信息的透明度。尽管难免出现侵犯个人隐私等负面行为，但搜索引擎、人肉搜索等技术使得个人的任何行径几乎都无法逃离网络，增长了意见领袖的行动能力。

三是网络意见领袖的稳定性与网络舆论蝴蝶效应呈正相关。网络意见领袖在网络舆论蝴蝶效应中的表现具有稳定性。某些人群重点关注某一类议题。尤其是当具有公共性的社会议题出现时，他们会在最短的时间内利用网络搜索引擎等技术，掌握尽可能多的新闻细节，整合多方网友意见，对事件发出最有影响力和推动力的评论，并对下一步的行动提出计划和建议。在对网络舆论发挥社会动员能力方面，网络意见领袖具有十分重要的作用。

四是网络舆论意见领袖的创新度与网络舆论蝴蝶效应呈正相关。网络意见领袖是网络创新的引领者和实践者。他们在网络热点话题中的创新越多，蝴蝶效应发生的概率越大。

五是网络意见领袖的知名度和显性化程度与网络舆论蝴蝶效应呈正相关。网络知名度的来源有两种。第一种是现实知名度直接转化为网络影响力。第二种是网络知名度。许多意见领袖尽管是匿名存在，但其网名已经具有名人效应和品牌效应，其关注点和言论具有信息价值。

六是网络意见领袖社会联系的广度与网络舆论蝴蝶效应呈正相关。虚拟世界和现实世界之间存在一种有趣的张力，一些虚拟关系会发展为现实生活中的参与行动。事实上，在参与网络舆论蝴蝶效应过程时，网络意见领袖经常能找到重要的他人，增进了解，激发认同。网络舆论蝴蝶效应的发生伴随着网络意见领袖的现身和崛起。这种崛起通常都与意见领袖和传统媒体的串联相伴而生。在网络舆论蝴蝶效应触发之后，网络意见领袖与传统媒体之间的合作机制基本现出雏形——协商选择话题，共同验证真实性，质疑公权力机构，实施救济等。这种资源互补、优势合作的方式大大提升了网络舆论的社会影响，网络媒体与传统媒体也以这种方式形成了协作效应。

4. 网络媒体

网络媒体对网络舆论蝴蝶效应的影响因素包括网络媒体的知名度、网络媒体与传统媒体的结盟程度以及网络把关人的新闻敏感性等。

首先，网络媒体的知名度与网络舆论蝴蝶效应高度相关。

其次，网络媒体与传统媒体的结盟程度与网络舆论蝴蝶效应存在相关性。我国特有的媒体管理制度决定了二者实行资源共享后能取得效益最大化。传统媒体拥有采访权，但却有许多限制，而网络媒体则拥有众多新闻线索等待落地。网络舆论的介入使得地方报纸的报道也可能成为全国关注的焦点，这大大刺激了传统媒体与网络编辑“结盟”的热情。这种结盟，即资源共享，使得二者在市场竞争中赢得了一定的优势，“结盟”也逐渐成为网络舆论蝴蝶效应发生的动因之一。

最后，网络舆论蝴蝶效应与网络把关人即网络编辑生产和发掘热点事件的能力有关。天涯、猫扑、凯迪网、西祠胡同这些有影响力的论坛在网络舆论蝴蝶效应中的作用在很大程度上取决于网络编辑的表现。

值得注意的一个问题是，随着网络舆论蝴蝶效应的知名度和美誉度的提高，网络的垄断程度也在不断提高。尽管品牌化、特色化是网络发展的一个正确的方向，但少数几个网站掌握话语权、充当网络把关人角色的作用越来越明显。网络话语权资源过于集中，网络垄断的苗头逐渐显现。网络垄断可能存在的危害包括滥用话语权、代表伪民意、与其他利害人达成共谋、出卖民众话语权、商业化倾向严重等。

5. 网络推手：一个辅助变量

网络舆论作为公共物品总是面临被个体消耗或“过度利用”的危险。在网络信息爆发和网络声音传播的过程中，拥有众多网络关系的网站或网络公司有能力借助其在用户拥有量、信息服务技术和资源集中等方面的优势地位，操控民意，造成“舆论垄断”，形成爆料—收费—消负的恶性循环。而这种“舆论垄断”效应，如果从企业之间的不正当竞争行为逐渐扩展到行政权力和公共利益领域，使得网络舆论被人为操控，就有可能丧失作为公共话语平台的意义。有无网络推手的幕后操作也是决定网络舆论蝴蝶效应能否发生、效果如何的辅助变量。随着网络的普及及影响力日增，网络推手从娱乐和商业策划逐步深入到社会问题、公共事件策划，涉及范围更广。

网络推手、网络黑手与网络水军反映了一种伪民意。网络推手、网络黑手与网络水军是网络高度发达、网络传播效果引人注目的新媒体发展阶段的产物，建立在多元文化的发展需要的基础之上。三者的区别在于手段有所不同。网络推手利用正当的吸引网民注意的策划手段实现对公共事件走向的控制；网络黑手则是利用散布谣言等不正当手段实现商业利益；网络水军则是出卖自身话语权、利用发帖行为进行营利的人群。

在利益的驱动下，媒体间的合作在默契中形成。这也解释了为什么网络推手只制造网络事件的原点，而操作性网络营销事件却能够此起彼伏。有鉴于此，有学者提出，在网络热点事件中，传统媒体已从充当传统的把关人转而陷入被渠道化的危险之中。

三、传统媒体参与度

流行的一种观点认为，网络媒体利用其技术优势，形成巨大的舆论合力，甚至通过网络围观就可以对传统媒体形成压力，为其进行议程设置。我们认为，这种观点对于网络舆论议程设置功能过于乐观。其原因在于，网民本身的草根特性决定了其所设置的议程都与自身利益高度相关，而这种议程设置只是弱势群体寻求自身利益表达的一种尝试。网络媒体尽管通常都能成为新闻的第一落点，但若要真正使新闻落地，发挥社会动员功能，则必须进入传统媒体的视野。这形成了一种事实上的二次把关。没有传统媒体的接力，网络媒体只能是纸上谈兵。

（一）传统媒体的协同动机

传统媒体的参与度与网络舆论蝴蝶效应的发生生态呈正相关关系。在网络热点形成之后，传统媒体开始跟进，将其按照传统媒体的把关要求进行处理后搬上报纸版面或电视屏幕。网络舆论一旦通过潜伏期，进入发展期，即开始改变网络竞争生态，传统媒体与网络媒体争夺新闻的报道和解释权，将此视为媒介公信力的隐形收益和获取商业利益显性收益的契机。具体而言，传统媒体的协同动机包括以下四点。

1.“充满机会”的“共生舆论生态系统”

一个网络热点事件通过网络意见领袖的“预把关”实现了平台转换之后，舆论系统便成为“充满机会”的社会环境。这种“机会”既意味着媒体社会瞭望者和功能监测器等公共职能的实现，也意味着眼球经济下的注意力效益。这种“充满机会”的舆论生态对于既讲究社会效益又不愿放弃经济收益的传统媒体而言是最为有利也最有吸引力的。正是依赖网络舆论的积极介入，传统媒体才可能开展评论与报道，推动事态的积极发展。

对网络媒体而言，尽管在网络世界播下了“种子”，但若想进一步扩大舆论的传播效果，真正改变实体世界，就离不开传统媒体权威而成熟的运作机制，以弥补自身的信息芜杂、公信力差等缺陷。在这个意义上，在网络舆论这种复杂自适应系统中，网络媒体和传统媒体寻找到了最佳的合作时机和合作途径，形成了“共生的舆论生态系统”。

2. 媒介竞争中的“沉默的螺旋”

对新闻热点的追逐是媒体生存的生命，在重大事件中的表现是媒体地位的决定因素。冯-诺依曼提出，大众对于意见的孤立有一种心理恐慌，即如果发现自己的意见不同于大多数人的意见，会刻意隐藏自己的观点，从而导致多数人的意见更加响亮，而少数人的意见越来越沉默。大众媒体在媒介竞争中也有类似的心理。当发现一个新闻热点众媒体都在跟进时，尤其是都市化报纸就会害怕自己在新闻热点的追逐中落伍。在热点事件中缺位会导致媒体公信力的丧失，也会丧失舆论引导的机会。在这种情况下会出现一种媒体的集聚效应，即大量媒体被同一新闻议题所吸引，大量注意力和报道都集中在某个新闻人物或新闻舆论上，使得新闻报道，包括网络舆论呈现出同质化。当然，不能否认，没有这样的集中火力和群策群力就无法形成协同效应，形成社会动员能力。但如何合理分配媒体资源，尽量避免集聚效应的负面性，也是值得学者研究的重大课题。

3. 商业利益诱惑

网络生活由虚拟走向实体，由线上走到线下，其巨大的商业潜力与市场机会正在逐步释放。网民对公共事务的讨论热情越高，网站所能收获的“注意力资源”越富饶，能够换取的利润回报也就越丰厚。网络媒介会通过统合资源丰富公众讨论议程，还会通过对新闻跟帖的内容加工为公共讨论确立价值体系，这其中商业驱动力的影响不可小视。① 艾瑞咨询提供的数据表明，2010 年，中国互联网广告收入达到 356 亿元，较 2009 年全年 216.9 亿元的数额增长约 64%。而美国互联网广告收入总额同期可达 258 亿美元，且首次超过报纸广告。如何应对来自新媒体的严峻挑战，分得市场的一杯羹，是广大传统媒体从业者不得不思考的问题，也是在重大网络事件中努力为之的原因所在。

4. “破窗效应”下的媒体责任意识

“破窗效应”，即一幢建筑如果有窗户打破了没有人修理，则会产生一种示范效应，有更多的窗户会被破坏。鉴于网络媒体的不断崛起的态势与网络新闻不断扩大的影响力，传统媒体在进行新闻报道时，在新闻源和报道角度等方面多有参考。另外，媒介社会责任说也为传统媒体关注网络舆论蝴蝶效应提供了解释。我国的传统媒体在一些与人民利益高度相关的敏感选题上长期以来囿于管理体制，无法碰触许多雷区，网络舆论的出现正好为这部分选题提供了平台。网络舆论一旦形成态势，对于传统媒体也是一种激励。

知识窗

破窗效应

破窗效应（broken windows theory）是犯罪心理学中的一个理论，该理论由詹姆士·威尔逊（James Q. Wilson）及乔治·凯林（George L. Kelling）提出，并首次出现在刊于《亚特兰大月刊》（*The Atlantic Monthly*）1982 年 3 月版的一篇题为《破窗理论》（Broken

① 胡菡菡．网络新闻评论：媒介建构与公共领域生成——对网易“新闻跟帖”业务的研究［J］．新闻记者，2010（4）．

Windows）的文章中。

此理论认为环境中的不良现象如果被放任存在，会诱使人们仿效，甚至变本加厉。以一幢有少量破窗的建筑为例，如果那些窗户不被修理好，可能将会有破坏者破坏更多的窗户。最终他们甚至会闯入建筑内，如果发现无人居住，也许就会在那里定居或者纵火。一面墙如果出现一些涂鸦，没有被清洗掉，很快地，墙上就会布满乱七八糟、不堪入目的东西。一条人行道有些许纸屑，不久后就会有更多垃圾，最终人们会视若理所当然地将垃圾顺手丢弃在地上。这种现象就是犯罪心理学中所谓的破窗效应。

（二）传统媒体的协同优势

首先，新闻史发展过程中累积的公信力资源丰厚。1999年黄晓芳在《公信力与媒介的权威性》中将媒介公信力定义为“媒介在长期的发展中日积月累而形成，在社会中有广泛的权威性和信誉度，在受众中有深远影响的媒介自身魅力”。媒介公信力分为相对公信力和绝对公信力两个维度。相对公信力指在几个媒介中公众最相信的一个媒介，绝对公信力指所调查媒介各自所获得的公众的信任程度。从绝对公信力角度看，2001年复旦大学新闻学院张国良教授主持的议题设置调查表明，中国与美国都存在媒体真实性和公信力降低的问题。

其次，规范的新闻流程保证了信息的权威性。流程管理关乎新闻生产力。传统媒体的新闻传播要经过媒体总编、责任编辑、记者层层把关。最近，又有媒体从业者提出新闻流程要实现流程管理的“精益生产方式”。网上信息生产流程简单，更新速度快，但存在信息虚假和信息冗余问题。传统媒体通过网络通讯社，应用自身严格的新闻流程，对网络信息可起到证实与证伪的作用。当然，不能否认，网络无处不在地渗透到传统媒体采编流程的各个环节，并起到优化的作用，从信息获取到新闻判断，从事实把关调查到版面安排，无一不受到网络媒体的影响。但总体而言，作为专业新闻生产和发布组织的传统媒体，较为严密和不断优化的新闻流程保证了其比以个人传播为主体的网络传播更具有可信度。

再次，深度报道方式更能追踪新闻事件的深度和广度。在文体上，其语言更为正式、规范；其呈现新闻的方式，是以“多客观少主观”“多事实少评论”为原则，通过新闻事实本身来体现作者的立场与观点，只有新闻价值越大才越容易引起关注与转载。[①]

最后，传统媒体与网络媒体的日益融合、传统媒体的大胆改革，也是网络舆论蝴蝶效应能够发生的充要条件之一。传统媒体与网络的“亲密接触”已经从单纯的内容上网的简单复制阶段发展到全面数字化的融合参与阶段。最优质的网络信息资源仍然来自传统媒体，传统媒体在技术汇流和媒体融合的大背景下，积极融入通信运营商、内容提供商、服务提供商的“全媒体”角色竞争中，而不再存在单纯意义上的报纸或电视。

（三）传统媒体协同效果影响因素

1. 媒体属性

“媒介即内容”，传媒本身即信息。是否参与报道即为关键因素之一，报道的长度、形式等则在其次。在现阶段我国的传媒生态下，传媒性质与媒体类型、资金来源、所在立场

① 易圣华．新旧媒体的传播共振［J］．国际公关，2010（2）．

等相关，其在网络舆论蝴蝶效应中的推动作用也与此高度相关。网络打破了信息竞争格局，但不同性质的媒体仍然会抢占舆情高地。就传播功能而言，中央级网络媒体改变了以往传统媒体信息发布的滞后状态，新华网、人民网等网站成为新闻的重要发源地。包括《人民日报》、新华社、中央电视台等在内的中央级传统媒体，虽然对热点舆情的关注时效性相对落后，关注面比较窄，一般只遴选在全国有影响的、已经充分发酵的重大热点事件予以关注，但权威性和报道深度都极高，在网民中的影响力极大。

2. 介入时机

在网络媒体时代，传统媒体为了应对日益激烈的新闻竞争，也加入媒介融合的进程之中，逐渐形成了多层次、立体化的媒介地图以及梯度传播和发言的格局：以时秒为传播刻度的互联网体系；以日为传播时间表的平面纸媒，以影像和声音作为立体语言的广电体系；以周为传播周期的杂志和周报体系。这种格局造就了可在时间落点上进行替补的优势。在网络舆论发酵升级时，传统媒体会利用自身的资源优势，选取合适的时机参与到事件的报道和动员中来。

3. 话语建构

传统媒体话语建构的方式影响网络舆论蝴蝶效应的发生效果。传统媒体在其中的话语体系与民间舆论场吻合度越高，网络舆论的倍增效应就越明显。有研究表明，现阶段传统媒体的议题选择和网络舆论高度吻合。在微观层面上，传统媒体使用的话语体系越接近民间话语，就越有助于网络舆论的连锁反应持续进行。特别是那些社会公认的主流价值观或者抗议“主框架”，经由媒体扩散之后，降低了运动动员的成本。[①] 从这个意义上说，媒体策略就是“议题建构”和“共意动员”的工具。

4. 连续性

我国的媒体制度是一元体制、二元运作，传统媒体在社会责任意识和市场化压力下做出的参与跟进报道的决策，也可能为体制内生存的制度所改变。即事件相关方通过非信息交流渠道阻碍传统媒体参与报道，使连锁反应中断。在这种情况下，不同性质的媒体协同起来，可实施反阻击战。一种解决方式是通过为其他媒体提供信息，经由其他媒体资源加以报道。这种媒体间的合作也是行内避免新闻审查的一种“潜规则”。另一种解决方式是在被压制一段时间后，经由另外的新闻出口，如其他类似的新闻事件的爆发和披露，牵引出被中断的事件进展，以更加迅速和激烈的方式继续被中断的反应。这种情况下，可能会有一种报复性动员。即原来的事件不足以引起的动员规模经由中断后恢复，使得能量更加巨大，舆论倍增效应更加明显。

5. 层次化：网络舆论格局“新地图”的建构

要重新建构网络舆论格局的“新地图”，首先应该承认网络舆论层次化的重要特点，即网络舆论的“新地图”并不以行政归属和地理界限为分水岭，甚至原有的平面化特征也已经被打破，网络舆论的层次化、立体化特征日趋明显。其具体表现为网络舆论引导的主题不再能够依靠行政命令赋予，进行网络舆论引导的方式，即以正面报道为主、加重典型报道分量，已经力不从心。网络舆论的层次化还表现为网络舆论的多元化并非无逻辑可

① 高恩新．互联网公共事件的议题建构与共意动员［J］．公共管理学报，2009（4）．

循，它是随着新闻事实的丰富化和细节化逐步分化的，继而形成对传统媒体的三种互动模式，即网络民意与媒介报道的共鸣、网络民意对媒介报道的修正及网络民意经由传统媒介报道实施社会动员。尽管网络民意与传统媒体报道之间的“共鸣”只产生于关涉国家利益时，或是自然灾害发生的初期，但这种“共鸣”下蕴含的巨大的爱国热情与国家道义，使得民意在与政府的合力下对民族特性和传统文化的影响更加深远，也会在对外传播中扮演好民间力量的重要角色。传统媒体或是由于行政隶属而产生角色限制，或是在商业利益诱惑下做出有违新闻专业主义之举，则会在网络民意微内容的聚涌效应下得以补充和修正，这种修正效果有助于更加理性的社会的生成和具有更高媒介素养的网民群体的形成。而对政府与传统媒体形成最尖锐挑战的网络民意对传统媒体的分化和社会动员作用，则是对整个社会的全面考验。

（四）善用网络民意的最终途径：社会的全面动员

在日渐复杂的舆论地图面前，对网络舆论实施有效引导，单纯依靠主流媒体的正面宣传已不能达成既定的效果。真正有效的网络舆论引导应该是社会的全面动员，其中包括政府透明度、公信力和效率的提高，传统媒体权威性、公信力、影响力的提升和社会法律制度的日趋完善。对政府而言，这意味着须加深对网络信息流变规律的认识，加强自身的媒介素养，全面提高执政能力；对媒体而言，则意味着对新闻事实全面真实的更高追求，对新闻背后意义的更深追问，对新闻细节的更真实呈现。唯其如此，才能在传统媒体是网络民意表达的把关人这一现实下进行传播效果的改善。对网民而言，有效的网络舆论引导意味着自身媒介素养的提高、网络理性规则的逐步形成；对学界而言，意味着要加强对网络议题及网络信息流变化规律的研究，增强舆论引导的科学性和针对性。

四、相关方反馈

反馈是系统科学理论最核心的概念之一，指的是输入作用于控制系统后，输出部分通过适当的装置返送回来，对系统的再输入与再输出产生影响的过程。负反馈是抑制或减弱最初发生变化的那种成分所发生的变化的趋势，它是趋向目的的行为，使系统的输入对输出的影响增大，其作用是使生态系统达到或保持平衡与稳定；正反馈则与之相反。

网络作为意见集散地，由于把关人的缺失和容量的倍增，多元声音以碎片化状态快速重复、细化着。网络舆论、传统媒体舆论、公权力机关都作为变量发挥着反馈环的作用。它们做出的反馈也可以分为正反馈和负反馈两种。负反馈的作用为调节，正反馈为放大。正反馈越多，舆论风暴发生的可能性越大，蝴蝶效应引爆的可能也就越大；负反馈越多，则网络舆论蝴蝶效应发生的可能性越小，发生的越多，负面影响越小。这些反馈环之间充分碰撞，相互改变，此消彼长，能量相互叠加。当正反馈能量急剧增加时，舆论的规模和强度便发生指数级增长，导致“蝴蝶效应”的发生。它是系统经历混沌达到的有序状态，也是系统适应了新环境条件而进化出的新结构，而蝴蝶效应的消解则依赖于负反馈能量的递增。

相关方反馈的影响因素有以下几个。

（一）回应时间

回应时间与网络舆论蝴蝶效应密切相关。及时性是危机处理的第一位原则，信息的公布应随着事件进程展开，不能在全部事实查清后再统一公布，否则只能造成政府危机公关的被动。因此，在传统危机传播理论中，有专家提出“黄金 24 小时”之说，意指热点形成的 24 小时内是应对危机成败的关键时间段。在网络传播时代，其瞬间传播、快速扩散、立体思维、交互影响的特性，决定了 24 小时已经不足以阻止危机的扩散。人民网舆情研究专家进而提出“黄金 4 小时”之说，强调新闻发布的及时性。回应时间滞后，关键时刻失语，就会失去信息发布的最佳时机，传言和谣言就会在信息模糊阶段趁机而生，并以最快速度占领“意见的自由市场”。

（二）逻辑吻合度

在以权利救济为旨归的网络舆论蝴蝶效应发生过程中，相关方的正反馈之一就是其回应逻辑与媒体及网民的逻辑的吻合度。危机事件牵涉多层主体，但其中必然有某一个核心主体对事件的兴起、发展或转折起关键作用。相关方反馈应考虑对方的思维逻辑和权利要求。否则，一旦陷入推责—警告—辩解的行为模式中，就会涌现更多极化民意，引发更深的不信任，被要求更多的权利补偿。网络舆论蝴蝶效应之中，若想达到相关方与媒体及网民之间思维和行为逻辑的吻合度，根本上还是要设立正式制度，将反馈行为纳入制度的轨道之中。

（三）主体一致性

信息反馈主体数量与网络舆论蝴蝶效应密切相关。信息发布主体越多，网络舆论蝴蝶效应发生的概率就越大。信息发布讲究一言九鼎，如果话出多头，就难免前后自相矛盾，降低权威性，同时也会造成事态扩大，更多人围观。

（四）内容真实性

信息发布内容的真实性与网络舆论蝴蝶效应密切相关。仓促发布结论、转移舆论焦点也会对网络事件的传播造成刺激，形成放大效应。这种做法不仅不利于舆情引导，还会引发网民更多的质疑和不满，进而在网络聚涌效应的作用下更易成为网上舆论攻击的对象。

可见，引入相关方反馈因素研究网络舆论蝴蝶效应，有利于实现舆论博弈中力的平衡。尤其是现阶段，弱化网络舆论蝴蝶效应，应更多地对这一变量进行深入考察。

第三节　新媒体舆论的生命周期理论模型

哈佛大学教授 R. G. 费农（Raymond Vernon）提出产品生命周期（product life cycle，PLC）理论，认为产品生命具有周期性，形成、成长、成熟、衰退是其生命周期中的四个阶段。之后，组织生命周期理论和危机生命周期理论相继被提出。网络舆论的生命周期理论的提出对于理解网络舆论的构成要素、内部结构等也具有重要意义。

考察网络舆论的演化模型，须对网络舆论的不同演进阶段进行划分。任何一个热点话题引发的网络舆论都经历了从有到无的过程，其演变发展符合舆论酝酿期、爆发期和消解期这样的周期规律（见图 11－3）。

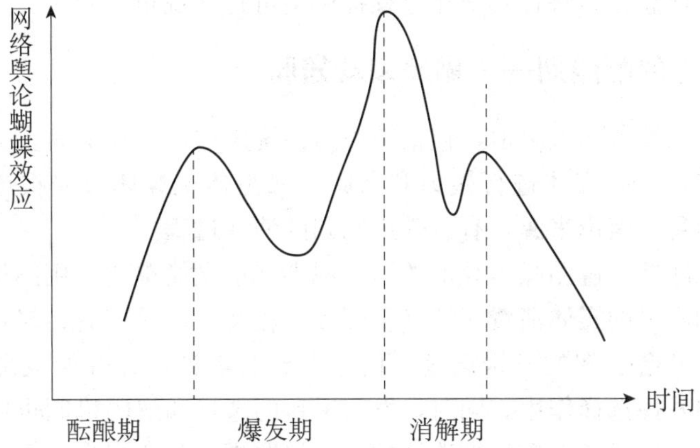

图 11-3　网络舆论的生命周期

一、网络舆论生命周期的特殊性

网络舆论的生命周期在具有普遍性的同时，也具有特殊性。其普遍性体现为网络舆论的发生与演化具有周期性，其特殊性主要有以下表现。

首先，各个生命阶段具有不均衡性。舆论形成期较短，舆论成长期和舆论成熟期持续时间较长，而舆论衰退期具有暂时性等特点。事件在传播过程中需要新的变动的信息补充进来，连锁反应才能持续下去。每当新的信息进入，信息刺激强度就会增大，事件的传播暂时达到峰值，随后又会缓缓滑落。若没有新的信息弥补进来，则会渐渐走向衰变。网络事件在传播过程中有开始、高潮、衰变，是一个变更发展的进程，时间通常为 1～3 个月。平均每个网络舆情热点议题存活时间为 16.8 天，大多数集中在两周以内。网络热点事件的存活时间大多集中在 1～15 天的短期，即网络上更多的是喧嚣，说明网民对一个变化不大的议题专一度不高，议题对网民来说“保鲜期”不长，除非该议题信息系统中又有新的变量和元素介入。持续在一个月以内的议题占到总体的 85%，但还需要注意，60 天以上的超长议题还是存在的，占到总体的 3.1%。[①]

其次，网络舆论的生命周期具有联动性。新的舆论热点不断产生，会与旧的舆论热点形成竞争。新议题的出现会促成旧议题衰变。网络信息的海量性致使新的热点不断出现，必定转移人们的视线，对旧话题的关注度因此衰减。如果缺乏新的信息分解，则舆论热点之间具有平衡性。网络舆论热点的总量总是维持在一定数量之内，因为网民的注意力和网络媒体及传统媒体的注意力总是有限的。

最后，谣言作为网络舆论蝴蝶效应中的要素，其生命周期也具有某些特殊性。网络舆论平台信源增加，把关人弱化，网状拓扑式结构也为谣言的传播准备了通道。虚假信息的生产和传播成本降低，传播效率提高，各种主观臆断、猜想的信息都可以不经过审查而出现在公共舆论中。这直接导致谣言网络舆论蝴蝶效应形成一个循环链。

总之，将生命周期理论引入网络舆论蝴蝶效应的解释中具有特殊的指导意义，蝴蝶效

① 狂采大师软件．2009 年网络舆情热点事件的议题活跃天数．

应理论的连锁反应概念也为解释其演化过程提供了可行性视角。

二、网络舆论的酝酿期——蝴蝶扇动翅膀

网络事件议题来源有两大渠道，包括网络与传统媒体。具体而言，分为两种情况：一是舆论原发于网络，传统媒体进行接力和共鸣；二是传统媒体首先报道，后在网络上引爆。两种不同的信息—舆论来源，有着殊途同归的演变过程。

网络舆论的酝酿期，遵循媒体政治的运行规则（信息简单化、用图像表达、政治人格化、叙事模式）和网民的媒体消费习惯（重图片、轻文字，重直观、轻抽象）。具体而言，通过政治—技术—社会心理的三维震荡，信息上升为舆论，并开始发酵；敏感因素被触动，议题性质开始发挥选择作用。同时，发布平台的选择和解码机制也构成了网络舆论倍增效应的遴选机制。完成遴选后，被选择的个人议题进入公众视野，网络媒体与传统媒体开始协同过程，进入公共议题阶段。

此过程伴随着意见流和信息流的涌现。网络舆论风暴产生时，最明显的就是信息流的明显变化：一定时间内信息流量急剧增加，信息主体增加，之后信息流速减慢，信息内容的分散化加剧。

在网络中，信息的流动通常是一个网状渗透型结构。它沿着网络的物理结构渗透，在这个渗透过程中，信息本身不断复制繁殖，形成分流，最终呈几何级数增长。复制是在进入新一轮的发布过程中同时完成的，即以直线式、队列式和层次式等方式进行再次发布，开始它的下一个生命周期。因此，信息的发布结构会不断地对信息的流动起作用。

在网络世界，由于网络具有匿名性、及时性、互动性等特点，网民可以在这里更加自由、开放地讨论，由此也有更高的信息诉求。当一个新闻事件发生后，无论是经由传统媒体还是网络媒体首先曝光，都会引发网民对信息公开，即信息共享的需求。这种需求一旦无法及时得到回应，就会经由中介放大扭曲，从而引发更加强烈、更加深入、更加频繁的信息共享。信息流从最终客户端向原始供应商端传递时，无法有效地实现信息的共享，使得信息扭曲而逐级放大，从而导致需求信息出现越来越大的波动。

三、网络舆论的爆发期——蝴蝶效应引发舆论风暴

网络舆论经过酝酿期对议题、平台的选择及解码后，开始进入自我评价—自我假设—自我验证的自循环状态，伴随着信息的快速细化和叠加，最终形成网络热点。此时，蝴蝶效应已经改变了网络生态，也改变了新闻竞争的微生态，蕴含巨大能量的连锁反应被引爆，湍流状态出现，其典型特征就是整合传播模式的运行和多元化、多样态、多层次的传播内容全部迸发，网络舆论进入从表象到本质、从片面到全面、从假象到真相的追问过程中，信息共享的范围不断扩大，事件很可能因此演变为全国性事件。在舆论的支持下，媒体作为民众利益的代言人，与公权力机构之间形成博弈，博弈过程中舆论规模进一步扩大，媒体在行使话语权的同时实施了权利救济，也提高了自身的社会资本。从遍撒“种子帖”，即蝴蝶扇动翅膀，到一场舆论风暴，往往就在几天之内，网络舆论的发展和爆发期也难以明确分离。

在当前中国情境下，以权利救济为旨归的网络舆论蝴蝶效应中，能够激起舆论扩大、

聚集更多受众的，更多情况下还是公权力机构中的代表。他们对舆论的回应，尤其是不当回应，阻碍了信息的流动速度，降低了信息透明度，更容易形成舆论突变，造成更多人群的集聚、更大范围的事态扩大和更多的信息需求和现实要求。引入事件相关方反馈这样一个主要的主体，可以更客观地认识网络舆论蝴蝶效应发展和爆发期的演变规律。

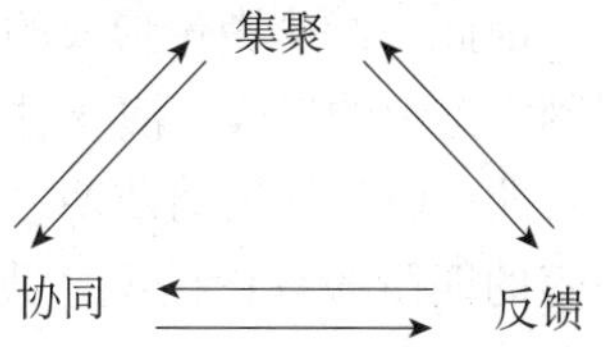

图 11-4　从微内容到舆论风暴的演变动力机制

通过集聚、协同与反馈，网络舆论由微内容发展为舆论风暴，爆发出超强的影响力与变革力（见图 11-4）。

四、网络舆论的消解期

网络舆论的消解，部分原因在于实现了参与者的愿望和需要。当消费者、媒体等舆情主体消耗掉全部社会资源和情感，或者事件得到有效控制后，事件关注度便会逐渐衰减。

网络舆论的衰减与信息公开程度和速度成正比。如果信息拥有主体能够满足网民的信息需求，甚至主动引导议题的走向，网络舆论蝴蝶效应的发生就会具有瞬间特征。一些网络事件短期内集聚了大量人气，事件本身的冲突性引发了众多质疑，但如果信息拥有主体对其进行及时回应，则会产生舆论哗变，网民内部会迅速发生倒戈，舆论快速消散。反之，如果信息主体不能适应网络舆论蝴蝶效应，在经历媒体互动的议程设置、多元传播方式的协同作业及议题转换的深度挖掘之后才部分满足网民的信息需求，则会使网民从根本上怀疑信息发布方的公信力。即使事件结束，舆论也会持续一段时间，并不会马上消解。这种情形下，需要信息主体额外提供有效信息，进行信息补偿，才能重新赢得信任，在舆论上反败为胜。

此外，舆论还具有记忆功能，会对同类事件保持敏感。如果同类事件发生，舆论会迅速集聚。即网络舆论蝴蝶效应的消解期除了具有长尾效应外，还具有复燃性。如果上一次舆论风暴未能成功实施社会动员，那么会在事件发生地留下严重的民意创伤。在特定条件下，经沉淀后复燃的燃点更低。

五、议题出现、议题存活、舆论整合与舆论消散模型

网络舆论的兴起、聚合和最终消散与戴维森和鲍尔描述的舆论形成阶段理论非常契合：议题出现→引发讨论→个体意见表达受到多方影响→个体意见表达开始聚集→引发社会讨论并产生社会影响→议题涉及问题结束→新的议题出现，之后再次重复此过程，循环往复。与社会主流道德、价值观密切相连，有预期影响力的公共利益事件和问题往往会引起人们的关注。任何舆论都发端于个人意见，个人对某事件发表的观点或意见是舆论形成的起点。如果这些意见得到多数人的赞同与共鸣，就会出现社会讨论。当由个人意见引发的舆论经过网民的不断发帖、转载、评论和传统媒体的跟进报道及意见领袖的传播后，这种舆论便有了进一步升级的可能性。经过网民的争论与辩解后，相互对立的意见去伪存真，获得多数人认可的个人意见占据上风，形成一定的舆论定论。传统媒体继续跟进报道、网民转帖，形成大规模的网络舆论。这时，一方面，舆论沿着原途径升级，舆论的影响继续扩大，各方意见进一步整合；另一方面，官方立即介入或媒体重新设置议事日程，

这样就使舆论的方向发生了转变，政府的干预使得事件得到解决，至此，网络舆论消失。

因此，综合舆论形成的相关理论和网络舆论事件的实际发展情况，我们采用纵向分析法将网络舆论的形成、演变过程分为四个阶段：(1) 议题出现期；(2) 议题存活期；(3) 舆论整合期；(4) 舆论消散期。据此建立以议题出现、议题存活、舆论整合、舆论消散为主要内容的四阶段理论模型，我们将其称为“议题出现、议题存活、舆论整合与舆论消散模型”(见图 11-5)。

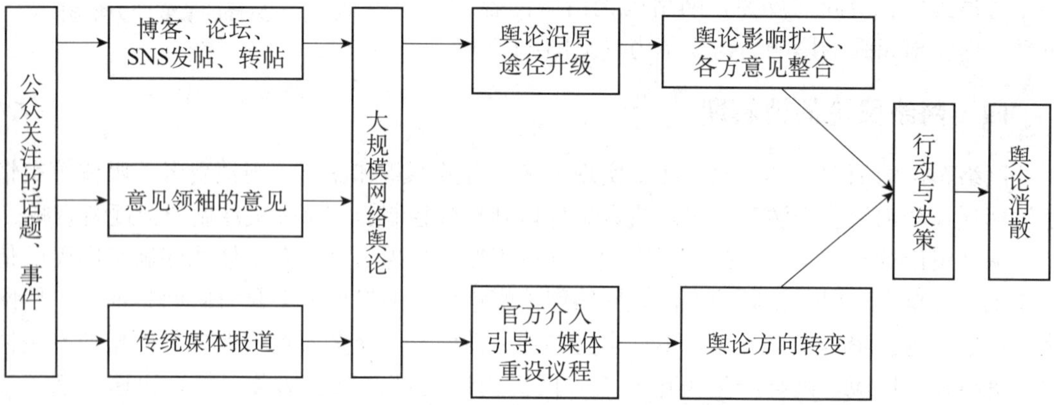

图 11-5 议题出现、议题存活、舆论整合与舆论消散模型

网络舆论的议题出现、议题存活、舆论整合与舆论消散四个阶段在时间上概括了网络舆论形成的整个过程，以下具体分析每个时期的形成特点及影响因素。

(一) 议题出现期

一个议题在网络上出现，其必然是社会公众所关注的话题或事件。那么什么样的话题和事件能够引起网民的关注呢？以 2011 年的网络舆论事件为例，“7·23”甬温线特别重大铁路交通事故、佛山“小悦悦事件”、郭美美事件、抢盐风波、故宫失窃系列事件、药家鑫案……分析这些网民曾经热烈讨论的事件，我们会发现议题本身的性质和议题的来源是影响议题被关注的两个重要原因。

网络媒体时代，信息的公开性和透明性得到前所未有的增强，传受地位彻底被改变，网民不再仅是信息的接收者，同时也是信息的发布者，把关人的地位被弱化了，网络监管的范围与传统媒体相比更为宽松。因此，网络舆论的兴起在很大程度上具有自发性，也就是说网友对议题的自发讨论以及在此基础上的意见集中成为主要的舆论兴起模式。在这种情况下，议题本身的性质及特点就成了网络舆论议题出现期的重要影响因素。这里我们结合近年来的网络热点事件，对容易引发网络舆论的热点事件进行阐述。

一是触及各类社会矛盾的议题。目前，中国正处在社会政治、经济体制改革的转型期，经济体制的深刻变革、社会结构的深刻变动，以及由此引起的人们的思想观念的深刻变化，在带来改革活力的同时，也带来了一系列的社会矛盾和问题。仇富仇官心理、教育改革问题、腐败问题、房价问题等一系列问题纷纷进入人们的视野。这类议题成为全国范围内人们关注的焦点，更是网络上的敏感问题。“逢官必炒”“逢腐必究”是近年来网络舆论的重要现象之一。在“7·23”甬温线特别重大铁路交通事故中，由于涉及的责任主体是铁道部，铁道部既是与人民群众的日常生活息息相关的部门，又是国家重要的部门，所以舆论在很短的时间内就走向了沸腾。此外，在一系列撞人案中，事件因为与“宝马”等代表富裕阶层的符号化词语相联系而很快被推到了舆论的风口浪尖。

二是涉及社会“公平正义”的议题。随着人们公民意识的不断提高，对民主权利和自身利益的维护意识也在不断加强，人们对公平与正义的要求更为强烈。而网络给信息、意见提供了高度自由的交流空间，为这种需求提供了现实的表达平台。比如2003年的“刘涌案”，有关媒体报道了黑老大刘涌二审被判死刑缓期两年执行、其团伙成员宋健飞被核准死刑并被押赴刑场执行死刑的消息，即刻引起了众多网民的关注。普通网民纷纷撰文抨击司法黑暗，间接促使最高人民法院50年来第一次提审普通刑事案件，并罕见地推翻沈阳高法的判决，对刘涌改判死刑，立即执行。

三是涉及伦理道德的议题。由于当前中国传统文化出现断层，“礼崩乐坏”“物欲横流”成为网民最为担忧的情形，因而他们对于一些有悖于社会基本道德和伦理的事件往往深恶痛绝，从而大加挞伐。互联网时代，网民成为信息的发布者和直接的评论者。新闻跟帖、论坛发帖、微博转发等为网民提供了完整的意见表达空间。因此，该类事件几乎每一次都是首先出现在网络上，继而引起社会范围内的意见声援或批判。比如2011年10月发生的“小悦悦事件”，网络舆论焦点由开始的交通肇事转向社会道德的大讨论。再如，“铜须门事件”“死亡博客事件”等都是因网友对家庭生活中的“第三者”现象的厌恶和鞭挞而引发舆论的高潮。

四是涉及公共安全、重大事故、自然灾害、环境污染等重大突发事件的议题。近年来，一些重大的突发性事件频发，除了在现实社会中引起广泛关注外，在互联网上也成为网民讨论的焦点，如“5·12”汶川地震、松花江水污染事件、南丹矿难事故等。

在议题出现期，能够在最初时间引起网民更多关注和议论的第二个因素是议题的来源。纵观近年来发生的一系列网络舆论事件，最初引起网民关注的渠道更多的是国内的各大著名论坛，形式分别为：网友在论坛中直接转发网络媒体的新闻报道；网友直接转发新闻报道并配以自己的评论；网友就传统媒体或网络媒体报道的事件直接发帖发表自己的意见；网友以当事人的身份在论坛上直接发帖。这四种形式构成网络舆论事件兴起的主要议题来源。正是在这些来源中，网友开始集中对涉及的事件公开发表自己的个人意见，网络成为人们获知信息的重要来源。

（二）议题存活期

一个议题能否在网络上存活，取决于相关事件能否受到论坛成员的持续关注，从发帖上便表现为是否持续出现相关事件的新帖或者跟帖。任何议题要想受到持续关注，必须积累足够的浏览量和回帖率，浏览量和回帖率越高，帖子越靠前，受关注度就越高。因此，一个议题能否引起网民的注意，并在此基础上形成网络舆论，保证议题不在论坛上“沉”下去是一个必要且重要的因素。近年来发生的网络舆论事件曾经都是各大论坛的热帖，有的浏览量超过了百万，甚至达上千万。一旦一个帖子在论坛中存活下来，之后网民持续不断地浏览、回复，或者就同样议题重新发帖便构建了意见表达的平台，大规模的网络舆论就逐渐形成。

在议题的存活期，意见领袖也起到了非常重要的作用。意见领袖活跃在人际网络中，能够对他人的意见、观点产生影响。正是由于意见领袖的出现，大众传播的过程也转变为“大众媒介→意见领袖→受众”的模式，两级传播也因此产生。在传统媒介时代，意见领袖在传播的过程中充当了把关人的角色，对受众的信息认知与接收、态度甚至行为的改变有着直接的影响。

在网络媒体时代，信息的传播特征使得媒介和受众之间的关系发生了根本的变化，网民的信息接收能力更强，也具有信息发布的能力。就网络论坛来说，国内的网络论坛已经发展到了相当规模。除了专门的网络论坛，几乎所有的门户网站也都开设了 BBS 论坛，主流媒体和门户网站中几乎所有的新闻后面都开设了跟帖功能，网民可以随时在感兴趣的新闻后面发表自己的观点。在这种情况下，网络中的意见领袖又有了新的特点。

国内开始从实证的角度对网络意见领袖的特征进行考察，强国论坛的“10 大网友”研究运用内容分析法总结出 10 位意见领袖的共同特征：“加盟强国论坛的时间不一定很早，但毫无疑问，他们发帖、回帖非常积极；虽然这 10 大网友都没有公布自己的个人信息，但从他们的帖文内容推测，绝大多数是中年男性，仅有一位肯定是女性；10 大网友普遍具有深切的社会关怀，针砭时弊，疾恶如仇。”由于强国论坛的特殊性和代表性，这个结果较为准确地概括了政治性论坛意见领袖的典型特征。

另外，有网友以西祠胡同 31 名版主的问卷调查为基础，总结了网络意见领袖的基本特征：(1) 年轻，未婚；(2) 学历较高；(3) 收入不高，但较为稳定，足以维持生活；(4) 生活在经济发展水平较高的大中城市；(5) 有充足的上网时间，网络经验丰富；(6) 有稳定且容易接触网络的工作。此研究从人口统计学的角度勾勒出了普遍意义上的意见领袖的特征。

结合调查研究，我们认为衡量网络意见领袖影响力的指标主要有三个：一是主动发帖是否能得到大量网民的浏览和回复，这是帖子能够存活的必要条件；二是看帖子能否被置顶，推到网站或论坛的首页，这直接决定了一个帖子能否在论坛中存在并持续出现；三是帖子能否进一步被其他论坛或网站转载甚至被传统媒体报道，这保证了帖子的持续生命力和广泛的传播效果。

近年来的网络舆论事件正好体现了以上三个指标。网友连岳的连续网络炮轰，使得厦门的 PX 项目事件成为全国关注的热点，舆论的强烈抗议甚至使得厦门市政府决定暂时缓建 PX 项目。在华南虎照片事件中，网络意见领袖最先在论坛中形成“真虎派”和“假虎派”两个阵营，分别带领一派网友展开针锋相对的争论。但在追求事实的宗旨下，两派达成共识，最后将矛头对准了陕西省地方政府部门，并最终迫使政府及权威承认并纠正了错误。

（三）舆论整合期

议题一旦存活下来，就好像龙卷风已经初步成了“气候”，其后的发展便取决于网民的态度和行为以及网络媒体环境的变化等一系列因素的制衡和相互博弈。一方面，网络舆论天生具有动荡不安的特性，这种动荡不安源自网民对自我个性和价值、道德取向的张扬和释放；另一方面，当议题一旦存活下来变成具有一定规模和“气候”的舆论，从而受到众多网民甚至社会公众和大众媒体的关注后，社会道德规范甚至法律法规就会介入舆论的运行过程中，成为网络舆论走向的重要制约或引导因素。

大规模的网络舆论在媒体的持续报道、转载和大量网民讨论、跟帖、转帖的情况下，会朝两个方向发展：一方面，舆论沿原有路径继续升级。此间，官方意见、网民观点、媒体报道相互交融，促使舆论影响进一步扩大。另一方面，由于受到官方的有意引导、关于事件最新信息的补充和媒体设置新议题的影响，舆论开始偏离事件本身。对于这一转变，最明显的例子是2011年10月发生的“小悦悦事件”，网络舆论焦点由开始的交通肇事转向社会道德的大讨论。此外，在这一阶段最明显的特点就是官方声音的表达。

各方意见及评论性言论开始整合，对事件本身持不同态度的各方经过一段时间的网上讨论、交流后开始出现分化，分为明显的支持一方和反对一方。在此期间，双方的网络舆论讨论也进入一个白热化的状态。在这个阶段，网络舆论意见集中、凸显和强化，也是网民集中发言、表达自己意见的重要环节。

（四）舆论消散期

随着时间的推移和事件处理过程的发展，网民参与讨论的次数逐渐减少，意见表达的强度也随之减弱。于是，网络舆论进入消散期。

从时间上说，网络舆论声势的消减往往伴随着事件的最终解决或阶段性的解决。经过前期的网民意见的集中表达，已经形成的网络舆论对事件的发展产生了意见压力，并对事件进程的发展造成了不同程度的影响。网络舆论声势的消减还表现为与事件相关的帖子的浏览率不再大幅增长，回复跟帖的数量明显减少，转发事件进展的新帖数量也明显减少，帖子在论坛中的位置也不断地下沉，位置越来越靠后，网民的关注度越来越少。随着帖子浏览率和回复率的下降，针对特定议题的帖子最终被新发表的帖子代替，网民就该议题的集中意见表达也相应减少，直至消失。

知识窗

塔西佗陷阱

在塔西佗的著作《塔西佗历史》中，有这样一段记载：罗马皇帝尼禄死后，被选为下一任皇帝的迦尔巴下令处决了一个造成叛乱的将领，以及一个可能发动叛乱的将领卡皮托。有些人认为卡皮托没有这样的野心，对迦尔巴的做法产生了不满，塔西佗因此总结道：“……外界对这两次的处决的反应很不好，而且一旦皇帝成了人们憎恨的对象，他做的好事和坏事都同样会引起人们对他的厌恶。”这是“塔西佗陷阱”的含义最初的来源。之后美学家潘知常在《谁劫持了我们的美感——潘知常揭秘四大奇书》一书中首次提出“塔西佗陷阱”这五个字，由此便出现一个源于塔西佗但并非塔西佗提出的、描述社会现象的词。

本章小结

本章先后分析了新媒体舆论的特点、新媒体舆论研究的蝴蝶效应模型、新媒体舆论的生命周期理论模型，指出新媒体舆论已经成为社会舆论的主体。

思考题

1. 请举例分析新媒体舆论研究的蝴蝶效应模型。

2. 新媒体舆论的基本特征有哪些？其同传统媒体时代的舆论有何区别？

3. 什么是网络舆论中的“蝴蝶效应”？有哪些因素会对网络舆论的传播与扩散产生影响？

4. 什么是“意见领袖”？你认为网络意见领袖在舆论的生成与扩散中有着怎样的作用？

5. 一种观点认为，网络媒体利用其技术优势，可以形成巨大的舆论合力，甚至通过网络围观就可以对传统媒体形成压力，为其进行议程设置；但也有观点认为，对于网络媒体的议程设置功能不应过于乐观，没有传统媒体的接力，网络媒体只能是纸上谈兵。对此你怎么看？

6. 什么是新媒体舆论的生命周期理论？这一理论对于网络舆情治理有哪些意义？

在线自测

扫一扫　练一练

第十二章　新媒体舆情的应对策略

目前已进入新媒体舆论时代，面对传播手段的快速发展，有效减少、积极应对网络舆情将成为工作的常态。政府部门和企业在互联网时代要学会与媒体打交道，妥善处理与媒体的关系，充分利用和发挥媒体的作用，学会在媒体的监督下开展工作。

第一节　新媒体舆论的管理

互联网发展为各种信息和思想的集散地，存在着形形色色的信息内容和价值观念，更是现代社会民主的一种新的表现形式。互联网赋予了公众参与社会管理、发挥舆论监督的权利，促使新媒体舆论快速发展。但同时，一些虚假、有害的信息和错误的观点也充斥其中，扰乱了新媒体舆论功能的正常运行。如果听任其无序发展，不但破坏网络和谐、中伤无辜，也会对个体正当利益造成损害，因此对新媒体舆论进行管理变得日益重要。

一、新媒体舆论管理需要创新思维

新媒体用户数量庞大，新媒体舆论的社会影响力也日渐凸显。在重视其正面影响力的同时，我们也应看到新媒体产生了一定的负面效应。如何加强对新媒体舆论的管理，使其与社会稳步发展同方向，是相关管理部门需要解决的问题。

新媒体舆论是对普通民众话语权限的解放，满足甚至激发了普通民众想说敢说的欲望。网络是一个巨大的舆论集市，混杂着理性和非理性的思想表现。新媒体舆论热点集中，目前事关民生，医疗、住房、教育、工资等话题成为舆论的集中点，涉官、涉贪的政治话题也成为热点。新媒体舆论虚虚实实，既有有根有据的报道，也有无中生有的炒作，情绪化表现突出。

新媒体舆论中有的是谏言，有的则是怨言。谏言固然可嘉，怨言也未必就可畏。有效的社会参与是危机治理的重要环节。让民怨及时发泄出来往往可以缓解冲突，消除某些潜在的隐患；无视甚至压制民怨乃是不智之举，日积月累的民怨得不到解决反而会酝酿出更严重的危机。新媒体舆论调控已成为社会管理的一个极其重要的方面，引导网上舆论，平衡网民心态，理顺网民情绪，关系到发展稳定的大局。

网络论坛的舆论功能是有其自身限制的，它只能监督而不可能代替独立的司法程序和依法行政的程序做出定论和决策。网络舆论的声浪再大也不能取代独立的司法调查。直接参与决策过程，其最本位的功能应该是反映民情民意，对决策过程予以监督，施加或大或小的影响。法律是社会正义的一道底线，新媒体平台虽然是虚拟空间，但是使用新媒体的毕竟是现实中的人，自然需要遵守现实中的法律制度。面对日新月异的新媒体革新，管理者需要及时跟进，建立健全完善的法律管理机制，防止新媒体舆论剑走偏锋。对在新媒体平台上开展的违法犯罪行为进行惩治，这是最基本也是最重要的管理守则。

在传统媒体诞生之前，人们若想了解千里之外的新闻事件，只能抵达现场或者通过漫长而低效率的口耳相传；传统的大众媒体报纸出现之后，人们在家中便能通过文字知晓千里之外的新闻事件；之后又出现了广播电视，人们获知的信息更加丰富立体；互联网的出现进一步颠覆了信息的传受方式，人们对信息的内容和形式的了解都更加随心所欲，可以通过鼠标跳过不感兴趣的新闻片段直奔主题，可以直接从另一个个体获知来自现场的第一手信息；手机媒体兴起之后，人们利用手机随时随地就能做到在家中利用互联网所能做到的一切。新媒体的管理方首先应该意识到，在信息的另一端，是更加自由、不可控的受众。

利用新媒体是容易的，如何利用好才是难题。“数字化”是引导新媒体舆论走出的第一步。政府上网工程收益甚微，其症结就在于已开通的网站虽然在一定程度上实现了“数字化”，却并没有真正做到“互动性”。

新媒体的特性使任何人只要进入网络，都可借助虚拟身份畅所欲言。每个人都有麦克风，受众的地位空前提升，传方的主导性减弱。传统意义上的受众摆脱了被动的地位，开始成为主动的信息传播参与者，这样就使得各种议题纷呈，消解了舆论的整合性，出现了极度的舆论多元化和分散性。

在网络争夺眼球的竞争中，个别网站为了吸引受众，将道听途说的消息编发上网，转发或引用虚假新闻误导公众、混淆视听，产生了负面影响。

新媒体舆论是时代发展和社会进步的产物，这就决定了管理者必须积极应对而不能消极回避。对待新媒体舆论，要像大禹治水，重在疏而非堵。既要发挥新媒体舆论的积极作用，同时又要把它的负面影响降到最低。

以微博为代表的新一波的新媒体应用软件浪潮摆在各级政府部门面前，新媒体舆论已经对政府部门形成了更大压力，促使其加强管理。信息具有流通性、增殖性和时效性等特点，只有在流通中才能增加其价值。如果政府部门能最大限度地减少信息阻塞、信息闲置和信息封锁现象，公众就能及时通过媒体等合法渠道公开、公平地获取政府信息并加以利用，从而使信息资源适时地为推动社会进步发挥积极作用。在民主法治社会，政府可以依法规范媒体的传播行为，对媒体进行直接或间接的监督和制约，但这种监督和制约必须限制在一定范围内，不能妨碍媒体正常的信息传播。这也是新媒体“互动性”的要求，互动是充分而自由的互动，是双向而流通的互动。

新媒体舆论壮大的社会大背景是公民社会的茁壮成长与社会权力的重新分配。在这一过程中，政府应主动适应变化，积极将政府职能转变融入其中，在新媒体舆论的管理过程中，由被动的管理者向主动的参与者逐渐转变。新媒体理应成为一个多元化平台、一个准公共领域，有普通民众的声音，也有政府的声音，多方之间平等博弈，并由此促进社会事务的整体进步。

但是对新媒体的内容进行监管存在不少难点，主要表现在：(1) 传播者身份的隐蔽性。在互联网上管理者通常借助 IP 地址对可疑信息进行追踪，传播者身份存在较大的隐蔽性。(2) 用户与信息量的海量性。新媒体传播的信息量数以亿计，要想对新媒体全面及时进行控制是不可能的。(3) 跨地域传播带来的挑战。(4) 新媒体在新闻传播中存在某些问题，冲击着传统的舆论调控机制。(5) 政策法规滞后。

新媒体所带来的各种负面效应，促使各国政府对其内容进行监管。非法或不当的新媒体内容成了管理对象。各国政府认同率较高的非法或不当内容主要有：(1) 教唆性、煽动性的内容；(2) 诬蔑、侮辱、诽谤、恶意攻击等违反道德的言论及虚假的新闻信息；(3) 色情，这是各国政府公认的最需要管制的非法和有害的内容。

世界各国对新媒体内容进行规范管理的法律模式因价值观、立法传统、新媒体发展程度的不同而有所不同。有的国家主张对新媒体进行严格控制，主张采取必要的措施维护本国或本民族的价值观，保护本国、本民族的文化传统，保护网络的纯洁性，严厉打击网上的色情、暴力、血腥、恐怖活动及虚假信息；有的国家主张对新媒体内容不加干预，认为新媒体的无政府主义和自由主义至上；有的国家则在对新媒体内容进行立法规范的同时，鼓励新媒体从业者的自律。

新媒体传播信息数量庞大、内容繁杂、形式多样，信息的发布、传播、处理等具隐蔽性、传播快、影响面广等特点，信息的发布者、传播者、接收者不容易掌握；参与新媒体新闻传播业务的既有各类企业，又有新闻媒体，主体复杂。所有这些都使新媒体传播的内容管理更加复杂。

新媒体有其特殊的产业发展规律与技术特点。在制定有关新媒体内容监管的政策与法规时，要注重政策的可操作性。

新媒体传播是零门槛的传播方式，数以亿计的用户中的任何人都可能成为传播主体，因此很难采用传统的审批制进行管理。鉴于新媒体的特殊规律，建议采取“登记制＋追惩制”进行新媒体的管理。

新媒体是没有国界的、是世界的，可以借鉴目前成熟的、成功的国外新媒体政策与立法。新媒体的管理者和缔造者一样需要富有创新精神。

新媒体舆论管理是一项极其复杂、艰巨而又长期的任务。任何一种管理手段都只能起到一定的作用，而不能够完全解决新媒体有害信息传播中的问题。新媒体信息内容的监管应该是一种综合管理，在管理模式的选择上应该确立一个综合管理框架，综合法律、政策、技术、伦理等多种管理手段，使它们互相配合，互相协调。只有这样，才能最终实现对新媒体的有效管理，才能给人类社会带来一个健康、有序的新媒体信息交流环境。

我们要特别强调，不能将新媒体妖魔化，不能将新媒体舆论的混乱完全归罪于新媒体本身。新媒体仅仅是交流的工具，是信息流通的渠道。新媒体上流通的信息一部分是有害的，但更多的是无害的。新媒体所带来的正面社会效益远远超过其负面效应。

二、尊重新媒体演进的客观规律

(一) 生命周期理论

舆情处置是指对于网络事件引发的舆论危机，通过利用一些舆情监测手段，分析舆情发展态势，加强与网络的沟通，以面对面的方式和媒体的语言风格，确保新闻和信息的权威性和一致性，最大限度地压缩小道消息、虚假信息，变被动为主动，先入为主，确保更准、更快、更好地引导舆情的一系列危机处理方法。

舆情应对的首要条件是了解舆情发展态势，分析舆情民意动向。而全面的信息数据来源则需要网络舆情监测系统的提供。

新媒体舆情应对的理论基础是生命周期理论，因为网络舆情的发展遵循生命周期理论（见图 12－1）。

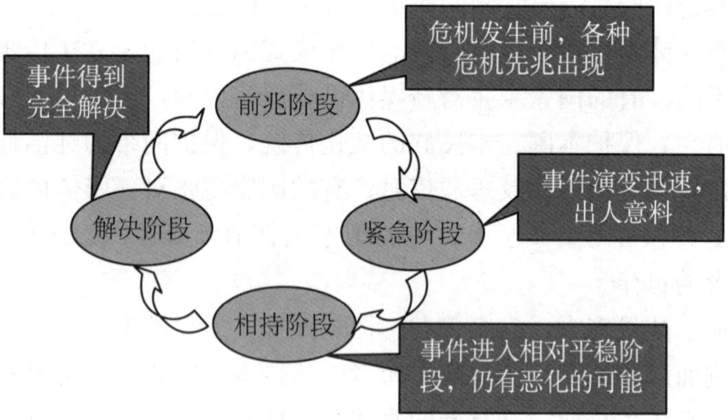

图 12－1　危机的生命周期

网络舆情管理如同反导弹拦截，处置越早，成本越低、效果越好。

（二）提升政府公信力，力避塔西佗陷阱

塔西佗离我们很远，即使穿越时空抵达古罗马，也未必得见。塔西佗离我们很近，那句警言流传 1 900 余年，成色不减，犹在耳畔：一个执政者，一旦不受欢迎，他做的事不论好坏，都会招致同样的不满。

良好的政府公信力与高度的政治认同相联系，甚至可以说，政府公信力与政治认同是同一个问题的不同表达。政府公信力处于良好状态，就表明社会具有普遍的政治认同。在这种情况下，政府的法律权威能得到普遍性尊重，政府对于公共事务的管理效率也就较高，管理的成本也就随之降低。

知识窗

子贡陷阱

在时下的中文互联网语境里，“塔西佗陷阱”常被用来形容“组织或个人失去公信力后，说真话也好，辟谣也罢，都不再有人信”。这种“信或者不信”，显然与塔西佗的原意（对人不对事；憎恨一个人，所以厌恶他做的所有好事和坏事）有很大的差异。更准确的称呼应该是“子贡陷阱”。

据《论语》记载，子贡曾感慨：“纣之不善，不如是之甚也。是以君子恶居下流，天下之恶皆归焉。”其大意是：商纣王坏，但也没坏到传言中那种程度。所以，君子以身居下流为耻，居下流者往往会变成“吸谣体质”，天下一切坏事都可能被归到他头上。换言之，“君子”（个人/组织）应该重视名誉和公信力。没了名誉和公信力，谣言就可能主动找上门，辟谣也没人信。

第二节　新媒体舆情的应对原则

作为虚拟社会的互联网，其实是现实社会的折射。新媒体舆论根本性的应对之道，在互联网之外，在于解决现实问题。

一、舆情监控系统

舆情监控整合互联网信息采集技术及信息智能处理技术，通过对互联网海量信息自动抓取、自动分类聚类、主题检测、专题聚焦，实现用户的网络舆情监测和新闻专题追踪等信息需求，形成简报、报告、图表等分析结果，为用户全面掌握群众思想动态做出正确舆论引导，提供分析依据。

实施舆情监控必须具备三个条件：（1）监控的主体必须是有执法权的国家部门；（2）被监控对象有危害社会、危害国家的重大嫌疑；（3）监控的程序必须合理合法，不得侵害个人隐私以及正常的商业利益，必须维护个人和团体的合法权益，监控的目的是维护国家的安全与稳定。

一旦发生危害国家和社会安全的舆情问题，如谣言、非法集资活动，应当如何正确处理呢？“防民之口甚于防川”，正确的方式是：舆情监测系统及时发现问题并预警，针对危机，在第一时间内启动危机公关预案，快速利用多种舆情疏导手段如在官方网站及主流论坛发帖、召开新闻发布会等形式进行澄清，与谣言赛跑，尽早地告知民众真相，而不是简单粗暴地封堵。好的舆情监测系统应该做到实时发现问题，快速制定疏导预案，将疏导的信息及时发送给各大网站。

网络舆情监控系统可以大幅减少人工搜集的工作量、全面覆盖、实时监测、辅助舆情分析等，通常包括三个基本模块：网络舆情采集系统、网络舆情分析系统、网络舆情服务系统。

网络舆情监控系统需要综合运用搜索引擎技术、文本处理技术、知识管理方法、自然语言处理技术及手机短信平台，通过对互联网海量信息自动获取、提取、分类、聚类、主题监测、专题聚焦，以满足用户对网络舆情监测和热点事件专题追踪等需求。

网络舆情监控系统集成了舆情监测、舆情采集、舆情智能分析、舆情处理、舆情预警、舆情搜索、舆情报告辅助生成、舆情短信自动提醒等核心功能。

二、舆情分析

舆情分析就是根据特定的需要，对针对某个问题的舆情进行深层次的思维加工和分析研究，得到相关结论的过程。

舆情分析的主要方法有：（1）内容分析法。内容分析法是一种对信息内容做客观系统的定量分析的专门方法，其目的是弄清或测验信息中本质性的事实和趋势，提示信息所含有的隐性情报内容，做出情报预测。（2）实证分析法。实证分析法是一种通过分析大量案例和相关数据后试图得出某些结论的常见研究方法。

对舆情的分析要明确事件或话题本身所处的阶段。事件或话题本身所处的阶段一般分为引发期、酝酿期、发生期、发展期、高潮期、处理期、平息期和反馈期等不同阶段。此外，应该在分析某一舆情热点之前对其进行科学的类型界定。热点事件一般主要分为突发自然灾害事件、生产安全事故、群体性事件、公共卫生事件、公权力形象事件、司法事件、经济民生事件、社会思潮事件、境外涉华突发事件等。

针对舆情的影响力、民众利益的关切度和对公共部门形象的破坏程度，舆情分析的观点参数设置与数据分析框架应注意反映如下情况：事件发展概况与脉络；民众的主要观点与情绪是什么；民众处于认知、态度表达阶段还是行动阶段；组织化程度与有无行动计划性；慎用政治化解读，分析其有无明确的利益诉求；有没有对现存社会体制构成巨大冲击；被反面势力支持或利用的可能性有多大；行动的对象目标明确与否，其具体指向是哪些部门甚至现存体制等。舆情分析研究人员要成为“非参与性的观察者”，而要防止成为“非观察性的参与者”，既要保持中立，又要敏锐。

三、应对原则

（一）黄金 24 小时法则

新媒体平台上负面信息处置的关键时间段是信息发布后的 24 小时内。如果能 24 小时内及时处置，就可能化解危机，防止其成为舆论热点；否则就可能演变成为新媒体事件。因此各级宣传、公安等管理部门要建立新媒体舆情的监测预警系统，对新媒体平台进行全天候的跟踪监控。一旦出现舆论监督和其他负面信息，要力争在第一时间发现，并迅速反映给当事方和上级主管部门。

尽量在第一时间发布新闻，赢得话语权。先入为主，掌握主导权。危机管理实质上是危机沟通管理。真实透明的信息、开放式的报道、人本化的沟通，不仅不会引发恐慌、给政府添乱，反而会促进网络民间力量与政府力量的良性互动，产生积极效应。

第一时间发布信息。及时准确地向公众发布事件信息，是负责任的政府的重要表现，对于公众了解事件真相、避免误信谣传、稳定人心，具有重要意义。

第一时间引导舆论。第一时间发布信息，引导舆论，有助于政府掌控危机事件的主动权，稳定人心，避免出现歪曲性报道并防止谣言传播。

第一时间掌握新闻主导权。危机因具有高度的破坏性而天然地会成为公众关注的焦点，激起他们的兴奋情绪。对此，若引导得好，会向着对危机管理有利的方向发展；若引导不好，则会妨碍危机事件的处理。媒体既是公众情绪的风向标，也是公众情绪的催化剂。

对于新媒体平台上出现的舆情信息，原则上应实行属地管理；所在地区的宣传部门是发现舆情的第一责任人；在发现涉及本地的新媒体舆情后，要尽快启动应对机制，迅速联系舆论关注的相关单位或个人，通报新媒体舆情信息，了解事件的真实情况，搜集整理舆论应对材料；当事单位和当事人是舆论应对的第一责任人，必须根据新媒体舆论反映的情况快速做出反应。

（二）信息公开原则

在新媒体环境下，应该及时公开信息，而不是也不可能封杀信息。

公开是原则，不公开是例外。在突发事件中，要速报事实，慎报原因，既不失语，又不妄语。

1. 政府相关部门要善于发挥主场优势，警惕主场劣势

政府的主场优势表现为公权力优势、媒体优势、知情优势。政府的主场劣势表现为网民对公权力的不信任感、对司法公正的失望、对社会公正的缺乏信心。

政府在舆情应对中应充分发挥主场优势。政府掌握的信息远比网民个人所了解的信息全面，政府对新闻媒体具有重大影响力，而且最主要的一条，政府应该具有权威性。宣传部门要充分发挥媒体优势，不失语、不妄语，发挥信息优势，学会有节奏地抛出系统化的专业信息，利用政府与民间的信息不对称，有力地引导舆论。同时也要警惕政府的主场优势变成主场劣势，这就是政府公信力的流失。

2. 抢旗帜和切割战术

在网络舆情中勇于“抢旗帜”。在舆情频发的今天，要高扬社会公正、司法公正、以人为本、和谐社会的旗帜，积极排查和解决社会中各种不和谐、不稳定因素，维护人民群众的切身利益，不要因为种种顾忌而把这样的旗帜送给网上意见领袖，而让广大网民对政府失望。

要善于使用切割战术，即中央和地方切割，政府和无良官员切割。

第一，宜疏不宜堵，保证信息的公开透明化。突发的热点事件尤其是负面事件必然会引起网络舆论的广泛关注。此时形成的网络舆情会包含着各种网民的声音，其中不乏偏激的不理性声音，甚至有时候这种声音是占主流的。在处理此类事件时应该通过事实说话，公开信息真相，设置议题议程，疏导舆论，而不是封堵杂音、堵塞舆论通道，后者更多的时候只会适得其反。只有事实才是引导舆论的根本。

第二，宜解不宜避，主动承担应有的责任。舆情危机的爆发大多数时候是因为对突发事件的问责处置采取回避态度，不积极解答，而问责又是事件的舆论焦点。因此在舆情应对时要主动解答公众疑问，不能回避，更不能回绝。

突发事件应对三要素通常包括：公布事实、官员问责、惩戒违法民众（见图 12－2）。

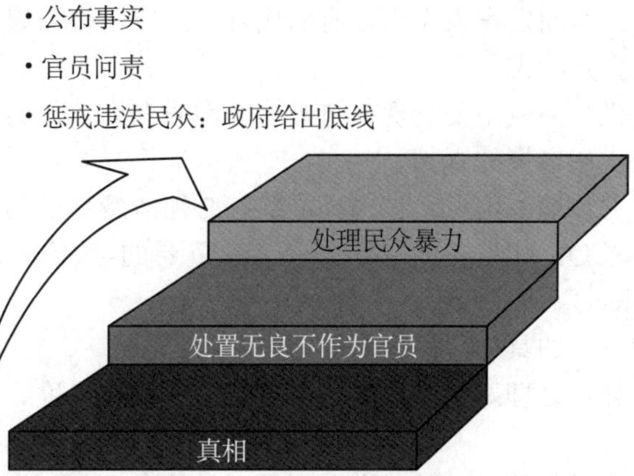

图 12－2　突发事件应对三要素

（三）沟通原则

越来越多的政府部门与官员开始意识到积极主动与媒体和民众沟通的必要性，一个表现是越来越多的政府部门与官员开通了微博。不过，目前在不少政务微博、官员微博中，形式大于内容，缺乏实质性常态的互动。在微博中，所有人都平等，不会因为是官员影响力就高人一等。

新媒体舆论的引导策略可以归纳为：快速发现新媒体舆情，明确舆论责任主体，主动设置新媒体议程，第一时间发布信息，认真回应质询议题，坦诚对待公众疑虑，适时进行权威评论，积极开展民意互动。政府部门新闻发布活动的六种主要形式见图12-3。

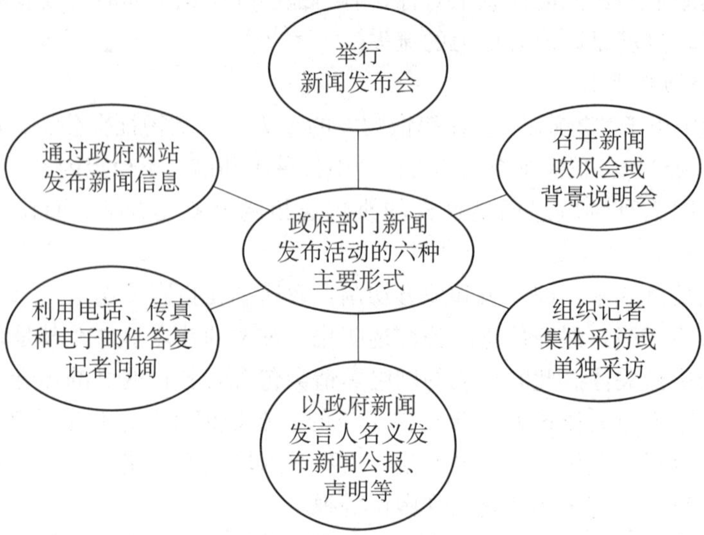

图12-3 政府部门新闻发布活动的六种主要形式

在突发事件中，政府部门要主动组织与积极策划新闻宣传，主动通过媒体赢得公众。

与媒体沟通最终是与记者沟通。而记者不是你的朋友，也不是你的敌人；不是你的上级，也不是你的下级。记者，永远是你的挑战者。

突发事件发生后，新闻发言人作为政府的代言人，要尽快与媒体进行沟通，认真回应质询议题，坦诚对待公众疑虑。

新闻发言人的危机公关也主要表现在与媒体的沟通上面。作为政府代表的新闻发言人要最早、最先、最快说出事情的真相。

新闻发言人要有力传递主信息。在出场之前，必须清楚自己的立场是什么，主信息是什么，通常称之为SOCO，即唯一的（single）、最重要的（over-riding）、沟通（communication）、目标（object）。

应对媒体，新闻发布的具体传播控制策略主要有：

（1）进行报道管理：处理好报道角度、报道口径、报道尺度、报道形式，并且有后续报道的跟进。

（2）不间断地发布最新信息：随时发布事件动态信息，及时发布政府的应对举措，调动社会积极参与应对，发布事件处理的最终结果。

（3）发挥主流媒体（包括主流的新媒体）的作用：一旦主流媒体能准确及时地提供真

实的权威新闻信息，公众就会减少通过其他方式搜集信息的行为，各种谣言和“小道消息”自然会消失。政府如果采用不报或瞒报的做法，则首先会影响主流媒体的信息发布，使主流媒体在舆论竞争中处于被动地位，同时大大削弱舆论引导的有效性和影响力，不利于社会稳定。

（4）适时组织专家引导：政府相关部门要适时进行权威评论，组织专门的专家队伍，通过专家发布评论和指导，围绕专家意见开展报道。

在与媒体积极主动沟通中，要提出报道要求，掌握核心信息传播渠道，确保信息输出规范可控。

与媒体打交道的5项基本原则是：态度诚实、信息公开、前后一致、信息清晰、备有预案。

与记者沟通的10条黄金法则是：任何一次与媒体的沟通都是机会，而不是威胁；充分准备，了解记者的采访安排；认真做好采访前的调研和准备；掌控采访过程；做到有礼貌、有耐心、心情愉快；交流简单清晰，不说行话、套话；回答要准确简洁；不说“无可奉告”；不说谎，不猜测，不推测；不发表个人观点。

在发生灾难性突发事件时，新闻发言人站出来要做的第一件事就是以人性化的方式表现出对事件的关心，然后是说明将采取的行动和对事件的全局看法。因为在灾难性突发事件中，人民受到了伤害，感到恐惧、愤怒和困惑。

四、解决现实社会的矛盾是解决问题的根本之道

虚拟的互联网世界其实是现实社会的缩影。解决好民生问题，完善常规利益表达和博弈机制是网络舆情应对的基础。

例如，拆迁是众多危机事件的导火索。在拆迁过程中，政府及执法部门应做裁判。除非出于公共利益，在拆迁中，政府及执法部门只应该保持中立、做裁判，而不是维护开发商的利益。作为商业活动，开发商应该事先评估拆迁风险。

最牛的“钉子户”或许在日本。因为居民不肯搬迁，日本东京成田国际机场1号跑道拖延十几年才完成，2号跑道因无法修到规定长度屡发起降险情，3号跑道至今还在图纸上不能动工。成田机场是无法提供夜间起降服务的，因为根据和机场内几户居民的协议，夜间禁止起降，以免影响这几个“钉子户”的休息。

网络舆论引导能力也是一种执政能力。“言塞湖”的“诞生”，往往是民意早期受到冷落，才演变成中期的“民议”、后期的“民怨”。民意在每一道环节上的被冷落与搁置，都会导致舆情能量的聚集。彻底阻截“言塞湖”，当从“清淤”开始。

本章小结

本章先介绍了如何进行新媒体舆论管理，再详细讲解了新媒体舆情应对的原则与方法。

思考题

1. 请举例分析“塔西佗陷阱”。

2. 你认为目前的新媒体舆情管理中存在哪些难点和问题？

3. “塔西佗陷阱”常被用来形容“组织或个人失去公信力后，说真话也好，辟谣也罢，都不再有人信”。你如何看待网络舆情事件及其治理中的“塔西佗陷阱”？

4. 请阐述舆情治理中的“黄金 24 小时法则”。

5. 为什么面对网络舆情治理的问题时，要提倡加强政府的信息公开？

在线自测

扫一扫　练一练

第十三章 网络谣言及其管理

谣言，指的是没有相应事实基础，对人、对事、对社会事件的一种不确切信息的传播。谣言的功能总是消极的。它可以伤害个人，伤害群体，伤害社会，伤害国家；谣言可以破坏人们之间的团结，削弱彼此之间的信任，造成内耗。在新媒体环境下，网络谣言传播变得速度更快、作用力更强。

第一节 谣言的演变

自古以来，统治者深恐谣言之蛊惑人心，因此谣言被当作一种乡野恶俗，必去之而后快。汉立以后，先是奉行黄老之学，力主清静无为，少扰民；后独尊儒术，继往思来，“日夜怵惕，修身正行”（《汉书·淮南厉王刘长传》）。天子修身，吏为循吏，以教化代刑杀，故谤谣较少；相反，“三七末世，鸡不鸣，犬不吠，宫中荆棘乱相系”（《拾遗记》）、“父母何在在我庭，化我鸤枭哺所生”（《后汉书·循吏列传》）这等赞谣倒不少见。

西方社会对谣言研究起步早，认识也深，因而，“二战”期间，美国就出现了类似“谣言诊所”的“战争消息办公室”（OWI）和“事实与人物办公室”（OFF），以此来弥补战时正式消息的不足。1942 年，世界上第一所谣言诊所正式宣告诞生。它是由哈佛大学心理学教授戈登·W. 奥尔波特及其博士生罗伯特·H. 纳普合作开设的，每周在《波士顿周日报》设立一个专栏。开设专栏的目的就是要消灭对战争有重大影响的谣言。

一、谣言的概念研究

自有人类历史以来，就有了谣言。古希腊和古罗马时期人们视谣言为“神谕”，他们通过有形的建筑与无形的文学对谣言女神（法玛，拉丁语 Fama）顶礼膜拜。

“谣”在我国开始是指徒歌，所谓“曲合乐曰歌，徒歌曰谣”（《毛诗故训传》），即配上乐曲的韵语是“歌”，而不配乐曲的韵语是“谣”。随后由名词“谣”衍生出动词“造谣”“传谣”等说法。总体来说此时的“谣”是中性的。

《荀子·致士》中曾警诫君子：“凡流言、流说、流谋、流誉、流愬，不官而衡至者，君子慎之。”

忠而见疑的屈原在《离骚》中感慨：“众女嫉余之蛾眉兮，谣诼谓余以善淫。”谣言积毁销骨的威力由此可见一斑。

《战国策·秦策二》所记载的“曾参杀人”的故事以及《韩非子·内储说上》所讲述的“三人成虎”的譬喻都强调了谣言经反复传播后对人心所产生的强大影响。

《吕氏春秋·慎行》对谣言传播过程中的内容歪曲进行了言简意赅的描述：“故狗似

玃，玃似母猴，母猴似人，人之与狗则远矣。”

经过两千年的演变，在现代汉语中，谣言几乎等同于“恶意”制造与传播的“谎言”。换言之，在现代中文语境下，谣言并没有继承徒歌的意思，只是保留了“造谣、诽谤”之意。①

虽然“谣言”一词古已有之，但它被当作学术问题进行讨论和研究，从研究文献的角度看，西方学者早于我国。德国学者诺伊鲍尔（Hans-Joachim Neubauer）、美国社会学家纳普（Robert Knapp）、法国学者卡普费雷（Jean-Noel Kapferer）、美国学者奥尔波特（Gordon Allport）和波斯特曼（Leo Postman）等从不同角度对谣言进行了大量的研究和探讨。下面就对中外学者的研究情况进行介绍，以此厘清谣言研究的发展脉络。

（一）从史学角度

德国学者诺伊鲍尔认为，谣言是历史发展的产物。它绝不是凭空臆造出来的，也不完全是邪恶的化身，而是历史的一部分，并对人类文明的进程施加了不容忽视的影响。谣言“首先是人们所描述的那种随历史发展而变化的习俗，可以是截然不同的各种现象。另外，‘谣言’还是在某一群体中以听传或类似的交际方式传播的信息。大家都说的还不是谣言，而是据说大家都在说的才是谣言。谣言是不完整的引言，谁引的不得而知，也没有人知道是谁说的”②。这说明无法确定谁是谣言传播者，但可以确定谣言是通过人际传播扩散的。

（二）从社会心理学角度

《社会心理学词典》中把“谣言”解释为“没有事实根据的传闻，故意捏造的、口耳相传的消息。有一部分谣言属于诽谤性质的消息，有一部分属于夸大其词的传闻”③。周晓红在《传播的畸变——对“非典”传言的一种心理学分析》中根据对“非典”事件始末的分析，认为“无论是在传统社会还是现代社会，谣言都是一种常见的社会心理现象，或是说一种以信息传播为特征的集群行为”。法国的勒莫认为，“一则谣言的历史，首先应该是某一群体有能力互相交流的历史，而集体记忆、实验的社会空间和机遇则是用不同方法促成谣言形成的工具”④。也就是说，当社会稳定受到挑战、人民生命受到威胁时，谣言容易产生和传播，这是人没有安全感的一种心理投射。

奥尔波特更是认为，谣言的产生源于人的需求，他说：“任何人类需求都可能给谣言提供推动力。性兴趣是产生许多流言蜚语与大多数丑闻的原因。焦虑是我们常听到的恐怖威胁性谣言的动力，希望与渴望产生白日梦式的谣言，仇恨产生指责性的谣言与诽谤。”⑤所以，每一种谣言的产生都有着深刻的社会心理原因。

（三）从社会舆论角度

国内学者刘建明认为，谣言作为社会舆论出现，是没有任何事实根据的描述，并带有

① 金屏．谣言：概念反思及其对现代社会的启示［D］．长春：吉林大学，2005.

② 诺伊鲍尔．谣言女神［M］．北京：中信出版社，2004：10.

③ 时蓉华．社会心理学词典［M］．成都：四川人民出版社，1988：243.

④ 勒莫．黑寡妇：谣言的示意及传播［M］．北京：商务印书馆，1999：125-126.

⑤ 奥尔波特，等．谣言心理学［M］．沈阳：辽宁教育出版社，2003：18.

诽谤的意见指向，因此谣言不是中性的传闻，而是攻击性的负向舆论。① 而法国学者勒莫却认为，谣言与公众舆论之间的关系是复杂的，“舆论是极易用概念来表达的，而谣言却更加变化不定，它更容易流入形象或隐喻的模子中，这种模子可以被说成是一种变动中的概念或是一种预感的概念，那里正在加工出各种新概念或新表象”②，“谣言是对失衡或社会不安状况的一种反应”③。国内学者陈力丹也提出类似的观点：“流言是公众应付社会生活的一种应激状态，是公众解决疑难问题的不得已形式。”④ 勒莫和陈力丹都倾向于谣言是特殊社会状态下的产物，强调它的社会性。

胡泳则进一步强化了谣言的舆论性质，认为谣言是一种社会抗议。随着新媒体的不断涌现，任何一个群体都可以通过这个平台发表言论，并不断挑战着社会的神经。“在沉寂不动和激烈反抗之间还存在着一个广大的中间区域。谣言正是中间地带的抵抗中一种有力的手段，谣言武器在现代反抗者手中不像过往的革命者使用得那样强悍，但它又比斯科特曾经观察到的作为‘弱者的武器’而发挥的功能更强大。”⑤ 这一看法的依据是卡普费雷提出的“谣言既是社会现象，也是政治现象”。谣言与当局的一种关系：“它揭露秘密，提出假设，迫使当局开口说话，同时，又对当局作为唯一权威性来源的地位提出异议。”所以，谣言构成了一种反权力，即对权力的某种制衡。⑥

二、谣言传播形式流变

随着信息技术的不断发展，科技改变了整个社会的运行方式，人们之间的交流也出现了新的形式。原来建立在人际传播基础上的谣言，其传播形式也随之多变。与之前的网络谣言相比，微博谣言成为时代的“新宠”。总之，搭乘互联网的先进技术和便携式终端的不断更新的快车，谣言与人类进行着“赛跑”。但是传统谣言、网络谣言与微博谣言有什么联系和区别，需要我们进一步梳理，以此提高人们对新媒体条件下谣言传播的认识。

传统谣言与网络谣言是一组相对概念，传统谣言建立在人际传播的基础上，以口耳相传为其基本路径，在人与人之间尤其是在熟人社会中进行传播。由于传统谣言传播受到人所处的时空限制，所以对于不同地域的人来讲，在一方为谣言，而在另一方可能成为旧闻或者“新闻”。这时传统谣言呈现出信息的滞后性，这种滞后性又反过来制约着传统谣言产生影响的广度和深度，同时人在传统谣言面前变得无所适从，无法依靠个人力量判断谣言的真伪。

网络谣言是在计算机技术的基础上构建的网络传播，从一个 ID 用户向另一个或者多个 ID 用户传递，它摆脱了熟人社会的范围，可以在虚拟社会中跨时空地自由传播。它几乎不受地域时间的限制，在一定时间发生的谣言，全世界都会很快知晓。所以网络谣言又呈现出传播的及时性特征。为了使网民相信并掀起社会波澜，网络谣言往往呈现出细节的

---

① 刘建明．社会舆论原理［M］．北京：华夏出版社，2002：211.

②③ 勒莫．黑寡妇：谣言的示意及传播［M］．北京：商务印书馆，1999：125，102.

④ 陈力丹．舆论学：舆论导向研究［M］．北京：中国广播电视出版社，1999：182.

⑤ 胡泳．谣言作为一种社会抗议［J］．传播与社会学刊，2009（9）.

⑥ 卡普费雷．谣言［M］．上海：上海人民出版社，1991：14.

完整性：时间、地点、情节一般都一一列出。同时在某些情况下，网民可以集群体之智慧，主动破解谣言，通过各自所知道的相关知识来从不同角度验证谣言。“周老虎事件”便是有力的证明。

第二节　新媒体条件下谣言的传播与消解模型

一方面，尽管新媒体是目前最受欢迎的大众化媒体，但它与谣言并不存在本质上的联系，并非因微博而产生谣言；另一方面，如何应对利用新媒体大肆传播的谣言，如何有效地消解谣言，需要我们对谣言本身做进一步的思考与研究。

我们在分析前人对谣言的研究的基础上，提出事件的重要性、事件的模糊性和信息的不对称性是构成谣言传播法则的观点，并据此建立网络谣言传播、扩散及消解模型，以期为人类正确处理谣言提供思想支持和实践指导。

一、奥尔波特模型

1947 年，美国心理学家奥尔波特提出谣言的产生有两个基本条件：第一，故事的主题必须对传谣者和听谣言有某种重要性；第二，真实的事实必须被某种模糊性掩盖起来。[①]

依据这两个基本条件，他提出了谣言的基本法则（这里“法则”指的是规律）：事实的重要性和模糊性与谣言传播有关，其公式为：

$$R=i\times a$$

在此公式中，R=谣言（rumor），i=重要性（important），a=模糊性（ambiguity）。R 表示谣言流行的强度和广度；i 表示事件对于某一群体人员的重要性；a 表示该事件或证据的模糊性。当 i 与 a 这两个条件同时具备时，谣言方可产生。这说明，事件对于某群体越重要，事件的模糊程度越高，则谣言产生的可能性就越大，其传播的强度就越高，传播的范围就越广。

在此公式基础上，1953 年克罗斯试图通过在公式中加入传播者即人的因素来进一步完善：$R=i\times a\times 1/c$，这里的 c（critical ability）表示的是“人的判断能力”[②]。这个公式表明：谣言的传播同“人的判断能力”成反比，人的成熟能够成功抵挡谣言对个人的影响，甚至阻挡谣言的进一步扩散。谣言是漫天飞舞还是尘埃落定，除了取决于事件的重要性和模糊性外，还取决于公众是否对该事件具有理性的认识和评价。虽然克罗斯注意到了人对谣言传播的重要影响，但也无形中为这一公式的成立增加了难度：如何评价人的判断能力？依靠哪些标准进行确定？众所周知，人是认识世界和改造世界的主体，影响人判断能力的因素很多，比如人的认识水平、社会背景、社会地位以及受他人影响的程度等，所以人的判断能力的衡量是非常复杂的过程。相应地，克罗斯的这一谣言公式也就缺乏实际操作性，为如何从本质上消解谣言增加了困难。

在前人研究的基础上，我们认为谣言法则可以通过增加信息的不对称性一项加以完

---

① 奥尔波特，等．谣言心理学［M］．沈阳：辽宁教育出版社，2003：17.

② 王灿发，何雯．突发公共事件的谣言传播系统及过程分析［J］．青年记者，2009（33）.

善，谣言公式可以补充为：

$$R=i\times a\times ia$$

其中，ia 指信息的不对称性（information asymmetry），即谣言=事件的重要性×事件的模糊性×信息的不对称性。信息不对称性越大，谣言传播越快；反过来，信息不对称性越小，谣言传播越慢，甚至不再传播。事件的重要性、模糊性与信息的不对称性与谣言传播成正比例关系，三者缺一不可。

下面以 2011 年“7·23”甬温线特别重大铁路交通事故引发的谣言为例进行说明。

当地时间 2011 年 7 月 23 日晚上 8 时 30 分 05 秒，由北京南站开往福州站的 D 301 次列车由后方与杭州站开往福州南站的 D 3115 次列车发生同向动车组列车追尾事故，造成 40 人死亡、172 人受伤。事故发生后，搜救行动是否过早结束、恢复通车是否过急、坠地的后车车头被迅速掩埋、政府控制媒体和司法系统以及越早签订赔偿协议得到越多赔偿等问题使铁道部遭到了社会各界的质疑。

首先，从事件的重要性来讲，尽管我国高铁事业对经济建设、未来国家发展格局具有重大战略意义，但当高铁出现重大事故时，这种对高铁安全性的质疑以及对车上人员性命安危的担忧自然得到了全国乃至全世界的关注。因为它不仅仅关乎着个体生命的存在与安全，更为重要的是它还关乎着一个国家对全体公民生命的尊重和保障。

其次，从事件的模糊性来讲，7 月 23 日所发生的甬温线特大交通事故是完全真实的事实，不是人为虚构的、编造出来的事情。但是事件发生之后，铁道部没有及时对如何救援、采取何种措施以及为什么采取这种措施等相关的信息进行公布，致使事件的模糊性增强，公众猜测不断，于是微博上的谣言开始出现并乘势肆虐。在事故发生 26 小时之内，官方更多相关事故信息的公布一直处于空白区，而微博上发布的“神秘手”图片引发了网上“掩埋活人”的谣言，这一谣言瞬间引起了网友乃至全国人民极大的反响，怀疑声、质疑声、谴责声一浪高过一浪。而随后铁道部召开的记者招待会，又因时任铁道部发言人王勇平的回答“至于你信不信（由你），我反正信了”，再次丧失了平息谣言传播的机会。这种傲慢、缺乏生命关怀式的解释不仅没有减少网民对救援工作的质疑，相反激起了大众的愤怒，使得事件的模糊性一再加强，从而造成了谣言不但不减少反而增多的混乱局面。

最后，为什么这次事故会连续不断引发谣言，我们认为是信息的不对称性造成的谣言的此起彼伏。信息不对称的主体是政府机构与公众。政府机构作为社会管理者，与被管理者的公众相比，所掌握的信息要多得多，而且往往掌握着第一手资料。在通常情况下，如果政府机构所掌握的信息不公之于众，那么作为被管理者的公众是没有途径知晓的，但是我国宪法规定公民有知情权，这种权利要求政府机构公开信息（当然这种信息的公开不能危及国家安全），所以从这个角度来讲，政府机构与公众之间的信息不对称是可以消除的。就这次事故而言，官方所掌握的事故情况、相关救援及处理信息与大众所获知的信息是不对称的，它所公开的信息无法满足公众对了解事件真相的渴求。此外，这次交通事故所引发的一连串谣言，更深层的原因是公众对铁道部长久以来的不满甚至反感情绪的集中爆发，是对铁道部不信任的强烈表现。

二、网络谣言传播、扩散及消解模型

基于补充后的谣言法则以及上述对微博中“7·23”甬温线特别重大铁路交通事故引发的谣言传播的个案分析，我们认为：(1) 决定谣言的事件的重要性 (i) 是无法减弱的，因为事件特别是重大事件的发生，往往关乎人类的生存问题，关乎社会的稳定问题，所以重要性在事件发生后是不会人为降低的，在一定时间里它几乎是恒定的。(2) 关于事件的模糊性 (a)。事件发生后，由于人们对事发原因及相关背景一时之间无法做出准确判断，所以事件存在模糊性。从理论上讲，只有当人们对事件进行调查并深入其本质获得真实信息时，事件的模糊性才能降低。简单来讲，就是要依靠信息的不断注入来降低模糊性。但值得注意的是，如果当人们所获得的信息引起更多的怀疑时，那么事件的模糊性会不降反升，所以事件由模糊走向清晰是个比较复杂的过程。(3) 信息的不对称性 (ia)，是指政府机构和公众双方所掌握的信息不均衡，而这种信息掌握上的不对称，容易造成公众对事件的曲解和对政府机构的不信任感，也容易滋生出更多的谣言。相反，如果政府机构和公众双方能够在信息掌握上实现对称，那么谣言将失去存在的可能。

通过对谣言构成的三个因素的考察，我们可以得出结论：在事件重要性无法改变和事件模糊性难以确定的条件下，信息的不对称性是消解谣言的关键因素。因微博所出现的谣言仍归属于网络谣言，据此，我们建立了以消除信息不对称性为主要因素的网络谣言传播、扩散及消解模型（见图 13-1）。

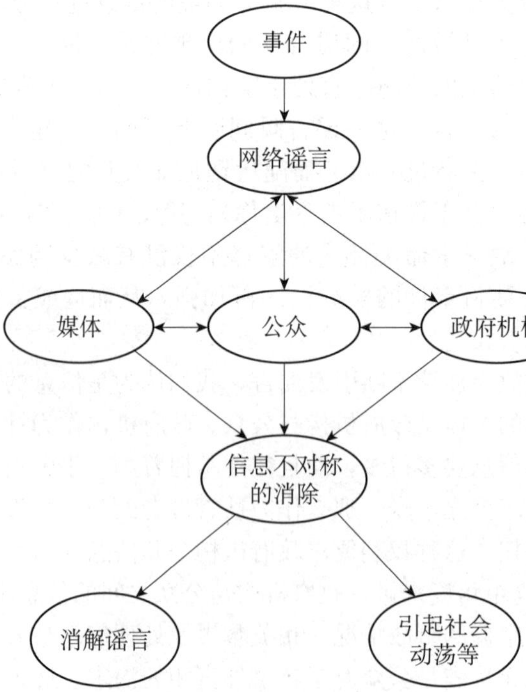

图 13-1　网络谣言传播、扩散及消解模型

从图 13-1 可以看到，首先，网络谣言传播、扩散及消解模型说明了网络谣言的生成条件和传播、扩散路径。谣言的产生是和人类追求自身安全紧密相关的。任何有关人类生命、生活等安全的事情，例如地震、核辐射、交通事故等，都有可能导致人类产生疑问和困惑，好事者则将这种心理上的不安全感、猜测诉诸天下，共鸣者则奉为“良言”四处传播，于是谣言始成。人类对于生命转瞬即逝本能性的恐惧，以及对人身安全的高度警惕心理，造成人们一旦遇到谣言影响，便会相信谣言中透露出的信息，无形中又促进了谣言传播。网络的出现恰好加速了谣言的扩散。这里的网络不仅仅指互联网、手机，而且有可能指向社会网络这一更大的范围，包括微博等。

其次，该模型提出了依托网络消解谣言传播的三方力量，即政府机构、媒体和公众。如前所述，尽管信息不对称的主体是政府机构和公众，但由于新闻媒体是政府机构和公众之间实现信息对称的桥梁，故而这三方力量能否在谣言传播过程中消除信息不对称是消解谣言的关键。如果三方合力能够消除信息的不对称性，那么公众就不会相信谣言，不会迷失自我盲目行动，相反他们会自觉地传播真实的信息，从而在真实信息的不断传播过程中消解谣言。

2011 年 3 月的“谣盐”恐慌就是一起典型的由于信息不对称加快谣言传播的案例。2011 年 3 月，日本核电站爆炸引发的“核泄漏”恐慌在全国蔓延，绍兴、宁波、福州等江浙沿海城市开始出现抢盐风潮，不少居民纷纷奔走于各大超市抢购食盐以“备战”日本核辐射污染。出现抢盐潮的原因有二：一是传言吃碘盐可防辐射，二是谣传核泄漏污染了海盐。

其实，从科学与专业的角度看，食盐里碘的含量是很低的，市民就算吃很多盐，也起不到多大的防辐射作用。而且日本核电站泄露的放射性物质极少，再加上稀释作用，对中国沿海的影响几乎可以忽略不计，也就不存在污染海盐的问题。但是，由于绝大多数民众缺乏核辐射方面的专业知识，因而这种专业信息的不对称在恐慌心理的催化下加快了谣言传播的速度。

最后，该模型依托网络，以传播学中对信息系统及其规律的研究为根本，构建网络谣言的传播、扩散和消解模型。与传统模型不同之处在于，该模型在充分尊重网络世界自由、平等精神的基础上，强调和注重消解谣言的疏导，并没有设立如何预防虚假信息传播的渠道或者变量。我们认为，在网络中信息的自由流动是其他力量难以阻挡的，阻挡只会带来更多问题，产生更可怕的效应。网民在横行的谣言面前都有自己的判断能力，即便一时受其误导，但在信息几乎实时传播的情况下，真相也会通过各种渠道瞬时被揭开，因此对网络谣言如何合理地进行消解成为本章讨论的重点。

三、基于“网络谣言传播、扩散及消解模型”的网络谣言消解之策

（一）政府机构应增强公信力，实事求是地公开信息，奠定消解谣言的基础

目前，我国发展处于重要的转型阶段，尽管经济取得了高速的发展，但是在这一片繁荣之下，社会矛盾也呈增长之势。贫富差距的加大、农民的土地问题、官员的腐败问题、资源享有的不平等问题等，无一不在考验着政府的公信力。在这种情势下，如果政府机构持续采取选择性公开信息的方式，那么将会变主动为被动，出现难以估量的后果。英国借

助 Twitter 和黑莓手机等新媒体掀起的大规模骚乱就是最好的例证。所以，提升政府公信力、实事求是地公开信息是消解谣言的基础。在《论语·颜渊》中，子贡曾向孔子问如何治理政事，孔子认为有三个要素，即粮食、士兵和人民的信任。如果不得已去掉两项的话，孔子认为首先是士兵，其次是粮食。由此看来，人民的信任自然成为一个国家、一个政府治理政事的根本，没有人民的信任，国家、政府将无法建立、统治和存在。即便在和平稳定时期，当政府得不到人民信任的时候，政府无论怎样做都会受到人民的质疑和批评，从而陷入"塔西佗陷阱"而难以自拔。"7·23"动车追尾事故引发的八大谣言就表达了公众对铁道部的不信任。长期以来，铁道部一直被外界称为"铁老大"，这种称呼也体现了公众对铁道部强势地位的不满情绪，加之公众对其服务质量长期低于合理水平的无奈，所以面对谣言，铁道部发言人的发言激化了人们的不信任感，谣言的传播并没有因为记者招待会的召开而消解，反而产生了更多的谣言。因此，提升公众对政府机构的信任是政府应对危机、消解谣言、稳定民心的基础。

而政府机构提高公信力的有效途径是应该在不危及国家安全的情况下，发挥自身的掌控信息优势，秉承实事求是的原则，公开、透明、及时地利用微博等媒体发布信息，争取在第一时间向百姓解释问题、说明问题，消解谣言产生的危机。

实事求是地公开信息，不只是要求政府机构简单地发布某地发生了某重大事情，而是需要披露更多触及事情真相的信息，即不单单告知公众结果，还应该告知公众事件处理过程中的真实信息。也就是说，事件调查过程的真实与结果的真实同样重要，政府机构有义务将这两方面的信息公布于众。面对重大事件的发生，政府机构只满足于控制信息、息事宁人的做法，只能成为过去式，在微博等新媒体不断涌现的情况下，政府机构尽可能多地公开信息，才是成功辟谣、维护稳定和提升公信力的正道。只有做到这一点，信息的不对称才能有效消解，否则它将再一次为谣言的生长提供土壤。因此，从某种程度上讲，信息对称性的实现消除了事件的模糊性，增强了事件透明度，提高了政府机构的公信力，从而也降低了公众由于掌握信息不足而被谣言左右的可能性。

（二）注意"塔西佗陷阱"带来的影响

本来所有的技术都是相对的，没有绝对的成熟或不成熟，高铁技术亦然。事故的发生原本就是一个概率事件。但是，铁路线路因其具有的"自然垄断"性质，从而使得铁路的管理体制具有高度的行政垄断特点，不仅政企、政资不分，而且整个行业就是一家超级的垄断企业。长期以来，铁道部不注重与民众、与媒体打交道。在一些民众之中，铁道部是"不受欢迎的部门"，所以难免陷入"塔西佗陷阱"。

此外，时任铁道部新闻发言人王勇平的低级错误也使得铁道部更深地陷入该"陷阱"。王勇平的记者会不仅没有减少舆论对铁道部的不满，反而引发了更多的质疑和愤怒。一时间，"埋车头是为了掩埋证据""为了通车不救人"等传言不胫而走，王勇平说的"反正我信了"也被众多网民冠以"高铁体"进行调侃。

（三）新媒体是成功消解谣言的重要平台

从信息的不对称性来讲，不对称的双方是政府机构与公众，但媒体作为政府机构与公众的沟通渠道，在实现双方信息对称的过程中肩负着重要作用，它可以成为谣言产生、扩散的土壤，也可以成为辟谣的重要平台。微博作为当下时效性最强的媒体，自然成为谣言传播的聚居地。还是以“7·23”甬温线特别重大铁路交通事故为例，当事故发生后，在微博上，一方面首先出现了对“7·23”特大交通事故救援工作的质疑，在公众没有得到准确解释的情况下，才使一开始的质疑变成漫天飞舞的谣言，从这一角度讲，微博客观上促进了谣言的扩散；但另一方面，微博也可以及时发布真实信息，消除信息不对称性，进而成为成功辟谣的重要平台。例如，微博上流传“35人死亡上限论”，称“超过36人市委书记将被撤职，所以一开始发生，就注定了死亡人数不会超过35人”。微博上还发图列举了从1993年到2011年国内重大事故中死亡的人数恰好都是35人，之所以如此，是因为死亡35人以上市委书记就要被撤职，所以为降低事故级别，官方瞒报了死亡人数。就此，新浪微博虚假消息辟谣官方账号“微博辟谣”25日发表声明，经过网友查证，相关微博所列举的近年我国发生的事故或灾害死亡数字中，18个数字与事实不符。对此，发布此消息的12名用户被新浪微博官方暂停发布和被关注功能一周。① 由此可见，尽管谣言可以借助微博在瞬间聚集网民抨击政府机构瞒报信息，但是媒体也可以在充分提供调查信息的基础上通过微博将谣言粉碎。

（四）公众对真相不懈追求的特点决定了公众是成功消解谣言的最终推动者

公众由于对生命的珍视，以及所掌握知识的有限，使得自己易受谣言的影响，在这种信息不对称性的前提下，他们可能是谣言的传播者。但从谣言传播、扩散到消解的整个过程来看，由于公众对科学的崇尚和对真理的追求产生了质疑谣言的诉求，当政府机构及媒体不断提供公众所缺失的信息后，公众会由谣言的传播者转变为拥护正确信息、消解谣言的最终的推动者。

当政府机构通过媒体发布正确的信息以揭穿谣言的荒谬时，谣言并不会自行消亡，甚至造谣者会变本加厉地采取各种手段与政府机构对抗，但公众在政府机构持续不断地公开信息后，往往会进行自我说服，相信政府机构的判断，并在这种情况下，传播权威信息。比如，2011年3月我国政府机构及时有效地处理日本地震引发的网络“谣盐”问题，赢得了公众赞赏。广大网民不仅纷纷谴责造谣者，并且主动通过网络传递政府机构发布的权威信息。公众的主动参与将政府机构由上而下的传递信息转变为由下而上的辟谣过程，形成了消解谣言坚实的群众基础。

总之，通过对微博时代下谣言的传播和消解的研究，我们发现：（1）影响谣言产生、传播的因素，除了事件的重要性和事件的模糊性之外，信息的不对称性也是一个重要因素，用公式表示即谣言＝事件的重要性×事件的模糊性×信息的不对称性。（2）在事件的重要性无法改变和事件的模糊性难以确定的条件下，信息的不对称性是消解谣言的关键性因素，我们以此建立了网络谣言的传播、扩散和消解模型。不管是微博中的谣言还是未来其他媒体产生的谣言，消除信息的不对称性、降低模糊性、增加透明度、提高政府机构的公信力，是政府机构、公众及媒体成功消解谣言的必然选择。

① 王灿发，何雯．突发公共事件的谣言传播系统及过程分析［J］．青年记者，2009（33）．

本章小结

本章主要阐释了网络谣言的特征、负效应，重点介绍了奥尔波特的谣言模型，提出了在新媒体条件下谣言的传播、扩散及消解模型与网络谣言消解对策。

思考题

1. 如何看待信息透明对抑制网络谣言传播的作用？

2. 美国心理学家奥尔波特提出了谣言的基本法则：事实的重要性和模糊性与谣言传播有关，并用公式 $R=i\times a$ 来表示。在公式中，R＝谣言（rumor），i＝重要性（important），a＝模糊性（ambiguity）。你认为谣言传播的变量还有哪些？

3. 简述传统谣言和网络谣言的主要区别和联系。

4. 手机媒体对于网络谣言的传播具有哪些影响？

5. 如何理解“信息不对称”在网络谣言传播中的影响？

6. 网络谣言能否从根本上被消除？

7. 结合“网络谣言传播、扩散及消解模型”，你认为政府和互联网平台在网络谣言治理中需要分别重点把握哪些方面？

在线自测

扫一扫　练一练

第十四章　新媒体的微观经营

作为新媒体，实现盈利是其生存与发展的基础。目前，新媒体的盈利模式主要有三类。

第一，“免费＋广告”模式。(1) 免费阅读与使用，靠广告收入来发展。其代表是雅虎、新浪、腾讯等门户网站，Google、百度等搜索引擎，以及 YouTube 等视频网站。虽然门户网站也有个别收费服务（如收费的 VIP 邮箱），但是基本是让网民免费阅读与使用，网络广告收入是其主要经济支柱。(2) 提供免费游戏，在游戏中嵌入广告。

第二，收费模式。实行收费模式的前提是提供的信息或服务必须具有不可替代性。(1) 适当收取阅读费。这类读者、用户对象往往是科技专业人士、商人、政府部门或军方人员，这些信息或服务往往具有权威性或不可替代性，代表者是《华尔街日报》网站、汉和情报评论，以及各类数据库，如中国学术期刊网、美国 Dialog 系统等。(2) 免费与收费相结合，实行差别服务。许多学术期刊的网络版把其部分内容（目录、摘要）放到网上，供读者免费浏览，但是要看全部内容则需要注册交费。有不少网络报纸对用户在网上检索其资料，采取的是分级控制的方式，或对阅读当天或一周内的新闻实行免费策略，检索以往新闻或其他数据库则收费。凤凰网对阅读文字新闻实行免费策略，对多媒体视频采取收费制。不少商业性门户网站对电子邮件实行收费与免费相结合，进行差别服务。(3) 付费下载网络游戏、应用软件、电子图书。现在越来越多的电子图书、软件、游戏可通过付费从网上商店下载，Apple Store 就是目前最成功的案例。

第三，电子商务模式。开展电子商务主要是通过网络直销与网上拍卖。

这里需要强调，在新媒体的盈利模式上，要淡化新闻网站与商业网站的界限，即新闻网站也可以采取电子商务模式，不仅可以做广告，收取广告费，还可以进行网络直销，获得销售提成。

第一节　网络广告

一、何谓网络广告

美国某著名传媒研究者给网络广告下的定义是：网络广告即电子广告，指通过电子信息服务传播给消费者的广告。这一定义可能给人们造成一个错觉：电子显示屏也是网络广告。于是有人给网络广告重新下定义。比如中国广告商情网就把网络广告定义为：在互联网上传播、发布的广告，它在广告形式、收费模式、广告特点等方面与传统广告形式有很大的差异。还有人认为，所谓网络广告，是指在网站上发布的以数字代码为载体的各种经营性广告。

其实，网络广告就是以互联网为媒体发布、传播的商业广告。简言之，网络广告指利用数字技术制作和表示的基于互联网的广告。

网络广告发轫于1994年的美国，当年10月14日，美国著名的《连线》(*Wired*) 杂志推出了网络版的 *Hotwired* (www.hotwired.com)，其主页上开始有 AT&T 等14个客户的横幅广告。这是广告史上里程碑式的一个标志。

从此之后，网络广告逐渐成为网络上的热点，世界网络广告的发展可谓突飞猛进。网络广告的市场以惊人的速度增长，网络广告发挥的效用越来越重要。

我国的网络广告起步较晚，中国的第一个商业性的网络广告出现在1997年3月，传播网站是比特网 (Chinabyte)，广告主是英特尔 (Intel)，广告表现形式为468×60像素的动画横幅广告。英特尔和 IBM 是我国国内最早在互联网上投放广告的广告主。

二、网络广告的特点

网络广告作为一种全新的广告形式，之所以受到各个国家及地区的企业的重视和偏爱，是因为它与当今电视、广播、报纸、杂志等媒体的广告相比，具有以下特点。

（一）互动性与主动性强

互动性强是新媒体的最大优势，它不同于传统媒体信息的单向传播，而是信息互动传播，用户可以获取他们认为有用的信息，厂商也可以随时得到宝贵的用户反馈信息。

在日本、美国等发达国家，网络广告被称为互动式广告。

网民在浏览网页时可以随心所欲地主动选择自己需要的（而不是被动接收）各类广告信息。如果他想知道某种商品或服务的详情，可以通过点击广告做进一步了解，或者利用电子邮件、网络电话、网络传真等与广告主进行交流，甚至可以直接实现在线购买。在与消费者实时沟通的过程中，广告主可以随时得到宝贵的用户反馈信息，直接与目标人群进行互动式交流，可利用网络广告同时达到不同的营销目的，搜集完整的客户资料以及客户对产品与服务的意见或建议。网络广告为消费者与广告主提供了一条互动、即时的交流渠道，为广告主提高消费者对商品的认知、培养客户忠诚度、实施客户关系管理 (CRM) 提供了有力手段。

网络广告可以做到一对一的发布以及一对一的信息回馈。对网络广告感兴趣的网民不再被动地接收广告，而是可以及时地做出反应。这种优势使网络广告可以与电子商务紧密结合，马上实现交易。

通过在线调查等方式，广告主可以以较低的成本随时得到大量、快速的用户反馈信息，这大大提高了广告主后期整理、统计、归档等工作的效率。

（二）实时性

在传统广告媒体上，广告发版后很难改变，或者说改换广告版面的经济代价太大，因而难以实现。而在互联网上做广告则能按照需要及时变更广告内容，包括改错。例如，一则有关电视机促销广告中的电视机销售价格变动了，更改其价格只需要1～2分钟，更改成本则可以忽略不计。这样就可以很容易做到经营决策变化与广告变化之间的无延迟。

网络广告的实时性还表现在可以实时搜集用户反馈信息。

（三）无时间及地域限制、传播范围极大

网络广告的传播范围广泛，可以通过互联网把广告信息全天候（无论刮风下雨都不影响效果）、不间断地传播到世界各地。网民可以在世界任何地方的互联网上随时随意浏览广告信息。这些效果，传统媒体是无法达到的。

（四）受众数量可准确统计

网络广告的突出特点是可测量性和智能化。通过第三方服务器不仅可以精确统计出网站的访客人数、广告的曝光和被点击次数，还能记录网民上网的时间分布和地域分布情况，乃至网民的个人爱好和上网习惯，从而具备了精确定向的可能。广告主可以借助精确统计出来的数据评价广告效果，进一步审定广告投放策略，并利用互联网的互动和实时特点，按照需要及时变更广告的形式和内容。互联网的这些技术优势，从基础层面确立了网络广告的经济价值，即节省广告主的费用投入，增强广告的实际效果，改变传统媒体广告“知道有一半的钱白花了，但不知道白花在哪里”的固有缺陷。

利用传统媒体做广告，很难准确知道有多少人接收到广告信息。以报纸为例，虽然报纸的读者是可以统计的，但是刊登在报纸上的广告有多少人阅读过却只能估计而不能精确统计。至于电视、广播和路牌等广告的受众人数就更难以估计。而在互联网上可通过权威公正的访客流量统计系统精确统计出每个客户的广告被多少个用户看过，以及这些用户查阅的时间分布和地域分布，从而有助于广告主正确评估广告效果，审定广告投放策略。

利用先进的信息技术，广告主还可以通过网络即时获得数据、报告，做到即时效果监测。这对及时调整广告策略意义非常重大。而这在传统媒体中是不可能实现的。比如，你同时在几家报刊上做广告，但每家的效果怎么样，不可能及时得到反馈，只能凭事后的感觉或调查来推断。

（五）针对性强

网络用户群体特征明显。有分析结果显示，网络广告的受众是最年轻、最具活力、受教育程度最高、购买力最强的群体，网络广告可以直接命中潜在用户。

利用软件技术，广告主可以指定某一类专门人群作为广告播放对象，而不必为与此广告无关的人付钱。比如，广告主在上海举办一个新品展卖会，他可以要求网站只向上海登录的网民播放广告。网站可以通过监测 IP 地址实现这一要求。

通过提供众多的免费服务，网站一般都能建立完整的用户数据库，包括用户的地域分布、年龄、性别、收入、职业、婚姻状况、爱好等。这些资料可帮助广告主分析市场与受众，根据广告目标受众的特点，有针对性地投放广告，并根据用户特点做定点投放和跟踪分析，对广告效果做出客观准确的评价。

（六）形式多样，多媒体广告日益增多

网络广告的表现形式包括动态影像、文字、声音、图像、表格、动画、三维空间、虚拟现实等，它们可以根据广告创意需要进行任意的组合创作，从而有助于最大限度地调动各种艺术表现手段，制作出形式多样、生动活泼、能够激发消费者购买欲望的广告。

网络广告与传统广告的比较见表 14－1。

表 14－1 网络广告与传统广告的比较

广告类别	传播范围	时效性	信息类型	传播速度	用户接收方式	价格	注意度	更新速度	互动性
网络广告	全世界	实时	丰富、互动、多媒体	快	主动	低	高	即时	高
平面媒体广告	区域性	滞后	少，为文字信息	慢	被动	中	高	慢	低
广播广告	区域性	实时	少，为声音信息	快	被动	中	低	慢	低
电视广告	区域性	实时	音视频信息	快	被动	高	中	慢	低

当然，网络广告也有其不足。目前最大的不足在于网络在普及性方面尚不如电视等媒体。此外，新媒体的主动性使得许多网民对网络广告视而不见，根本就不去点击。

三、网络广告的主要形式

网络广告的主要形式有以下几种。

（一）横幅广告

这是起源最早的互联网广告形式，现在依然活跃在各种网站上。这种广告一般具有固定的尺寸，内容用图片或者 Flash 等方式展示，有很多是动态的创意素材。

（二）文本链接广告

文本链接广告是一种对浏览者干扰最少，但却很有效果的网络广告形式。一般展示在网页内容的顶部或者底部，用户点击后会自动跳转到目标广告的界面。

（三）视频贴片广告

平时我们在看视频时在开头和结尾，一般都会有一段广告，甚至中途也会有一段广告的插入，在视频暂停时也会自动跳出来，这就是视频贴片广告。以前主要是展示，现在在展示的同时大多还带有链接，用户在观看广告时就可以直接进行消费购买。

（四）信息流广告

信息流广告是位于用户的好友动态、资讯媒体及视听媒体内容流中的广告。信息流广告相对来说更容易被用户接受，企业可以根据用户标签和属性让投放更精准，效果也更好，特别是在移动互联网时代到来后迎来了爆炸式的增长，几乎所有的互联网媒体都推出了信息流广告平台。

（五）插屏广告

插屏广告属于移动广告的一种常见形式，具有强烈的视觉冲击效果，这种广告一般是在应用开启、暂停、退出时以半屏或全屏的形式弹出。用户在使用某个应用中也会出现这类广告，比如我们看视频或者听音乐暂停时，就会跳出这种广告。

（六）全开屏广告

这类广告是移动互联网时代最多见到的，基本上我们每打开一款 App，开始都会有一个三到五秒的广告，主要是图片或者动态 H5，也有的直接是一个短视频。这类广告带有一定的强制性，企业投放时需要根据自己要推广的产品认真考虑。

（七）OTT 广告

OTT 广告是指互联网公司以互联网电视或者电视＋盒子为平台，在公共互联网上为电视前的用户提供视频、游戏、购物等服务。这大大弥补了互联网广告的空缺，让那些平时不怎么接触互联网的用户也能接收到企业的广告。

（八）短视频广告

短视频广告指以时间较短的视频承载的广告，可以是在社交 App、短视频 App、新闻类 App 等应用中出现。

（九）软文广告

这是现在一些新媒体平台最常见的广告，主要以内容为载体，自然而然地把广告融入其中，很多用户都是看到最后才发现是广告，这类广告因为有了内容的潜移默化，所以效果往往是最好的，但对内容的制作有一定要求。

（十）直播广告

近年来直播非常火爆，有的商家就选择通过直播的方式直接推销自己的产品。有的是商家自己直播，大部分是进行 KOL（Key Opinion Leader，关键意见领袖）投放，选择一些网红主播来帮自己推荐。在选择 KOL 时需要注意除了选择的 KOL 要与自己的目标用户相匹配外，还要从职业、影响力、标签、活跃度等多方面考量，以求达到最佳效果。

四、网络广告效果评估

说起网络广告的效果评估，大家首先想到的就是广告的网上点击率。的确，可以直接从广告播发系统中即时查到的网上点击率是一个非常重要的广告效果评估指标，但这并不是全部。广告效果，即广告作品发布后所产生的经济作用、心理作用和社会作用。所以，广告效果可以分为广告的经济效果、广告的心理效果和广告的社会效果。同样，网络广告效果，即广告通过互联网发布后所产生的作用。网络广告效果测定主要是测量上网者对网络广告所产生的反应。比如对于通栏广告来说，上网者有如下三种选择：没注意，浏览但不点击，点击。网络广告效果监测在收集以上数据的基础上，再综合上网者的其他变量，从而得出一系列指标，作为衡量网络广告效果好坏的标准。

（一）评估网络广告效果的标准和方法

1. 评估网络广告效果的标准

评估网络广告效果的标准主要有以下几个。

（1）被动浏览：主要是以浏览者进入广告页面的次数为标准。

（2）主动点击：这种效果评估标准是指网络广告效果的好坏关键要看浏览者是否点击了该广告，以及点击的次数。

(3) 交互性：交互是新媒体与传统媒体的一个重要区别，网络广告很好地体现了交互这一特点。浏览者在浏览广告的同时还要与广告主形成信息的交流，这样的网络广告才是有效的。该指标评价广告效果的好坏主要看目标受众主动与广告主联系的次数的多少。

(4) 销售收入：广告能引起销售收入，那么广告当然是有效的。问题在于销售收入在多大程度上依赖于网络广告，因为引起销售的因素是很多的，包括促销、公关、产品、价格、销售渠道、消费者的消费行为特性等。所以，用销售效果为标准来衡量网络广告效果是困难的。

一般来说，达到四种评估的标准的难易程度与广告衡量的准确程度是正相关的。即衡量广告效果的标准越易达到，这种衡量的准确程度就越低。所谓衡量效果的准确与否是相对的概念，对于不同类型、不同目的的广告要选择不同的测量方法，如衡量企业形象广告效果，就应该用浏览率或点击率作为标准，采用销售效果为标准就不太适合。每种效果测定的标准都要通过具体的试验以及实践的经验来最终确定。试验是尤其重要的手段，比如，对于横幅广告来说，研究点击率和广告的面积、文件类型、广告与页面内容的相关性的关系是非常有意义的。

2. 测定网络广告效果的方法

网络广告效果测定的方法如下：

点击率＝看到广告并点击的数量/页面浏览量

交互率＝点击该广告并进一步与广告主联系的数量/页面浏览量

（二）网络广告的计价模式

与网络广告的评估密切相关的是网络广告的计价模式，主要包括下面几种。

(1) CPM，cost per mille（每千人印象）的英文缩写，指广告显示 1 000 次所应付的费用。它所反映的定价原则是：按显示次数给广告定价，这种定价思路与传统广告中定价思路源出一脉。

(2) CPC，cost per click（每千人点击成本）的英文缩写。在这种模式下广告主仅为用户点击广告的行为付费，而不再为广告的显示次数付费。

(3) CPA，cost per action（每行动成本）的英文缩写，是按照用户的每一交互行为收费。CPA 是按位置、时段和广告形式的综合计费。

目前中国网络广告的主要计价模式是以广告在网站中出现的位置、时间段和广告形式为基础向广告主收取固定费用。这种计费模式是与广告发布位置、时间和广告形式挂钩的，而不是与显示次数和访客行为挂钩。在这一模式下，发布商是按照自己所需来制定广告收费标准的。

五、对网络广告的监管

（一）对网络广告进行监管的必要性

在互联网上，人人都可以发布广告。与现实社会一样，互联网上同样会出现虚假广告和欺诈广告，且更加不易识别。

许多人都受到过电子邮件广告的骚扰。只要你的电子邮箱地址被广告发布者知晓，你就无法拒绝。电子邮件广告以邮件列表的形式发送，数量在理论上可以轻而易举地从一到无限多，个体可以向无数的信箱发布广告邮件。

对于传统媒体广告，多年来国家已经制定了一整套的法律、法规并发布了各种规范性文件。但网络是一种新媒体，网络广告在我国的发展时间较短，这方面的立法还不完善，监管上存在许多困难和问题。有些网站发布虚假广告，欺骗消费者；有些网站发布法律法规禁止或限制发布的商品或服务的广告；有些特殊商品广告发布前未经有关部门审查，内容存在着严重的问题；有些网站在广告经营中存在着不正当竞争行为……凡此种种都严重制约着网络广告这一新生事物朝着健康、有序的方向发展。规范化和法制化是我国网络广告发展的必由之路。

在网络广告活动中，作弊现象还很多。点击人次、浏览人次等资料可以被操控，甚至作假，比如可以开发一个程序来提高来访的人次，或采取虚假的计数方式。于是网络广告媒体与广告主及代理商开始寻找独立的监察、统计组织，由一个客观的第三方监督新媒体的效益，确保在网络广告上投入的费用能体现其价值。互联网已趋向由独立公正的第三方权威机构公开评估和统计访客流量。美国的市场调查机构尼尔森公司，作为监测网络广告的引领者，对网络上85%的热门网站的流量进行过统计。在我国，也开始有新媒体委托权威机构对其网站进行公正的访客流量测定。资料的准确公正有助于广告主及时调整产品发展方向及营销方针，使网络广告的效益得到保障。

总之，网络广告市场的快速膨胀，使得网络广告鱼目混珠的现象比较严重。对网络广告的监管势在必行。

（二）网络广告监管的难点

相比传统的媒体广告监管，网络广告的监管存在“六难”。一是因新而难。媒体新、运作模式新、表现形式新、计价方法新等，使广告管理机关对网络广告有一种陌生感，因为生疏而不知管理应从哪里入手。二是网络广告无地界、国界，确定管辖地难、适用法律难、调查取证难、追究责任难。例如一个违法广告的受害者很可能处于不同国家，甚至分布在全世界。如何认定实施侵害者的行为违法、如何定性、适用哪个国家或者地区的法律、怎样追究违法当事人的法律责任、其民事责任应该如何承担等问题，都让人挠头，难以解决。三是网络广告经营主体的市场准入授权难。对于跨地区甚至是跨国的网络广告经营主体，该由哪一级广告管理机关为其核发许可证和执照？其是否适用传统的资质等级标准？怎样确立其资质？这些都没有现成的依据可循。四是界定网络广告难。互联网上的信息交叉性突出，区分较传统广告媒体不易。五是广告管理机关一时难以适应。首先是人员素质不适应，其次是管理装备不适应。六是寻找法律依据难。

（三）网络广告的监管之道

目前，网络广告的管理从无序趋于有序，就是说管理更加规范化。这有两方面的推动因素：第一是我国对网络广告管理的重视，主管部门颁布了一些试行的规范和要求。第二，许多网站从本身形象与利益出发，也在将网络广告管理带向规范化管理的道路。在网站建立的初级阶段，网站的人员素质、管理经验都存在一些薄弱的环节，而现在，网络公司逐步成熟了，管理也进一步加强了。

网络广告存在自身的行业特点，具有与电视和报纸等媒体不同的特性，一个广告链接本身可能没有违反广告法，但它指向的站点却可能存在问题，这样的情况也必须有一个妥善的管理方法。所以，网络广告规范是必须要制定的，不管是什么媒体的广告，内容规范必须一视同仁。网络广告的经营活动和网上发布的广告内容，都应当明确纳入广告监管的范围。总的来说，在网络广告的管理上，网络广告必须遵守广告法。网络广告是个全新的领域，其规范和完善需要时间。如同其他已经发展成熟的行业一样，网络广告也遵循先发展再规范的规律，不能操之过急。但是，我国网络广告发展的速度很快，又必须尽快地进行规范，不能让网络广告盲目发展。对网络广告实行完全放开的方式，不进行资格认证，也不进行审批是不行的，而且这也不利于网络广告业的健康发展。现在有许多专业网络公司和企业的网站在网上自行发布与经营广告，对它们如何进行管理是亟待解决的问题。能不能经营网络广告，首先要有一个资格认证，要确立一个经营网络广告的市场准入条件，再按照有关规定严格规范网络广告的内容。

2023 年 5 月 1 日，《互联网广告管理办法》开始施行，我国网络广告的经营管理更加规范。

国外对网络广告的管理也有一个发展过程。美国、日本对网络广告的管理总体采用比较宽松的方式，但美国联邦贸易委员会对网络广告也提出了进一步的要求。该委员会认为，网络广告同印刷广告、电视广告、广播广告相同，都应该处于严格的管理之下，网上的许多广告都必须加以规范。网络广告实施细则也强调，在任何媒体上，欺诈行为都是非法的，网络广告的浮夸和欺诈不但会损害消费者利益，也将损害电子商务自身的形象。美国联邦贸易委员会通过对广告用语、营销以及促销行为等加以监督，对在线消费者进行保护，使其不受虚假广告的误导；对广告商的要求则是，广告商必须确保广告内容的清晰和准确，如果广告内容中存在容易误导消费者的地方，广告商必须加以声明，声明出现的位置必须醒目，声明的语言必须清楚易懂。

面对飞速发展的网络，我们应积极应对，制定相关的法律法规，保护众多网络消费者的合法权益。只有这样，才能使网络广告向着健康的方向发展，起到它应该有的作用。

第二节　电子商务模式

电子商务产生于 20 世纪 60 年代，大发展于 20 世纪 90 年代互联网普及的时代。其产生和发展的重要条件是：计算机的广泛应用，网络的普及和成熟，信用卡的普及应用，电子安全交易协议的制定，政府的支持与推动。

在美国，通过互联网进行交易已经成为人们日常生活的一部分。美国政府为了鼓励电子商务的发展，规定网民在互联网上购物可以免除一部分消费税，从而极大地促进了电子商务的发展。根据 Statista 数据显示，2018 年至 2023 年，全球电商营收从 1.52 万亿美元增长至 3.15 亿美元，增幅达到惊人的 108%，并且该增长趋势将延续至 2028 年。截至 2024 年初，全球手机用户人数将达到 56.1 亿人，全球互联网用户总数为 53.5 亿人，即全球人口中超过 66%的人口使用互联网。

一、电子商务的优缺点

电子商务活动有两个基本特点：一是利用了现代信息技术（特别是使用各种形式的网络）；二是与商品和服务的买卖有关，是一种商贸活动。电子商务大大简化了商品流通环节，提高了交易效率，同时降低了交易成本，是实现跨地区、跨国界交易更为有效的途径。但是，目前电子商务还存有难以控制和易被不法之徒利用、安全保障和保护隐私等问题没得到根本解决等不足。

首先，电子商务大大简化了商品流通环节，提高了交易效率。电子商务利用电脑网络快捷、便利的通信手段，在更广阔的时空里实现了商品流通信息的咨询、交换，以至于直接开展网上贸易。在这里，互联网用一条前所未有的纽带把全世界的商品供需双方联系在一起，客户在不与商家碰面的情况下即可完成意向洽谈、看样订货、实际购买和支付货款的交易全过程。电子商务模式的出现取代了商品流通中大量的中间行为，商品代理制、分销商、层层叠叠的批发，以及展览会、展销会等，都有可能随着电子商务这种新型销售方式的崛起而变得不再那么重要。

其次，电子商务是实现跨地区、跨国界交易更为有效的途径。利用多媒体及与此相应的软件编程技术，商家能够在网络上构筑销售其产品的“虚拟展厅”，以生动逼真的视频图像、动画技术，辅以文字、声音等附加信息，对产品进行全方位的描述和介绍，使用户或消费者远在万里之遥也同样能感受到身临其境的现场效果，足不出户便可实现消费意愿。在网络构筑的“世界大展厅”里，人们还能“货比三家”。与电视直销相比，基于网络的电子商务更具优越性。换言之，电子商务具有方便性。在电子商务环境中，人们不再受地域的限制，客户能以非常简捷的方式完成过去较为繁杂的商务活动，如通过网络银行能够全天候地存取资金、查询信息等。这也使企业可以大大提高服务质量。

最后，电子商务降低了交易成本。电子商务提供了虚拟的全球性贸易环境，大大提高了商务活动的水平和服务质量，节省了许多潜在的开支。

电子商务有明显的优点，但也有难以控制和易被不法之徒利用的缺点。从技术上说，还有安全保障和保护隐私等问题没得到根本解决。在尚无严格的国际司法保障的互联网上开展业务，交易能否在双方均无后顾之忧的情况下顺利完成，是电子商务业务能否迅速普及的关键。

二、电子商务的类型

电子商务可以按照不同的标准进行分类。

（1）按照交易对象分类，电子商务可以分为三种类型：第一种类型是企业与消费者之间的电子商务。类似于联机服务中进行的商品买卖，它是利用计算机网络使消费者直接参与经济活动的高级形式。第二种类型是企业间的电子商务。它包括：非特定企业间的电子商务，它是在开放的网络中为每笔交易寻找最佳伙伴，并与伙伴进行从订购到结算的全部交易行为；特定企业间的电子商务，它是在过去一直有交易关系或者今后要继续进行交易的企业间，为了相同的经济利益，共同进行的设计开发。第三种类型是企业与政府之间的电子商务。这种商务活动覆盖企业与政府组织间的各项事务。

（2）按照商务活动的内容分类，电子商务主要包括两类：一是间接电子商务——有形货物的电子订货和付款，它仍然需要利用传统渠道如邮政服务和商业快递车送货；二是直接电子商务——无形货物和服务，如某些计算机软件、娱乐产品的联机订购、付款和交付，或者是全球规模的信息服务。间接电子商务要依靠一些外部要素，如运输系统等。直接电子商务能使双方越过地理界限直接进行交易，充分挖掘全球市场的潜力。

（3）按照使用网络的类型分类，电子商务目前主要有三种形式：第一种形式是EDI，第二种形式是互联网，第三种形式是intranet。

EDI（electronic data interchange，电子数据交换）主要应用于企业与企业、企业与批发商、批发商与零售商之间的批发业务。相对于传统的订货和付款方式，传统贸易所使用的各种单据、票证全部被计算机网络的数据交换所取代。EDI系统的大范围使用，可以减少数据处理费用和数据重复录入费用，并大大缩短交易时间。

互联网商业是国际现代商业的最新形式。它以计算机、通信、多媒体、数据库技术为基础，通过互联网，在网上实现营销、购物服务。它突破了传统商业生产、批发、零售及进、销、存、调的流转程序与营销模式，真正实现了少投入、低成本、零库存、高效率，避免了商品的无效搬运，从而实现了社会资源的高效运转和最大节余。消费者可以不受时间、空间、厂商的限制，广泛浏览，充分比较，以最低的价格获得最为满意的商品和服务。

Intranet是一种采用互联网技术和标准建立的用于企业或机构内部信息管理和交换的局域网，是防火墙后的互联网。

（4）电子商务还可以按服务的地理范围来分类，通常可分为三类：本地电子商务、远程国内电子商务和全球电子商务。

第三节　收费服务模式

新媒体进行收费服务，其提供的信息或服务必须具有不可替代性，或者对免费与收费用户实行差别服务。

作为企业，实现盈利是其根本目标。过去，网站盈利的模式是“免费使用＋网络广告”，然而，事实证明，对于许多网站来说，这一模式难以给网站带来利润。网站亏损的例子比比皆是，许多知名度高、访问量大的网站也是如此。

为挽救每况愈下的营收，全球报业无不将希望寄托在网络新闻收费，但一项最新调查显示，想让网络新闻读者掏钱付费，如同迫使破茧而出的蝴蝶回到茧里一样困难。

美国《日报》（*The Daily*）是2011年1月新闻集团与苹果公司合作开发的iPad付费新闻阅读产品，希望凭借iPad庞大的客户群，赢得数字阅读时代的市场先机。开发方曾对《日报》寄予厚望。乔布斯曾称其为“iPad上最令人期待的新闻阅读产品”，默多克则称《日报》是“未来的发展潮流”，并想借此将自己的传媒帝国全面带入移动互联新时代。

但是，到2012年11月，默多克至少已经向《日报》投入了3 000万美元。因连续两年亏损，《日报》于2012年12月15日关闭。此时距离《日报》上市还不到两年时间。

《日报》失败的原因不少，如内容独创性和吸引力不足。如果想做一份叫作“Daily”

（日报）的报纸，就必须具备影响人们每天阅读习惯的能力。很显然，这份报纸并不足以吸引人们每天去阅读。

在新媒体时代，《纽约时报》《华尔街日报》等市场主流媒体也纷纷推出可在各种品牌（苹果、HTC和黑莓等）、各种类型（手机、平板电脑和电脑）的移动终端阅读的电子版，并且在订阅电子版的同时附赠纸质版。在同样付费的前提下，多数消费者自然更倾向于选择一份更熟悉、更权威的报纸，而不是一个全新陌生的新闻应用。

但是，我们认为，《日报》的付费新闻阅读是其失败的根本原因。在美国，《日报》应用程序每周订阅费为99美分，每年39.99美元。若《日报》采取“免费+广告”模式，或许更能实现盈利的目标。

第四节　新媒体行业的马太效应

新媒体是一个“马太效应”非常明显的行业。新媒体行业有一句名言，即“数一数二，不三不四”。意思是说，任何一个互联网细分市场，不管其市场规模有多大，往往只有一个行业“老大”，“老二”如果想生存，必须具有老大不具备的不可替代的特殊优势。但是，绝对没有“老三”“老四”。

造成新媒体行业的“马太效应”的原因在于，绝大多数互联网企业采取“免费+广告”的盈利模式。对于用户来说，既然都是免费的，为什么不用最好的呢？

新媒体又是一个时机是关键的行业。

“失去的机会不会再有！”是互联网行业的规律之一。这样的例子比比皆是。罗永浩的锤子手机为什么失败？罗永浩做手机是2014年5月份，2013年中国销售手机3.5亿部，同比增长84%。当增长84%的时候，这个行业已经跟你没有关系了。因为所有人都看到可能性了，智能手机是一个大市场，大量的资本、大量的技术开始涌进来。只有在2011年、2012年做手机，才有机会。到2014年就没有机会了，2014年如果雷军才刚刚创办小米手机，也没有机会。

失去的机会不会再有，但是任何互联网细分市场，第一个吃螃蟹者都会变成“先烈”。因为市场太新，不能墨守成规，需要创新才能生存。瀛海威就是一个典型的案例。瀛海威曾经是中国互联网行业的领跑者，后因企业经营策略等问题而逐渐衰落。

瀛海威的前身为北京科技有限责任公司，该公司成立于1995年5月，公司最初的业务是代销美国PC机，后转向互联网业务，瀛海威由此而诞生。图14-1是瀛海威时空的广告牌。

1998年，经过三年的苦心经营后，瀛海威已发展成为拥有3.7万家客户的全国知名的ISP公司和除邮电系统之外中国最大的一家电信网络公司。瀛海威建立了中国第一个公司网和电子商务。瀛海威几乎教育了国人所有关于互联网的基本概念。瀛海威的名字也因此深入国人心中，成为中国ISP产业的大哥大。

瀛海威所处的是在中国还不为大多数人所了解的ISP行业。瀛海威用户通过电话线拨号上网，此段谓之接入服务。当接入成功后，若用户想浏览国外的站点，则必须通过中国电信的主干网。其中拨号网络部分收取的费用实际上就是电话费，这部分费用全部交给了

图 14-1　瀛海威时空广告牌

中国电信，瀛海威只是过路财神。而瀛海威收取用户通过主干网浏览国外站点所缴的费用还不抵瀛海威交给中国电信主干网的使用费用多，这样，用户访问国外站点的次数越多或时间越长，瀛海威赔钱也就越多。不仅瀛海威如此，所有的 ISP 都是如此苦苦支撑着。因为中国电信是中国电信业的龙头老大，它在中国有线网和无线网通信上占据绝对统治的地位，几乎所有的通信线路都归中国电信所有。因此同一行业的任何一家公司都要执行中国电信制定的价格体系，遵守中国电信制定的政策，而无力与之竞争。

1996 年 9 月至 1997 年 10 月，瀛海威使网民不得不面对的一个哭笑不得的事实是：想通过瀛海威上网必须使用专有程序。这当然给用户带来了极大的不便，上你的网还要放弃我们的习惯而使用一种新的软件，商家反而在增加用户的麻烦。这种抗议声从用户到公司内部一直没有停歇，可是直到 1997 年 10 月，瀛海威才宣布取消这一规定。而在这两年漫长的时间里，瀛海威的高层主管坚持不改规定的原因竟是“公司花了大量财力人力研制出的专用软件不能随便舍弃”。

瀛海威还花巨资开发十分超前的“网上缴费系统”。瀛海威实行联机服务收费，让网站成为一座上岸票价昂贵的孤岛。网民面对开放自由的信息大海，只能望洋兴叹。瀛海威还使用一套与互联网 TCP/IP 不同的通信规程，网民熟知也容易找到的标准浏览器 Netcape 和 IE，在号称“纵横时空”的瀛海威竟然不能使用。这又无异于瀛海威孤立无援地挑战整个世界网络标准，给广大用户带来不便。

其实，瀛海威正确的选择是“向雅虎式的门户类网站转型”，但最终失去了生存和发展的机会。

本章小结

本章主要阐释了新媒体的盈利模式，包括网络广告、电子商务模式、收费服务等。重点讲授了网络广告的特点、问题、发展对策，讨论了电子商务模式的类型，分析了收费服务模式的可行性。

思考题

1. 网络广告有何优势与不足?

2. 如何对网络广告进行监管?

3. 请你说说最喜欢和最讨厌的网络广告，并分析原因。

4. 电子商务的特征与类型有哪些?

5. 你如何看待手机广告?

6. 请分析淘宝的盈利模式及成功的原因。

7. 请分析腾讯的盈利模式。

8. 目前新媒体的盈利模式有哪几种? 各自具有哪些优势和劣势?

9. 网络广告相比报纸、电视等传统媒体的广告，具有哪些新的特征? 如果你是广告投放商，你愿意更多选择哪一种媒介投放广告? 为什么?

10. 请简述评估网络广告效果的标准和方法。

11. 谈谈你对“网络广告发展之道”的看法。

12. 你如何认识新媒体行业中的“马太效应”? 你认为这种效应是否应该以及是否能够被化解? 为什么?

在线自测

扫一扫　练一练

第十五章　新媒体中的著作权保护

新媒体的出现给著作权（版权）保护带来了崭新的课题。早在 1996 年 12 月 20 日，世界知识产权组织关于版权与邻接权协商会议就通过了涉及新媒体著作权保护的世界公约——《世界知识产权组织版权条约》和《世界知识产权组织表演和录音制品条约》。它们对《保护文学和艺术作品伯尔尼公约》（简称《伯尔尼公约》）、《罗马公约》做出进一步的完善。《世界知识产权组织版权条约》规定：计算机网络中信息的存储、拷贝都必须经著作权人许可，作品的内容、署名等不得任意改变；同时，对加密信息的擅自解密及擅自生产解码设备，均侵犯了著作权人的权利。同时各国也采取了相应的法律保护措施。

2000 年 12 月，世界知识产权组织在瑞士日内瓦签署了《世界知识产权组织版权条约》及《世界知识产权组织表演和录音制品条约》，在这两份条约中确认了《伯尔尼公约》中的“向公众传播的权利”这一概念中包含权利人在网上传播其作品的权利，明确规定著作权人有权许可他人以有线和无线方式向公众传播其作品。世界知识产权组织通过这一规定赋予了著作权人一项新的专有权利，即网络传播权。此后，世界主要发达国家纷纷对其国内法进行修订，加入上述两条约。美国、日本、欧盟分别采取了不同的立法模式，实施上述两项条约中对网络传播权的规定。受国际社会影响，2001 年，我国在《著作权法》中设立了“信息网络传播权”这样一项专有权利。

第一节　新媒体中著作权保护面临的问题

网络侵权存在隐蔽性、复杂性和裂变性等特点，更重要的是它会通过社交平台进行快速传播，达到裂变的效果，这使得打击盗链的难度大大增加。此外网络盗版还存在国际化、社交化、移动化的特点，存在监测发现难、通知删除难、投诉难等问题。

一、新媒体的特性造成了侵权易、维权难

事实上，目前并不缺乏保护新媒体著作权的法规，但是新媒体著作权保护的形势依然十分严峻。在网络上，著作权之所以被侵犯且屡见不鲜，是因为一个作者要在互联网上维护自己的合法权益往往要付出很高的时间、经济成本，并且承担着较高的败诉风险。因为在网络上对著作权的侵犯存有零成本、隐蔽性、迅速性、全球性以及罪证难以收集等特点。简言之，在互联网上侵权非常容易，而维权却十分困难。

一部新媒体作品一旦在虚拟的网络世界中被不法者侵权，被侵权人甚至难以发觉。但是，作品被侵权后却能在瞬间传遍全世界。对新媒体作品的侵权，不法者只需要轻点鼠

标，简单地进行下载、复制、粘贴，其侵权成本几乎为零。从技术上看，作为数字化作品，复制品与原件没有任何质量上的差别。但是，著作权人想要维护自己的合法权利，却要付出极高的成本。与传统的纸质出版物不同，纸质作品被侵权，可以比较容易地找到有形的物证；而新媒体作品如果被侵权，侵权者可以轻易地删除被侵权作品，造成诉讼证据难以被有效收集的窘境。从中国目前已有的网络作品著作权保护法规与司法实践来看，即使著作权人成功地赢得了诉讼，所获赔偿额也往往过低，甚至不足以支付律师费等费用。这样既无法有效保护著作权人的合法权益，也无法对不法者起到应有的打击与震慑作用。

二、关于网络服务提供商的法律责任问题

根据提供服务内容的不同，网络服务提供商可以分为提供连线服务的网络服务提供商和提供内容服务的网络服务提供商，或者是具有这两种功能的网络服务提供商。网络侵权行为的实施离不开网络服务提供商提供的服务，因此必须规范其行为，尽量明确网络服务提供商对著作权侵权的过错责任，既不使其承担过重的责任，同时也约束其行为。

提供内容服务且对网络传输内容可以控制、监督、做增删编辑的网络服务提供商，有采取措施停止侵权内容传播的义务。在著作权人发现其权利被侵害而告知网络服务提供商采取措施停止侵权，网络服务提供商仍不采取措施的，属于实施了不作为的侵权行为，应当承担连带责任。有的观点认为，在这种情况下，网络服务提供商法律责任的确定应适用过错责任原则，即使著作权人没有告知，如果网络服务提供商在主观状态上明知著作权人的权利正在被侵害，而不采取措施停止侵权，也应承担连带责任。提供内容服务的网络服务提供商，有提供侵权人通信资料等有关证据的义务。在明知用户通过网络传输侵犯他人的著作权，或者在著作权人提出确有证据的侵权警告后，网络服务提供商在技术可能、经济许可的范围内拒绝提供侵权人的通信资料，拒绝移除侵权内容的，具有侵权的主观过错，实施了不作为的侵权行为，应当承担侵权责任。

要求网络服务提供商承担不作为侵权法律责任，著作权人必须提交证明其权利人身份及权利被侵犯事实情况等有关证据。著作权人发现网络上侵权内容向网络服务提供商提出警告时，应当出示权利人姓名、电话、电子邮件地址、通信处、著作权权属证明及侵权内容等有关资料，如无正当理由不出示上述资料的，不能追究网络服务提供商的法律责任。但网络服务提供商在著作权人提出上述资料后仍不采取措施的，著作权人可以在向人民法院提起诉讼时申请停止侵害、排除妨碍、消除影响的先行裁定。

网络服务提供商应著作权人的要求采取移除等措施制止侵权行为的，是维护著作权人合法权益的合法行为，不应承担违约责任。同时，因申请人申请网络服务提供商采取措施停止侵权内容的传播而造成的损失，应由申请人承担责任，不应由网络服务提供商承担。

仅提供连线服务的网络服务提供商，由于其只是为作品在网络上的传输提供信息通道，并未直接或间接参与使用他人作品，因此并未实施侵犯他人著作权的行为，该类服务提供商对于使用者通过网络传输侵犯他人著作权的行为，不应承担法律责任，该侵权的法律责任应当由侵权者本人承担。

三、新媒体中多媒体作品的法律保护

在新媒体中有越来越多的多媒体作品。多媒体作品凝聚了大量开发人员的创造性劳动，并能够以一定的物质形式固化。因此将多媒体作品作为作品受《著作权法》保护在国内外法学界达成了共识，但在多媒体作品的归属以及在多媒体开发过程中仍存在众多的法律问题。

（一）多媒体作品的法律归属

多媒体作品以其友好的交互方式区别于传统的作品，并且多媒体作品的创作工作较为复杂，涉及的人员和范围都与传统作品的创作有很大的差异，所以一些人主张将其单独列为一项作品用法律加以保护。而持另一种观点的人认为，多媒体实质上无非是载体的多样化和综合化，即采用一定的技术对动画、声音、图像等进行综合加工、处理，应视为汇编作品。笔者认为，以文字、语言为主，集文字、声音、图像于一体的“多媒体”，如含人物活动形象、谈话录音的百科全书只读光盘，作为一种新的表现形式的作品，可以按汇编作品对待。《著作权法》第十五条对汇编作品的解释是：“汇编若干作品、作品的片段或者不构成作品的数据或者其他材料，对其内容的选择或者编排体现独创性的作品。”其他国家的著作权法律和国际版权公约对汇编也有类似的解释。从多媒体应用的角度看，将文本文件和图像、视频信息综合起来的多媒体数据库将成为多媒体应用发展的核心。因此，如果将多媒体作品单独列为一项作品加以法律保护，将使得多媒体数据库处于两难境地，产生新的矛盾。

（二）取得已有版权作品的授权问题

多媒体是文本、图像、声音、动画等多种媒体信息的综合体，多媒体作品的创作不可避免地要利用大量的已有版权作品。这些作品的权利人有可能多达上百个，也有可能分布在不同的国家，甚至无法确认权利人是谁。在这种情况下，如要求多媒体开发者逐一去取得已享有版权作品权利人的许可，要花费大量金钱和时间。这一点是现行多媒体开发者最难解决的问题，也是阻碍多媒体发展的主要障碍。显然，这对现行著作权的管理制度提出了挑战。现在国内外法学界多倾向于建立一个非营利性的集体管理机制对著作权进行统一的管理。

四、与新媒体有关的传播权限制

新媒体的著作权问题应该受到应有的重视，否则著作权人就不愿也不会冒险把自己的作品制作成新媒体。然而事物总是有其两面性的，赋予权利人一定权利的同时也必须加以适当的限制，否则就会导致权利的滥用，也不利于新媒体的传播。法律固然应该保护作品的创造者和所有者，但也应顾及任何一件作品的创作都是个人的创造与社会的结合，一方面它离不开创作者个人的辛勤劳动；另一方面，它也凝聚着对前人智力成果的继承。公有领域始终是我们进行智力创造的宝贵源泉。因此著作权法制度无论如何进步都不可破坏私人利益与公众利益之间的平衡。知识产权制度虽然是一种合法的垄断制度，但只有在它也是符合情理的垄断制度时，才能被人们普遍接受并自觉遵循。

（一）合理使用

1. 合理使用的判断标准

根据《伯尔尼公约》第九条第二款的规定，该同盟成员国法律有权允许在某些特殊情况下复制其规定可复制的作品，只要这种复制不致损害作品的正常使用也不致无故危害作者的合法利益。这为确定一个行为是否属于合理使用设定了可供参考的标准。

一般地，对合理使用的界定有两种方式，其一是在立法中明确规定为合理的事项，其二是由法院根据确定的标准自行判断。立法时也必须以一定的标准为依据，因为当涉及纠纷时，管理机关也必然有一定的认定标准。

按照传统要求，只有不具有商业目的的使用才可构成合理使用，而对于新媒体的读者而言，其使用目的是很难判断的。因为合理使用必须限定在一定的范围内，以私人目的，例如欣赏、学习、研究等，从网络上下载作品将成为新媒体发行的重要方式，仅仅是不具有商业目的的使用不应该再作为合理使用的理由。当然，这都是相对于纸质图书而言的，纸质图书不经过销售便无法传播，而新媒体却可以通过网络进行下载。由于网络环境的特殊性，读者对新媒体的使用即使属于合理使用，仍应附加一定的保护和限制措施以控制合理使用的范围。使用作品只能限于必需的情况，使用的作品部分必须是合理的，复制阅读的数量也不允许超出必要限度。总之，使用的范围不能大到足以影响作品在市场上的销售。若超过此范围，使用者就必须为此取得许可并支付合理的费用了。

新媒体的形式及创作高度和深度都应成为其性质的重要考察方面，而新媒体性质的区分只能作为认定其合理使用的辅助手段而非依据。有无商业性质是保护程度高低的另一重要标准，专为商业用途开发的新媒体应受到更为严格的保护。

在我国，《著作权法》第二十四条规定了合理使用的范围，即在何种情况下“可以不经著作权人许可，不向其支付报酬，但应当指明作者姓名或者名称、作品名称，并且不得影响该作品的正常使用，也不得不合理地损害著作权人的合法权益”。其中有一些情况，如“为个人学习、研究或者欣赏，使用他人已经发表的作品；为介绍、评论某一作品或者说明某一问题，在作品中适当引用他人已经发表的作品；为报道时事新闻，在报纸、期刊、广播电台、电视台等媒体中不可避免地再现或者引用已经发表的作品；报纸、期刊、广播电台、电视台等媒体刊登或者播放其他报纸、期刊、广播电台、电视台等媒体已经发表的关于政治、经济、宗教问题的时事性文章，但著作权人声明不许刊登、播放的除外；为学校课堂教学或者科学研究，翻译、改编、汇编、播放或者少量复制已经发表的作品，供教学或者科研人员使用，但不得出版发行”等合理使用的情况可适用于新媒体。

美国的著作权法为认定合理使用的范围规定了四条标准：（1）要看有关使用行为的目的，即看是否为商业目的而使用；（2）要看被使用作品性质，不同类型作品的著作权使用形式不同，划分是否合理的界限也不同；（3）在所使用的作品中，被使用部分与整个作品的比例关系要合理，比例若失当则不能属于合理使用；（4）看使用行为对被使用作品的潜在市场价值有无重大不利影响，如果有这种影响，则不属于合理使用。

合理使用作为著作权法律制度的一项重要内容，肯定有长期稳定存在的必要。随着现代信息传播技术、传播手段日新月异的发展，人们通过网络获取知识更方便、更快捷。原本依法合理使用作品的方式也会变得不合理。原本著作权人不必控制的使用方式，如不控制则会使著作权人损失较大的利益，因而违背了合理使用对著作权人的利益损害不大的原则。从现在我国著作权保护现状来看，合理使用也可以适用于网络。

但是，从多种他人享有著作权的作品中取出需要的部分进行组合、加工成一部新的作品，不能视为合理使用，而应被视为复制他人作品。如果事先不取得已有作品著作权所有者的授权，又不注明被使用作品的作者姓名及作品出处，则可能构成剽窃行为。如果被使用的作品已经超过著作权保护期（指财产权利），则不必取得著作权所有者的授权。

2. 合理使用包含的内容

在世界各国的著作权法中，关于合理使用所规定的内容各不相同，但个人使用和图书馆使用被许多国家普遍承认属于合理使用范畴。另外远程教育作为网络时代的新生事物对原有的合理使用制度也提出了挑战。我国是发展中国家，且是知识产品的消费国，对合理使用制度应坚持自己的立场，尽量维持较为宽泛的合理使用的范围。个人使用、图书馆使用和远程教育这三种合理使用方式是新媒体中合理使用的主要使用方式，也是新媒体的合理使用所包含的最主要的内容。以下主要介绍个人使用和图书馆使用。

（1）个人使用。著作权人对其作品的独占权不应成为再创造的障碍，所以各国法律多以合理使用等制度来保护后人的再创造权。当然个人欣赏应有一定的范围限制，个人使用他人已发表作品的方式绝大多数为对作品的复制。传统意义上的复制指使用复印机、录音机、录像机等设备制作复本。到了网络时代，利用数字技术可以把绝大多数作品数字化并在网上传播，复制作品不再依赖传统的复制设备，数字技术条件下的私人复制要简单得多，但是著作权人正在采取一系列的技术措施来防止他人对其作品进行复制。相对于传统的纸质图书，新媒体的个人合理使用的范围面临技术上的挑战，传统意义上的个人合理使用局限在对地点的界定上，如只限于家庭使用。而新媒体的传播是在互联网上，任何人都可以在几秒钟之内将某作品传送出去，哪怕是在家中。对此，如果缺乏法律的有效干预，必然导致著作权人的权利在网络环境下被放大，而相应地挤压了公众合理使用的空间。

（2）图书馆使用。在保护国家资源和传统文化方面，图书馆都发挥了其他机构不可替代的作用，因此图书馆的使用在各国著作权法中都规定为合理使用。国外的许多图书馆都把网上书刊分为两部分：一部分是已超过著作权保护期的作品，如莎士比亚等人的作品，这些作品可以全文上网供读者在线阅读；另一部分则是仍在著作权保护期内尚未进入公有领域的作品，除书目、图书简介及相关书评可以上网供公众阅览外，读者想更多地了解图书内容或阅读作品全文，则须到图书馆按传统方法借阅。

根据我国《著作权法》第二十四条的规定，图书馆、档案馆、纪念馆、博物馆、美术馆、文化馆等为陈列或者保存版本的需要，复制本馆收藏的作品，可以不经著作权人许可，不向其支付报酬。对于新媒体作品，如果图书馆只是为了馆藏而将其复制，在本质上与传统环境下的馆藏作品的复制只存在方式的不同，而没有实质的差别，因此应包括在合理使用的范围之内。如果图书馆非营利性地为公众提供网上阅读也继续运用合理使用的规定的话，就会造成侵权。因为新媒体如果在网上开放，读者就能随意浏览，这完全与图书馆借书不一样，因为网上阅读使作品被阅读的概率大大提高，这样就影响了传统形式的书刊销售，造成了对著作权人的不合理损害。

随着新媒体技术的发展，合理使用的范围有缩小的趋势。在传统的印刷和传播途径下，高成本、长周期以及较强地域性限制等因素使得个人的合理使用还不足以给著作权人的利益带来严重的影响，但在数字技术日益成熟、网络普遍应用的信息时代，任何人在任何地方只要拥有一台能上网的计算机便可接收来自世界各地的包括新媒体在内的各种信息，并能快速、低廉地进行复制，甚至修改后向世界发送。显然，新媒体的巨大覆盖面和广泛的公开性使传统的合理使用变得不那么合理了。

（二）法定许可

法定许可在网络环境下主要表现为转载。《著作权法》第三十五条第二款规定："作品刊登后，除著作权人声明不得转载、摘编的外，其他报刊可以转载或者作为文摘、资料刊登，但应当按照规定向著作权人支付报酬。"

目前在我国，关于网络环境下的法定许可存在两种观点。

一种观点认为，报刊、网站上的作品被相互转载的情况普遍存在，为了使网络上这种无序的违法使用作品行为得到及时、有效的控制，考虑到网站转载他人作品前确也难以找到著作权人取得许可并支付报酬的实际状况，以及促进网络信息传播，平衡当事民事主体间的权益等，在有关法律对此做出明确规定之前，将我国《著作权法》第三十五条关于报刊转载的规定扩大解释于网络环境，不失为目前情况下一种可行的应急措施。这样至少可以使著作权人的获酬权得以保障，但在适用时必须把握两点：一是网络上允许转载作品的范围不得超过《著作权法》第三十五条规定的作品范围；二是应当注明出处。这种政策选择在法律未有明确规定和社会各界、当事人网络著作权观念不强的情况下，可以防止侵权案件的大幅度增加，否则，法院一时难以受理大幅增加的侵权案件，社会各界也一时无法适应。还有人提出，现在很多网站都没有专门的编辑力量和独立的采访权，网络的特点就是信息传输、资源共享，如果限制网站的转载权，对网络的发展极为不利，并且执行起来十分困难。既然作品已经发表，就允许公开传播，如果在传播过程中著作权人的其他权益被侵犯，著作权人可以要求赔偿，但仅仅是扩大了传播范围的，应视为符合《著作权法》的规定。

另一种观点认为，法定许可不宜适用于网络。《著作权法》自实施以来，其第三十五条的规定执行得并不理想。目前，报刊的文摘版很多，绝大多数有文摘版的报刊转载作品时都不支付稿酬，著作权人因此而提起诉讼的很少。这一是因为稿酬本身数额不大，诉讼标的小；二是因为诉讼成本比较高，很可能是赢了官司输了钱。因此，虽然《著作权法》规定了著作权人的权利，但很多人放弃了这一权利。如果再把法定许可扩大到网络上，危害比较大，如果口子一开，再收就比较困难。况且报刊转载本身就与《伯尔尼公约》《与贸易有关的知识产权协议》（Agreement On Trade-related Aspects of Intellectual Property Rights，TRIPs）等规定相悖，不能再将其扩大到网络环境下。因此，简单地将报刊转载的法定许可扩大于网络环境是有失妥当的。

第二节 新媒体著作权的法律保护

我国已经初步形成网络著作权法律体系，但是网络著作权保护的最大难题是惩罚力度过低及执法难。

一、发达国家对新媒体著作权的保护情况

自20世纪90年代以来，数字技术已发展到网络技术阶段。网络技术的特殊性不仅对网络作品的保护产生一定的影响，而且涉及传统作品。网络作品是指互联网上出现的符合著作权法规定的文字、艺术和科学作品。在网络空间里，著作权人的网络传输、作者身份的认定，甚至确定暂时复制性质等诸多问题，都不能仅仅通过对传统著作权法的扩大解释予以解决。

《伯尔尼公约》第九条规定的复制权及其所允许的例外，完全适用于数字环境，尤其是以数字形式使用作品的情况。不言而喻，在电子媒体中以数字形式存储受保护的作品，构成《伯尔尼公约》第九条意义下的“复制”。《世界知识产权组织版权条约》增加了计算机程序和数据汇编两种受著作权保护的客体，明确指出，计算机程序作为《伯尔尼公约》第二条意义下的文学作品受到保护，此种保护适用于各计算机程序，而无论其表达方式或表达形式如何：“数据或其他资料的汇编，无论采用任何形式，只要由于其内容的选择或排列构成智力创作，其本身即受到保护。这种保护不延及数据或资料本身，亦不损害汇编中的数据或资料已存在的任何版权。”可见，该条约保护各计算机程序和选择/排列具有智力创作意义的数据库产品。该条约还规定了公众传播权，“文学和艺术作品的作者应享有专有权，以授权将其作品以有线或无线方式向公众传播，包括将其作品向公众提供，使公众中的成员在其个人选定的地点和时间可获得这些作品”。《世界知识产权组织版权条约》将《伯尔尼公约》中的向公众传播这个概念扩展到网络环境中，这项新权利的名称虽然被定为“向公众传播的权利”，但这项权利不仅仅指新媒体的权利，也包括其他传统的公众传播权利。这在该条约的第八条中规定得很清楚，它一方面规定了新媒体著作权明确的含义，另一方面也说明了公众传播权与传统权利并不交叉，也不得影响传统权利的实施。

互联网上的公众传播权有别于广播、电视上的播放权，是对著作权人在互联网上权利的专门描述，指著作权人在互联网上自行传播作品和许可他人传播作品，禁止他人未经许可而传播其作品，包括禁止他人：(1) 未经许可将从互联网上得到的作品违法转载，或使他人违法转载。例如，复制他人作品，放置到自己的网站或向其他网站投稿。(2) 未经许可将从互联网上得到的作品在网下进行改编、翻译、发行、表演、播放，如利用他人网上作品直接出版图书，或编辑、翻译后出版图书。

互联网著作权问题非一国之法律所能解决，有待国际社会在全球范围内取得共识。国际上对公众传播权的讨论始于20世纪80年代末90年代初。世界知识产权组织召集了100多个国家的专家学者，经过七八年的研究探讨，最终在1996年制定了两个新条约——《世界知识产权组织版权条约》和《世界知识产权组织表演和录音制品条约》。这两个条约确立了作者、表演者、录音制作者的“向公众传播的权利”，把作者的权利有效地覆盖到网络空间。在数字技术的应用及国际互联网环境下，这两个条约增加了作者权与邻接权的内容，扩大了权利范围，缩小了原有的合理使用范围，同时纳入了类似《与贸易有关的知识产权协定》中的“执法条款”的内容。其中禁止解密、禁止删改权利信息等规定，为保护原有的著作权在网络环境中不被侵犯提供了依据。

尽管《世界知识产权组织版权条约》第八条赋予了作者向公众传播的权利，但只是做出一个极为概括的规定，并没有为公众传播权提供具体而明确的权利内容和保护方式。公众传播权的具体权利内容和保护方式必须由成员国国内的著作权法予以明确。世界各国根据各自不同的立法体系，也选择了不同的方式对条约中的新权利进行了处理，以美国、澳大利亚、日本、欧盟各国为例，它们分别采取了不同的立法模式，对公众传播权的具体权利内容和保护方式进行了规范。

（一）美国

美国是世界上信息技术最发达的国家，它对网络环境新问题做出的反应对其他国家有重大影响和诸多启示。

美国 1997 年通过了《1997 年网络著作权责任限制法案》《1997 年世界知识产权组织版权条约实施法案》《1997 年数字著作权和科技教育法案》，1998 年 10 月又颁布了《数字千年版权法案》（又称《千禧年著作权法案》）。

《数字千年版权法案》中规定了数字化信息的著作权保护和使用的问题，同时赋予信息所有者“数字化作品如果在互联网上使用，就可以对其收取使用费”的权利。《数字千年版权法案》的适用对象是所有的数字音乐作品。这一法案同样也适用于在互联网上放映和播放的音乐作品。也就是说唱片公司和歌手们获得了“可以对在网络上播送的数字内容收取使用费”的前所未有的新的法律权利。但是在《数字千年版权法案》中没有具体地规定作品使用的费用和费率。作为实施《世界知识产权组织版权条约》和《世界知识产权组织表演和录音制品条约》的法律，美国《数字千年版权法案》对于网络环境所涉及的一些敏感问题都做了明确规定，其做法是对现有著作权法中的“发行权”进行了新的解释，从而使其涵盖了网络传输的权利。

（二）澳大利亚

与美国不同，澳大利亚对其著作权法的修订是大刀阔斧地重组各项权利。根据其 1999 年《版权法修正案》的规定，网络传播是指以电子形式传输或者在线提供必须使用接收设备才能听到或者看到的声音、图像或者视听资料。作品的公众传播权所适用的传播方式包括所有需要借助设备影响公众的传播种类，不仅有无线电广播、有线传播，还包括网络传输。

（三）日本

日本所采取的方式与澳大利亚相似，其著作权法在 1997 年修改后，确立了一个新的“公众传播权”，它的范围极为广泛，包括所有的以“有线和无线方式、数字和模拟形式、单向和互动模式”向公众传送有著作权作品的权利。“公众传播权”与表演权、发行权一起，共同构成“公共传播权”。从发展的眼光看，不限定传输使用的技术，在立法上有前瞻性。考虑到各种传播方式确有逐渐融合的趋势，这样的立法也不失为一种有远见的选择。

（四）欧盟各国

欧盟各国采取的措施与世界知识产权组织的两个条约《世界知识产权组织版权条约》

《世界知识产权组织表演和录音制品条约》的规定直接对应。《世界知识产权组织版权条约》第八条规定，在不损害《伯尔尼公约》赋予作者的合法传播权的前提下，“文学和艺术作品的作者应享有专有权，以授权将其作品以有线或无线方式向公众传播，包括将其作品向公众提供，使公众中的成员在其个人选定的地点和时间获得这些作品”。《世界知识产权组织表演和录音制品条约》的第十条、第十四条也分别规定表演者与录音制品制作者享有类似权利。这就是专门针对作品网络传输行为而规定的公众传播权。

1997年11月12日欧盟委员会针对信息社会著作权制定了履行《世界知识产权组织版权条约》的新规则，其中规定了复制权、公开发行权、拷贝权、著作权管理信息等内容。

1998年，欧盟委员会向欧洲议会提交了《关于信息社会的版权及有关权指令的建议草案》，1999年5月欧盟在对该草案进行修改后公布。在该草案中，欧盟建议用公众传播权协调联盟成员国对网络传输的立场。该公众传播权是指著作权人享有的以有线或无线的方式向公众传播其作品的原件或复制件的专有权，也包括让公众中的成员以个人选择的时间和地点、访问作品的方式获得作品的权利。同时，该草案还赋予邻接权人以仅适用于交互性传播的公众传播权。

二、《伯尔尼公约》和《国际互联网条约》

关于传播权的法律规定在《伯尔尼公约》中主要体现在第十一条和第十四条中。《伯尔尼公约》第十一条之一第一款规定，戏剧作品、音乐戏剧作品和音乐作品的作者享有下列专有权利：授权公开表演和演奏其作品，包括用各种手段和方式公开表演和演奏；授权用各种手段公开播送其作品的表演和演奏。这一条涉及的作品种类只是戏剧和音乐作品，并且规定了其传播权仅限于作品的表演和演奏。其第十一条之二第一款规定，文学艺术作品的作者享有下列专有权利：授权广播其作品或以任何其他无线传送符号、声音或图像的方法向公众传播其作品；授权由原广播机构以外的另一机构通过有线传播或转播的方式向公众传播广播的作品；授权通过扩音器或其他任何传送符号、声音或图像的类似工具向公众传播广播的作品。这一条是关于作品的传播方式的规定，包括对作品的广播、转播、有线传播和通过扩音器或类似工具传播等。其第十一条之三第一款规定，文学作品的作者享有下列专有权利：授权公开朗诵其作品，包括用各种手段或方式公开朗诵；授权用各种手段公开播送其作品的朗诵。这一条是关于文学作品的公开朗诵传播方式的规定。其第十四条第一款中规定，文学艺术作品的作者享有下列专有权利：授权将这类作品改编和复制成电影以及发行经过如此改编或复制的作品；授权公开表演、演奏以及向公众有线传播经过如此改编或复制的作品。这一条是关于电影或改编的电影作品的改编权和复制权的规定，同时规定其传播权是通过有线传播的方式进行的。

从以上这些规定可以看出，由于历史和技术的原因，《伯尔尼公约》中关于传播权的规定很难涵盖现在的信息网络传输方式，并且对在网络上经常传播的摄影、美术和图形作品等也没有进行规定，所以时代和技术的发展客观上要求信息网络传输应纳入法律的调整范畴，这样《国际互联网条约》就应运而生。《国际互联网条约》对于信息网络传输进行了明确的规定，另外这一公约的规定也是对TRIPs（数字技术，特别是互联网方面的问题没有包括在该协议中）的补充。

三、我国与新媒体有关的著作权保护的法规

（一）《著作权法》有关新媒体著作权的立法过程

从1998年到1999年，我国发生的与新媒体有关的著作权侵权纠纷案已经有数十起提交法院审理。互联网发展初期，由于技术限制和传播范围小，网络上的著作权侵权行为并没有引起很多的注意，以至于国务院于1998年12月初次提出的著作权修正案并没有提到新媒体著作权的问题。

2000年11月22日，最高人民法院出台了《最高人民法院关于审理涉及计算机网络著作权纠纷案件适用法律若干问题的解释》，对发表在网络上的作品著作权法的保护问题进行了回答。之后，最高人民法院又于2003年12月和2006年11月对司法解释做了两次修正。

（二）我国新媒体著作权保护的司法实践

我国原《著作权法》修改前，有一些诉讼涉及作品在网络上的传播行为，从这些诉讼最后的结果来看，法院基本上认为原《著作权法》中使用权包含了将作品上网传播的权利。对《著作权法》中作品使用方式的规定学者一般认为，法律以不完全列举的方式举出了一些最常见的使用方式，随着科学技术进步，必然出现其他使用作品的方式，只要该方式涉及作品的复制、演绎或传播，就属于著作权的使用方式。学术上的这种宽泛的理解并不是有法律效力的解释，没有法律法规或司法解释的明确规定，新的使用作品的方式并不必然在作者的专有权的控制范围之内。

我国原《著作权法》与《著作权法实施条例》中都没有明确规定使用作品的其他方式也属于对著作权的使用。如果仅凭一个“等”字对法律做出扩大解释，即便合理，说服力也不强，严格意义上说也不合法。比如，许多国家的著作权法都规定了艺术作品著作权人享有“追续权”，但并不能因此认为我国法律也规定了此项权利。因此，在法律法规没有规定兜底条款“其他利用作品的方式”的情况下，审判的基层法院不宜将作品的新媒体使用定性为著作权人专有权的权利范围。虽然这有可能造成个别极不公正的情况发生，但这也更能促使立法机构对科学立法、及时修法的重视，基层法官不越俎代庖。严格依法判决也是维护法律尊严、发挥法律的规范功能和引导功能的前提。

2006年修订的《最高人民法院关于审理涉及计算机网络著作权纠纷案件适用法律若干问题的解释》规定，受著作权法保护的作品，包括《著作权法》规定的各类作品的数字化形式。在网络环境下无法归于《著作权法》列举的作品范围，但在文学、艺术和科学领域内具有独创性并能以某种有形形式复制的其他智力创作成果，人民法院应当予以保护。

2001年修订的《著作权法》第十条第十二款进一步明确规定了著作权人的信息网络传播权，即以有线或者无线方式向公众提供作品，使公众可以在其个人选定的时间和地点获得作品的权利，从而第一次明确了著作权人的信息权，虽然未明确该种权利的性质，但为解决网络纠纷提供了依据。另外，2020年修订的《著作权法》第三十九条第六项、第四十四条第一款也给相关的邻接权人规定了类似的权利，把信息网络传播权作为作品的使用方式单独罗列出来，从而在法律上明确界定了网络传播权与复制权、发行权、表演权等

权利之间的区别，规定了网络传播属于著作权人使用作品的方式之一，也是其享有的专有权利之一。

我国信息网络传播权的出台在一定程度上保障了著作权人的网络传播权利，但由于目前国内对信息网络传播权的规定仅是原则性的、笼统的，因而在很多方面留有空白，而最高人民法院的司法解释虽然在一些具体问题上做出了规定，但其中一些规定的合理性和可操作性还值得商榷。

例如，《著作权法》中未涉及如何确定网络传播权侵权行为的损害赔偿这一内容，因此在确定赔偿数额时，往往会遇到困难。赔偿数额如何能够建立在网络传播权侵权人所得利益的基础上，这是我们应该考虑到的问题。虽然《著作权法》中没有关于如何确定网络传播权侵权行为损害赔偿的规定，但 2000 年《最高人民法院关于审理涉及计算机网络著作权纠纷案件适用法律若干问题的解释》第十条涉及了这一内容，该规定为："人民法院在确定侵权赔偿数额时，可以根据被侵权人的请求，按照其因侵权行为所受直接经济损失和所失预期应得利益计算赔偿数额；也可以按照侵权人因侵权行为所得利益计算赔偿数额。"此规定的出台是基于网络上侵权作品的传播不同于纸介质侵权作品的发行这一点考虑的。纸介质侵权作品的发行往往数量比较确定，虽然可能不容易查清，但往往能通过一些旁证等获得侵权数额或损失数额的大致范围。然而网络上侵权作品的传播则不易确定这些因素。应该说，凡是有可能登录阅览的地方，都是侵权作品可能传播到的地方，侵权数额往往很难确定，因此需要通过法定赔偿额来确定。这一规定虽然在一定程度上保护了权利人的合法利益，但还是存在欠缺之处。因而，该司法解释已经过数次修正删除了这条规定。

由于传统媒体侵权使用他人作品，要按规定程序发稿、三审、排版、印刷、出版、发行、销售，才能实现其"侵权所得"。法院依法判处这样的侵权人赔偿权利人的损失，除了权利人实际得到的赔偿之外，侵权人的侵权成本也成为一种无法得到回报的支出，实际上成了对侵权人的一种惩罚。而网上侵权，只要一个"盗版编辑"用鼠标点两三下，就可以直接把他人的作品转发到自己的页面上了。论成本，前者肯定要大大高于后者；论利润，后者的收入则可能一点也不少于前者；论社会危害性，网络无与伦比的传播速度和广阔无垠的传播范围，更让传统媒体望尘莫及。这种情况下适用上述法规去赔偿著作权人的损失，虽然著作权人得到的赔偿没有变化，但是侵权人的实际损失却已经大大地减少。这显然不能起到法律对违法行为人的惩罚作用。

新媒体的损害赔偿应不同于纸质图书，只支付相当于其所得利益的金额作为损害赔偿，对于侵权人而言无法起到惩罚作用，因为对于侵权人来讲几乎没有成本支出。因此，在确定赔偿数额时，应充分考虑侵权行为的危害程度。

2010 年 7 月 1 日我国在原《中华人民共和国侵权责任法》中明确规定了网络侵权责任的定义，并且对违反规定承担责任的要件做了详细规定，认为可以通过网络及书面道歉、屏蔽侵权者等一系列的方式解决此问题。

2020 年 5 月 28 日，第十三届全国人民代表大会第三次会议表决通过了《中华人民共和国民法典》，自 2021 年 1 月 1 日起施行。《中华人民共和国民法典》的颁布施行，标志着我国民事权利保护体系迈 入"法典时代"。著作权作为一项基本的民事权利，其基本法依据可以溯源到《民法典》有关知识产权法的宣誓性保护条款以及侵权责任有关规定。提出数字时代的著作权侵权解决方案，有赖于充分把握《民法典》的时代精神，领略其接纳和重视知识经济时代的私权价值，准确定位其在民事权利体系中的特别地位。

《民法典》第一千一百九十四条至第一千一百九十七条构成了网络民事侵权治理的规范性基础，凸显了对经网络延伸的民事权利采取强保护的私法精神。作为一般法，《民法典》对于著作权侵权治理起着重要的规范作用。同时，《民法典》中的权利保护原则也适用于保护著作权人的权益。

2020 年通过的《中华人民共和国刑法修正案（十一）》，对推动我国著作权保护有深远意义，该修正案既适应了互联网发展带来的著作权保护新形势，还回应了学术界、司法实务界关于侵犯著作权罪的诸多讨论，为网络著作权相关问题的研究与实践提供了有益的指导。

四、新媒体著作人身权的保护

（一）署名权

署名权又称作者身份权，它包括以下内容：作者有权要求他人承认其作者身份；作者有权决定是否公开或何时、何地、以何种方式在何范围内公开作者身份；作者可以通过先例署名权来实现作者身份权，作者可在原作上，也可以在演绎作品上通过自己选择的方式署名。新媒体作品的作者同样应享有上述权利，任何人不得侵犯。

（二）发表权

发表权是指作者享有决定是否、何时、采取何种方式发表其著作的权利。防止网络用户非法将他人作品上网进行传播，是确保新媒体作品的作者享有发表权的先决条件。新媒体传播的便利性、低成本性以及影响范围的广泛性，成为困扰新媒体著作权保护的难题。

《著作权法》严格规定了对“已发表”的作品和“未发表”作品保护的区别，因此在判断是否侵权、确定解决方式时，新媒体作品是否符合著作权法对“发表”的要求，是否“发表”是一个非常重要的因素。

作为著作权法的一个概念，不同法系对“发表”一词的解释是不同的。在英美法系中，发表（publishing）是正式地让公众感知，与出版发行是同义语。在中国，一般是指在一定范围内公开。凡在国家准许出版并标有统一书号或国际标准书号的图书上发表，或经国家最高行政机关或省、自治区、直辖市主管部门批准，在期刊主办单位所在地的省级出版管理机构登记并领取登记证或载有有效的国际期刊编号的期刊上发表，称为正式发表。根据国务院批准的有关规定，履行了申报程序并被批准的音像出版机构或广播电视机构公开广播的作品也视为公开发表。除此以外，在其他刊物等材料上发表作品，被视为非正式发表。

（三）修改权

修改权是指修改或者授权他人修改作品的权利。DRM（digital right management，数字著作权管理）技术可以防止作品在网上被人修改。此类技术一旦应用于新媒体，就会从根本上杜绝对著作权人修改权的侵犯。

（四）保持作品完整权

保持作品完整权是指作者所享有的保持作品的完整性，禁止他人歪曲、篡改其作品的权利；反之，作者本人有权对自己的作品予以修改。此项权利是作者所享有的一项重要的著作人身权，与作者的声誉、荣誉休戚相关。维护在互联网上传播的新媒体作品的此项权利要比维护一般的纸质图书的此项权利难度大得多。

五、新媒体著作财产权的保护

著作财产权是指作者享有的使用或者授权他人使用作品并取得报酬的权利。新媒体的出现意味着一种新的图书发行方式的崛起，造成原有的权利与利益体系的变革，向原有的著作财产权保护制度提出了挑战。下面列举四种新媒体的主要著作财产权，以探讨其在新媒体的著作权保护中所起的作用。

（一）复制权

复制权是著作权和相关权利的核心，也是著作权保护的基础。通过控制作品或其他保护客体的复制，权利人能够控制随后的多种使用行为。由于网络技术的发达，著作物一旦被转化成电子形式并进入网络空间，就难逃被复制的命运，要切实保障著作权人的复制权，就有必要对传统的复制权概念及其法定限制进行新的认识。特别是对于新媒体而言，读者有可能为了方便阅读而暂时将作品另存到计算机中，这种复制应属合理使用，而如果将下载后的电子图书重新放到网上发送出去，当属侵权。

（二）发行权

发行权是指著作权人通过出售或所有权转移的其他方式，或者通过出租或出借，向公众提供有著作权的作品复制的权利。相对于纸质图书，新媒体作品的发行占有明显的优势。新媒体传播速度快、覆盖面广、无库存、无地域限制，新媒体作品可按需下载。

（三）传播权

传播权是指著作权人直接或借助任何装置和过程所实现的对其作品进行表演和展示的权利。新媒体的传播是对著作权法的前瞻性与扩容性的考验，它以互联网为依托，可以实时、迅捷地将作品传播到世界的每一个角落。

（四）出版权

出版权是一项与发行权、复制权密切相关的著作财产权，因为从出版所需具备的两个条件（即必须经作者同意后复制作品，并予以公开；为出版而进行的复制必须达到一定的数量）来看，出版权不再是包含复制和发行，而是与它们无法区分开来了。网络技术的飞速发展使得原本是以有形的物质形态进行传播、交流的作品，转变成以无形的数码形态所进行的信息传播和交流，复制、发表、发行、传播等概念纷纷扩张，这些正是著作财产权制度中权利融合现象的原因所在。基于此，新媒体的出版与发行可以融合为一个概念，由著作权人享有专有权。

六、著作权集体管理组织

在新媒体的开发过程中，开发者难以掌握各类作品的著作权人信息，即使在信息充分的情况下，也要逐一取得他们的许可，并与之签订许可协议，这是一项手续繁复的工作，需要花费大量人力和时间。既要保证作者的合法权利受到尊重与有效保护，又要方便需要大量使用他人作品的新媒体从业者获得作者的授权，因此有必要建立一个著作权集体管理组织，统一代表著作权人与作品使用者洽谈使用许可事宜，负责对各种侵权行为的监督和法律责任追究，并提供各类著作权信息数据库的检索。由该机构将其成员的作品编号归类、列出目录，提供给新媒体人员，并与之签订一揽子的使用许可合同，集体授权、统一收费，然后再将使用费按一定的分配规则与标准分配给作品的著作权所有者。

《著作权法》已经明确对著作权集体管理组织的性质和作用做了界定，即著作权集体管理组织是非营利性组织，可以由著作权人和与著作权有关的权利人授权，行使著作权或者与著作权有关的权利。新媒体机构只要向著作权集体管理组织支付其代理著作的版权等相关费用，就可以出版该著作。著作权人和出版社的版权收益通过著作权集体管理组织结算，新媒体机构使用著作权时不必与著作权人、出版社进行协商。这将大大简化新媒体机构合法使用著作权的程序，降低使用成本。通过著作权集体管理组织解决新媒体的版权使用问题是未来的发展趋势。

一些发达国家的经验表明，著作权集体管理组织是一种协调作者与社会大众的关系并维护著作权人合法权益的有效途径。一些国家已建立了许多针对不同类作品的著作权集体管理组织，如美国的电影协会、版权结算中心（CCC），英国的表演权协会（PRS），日本的文艺著作权保护同盟等。

为使这种集体管理机构公正、合理、有效地运行，著作权法应确认它的地位，政府应扶持和监督它的业务活动。例如，法律可授权它管理非该机构成员但是本国作者的作品；规定它有权起诉侵犯它管理的作品的著作权的主体；它发放的许可证的使用费标准以及使用费的分配规则，应经国家主管部门批准等。

七、新媒体著作权保护的国际化

新媒体中的数字化信息在计算机网络中能够很容易地在世界范围内广泛传播和使用，国家和地区的界限在网络中逐渐淡化，这对法学界长期认同的知识产权的时间性、地域性特征提出了前所未有的挑战。著作权作为知识产权制度的重要组成部分属于国内法的范畴。各国对信息产品的保护标准、保护水平差异很大。这种法律冲突会导致网上侵权行为、执法主体等的难以确定，同时势必会阻碍智力成果的传播和使用，挫伤网络信息资源开发者的积极性。

由于各国法律制度的不同，国际条约的局限性以及网络技术的不断发展，新媒体的跨国保护仍然是一件棘手的事情，主要表现在国际私法方面。例如，不同国家对于著作权和邻接权的保护标准不完全相同，那么依据哪国的标准保护跨国传输的作品的版权呢？除了参加有关的国际条约或两国间存在双边协议的国家可以依据条约或协议外，很多国家目前还没有在新媒体的国际传播中合理保护版权人的法律规定。由于版权保护的“地域性”，在一国受到保护的作品在他国不一定符合授予版权的条件；或者在一国已经进入公有领域的作品在他国仍然受版权法保护。如果新媒体在10个以上的国家传播，则会面临更加复杂的国际私法问题。

在美国的一个判例中，美国某版权人在美国联邦地区法院提起了诉讼，控告某意大利网站在传播侵犯其版权的材料。审理案件的美国法院认定，虽然侵权行为实施于美国国外，但是在美国国内能够毫无困难地通过互联网访问这些侵权材料。虽然美国法院无权禁止被告意大利网站的网上活动，但是它有权禁止被告的侵权行为进入美国司法管辖的范围。美国法院最后责令被告采取必要的技术措施，使美国公众无法再访问该意大利网站上的侵权材料。这种技术措施的采用使法律管辖严守地域性的疆界，避免了不同国家法律之间的冲突。但是，技术手段无法避免所有的法律冲突，而且始终只能是法律规则的补充，而不能取代法律的地位和作用。因此，解决法律冲突的根本途径还在于对现有的冲突法规加以完善和发展。

第三节　“避风港”原则和“红旗”原则

2017年8月，腾讯公司向北京市海淀区人民法院提起诉讼，指出字节跳动公司侵害其作品的信息网络传播权，在其经营管理的今日头条网上，未经许可向公众提供的与涉案作品标题一致或类似的文章中使用了涉案作品。对此，字节跳动公司表示，涉案作品系第三方上传，该公司仅提供信息存储空间服务，而且在收到本案起诉书后，该公司已经及时删除了涉案作品，不应承担相应责任。

最终法院依据《信息网络传播权保护条例》第二十二条之规定，即“避风港原则”，认定涉案作品系第三方头条号上传，字节跳动公司不应对涉案作品的传播行为承担赔偿责任，腾讯公司的主张与诉求未能得到法院支持。

那么，什么是“避风港”原则？什么是“红旗”原则？

一、“避风港”原则

“避风港”原则是指在发生著作权侵权案件时，当网络服务提供商只提供空间服务，并不制作网页内容时，如果网络服务提供商被告知侵权，则有删除的义务，否则就被视为侵权。如果侵权内容既不在网络服务提供商的服务器上存储，又没有被告知哪些内容应该删除，则网络服务提供商不承担侵权责任。“避风港”原则包括两部分：“通知＋移除”(notice and take down procedure)。“避风港”原则也被应用在搜索引擎、网络存储、在线图书馆等领域。

“避风港”原则最早来自美国1998年制定的《数字千年版权法案》，最早适用于著作权领域。

由于网络中介服务商没有能力进行事先内容审查，一般事先对侵权信息的存在不知情。所以，采取“通知＋移除”规则，是对网络中介服务商间接侵权责任的限制。大意即网络服务提供者使用信息定位工具，包括目录、索引、超文本链接、在线存储网站，如果由于其链接、存储的相关内容涉嫌侵权，在其能够证明自己并无恶意，并且及时删除侵权链接或者内容的情况下，网络服务提供者不承担赔偿责任。

中国对于“避风港”原则的吸收和立法主要体现在《信息网络传播权保护条例》（以下简称《条例》）的相关条款中。《条例》分别针对提供网络自动接入或传输服务的提供者、提供网络自动存储服务的提供者、提供信息存储空间出租服务的提供者、搜索引擎服务提供者等网络服务提供商在什么条件下可以免责，能够享受“避风港”待遇做出了规定。其中《条例》第十四条和第二十三条参考国际通行做法，建立了处理侵权纠纷的“通知＋移除”简便程序，大大减少了搜索引擎公司承担法律责任的概率。

《条例》第十四条规定：“对提供信息存储空间或者提供搜索、链接服务的网络服务提供者，权利人认为其服务所涉及的作品、表演、录音录像制品，侵犯自己的信息网络传播权或者被删除、改变了自己的权利管理电子信息的，可以向该网络服务提供者提交书面通知，要求网络服务提供者删除该作品、表演、录音录像制品，或者断开与该作品、表演、录音录像制品的链接。通知书应当包含下列内容：（1）权利人的姓名（名称）、联系方式和地址；（2）要求删除或者断开链接的侵权作品、表演、录音录像制品的名称和网络地址；（3）构成侵权的初步证明材料。权利人应当对通知书的真实性负责。”

《条例》第二十三条规定：“网络服务提供者为服务对象提供搜索或者链接服务，在接到权利人的通知书后，根据本条例规定断开与侵权的作品、表演、录音录像制品的链接的，不承担赔偿责任；但是，明知或者应知所链接的作品、表演、录音录像制品侵权的，应当承担共同侵权责任。”

由于网络监控的困难，在实践中很难鉴别哪篇文章是否侵权，哪篇博客是不是别人的文章。如果出现这种问题，一般都规定网络服务提供商只有义务把这些东西及时删除，同时提供侵权人的信息来源给权利人。但如果违反这个底线，网络服务提供商则应承担更多的责任。

不过现实情况是，“避风港”原则在施行中有很多新情况、新法律问题出现，应该具体情况具体分析。

“避风港”原则今后应不断地完善，一方面支持互联网业的发展，让其守法经营、自律经营，让广大公众能够更好地、更自由地获取应当得到的信息；另一方面，要制约侵权盗版行为，让著作权人的权益得到伸张，不能让著作权人丧失创作的热情，否则互联网便可能充斥着公众不爱看的、缺乏创造性的内容。对文学、艺术作品等，应该给予更加严格的保护。

另外，国家版权局、信息产业部于 2005 年 4 月 30 日颁布的《互联网著作权行政保护办法》第十二条也规定：“没有证据表明互联网信息服务提供者明知侵权事实存在的，或者互联网信息服务提供者接到著作权人通知后，采取措施移除相关内容的，不承担行政法律责任。”

二、“红旗”原则

“红旗”原则是“避风港”原则的例外适用。“红旗”原则是指如果侵犯信息网络传播权的事实是显而易见的，就像红旗飘扬一样明显，网络服务提供商就不能装作看不见，或以不知道侵权的理由来推脱责任。如果在这样的情况下不移除链接的话，就算权利人没有发出过通知，也应该认定设链者知道第三方是侵权的。

有关“红旗”原则的最早规定出现在1998年《美国版权法修正案》中，中国的《信息网络传播权保护条例》也借鉴了这个原则，规定网络服务提供商必须“不知道也没有合理的理由应当知道”侵权行为的存在，才能获得“避风港”原则的庇护。

《著作权法》的目标是促进文化的繁荣，绝非遏制信息传播技术的发展。如果宽泛的“红旗”原则已经有可能影响产业的发展，那么我们就必须反思其适用范围，并进一步寻找更好的法律规范。

不论是“避风港”原则还是“红旗”原则，都是正确的。这两个原则是一个问题的两个方面，其中“避风港”原则应该是一般原则，而“红旗”原则是其特例。也就是说，在一般情况下，网络服务提供商不应该为相关用户在该技术平台上的行为承担责任，但是在侵权行为非常明显，而网络服务提供商仍然睁一眼闭一眼，甚至故意默认和纵容侵权行为发生时，网络服务提供商就应该为此承担责任。

《信息网络传播权保护条例》的第二十三条就体现了这层意思，这个条文的前半句是“避风港”原则的体现，后半句则是“红旗”原则的最好体现：“网络服务提供者为服务对象提供搜索或者链接服务，在接到权利人的通知书后，根据本条例规定断开与侵权的作品、表演、录音录像制品的链接的，不承担赔偿责任；但是，明知或者应知所链接的作品、表演、录音录像制品侵权的，应当承担共同侵权责任。”

20世纪90年代末，北京市法院开始受理涉及网络的著作权案件，至今已有二十多年。二十几年前，此类案件数量很少，类型单一，争议的难点主要集中在对数字化的作品是否保护、著作权法可否适用于网络环境等基础问题上。但是近几年来，涉及网络的著作权纠纷案件迅速增长，已成为法院著作权纠纷案件审理，甚至可以说是知识产权案件审理的重要内容。

网络著作权案件类型复杂多样，新情况、新问题不断出现，但焦点相对集中。在法院受理的此类案件中，视频分享网站传播影视作品的侵权纠纷已经超过了局域网（如网吧、KTV歌厅）传播影视作品、音像制品的侵权纠纷；数字图书馆侵权纠纷，提供网页快照、歌词快照服务的侵权纠纷，提供搜索引擎、链接服务的侵权纠纷，提供信息存储空间的纠纷，P2P侵权纠纷，上升为规模最大、最受关注的一类网络知识产权纠纷。在大量的视频分享案件中，相当大一部分是以视频网站的败诉作为结局的。

第四节　新媒体著作权的技术保护

互联网的零成本复制性、全球传播性、隐蔽性、共享性使得针对新媒体的著作权保护变得十分困难。在互联网上，每个人都有能力同时成为作者、出版商和侵权人，任何人都可以不留痕迹地改动网络上作品的内容、排序、署名，把几部作品综合成一部作品，经过网络迅速、广泛地传播。一部作品往往被改得面目全非、真假难辨。互联网对著作权保护带来的严重问题之一就是侵权行为的大众化，每个人都可能是现实或潜在的侵权者。互联网改变了侵权的主体、目的，使权利人陷入不计其数的侵权行为中而感到无能为力。互联网上的侵权者可以分布在地球的各个角落，无人知晓其真实身份，令司法救济也出现困难。在互联网上，维护权利的成本与风险都很高，而侵权的成本与风险却很低，甚至为零。在这种环境下，著作权人必然会采取一些有效的技术措施来确保自身的利益不受侵害。为防止他人对新媒体作品的非法使用，对有著作权的作品采取技术保护措施，可以令使用者不能任意复制、发行、传播和修改，从而达到有效保护权利人合法权益的目的。

一、技术措施的界定

著作权的技术保护措施是指著作权人主动采取的、能有效控制使用受著作权保护的作品并对著作权人权利进行有效保护，防止侵犯其合法权利的设备、产品或方法。《世界知识产权组织版权条约》第十一条规定：缔约各方应规定适当的法律保护和有效的法律补救办法，制止规避由作者为行使本条约所规定的权利而使用的、对就其作品进行未经该有关作者许可或未由法律准许的行为加以约束的有效技术措施。

技术措施可以是限制他人访问自己作品的，也可以是防止他人行使自己权利的。但是著作权技术保护措施不能损害公共利益，必须符合以下条件：(1) 技术措施只能是防御性的而不能是攻击性的；(2) 只可以给侵权行为设置障碍，不可以采取过激的技术手段对故意侵权者或无意侵权者的计算机系统进行破坏；(3) 不能对他人的作品或已处于公共领域的作品设定技术保护。

二、技术措施的种类

（一）按用途分类

常见的技术措施有以下四种：一是控制访问作品的技术措施，如设置密码、付费浏览等，主要是使用户未经允许无法访问、接触某个网站或该网站的某些内容；二是控制传播作品的技术措施，主要是防止作品未经许可的复制、打印等，这是著作权人关心的重点；三是识别非授权作品的技术措施，它隐蔽在数字化作品中，以识别作品及著作权人，鉴定作品的真伪，为司法救济提供侵权的证据；四是制裁非授权使用的技术措施，一般通过在著作权作品内暗藏一定的程序，当对作品进行侵权使用时，该程序运行会妨碍对作品的使用，甚至对使用者的计算机产生影响。

（二）按手段分类

1. 访问控制技术

访问控制技术是确定合法用户对计算机系统信息资源所享有权利的权限。例如，某些用户对某一信息的使用权限是只能阅读，而另一些用户对这些信息则可以修改、复制。该技术可以防止非法用户的入侵、合法用户使用非权限内信息资源以及以非法方式使用信息资源。最常用的访问控制技术是“设置口令”和“身份验证”。

2. 密码技术

密码技术对信息的保护方式是将信息加密，使非法用户不能解读，因此信息即使被窃取也不易被识别。发送者利用加密密钥对信息进行加密，然后把加密后的密文发给接收者；接收者收到密文后，再用解密密钥将密文恢复成原来的信息。

3. 数字水印技术

该技术是用信号处理方法在数字化的多媒体信息中嵌入隐蔽的标记，这种标记通常是不可见的，只有通过专用的检测器或阅读器才能提取。近几年随着数字水印技术的不断发展，其在数字作品著作权保护方面，正发挥着越来越重要的作用。

传统水印广泛用于货币和重要的法律文件，以证实其真实性。“数字浮水印”类似于传统水印，所不同的是它一般是看不见的。如果要打开一个从互联网上下载的音像文件，看看是否有“数字浮水印”，你必须借助相应的软件。这就像我们常常把带有传统水印的纸币对着光亮处，看看是不是假币一样。当然，“数字浮水印”比传统水印“高明”得多，它不仅能帮助我们辨别真假，还能传达著作权信息，告诉他人只有制作者才有权支配这些网上作品。另外，有效的“数字浮水印”应该经久耐用，任何图像编辑（包括模糊、旋转、剪切、粘贴和颜色分离）、数据压缩、扫描和打印都无法将其去除掉。例如，你下载完一张图片，用 Photoshop 处理一下，然后把它打印出来，最后发个传真给你的朋友。这时，图片中的“数字浮水印”依然“毫发无损”。

三、DRM 技术

新媒体的出现改变了纸质图书所隐含的权益。因为计算机文件可以被无限次复制，而且保持与原始文件一模一样，计算机文件很容易被低成本甚至零成本地修改，所以有必要通过技术手段把原来“隐含”的纸质图书权益在新媒体中体现出来。数字著作权管理（digital rights management，DRM）就是保护新媒体内容免受未经授权的播放和复制的一种方法。它主要是保护内容提供者的数字化作品免受非法复制和使用。DRM 技术通过对数字内容进行加密和附加使用规则对数字内容进行保护，它的使用规则可以断定用户是否符合浏览数字内容的条件，可以防止内容被复制或者限制内容的浏览次数。

DRM 技术的目的是保护数字内容的著作权，从技术上防止数字内容的非法复制，最终用户必须得到授权后才能使用数字内容。对于新媒体的 DRM 技术，需要解决以下几方面的问题：通过加密等技术保证新媒体作品的安全性、得到合理的授权后才能阅读作品、新媒体作品不能被非法拷贝、新媒体作品的内容不能被随便修改、新媒体作品在流通过程中应该是可计数的。

DRM 是新媒体中最重要的技术基础，DRM 可让作者和出版社的电子著作权得到保护，通过网络图书的销售，作者和出版社得到相应的收益。网络图书销售网站能从出版社得到网络图书的销售许可，读者通过网上支付购买网络图书。出版社也可以把网络图书通过销售渠道卖给图书馆，图书馆购买网络图书就像购买纸质书一样，按照复本数购买，然后向读者提供借阅的服务。

DRM 技术保护网络图书的著作权，至少要在四个方面体现纸质图书的隐含权益：

（1）DRM 技术要保证网络图书不能被复制，网络图书与阅读的机器是绑定的，计算机文件拷贝到别的机器无法阅读。

（2）DRM 技术要保证网络图书不能被篡改，包括网络图书的内容、网络图书的定价、出版社名称等信息。

（3）DRM 技术要保证网络图书可以计数。可以计数包括两个含义：第一，读者买网络图书，按“本”购买；网络书站卖书，按“本”卖；图书馆按“本”买网络图书，一本一本地借给读者。第二，出版社能知道网络书店卖了几本书、图书馆买了几本书，该统计数据通过技术保证其公正和不可篡改。

（4）DRM 技术可以控制网络图书的二次传播。例如图书馆购买的书可以借给读者阅读，读者的网络图书到了归还期后不能继续阅读。

当然，在实现这几个方面的保护时，需要用到对称加密技术、非对称加密技术、数据通信安全技术、版式文件的数据加密以及 XML 等多种技术。以这些技术为基础，才能构成完整的网络图书 DRM 系统。

本章小结

本章主要阐释了新媒体中著作权保护面临的问题，尤其是新媒体的特性造成了侵权易、维权难；讲述了新媒体著作权的法律保护，介绍了发达国家对新媒体著作权的保护情况；重点讨论了“避风港”原则与“红旗”原则，以及网络著作权的技术保护措施。

思考题

1. 网络传播中著作权的保护面临哪些新问题？
2. 如果你发现自己作品的著作权在互联网上被侵权，你打算怎么办？
3. 请分析“避风港”原则与“红旗”原则的关系。
4. 你认为百度文库是否涉嫌侵权？请说出你的理由。
5. 新媒体中著作权保护面临的主要问题有哪些？
6. 你认为发达国家对于新媒体著作权的保护有哪些经验值得我国加以借鉴？
7. 请简述“避风港”原则和“红旗”原则的主要内涵。
8. 你如何看待新媒体传播中的信息资源共享与知识产权保护的关系？
9. 你如何看待互联网平台在著作权保护中的角色与功能？互联网平台应当为著作权保护承担哪些责任和义务？

在线自测

扫一扫 练一练

第四单元

新媒体的发展：移动信息传播

第十六章　手机媒体

1958 年，苏联工程师列昂尼德·库普里扬诺维奇发明了 JIK－1 型移动电话，但是没有商用；1973 年，美国摩托罗拉工程师马丁·库珀发明了世界上第一部商业化手机。

目前，智能手机（smart phone）已经十分普遍。智能手机是指像个人电脑一样，具有独立的操作系统的手机。无论是在中国还是全球，手机用户都超过了人口总数，手机媒体已经成为新媒体的主体。

第一节　手机媒体的诞生与发展

一、手机的发展

手机，原本只是一种人们在移动中进行人际传播的通信工具，又被称为行动电话、移动电话。在美国拼写为 cell phone；在英国拼写为 mobile phone；在新加坡拼写为 hand phone。目前手机已经历了几代的发展，进入 5G 时代。

3G 即第三代移动通信系统（third generation）。国际电信联合会（ITU，简称国际电联）规定，第三代移动通信系统要能兼容第二代移动通信系统，同时要提高系统容量，提供对多媒体服务的支持以及高速数据传输服务，其数据传输速率在高速移动环境中支持 144Kbps，步行慢速移动环境中支持 384Kbps，静止状态下支持 2Mbps。与前两代系统相比，第三代移动通信系统的主要特征是可提供丰富多彩的移动多媒体业务。

国际电联接受的 3G 标准主要有以下三种：WCDMA、CDMA2000 与 TD-SCDMA。WCDMA 即 Wideband CDMA（宽带码分多址接入），它是基于 GSM 网发展出来的 3G 技术规范，是欧洲提出的宽带 CDMA 技术。CDMA2000 是由 IS-95 技术发展而来的宽带 CDMA 技术，由美国主推。TD-SCDMA 即 Time Division-Synchronous CDMA（时分同步码分多址接入），是由中国提出的 3G 标准。

2009 年 1 月 7 日，中国工业和信息化部为中国移动、中国电信和中国联通发放三张第三代移动通信（3G）牌照，中国正式步入 3G 时代。这对新闻媒体行业的发展带来了革命性的影响。

2013 年 12 月 4 日，中国工业和信息化部向中国移动、中国电信、中国联通正式发放第四代移动通信业务牌照（即 4G 牌照），中国移动、中国电信、中国联通三家均获得 TD-LTE 牌照。此举标志着中国电信产业正式进入 4G 时代。

第四代移动电话行动通信标准（4G）包括 TD-LTE 和 FDD-LTE 两种制式。4G 集 3G 与 WLAN 于一体，并能够快速传输数据、音频、视频和图像等。4G 能够以 100Mbps 以上的速度下载，比家用宽带 ADSL（4 兆）快 20 倍，并能够满足几乎所有用户对于无线服务的要求。4G 可以在 DSL 和有线电视调制解调器没有覆盖的地方部署，然后再扩展到整个地区。

4G 技术支持 100Mbps～150Mbps 的下行网络带宽，这就意味着 4G 用户可以体验到最大 12.5MB/s～18.75MB/s 的下行速度。

2019 年 6 月 6 日，工信部正式向中国移动、中国联通、中国电信发放 5G 商用牌照。此举意味着中国提前启动 5G 商用计划，随之而来的是运营商、设备商大规模的投资。

在 2G、3G、4G 时代，中国一直扮演跟随者的角色，虽然背靠巨大的市场，但在谈判桌上没有任何话语权可言，如今在 5G 时代，我们终于有了一定的领先优势。

在 5G 竞赛中，最值得国人骄傲的企业是华为，它代表中国参与了 5G 标准制定，而且在 5G 短码讨论方案中，以极化码（polar code）战胜了高通主推的 LDPC 以及法国的 Turbo 2.0 方案，成为国际电信联盟的标准之一。在通信业广泛流传着如下说法：三流的企业做产品，二流的企业做服务，而一流的企业做标准。华为能顺利地突出重围，再次证明了其"一流通信企业"的实力。在随后的竞赛中，华为陆续在全球范围内达成 5G 产品协议。因势头太猛，美国意图联手英国、法国、澳大利亚等抵制华为，这些行为虽然让人不齿，但也从侧面证明了中国企业的实力。

5G 通信专利方面，全球企业各有成果：高通独占鳌头，占据 15%，其次是三星，拥有 13%，再次是诺基亚，拥有 11%，而以华为、中兴为代表的中国企业则拥有 20% 的专利。

中国 5G 还有一个非常重要的优势，就是大规模的资本投入。因 5G 被提到国家战略的高度，运营商早已提前布局，已经建成的 5G 基站数量是美国的 10 倍。

二、手机的媒体化

1981 年，全球首个移动通信网络 Nordic Mobile Telephone（NMT，北欧移动通信）相继在沙特阿拉伯、瑞典和挪威开通。中国首位手机用户出现在 1987 年的广州，用户是时任广东中海集团董事长的徐峰。

从电话被发明出来至 2001 年，固定电话花了 125 年的时间才使其用户突破 10 亿，而移动电话只花了 21 年就在 2002 年底达到了同一水平。全球移动用户从 10 亿到 20 亿只用了三年时间。互联网和移动网络通信已经成为 55 岁以下人群娱乐休闲的首选媒体，超过电视、电台、报纸、杂志和电影院。

手机正在实现由人际沟通工具向大众媒体的跨越。跨越的标志之一是日本 i-mode 手机及其相关信息服务的发展，另一个标志是在中国等国家尝试通过手机短信进行新闻传播与出版活动。

手机媒体作为新媒体的延伸，除具有新媒体的各种优势外，还有携带方便的特点，是能随时随地使用的新媒体。手机作为媒体打破了地域、时间和电脑终端设备的限制，可以随时随地接收文字、图片、声音等各类信息，实现了用户与信息的同步。在中国，许多人误以为手机短信（SMS）就是手机媒体，并称手机短信为"第五媒体"。其实，手机短信只是手机媒体在现阶段的一种重要存在形式，但不是手机媒体的主流。

手机媒体的魅力在于它高度的便携性、互动性，以及随之而来的增值服务。一方面，手机媒体能够给受众提供新闻信息，用户可以按需获取信息；另一方面，手机媒体具有的互动性也是其突出的特点。从未来发展的角度看，手机媒体的发展趋势之一是大众化，手机媒体由少数社会精英的“专利”发展为大众化的媒体；趋势之二是手机媒体多媒体化、娱乐化等。

三、手机不是移动电话，而是具有通信功能的迷你型电脑

如前所述，手机媒体不仅已经诞生，而且其社会影响日益深远。随着通信技术、计算机技术的发展与普及，手机不仅成为具有通信功能的迷你型电脑，而且还是网络媒体的延伸。

新媒体包括互联网和手机媒体，这两者具有真正的互动性。互联网是计算机技术发展的产物，互联网信息传播的基础是计算机，而当今的手机已经不再只是移动电话，智能手机配备了 CPU、存储卡、操作系统等计算机组件。

手机传播将人际传播、群体传播和大众传播融为一体，是一种全新的传播类型。从传播的角度看，作为新媒体的手机媒体拥有其独特的优势：高度的便携性，跨越地域和电脑终端的限制，有声音和振动提示，几乎做到了与新闻同步；接收方式由静态向动态演变，受众的自主地位得到提高，可以自主选择和发布信息，信息的及时互动或暂时延宕得以自主实现，使得人际传播与大众传播完美结合。

四、移动新闻客户端的兴起

在移动互联网背景下，手机凭借其随时随地、移动与便携等优势发展成为重要的大众传播媒体，成为媒介融合的新平台。为抢占移动用户市场，各家纸媒和大型门户网站（搜狐、网易、新浪、腾讯）等纷纷进军新闻的移动客户端市场。

移动新闻客户端凭借其丰富的资讯资源、实时的信息推送和方便的社交互动被越来越多的用户认可。

为拓展移动市场，纸媒普遍在 iPhone 和 iPad 的苹果操作系统、安卓系统上开发客户端。移动新闻客户端的内容资源包含两类：一类是与纸版内容一致；另一类则是整合更多资源，通过一个客户端可阅读同一集团下所有报纸的内容。

搜狐、新浪新闻客户端都非常类似传统桌面互联网的门户网站。内容以自行制作为主，主推的新闻热点也由制作团队根据内部标准决定，用户的阅读习惯直接转化为用户黏度。而以百度新闻、中搜搜悦为代表的搜索引擎式新闻阅读器，使用搜索技术在互联网端抓取新闻内容，再通过用户的自主选择、订阅决定新闻热点的推荐，用户黏度也主要来自个性化订阅内容。

今日头条是北京字节跳动科技有限公司开发的一款基于数据挖掘的推荐引擎产品，为用户推荐信息，提供连接人与信息服务的产品。2012 年 8 月发布第一个版本。

今日头条的特色在于其基于个性化推荐引擎技术，根据每个用户的兴趣、位置等多个维度进行个性化推荐，推荐内容不仅包括狭义上的新闻，还包括音乐、电影、游戏、购物等资讯。根据用户的社交行为、阅读行为、地理位置、职业、年龄等，通过社交行为分

析，5 秒内计算出用户兴趣；通过用户行为分析，在用户每次动作后，10 秒内更新用户模型。对每条信息提取几十个到几百个高维特征，并进行降维、相似计算、聚类计算等去除重复信息；对信息进行机器分类、摘要抽取、LDA 主题分析、信息质量识别等处理。根据人的特征、环境特征、文章特征三者的匹配程度进行推荐。实时推荐，0.1 秒内计算出推荐结果，3 秒内完成文章提取、挖掘、消重、分类，5 秒内计算出新用户兴趣分配，10 秒内更新用户模型。根据用户所在城市，自动识别本地新闻，精准推荐给当地居民。还可根据用户年龄、性别、职业等特征，自动计算并推荐其感兴趣的资讯。

抖音，是一款可以拍短视频的音乐创意短视频社交软件。该软件于 2016 年 9 月上线，是一个专注年轻人音乐短视频社区的平台。用户可以通过这款软件选择歌曲，拍摄音乐短视频，形成自己的作品。它与小咖秀类似，但不同的是，抖音用户可以通过视频拍摄快慢、视频编辑、特效（反复、闪一下、慢镜头）等技术让视频更具创造性，而不是简单的对口型。

第二节　手机媒体与新闻传播

麦克卢汉曾说，媒介即讯息，即通常人们认为的媒介内容可以成为讯息。媒介本身的功能、性质、开创性更值得重视。麦克卢汉曾预言，“媒介是人的延伸”。他认为技术的任何进步都会使人类更有效地生活和劳动，媒介具有有机体的性质。报刊、广播、电视事实上是和人分离的，以电脑为终端的互联网实际上是把人给“淹没”了的。而手机媒体的诞生真正实现了人和媒体在时空中的无缝连接，让人感觉到拥有和控制媒体的能力：媒介既不是和人分离的，也不主宰人，而是“人的延伸”。手机媒体是一种完全以个体为中心构造的媒体，许多人基本上已是机不离身。

从某种意义上说，每一种新媒体的产生都是弥补之前媒体的不足。被誉为“数字时代的麦克卢汉”的保罗·莱文森（Paul Levinson）认为，数字时代的特征是用视窗和浏览器选择信息而实现个人化。那么在数字化以后的时代里，我们则期待与之类似的表现个人选择的载体。只不过将来的载体的用法不同，目的不同，结果也不同而已。从这个意义上讲，手机媒体将是互联网出现以后，即数字化以后的新媒体克服原有媒体的不足、实现自己存在价值的一种方式，它的传播介质将更适于信息传播。它虽然依附于互联网，但拥有自成一体的无线网络。比起有线网络的电脑，基于无线网络的手机媒体对信息的处理更加及时、迅速，互动性更强。小巧玲珑的形体优势，使得它比笨重的电脑更易携带和装饰，从而更符合个体的需要。虽然它的受众群从时空上来讲也是广泛和分散的，但以手机号形式出现的受众比起以网址出现的电脑网民更加固定和容易确定，从而能将受众与传者的隔离抹掉。它拥有两个相对独立的话语空间，一个是点对点的私人空间，另一个是连接互联网形成的点对面的公共空间；而“一网打尽”的互联网只有一个互联网空间，里面的各种话语割据空间而立。手机媒体人性化传播的特点代表着未来新媒体的发展方向。

手机传播打破了传统大众传播传播主体的机构性、权威性，进而呈现出传受主体的多元互动性及在新的传播模式中权利的分解与集中的特征。

手机传播能够真正实现信息传播的 5W：无论何时（whenever），无论何地（wherever)，无论是谁（whoever），都能找到无论什么内容（whatever）和无论什么人（whomever），即任何用户可以在任何时间、任何地点获取任何信息并联系上任何人。

手机媒体的基本特征是数字化，最大的优势是携带和使用方便；同时，手机媒体作为新媒体的延伸，具有新媒体互动性强、信息获取快、传播快、更新快等特征。这些特征使得手机媒体能够渗透到人类社会活动的各个层面，深刻影响人类的传播活动。

一、手机媒体的优势

（一）高度的移动性与便携性

手机媒体具有高度的便携性，信息传播极其方便。有人把手机媒体形象地称为“影子”媒体，因为手机往往 24 小时不离身，手机媒体以其移动性、便携性的优势实现了边走边看。媒体经济是一种注意力经济，眼球资源成为媒体最短缺的资源，然而受众却有大量的离散时空可供耗费，如等车、候机、坐地铁等，这些成为注意力的“盲点”。手机媒体能随时随地且无处不在地服务，正好填补了人们的离散时空，它通过吸引受众非连续的、间歇的和零散的时间段和空间段的注意力来获得经济收入，创造出“离散眼球经济”。

保罗·莱文森在 2004 年出版的《手机》一书中对手机发展做了最乐观的分析。他认为，人类有两种基本的交流方式：说话和走路。可惜自人类诞生之日起，这两个功能就开始分割，直到手机诞生，才将这两种相对的功能整合起来，集于一身。手机之前的一切媒介，即使是最神奇的电脑也把说话和走路、生产和消费分割开来。唯独手机能够使人一边走路一边说话、一边走路一边发短信。于是，人就从机器跟前和禁闭的室内解放出来，进入大自然，漫游世界。无线移动的无限双向交流潜力使手机成为信息传播最方便的媒介。

霍华德·莱茵戈德（Howard Rheingold）在《聪明暴民：下一次社会革命》（*Smart Mobs*：*The Next Social Revolution*）一书中提到了新媒体全新的沟通模式：互联网的力量从电脑转移到手机上，诞生了全新的社会现象，产生了全新的沟通模式。如果说电视的收视率、报纸的订阅率更多有赖于用户的传统媒体习惯，那么，具有相当可读性、必读性、互动性、新奇性，类型丰富，能以不同内容、不同形式满足用户需求的手机媒体，就会成为用户随时随地获取信息的新的习惯性媒体。

手机媒体高度的便携性还带来了高度的个性化、私隐性与贴身性，手机是同人们生活黏性极高的“带着体温的媒体”。这就要求手机媒体传播者按用户的需求提供个性化信息，即真正做到分众传播。

（二）信息传播的即时性

手机传播是一种数字化传播。手机传播速度快、时效性强、范围广、限制因素少，又由于手机用户数量庞大，因而手机传播的受众群十分庞大。

手机媒体在即时性方面的优势已经彰显无疑。不用打开电脑或电视机，许多受众通过手机媒体就能看到权威媒体机构提供的实时新闻、现场图片或现场视频片段。例如不少受众通过手机领略“神六”升空的壮丽场景。新华网发出的第一条有关中石油吉林石化爆炸的图片新闻，不是来自摄影记者，而是当地居民用手机拍摄并传输的。特别是当遇到台风、地震、山洪等突发性自然灾害时，手机媒体即时报道，沟通信息，有利于紧急避险。

手机媒体还具有即时接收和动态传播的特点，尤其是在遇到突发事件时，手机媒体可以像网站一样实现新闻的动态传播。

手机传播更新速度快、更新成本低。手机传播的更新周期可以用分秒计算，而电视、广播的周期则用天或小时计算，纸质报纸的出版周期用天甚至用周计算，纸质期刊与图书的更新周期更长。手机传播的即时性提高了新闻的时效性。同时手机传播还具有一定的“信息接收的异步性”，例如，一条手机短信发过来，你可以在方便的时候再去阅读与回复。接收的异步性可以使受众不受媒体传播时间的限制，可按自己的需要随时进行信息的接收与利用。

（三）互动性

手机传播是一种开放的互动式传播。传统媒体的传播方式在现实中通常是单向的，传播者与受众双方无法随时随地进行双向沟通。而手机传播既可以是单向传播，也可以是双向甚至多向传播，具有很强的交互性。

手机媒体在互动性方面也有着传统媒体无法比拟的优势。传统大众传媒的重要特点之一就是传播的单向性很强。这一特点导致受众对媒介信息的反馈大部分是事后的、延时的，缺乏即时性和直接性。尼葛洛庞蒂把网络区分为环状网络和星状网络。电视网是典型的环状网络，它的作业方式是“一对多”。而移动通信网则是一种典型的星状网络，是“多对多”的作业系统。其实，我们可以把星状网络界定为“无中心化机构的网络”。基于移动通信网的手机媒体正体现了这一特点——在此传播体系中，传者与受者一律平等，受者也构成这个传播体系中的一环，传者与受者之间没有明确不变的界限。因此，手机媒体不仅给用户发送他所需要的新闻，更可实现跟踪、材料搜集、读者调查、读者评论等多方面的功能，为读者和媒体都提供了更多更方便的服务，实现了更广泛、更迅速的互动。

（四）受众资源极其丰富

衡量一个媒体是否具有竞争力的重要指标就是现实和潜在的受众数量，而对手机媒体来说，最不用担心的就是用户资源。全球人口中拥有手机的人数是所有报纸读者的两倍多。手机用户也远远超过网民数。与国内发行量最大的报纸、杂志，点击率最高的网站，以及客流量最大的车站、地铁等场所的户外媒体相比，手机媒体拥有数量更庞大、类型更广泛的受众群。

手机已经不再仅仅是一个简单的通信工具，它的快速发展改变着人们的日常生活方式，成为传播、整合信息的设备，甚至是个人数字娱乐中心。未来移动通信产业发展的主要目标将从用户数量的扩张转移到人均利润最大化。虽然在许多成熟的市场中，手机的拥有量已经达到饱和，但在利用手机进行信息传播以及营利等方面，仍处于起步阶段。

（五）多媒体

手机的信息处理功能日益强大。上网、拍照、录音、摄像已逐渐成为不少手机的基本配置，多媒体手机逐渐普及。手机的操作平台也发生了很大变化，手机已经成为电脑的一种形态，而智能手机还具有传统以通话为核心功能的功能手机所不具备的信息处理能力。

（六）手机也是新闻采访的重要工具

2005 年 7 月，就在伦敦连环爆炸案发生后数秒钟，许多伦敦地铁和巴士乘客及路人用具有摄像功能的手机拍摄了伦敦大爆炸的现场，第一时间记录下那场自第二次世界大战结束以来伦敦经历的最严重的浩劫。有人用手机拍下了其中一个地铁站的爆炸现场。画面显示，由于车厢满是浓烟，乘客们不得不用手捂住嘴巴。另一个画面捕捉到附近的另一名男子也在用手机拍照的场景。

电视台和新闻网站上出现的录像和单张照片显示，绝望的地铁乘客到处寻找逃生之路。还有画面显示，公共汽车爆炸发生后，失去知觉的乘客横卧在地。画面清晰地捕捉到满脸黑灰的乘客逃生的情景，还有一名妇女在人行道上痛苦地蜷缩成一团。周围的建筑物上也有斑斑血迹。

大爆炸发生后不久，幸存者发现，手机线路出现拥堵，因为成千上万人都想在第一时间联络自己的亲人。电话打不出去，一些人便用手机拍摄现场的恐怖情景。许多媒体，甚至远在澳洲的媒体也向这些亲历者索取现场画面，希望他们通过电子邮件将拍摄到的画面发送给媒体，许多人给予了回应。

手机媒体技术的迅速兴起使得全世界几乎所有普通的民众都能拍下突发新闻并迅速发布到互联网上，见证历史的方式正在因此而发生改变。有些西方学者把这种现象称为“草根新闻”，只要有手机就可做“草根记者”。

以前只能靠人脑记忆的事件现在可以以几百万像素的精度几秒之内完整地传到全球各个角落。图片的作用也日趋增加，检方在审理抢劫、恐怖活动等案件时，越来越依靠现场图片的证据作用。保险公司在处理交通事故时，除听取当事人的回忆外，手机照片也成了重要的佐证。

（七）私密性

手机媒体是一种十分个人化的媒体，不像电视那样方便家人共同观看，也不像报纸那样方便多人相互传阅，而是带有鲜明的个人色彩、贴着个性化标签的信息传播工具，具有很强的私密性。每一个手机终端都对应一个具体的受众，这比互联网 IP 地址更能据以准确跟踪用户信息及行为。对信息服务提供商来说，信息传播可以针对不同的受众群体甚至特定用户设定，从而提供有吸引力的个性化服务，满足受众的个性化需求。对手机媒体用户来说，自主地位得到提高，自由选择和发布信息的权限扩大，私密性得到保证。

（八）整合性

手机媒体能整合多样的传媒形态，承载报纸、广播、电视等传统媒体的内容，并充分发挥出新媒体本身所具备的一切传播优势。手机媒体能整合多元的传播主体，将电信基础运营商和各种类型的 SP、CP 融合到一起，将生产信息、传播信息的传者与接收信息、消费信息的受众合而为一。手机媒体能整合多样的传播方式，既可实现点对面（手机网站对用户）、面对点（多个用户向网站反馈信息）的传播，还可实现点对点（单个用户对单个用户）、一点对多点（聊天）、多点对多点（群组）等的传播。

（九）同步或异步传播有机统一

手机媒体将同步传播和异步传播有机整合到了一起，即用户借助手机媒体提供的各种传播工具，既可以实时接收传播者传递出来的信息，与其他用户进行实时交流，也可以选择任何自己愿意的时间接触传播者传递出来的信息，与其他用户进行跨时间交流。这与新媒体模式的特征十分相似。手机媒体的特殊性在于，由于手机是与人形影不离的传播工具，所以能有效缩短甚至消除异步传播的时间差，实现同步传播与异步传播的有机统一。比如，电子邮件是异步传播方式，但手机邮箱的邮件到达提醒功能可以让用户更快知晓邮件内容。即时通信工具具有留言功能，但手机即时通信的留言提醒功能可以让用户不必被动等到下次上线才去提取。

（十）传播者和受众高度融合

较之新媒体，手机传播的出现进一步打破了传统媒介的特殊地位，清除了一般受众进入媒体的障碍，使得每一个人都能通过手机媒介行使自己的信息发布权、意见表达权。在这种情况下，传播者和接收者的角色发生了变化与融合。就组织机构类型的传播者而言，既要进行网上信息发布，又要强化受众意识，及时接收整理用户的反馈，及时做出调整，最大限度地吸引用户，防止用户“用拇指投票”，不登录自己的手机网站或使用自己提供的服务。对普通受众而言，他们随时随地都在传播者和受众的角色之间转换，比如浏览新闻时是受众，发表跟帖评论时是传播者；浏览别人的博客时是受众，而开办自己的博客时又成为传播者。手机独具随写随拍随录随发功能，使每一个用户无时无刻都能往手机网站或互联网站上发布新闻信息、图片、视频等内容，普通受众的传播者角色得到空前强化。

（十一）手机传播强调个人化、人性化，强调用户参与

与传统的大众传播相比，手机媒体在传播类型上具有明显的多样性，集人际传播、群体传播、组织传播、大众传播于一体。手机本身就是人际沟通工具，借助手机媒体上的各种论坛、聊天室、移动QQ、微信等，人与人之间的交流渠道变得更加丰富。群体传播在手机媒体上也能便捷地实现，不少手机网站都在倾力打造主题BBS、专题论坛、手机社区等，以供有共同爱好或需求的用户进行交流。通过手机进行组织传播应用已经较为广泛，不少单位和部门开发了专门的手机信息发布平台，直接通过手机短信的方式传递组织内的各种信息；北京等地政府部门还通过手机短信的方式，将突发事件应急信息、市政建设信息等第一时间告知市民。手机媒体的大众传播功能正在不断加强，一些传统媒体在无线互联网上安家落户，一批以新闻信息服务为特色的手机网站逐渐兴起，具有越来越大的社会影响力。这些传播类型相互交织，在一定条件下可以相互转化。比如通过移动QQ，既可以进行人际传播，也可以进行群体传播、组织传播，甚至可以进行大众传播。

手机传播具有人性化的特点。保罗·莱文森提出了媒介演化的“人性化趋势”理论。他认为人类技术发展是在模仿甚至复制人体的某些功能，是在模仿或复制人的感知模式和认知模式；任何一种后继的媒介都是一种补救措施，都是对过去的某一种媒介或某一种先天不足的功能的补救和补偿。换言之，人类的技术越来越完美，越来越“人性化”。[①] 作为继新媒体之后出现的又一新型传媒，手机媒体在很多方面克服了其他媒体的不足，会越来越张扬自己的独特个性。手机媒体能实现信息产品和家电产品功能的一体化，实现各种媒体功能的集约化，例如通过手机可以看电视，可以拍摄照片、录制视频并直接传播，摆脱了众多设备和程序的束缚，充分体现了“人性化”特点。手机媒体形体小巧，易于携带，

---

① 莱文森．手机：挡不住的呼唤［M］．北京：中国人民大学出版社，2004：6－7.

更符合个体的需要。手机媒体是人能够“掌握”和控制的媒体，不像传统媒体那样把人与媒体分离开，或像其他新媒体那样把人“淹没”其中，更能凸显人的主体性。手机是“作为人体组成部分”的媒体，具有有机体的性质，是“媒介即人的延伸”的生动诠释。

二、手机媒体的不足

手机媒体是一种数字化新媒体，作为新媒体的延伸，新媒体的许多特性（包括不足）也延续到手机媒体之中。在现阶段手机媒体存在以下不足：

（1）虚假与不良信息传播。一些不法分子发布虚假信息，大肆招摇撞骗，各种淫秽信息和流言蜚语借手机流传，败坏社会风气，误导公众，导致社会秩序的混乱。

（2）侵犯个人隐私。智能手机有其独特的设计，把摄像镜头安装在手机的背部，并且还可以被隐藏起来，因此佯装打电话就能轻而易举地拍下一些机密的东西或侵犯个人隐私。

（3）信息垃圾。目前中国网民收到的垃圾邮件数量已经与正常邮件数量相当，垃圾短信也不计其数。

（4）信息安全。一些手机的黑客针对手机的软件专门设计了一些病毒，对广大的手机用户进行攻击。

（5）手机所固有的技术缺陷：屏幕小，电池能量不足。

尽管手机媒体存在一些不足之处，但它作为新媒体已经实现了移动电话媒介身份的突破，正在成为人随身携带的信息系统。手机作为新的传播终端，以高效、便捷、及时、互动的特性，为人们提供更为丰富、更为个性化和随时随地的信息服务。这将是一种不同于以往的、向传统媒体发起挑战的、全新的文化生产样式和信息传播渠道。

从手机媒体的特点来看，它完全不同于传统媒体，而和网络的传播特性较为接近。其功能是多元合一，比如，通话时手机就是移动电话，发短信时就是文字媒介，上网时就是新媒体。应该说，手机媒体是新媒体的延伸。

手机庞大的用户群已经构成了大众传播所必需的、大量的、分散的受众。手机的特点在于随着其功能的日益强大，正逐渐从通信工具向信息平台转型。

作为具有信息载体功能的终端，手机在实现自身基本功能属性的过程中，面对海量的终端用户进行直接接触，因而有可能把特定信息进行最大限度的有效传播，进而达到一种类似甚至超过传统媒体的大众传播效果（无论是在广告还是新闻方面）。在当今这个信息爆炸的时代，现代社会正以细胞裂变的方式不断地制造信息，传统媒体在满足人们日益增长的信息需要时也遇到了各种局限，渴望自己的信息能够更快、更好地传递给它们的目标客户群体。对传统媒体而言，手机媒体就是一个极佳的突破点。这种供求关系的扩张使得将传统媒体的优势和手机的优势结合起来成为可能。

手机的特点在于可移动性以及个性化。一方面，即时滚动新闻的推出使得用户在路上就可以随时随地看到一些重要而简短的新闻；另一方面，报纸、广播、电视等传统媒体长期发展形成的信息采集网络、媒体品牌、广告经营以及社会公信力，也是目前其他新兴媒体所无法逾越的一道门槛。传统媒体与手机媒体的结合改变了信息的传播方式和内容表现形式，其最深层次的本质并没有发生根本性的变化，从长远来看，这有利于传统媒体强化自身的品牌优势，进而吸引更多的受众使用传统媒体的服务。

本章小结

本章主要阐释了手机和手机媒体的概念与发展，并介绍了手机媒体的优势与不足。

思考题

1. 你如何理解手机媒体是新媒体的主流？

2. 你如何理解手机已不仅是移动电话，而是具有通信功能的迷你型电脑？

3. 请你畅想未来手机的发展。

4. 从手机媒体的“同步与异步传播”的角度看，随着手机媒体深度嵌入社会生活，你认为同步和异步传播的关系能否继续维持平衡或有机统一？使用手机媒体交流的双方因其对同步和异步传播的选择不同，会产生哪些交流的问题或障碍？

5. 手机媒体对于新闻生产的工作及流程有何影响？

6. 你认为有哪些因素影响着手机媒体的发展？

在线自测

扫一扫　练一练

第十七章 新技术与新媒体的未来

包括传媒业在内的众多行业的发展，都是由技术进步推动和市场需求拉动的。历史上每一轮传播技术的进步都必然带来传媒产业的变革，云计算、大数据、人工智能，归根结底是技术进步，再由技术进步驱动产品创新，产品创新改变市场格局。

新媒体带来了传媒业的巨变。从报刊、广播、电视“老三样”到今天“两微一端”、抖音、快手等新传播载体层出不穷，新传播技术正带来崭新的传媒生态格局。与此形成对比的是百度、腾讯、今日头条的日活量过亿，抖音周末高峰日活量突破两亿。网络平台越来越具有媒体的特征，腾讯、百度、网易、今日头条、新浪、抖音、快手等头部新媒体和超过 300 万的自媒体传播力、影响力日趋加大。传播主渠道、舆论主阵地、意识形态斗争的主战场已转场网络，受众已转移到网上是不争的事实。

移动传播、自动推送、人脸识别等新的传播手段的运用使传媒业态更加个性化、分众化、场景化、体验化。新一代媒体人不仅承载着探究真相、表达观点、传递信息和价值的使命，还要使用机器、理解机器、驾驭机器。

新媒体是由技术和资本双轮驱动的。目前，对新媒体发展影响最大的技术莫过于人工智能技术和推荐算法。

第一节 人工智能会取代记者吗

2016 年谷歌机器人阿尔法狗（AlphaGo）大比分击败韩国围棋高手李世石。2017 年年初，人工智能围棋 Master 在一周内横扫柯洁、朴廷桓、井山裕太等中日韩顶尖高手，战绩停留在令人恐怖的 60 胜 0 负。Master 已经被确认是 2016 年人机大战主角 AlphaGo 的升级版。围棋人机大战让所有人都开始关注人工智能。有人说人工智能能为人类提供更卓越的服务，也有人说它将取代人类的工作并最终战胜人类。那么人工智能究竟是福还是祸？人工智能真的会取代人类吗？我们关注的是，人工智能是否真的会取代记者这个职业。

“人工智能”这个词来自英文 artificial intelligence，简称 AI。从计算机诞生的那一刻起，人们就在讨论它会给未来带来哪些变革。在过去，人工智能受限于硬件本身不够优秀、计算能力不足，但在摩尔定律的推动下，现在运行人工智能的系统往往都是非常庞大的计算机集群。今天非常热门的“机器学习”这一概念，其实在 20 世纪 90 年代就已经提出了，只不过当时受限于计算机的计算能力。

一、哪些职业容易被取代

事实证明，规则明确的、信息全公开的职业，容易被取代。

棋类的竞技项目是信息全公开的。以围棋为例，第一个子落下之后，棋盘还剩下360个点可以选择，以此类推。但是有些竞技对抗不是这样，是信息不完全公开的，有玩家不知道的黑幕，而新闻报道从来就不是规则明确的竞技活动。

职业中可自动化、计算机化的任务越多，就越有可能被交给机器完成，其中以行政、销售、服务业最为危险。司机、技工、建筑工人、裁缝、快递员、抄表员、收银员、保安和洗碗工属于比较危险的、有可能被机器替代的职业。

人工智能能够替代部分工作的职业有律师、翻译等。律师工作中对法律、案例、参考文献的检索、分析工作，是计算机能够充分掌握数据的领域。数据容易公开获取的领域包括法律法规、案例、文献等，数据不容易公开获取的领域包括证据（尤其是刑事案件的证据）、与当事人沟通、庭审说服等。

尽管机器可以模仿人类的大脑进行学习，但是在目前的科技水平下，相比人类，机器欠缺了原创能力、互动能力和谈判能力。因此，具备这三种要素的职业便不容易被机器替代，比如文创、科技和管理行业，就比较安全。内外科医生、编舞、教师、作家、律师、人力资源经理、科学家、工程师和记者也属于比较安全的、不容易被替代的职业。

随着人工智能的发展，机器确实可以通过深度学习来代替人类做越来越多的工作。根据一项报告，到2025年，约有25%的工作将由人工智能或是机器人取代。但是，人类依靠独有的创造性、互动性和谈判性，在一些职业中仍然占有绝对优势。

虽然计算机可能在一些方面超过人类，但是它依旧不是“完整的人”，例如阿尔法狗，它只会下围棋，并不像人类可以做许多事情：弹琴、下棋、与人交流，甚至创造各种人工智能系统……只有人类能处理生活中纷繁复杂的情况，人工智能取代人类的担心为时尚早。换言之，阿尔法狗的程序就是下围棋，它不会做除下棋之外的任何事情。虽然在此番对战中，阿尔法狗的表现技高一筹，但也仅仅是在围棋方面，“大多数人工智能目前都存在一个非常大的缺陷，那就是缺少了我们所谓跨领域的通用人工智能”。

二、人工智能记者的出现

“人工智能记者”的重要优势体现在两大方面：一是“勤勤恳恳”“态度认真”“毫不懈怠”。一名机器人记者只要0.3秒就能完成一篇关于股市行情的简讯。网络对比调查显示，超过50%的读者都无法分辨出哪一篇是人写的，哪一篇是机器写的。二是成本低廉，节约人力。安装“人工智能记者”只需首次的设置费用，随后每个月的运营费用接近于0，与聘任记者的费用相比，简直是“九牛一毛”。

“人工智能记者”的最终目标是使“私人记者”成为可能。现实中根据每位用户的需求撰写定制新闻，一般记者难以完成，但对于“人工智能记者”来说只是几秒钟的事。

人类记者要向深度调查记者转变，这样才能不被淘汰。“人工智能记者”虽然能力超群，但大众是否愿意接受？为了解答这个疑惑，韩国新闻基金会进行了社会调查，结果显示，当被问及“一篇无观点的新闻是否可以由计算机算法来写作”这个问题时，约48%的人回答可以，只有14%的人表示怀疑。而在这些怀疑者中，约45%的人担心机器算法会破坏媒体舆论监督和批判的功能，而42%的人担心这会产生大量无意义的文章。但显然，这些担忧都会通过完善算法或添加人工编辑的方式得到解决。

三、具有创新能力的记者将成为人工智能时代的强者

围棋比赛和做新闻有本质区别。下围棋与创作最大的区别在于围棋有胜负，并且只有围棋本身的规律，不随时代而改变。在阿尔法狗的训练过程中，是先让其学习无数的人类下棋模式后，再让不同版本的阿尔法狗之间进行比赛，并对新的比赛过程进行学习，使其不断超越机器自身，最终才得以超越人类。

而创作领域没有输赢之分，好坏也是很主观的事情，所以没有办法让“人工智能记者”自身不同版本之间进行竞争，也就很难想到方法让其只靠学习以前的文章就能持续提高水平，写出比人类记者更优秀的文章。

要写出好文章，就要输入大量优秀的样本，而这些优秀的样本需要无数记者充分发挥创造力。如果没有无数记者的不断创新，“人工智能记者”只在现有的文章中不断学习，很难想象它能与时俱进地写出越来越好的文章以及新闻报道。

在人工智能逐渐代替人类工作的情况下，如何找到机器和人工的平衡点，也是需要思考的问题。比如关于智能写稿、智能看盘机器人，有业内人士表示，智能化资讯不仅仅是简单地进行数据挖掘、分析，更重要的是解决机器与人工和谐发展的问题，机器重在扫描挖掘发现信号和机会，而人工重在深度分析和评论，只有找到其中的平衡点，才能满足用户对资讯有效性的实际需求，带来创造性的体验。

如果鲁班只是手艺了得，恐怕在当下也难逃被裁员的厄运；因为日夜无休、分毫不差的自动化生产，无论是在生产力还是精确度方面，都远非人类所能及。不过，作为“发明家”的鲁班，今天应该仍是企业争抢的创新人才，毕竟人工智能不会从树叶的锯齿联想到锯子，机器也无法凭空造出丈量用的曲尺和攻城用的云梯。

人类的想象力和创新力，大概是在可以预见的未来，少数无法被人工智能复制的能力，这也是鲁班能够战胜“机器人木匠”的关键所在。

记者的饭碗要怎么保住，笔者认为，未来多数从事一般性报道的记者都会失业，除非他们转而挖掘深度调查新闻。机器人记者的出现，其实是为人类记者提供“更上一层楼”的动力和机遇。

“写作”可以被机器人取代，但搜集有意义的新闻只能由人类新闻工作者完成。何况从根源上讲，探究人类的心思和需求，再没有比人类自己更合适的了！

此外，机器人是没有感情的，而不少新闻报道与评论则是需要情感的。所以对于每一个媒体人来说，只有更深入地了解新闻媒体行业的本质和人类通过媒介获得信息、人的思考方式的本质，加深人工智能领域的人文探索，才能使人工智能更好地为我们所用。这是人工智能对所有媒体人提出的全新的挑战。

人工智能不排除具有一定的商业炒作成分。随着“人机大战”的进行，原本默默无闻的人工智能概念股被推上风口浪尖。

人工智能能否战胜人类是“伪命题”，因为只要规则明确，计算机在下围棋上战胜人类“是迟早的事情”。

狄更斯在《双城记》里说：这是最好的时代，也是最坏的时代。人工智能再厉害，也不过是如来佛手心里的猴子。这个如来佛就是我们的创造力。

第二节 新闻推荐算法

新闻推荐算法是目前新媒体研究中的一个热点。在前互联网时代，报纸、广播、电视等传统媒体主要通过人工为受众推荐信息；在互联网发展的初期，信息的热门推荐方法发展起来并在雅虎等网站大量使用；目前所处的大数据时代，个性化算法推荐和信息流展现则成为主流。一般热门推荐算法主要依赖对一些数据指标的聚合计算来实现，计算方法简单，容易部署实施。

个性化推荐系统技术上运用了文本特征提取、相似度计算，有基于内容推荐法、协同过滤推荐法和矩阵分解法等，方法较多，并且具体实现和优化比较复杂。数据集合的大小和质量也对推荐效果有巨大的影响。通过编码实现一个实验性新闻推荐系统可以发现，在数据集较小的情况下，一般热门推荐算法能取得最好的效果，而基于内容和协同过滤两种推荐方法的效果较差，但是也能给出符合逻辑的推荐结果。

对于个性化新闻推荐系统在实际中的应用，人们褒贬不一。通过对今日头条的一些用户的访谈可以发现，从目前个性化推荐算法的实际效果来看，由于其往往结合了一些低质内容，利用人性的弱点，导致过度娱乐化的新闻泛滥。这些刺激感官的内容吸引人们点击，造成了点击量上的“虚假繁荣”，看似点击量高、用户喜爱、广告效果好，但其实却是在大量推送垃圾信息，造成用户的“信息成瘾”。对于这些问题，除了技术上继续加强改进外，企业应当改变唯点击论的惯性，注意履行社会责任；政府应当加强引导和监管，对有问题的企业和平台予以惩戒；对个人来说，应当注意到个性化推荐的双刃剑作用，防止自己沉湎于其中。

一、一般热门推荐算法

热门推荐算法在互联网早期就发展起来了，在新闻网站如雅虎上常常可以看到类似“Trending”的栏目，这些栏目的推荐算法就被称为热门推荐算法。热门推荐算法是一类算法，其本身原理比较简单，也没有运用机器学习和人工智能技术，主要还是针对新闻当前的浏览情况，对全体用户做无差别的推荐。

（一）聚合计算

热门推荐算法是基于聚合计算的算法，这种算法使用发表时间、点击量、赞量、点踩量、独立访客数等指标，综合给出一个新闻推荐的排序列表。其中所谓的聚合计算，指的就是数据的加总，包括求和、求平均值、求最大最小值等方式，如此处理完之后，再把结果进行排序并展示到页面上。

（二）时间因素

新闻信息很关键的一个因素就是信息本身的时新性，位列新闻价值五大要素之首。因此根据业务场景去合理考虑时间因素的作用是一个成功的热门推荐算法的必要条件。

二、个性化推荐系统

个性化新闻推荐系统是目前最为火热的方向，今日头条、一点资讯等新闻阅读产品都以自己的个性化算法作为吸引用户的卖点。然而，新闻的个性化推荐系统是一个极为复杂的系统，需要自然语言处理、特征工程、机器学习、大数据计算等多个领域的知识。

三、目前个性化新闻推荐算法存在的问题

目前新闻推荐算法仍存在着较多的问题，这些问题产生的原因各不相同。

（一）内容不符合用户兴趣

个性化推荐算法并不一定能把符合用户兴趣的内容推荐给用户。造成这个现象的原因有很多。

从数据质量角度看，个性化推荐对数据的数量和质量要求是比较高的，如果一个用户没有什么有质量的数据，个性化推荐就远远不如热门推荐的效果。多数新闻资讯类应用要面临大量的新增用户，这些新用户的历史阅读记录是空白的，因此对他们进行个性化推荐的效果是很差的。这个问题又被称为“冷启动”问题，是大多数个性化推荐系统所面临的共同问题。

从目前自然语言处理的局限看，个性化推荐系统无法对文章内容做深入理解。目前的自然语言处理其实只能从其特有的高频关键词层面进行标签的相似度匹配，这样产生的肤浅层面的话题只是标签推荐而已，而不是更深层次的与用户气质、性格、生活方式相匹配的推荐。计算机只能帮助我们快速完成简单重复的工作，很难更深层次地满足新闻资讯阅读中的一些细腻心理需要。例如，某用户看了一篇讲迈克尔·杰克逊葬礼的新闻，其中包含大量与丧葬相关的特有词语，推荐系统会因为这些丧葬特有词语向他推荐其他有关丧葬的新闻。但是，他实际上是一个迈克尔·杰克逊的粉丝，关心的点是迈克尔·杰克逊，而非葬礼这个主题。

协同过滤算法本身的缺陷，也造成一些个性化推荐算法的推荐内容不符合用户兴趣。一个经典的例子是娱乐新闻。由于娱乐新闻往往很受欢迎，因此用户在协同过滤中的近邻群体往往多少都阅读一些娱乐新闻，但是这个用户本身可能从来不读娱乐新闻，如果强行推给他会造成他的反感。这也是目前今日头条等应用的推荐算法所出现的一个比较大的问题。

在当前的算法中，虽然使用了所谓的协同过滤，但得出的是完全基于数据计算出来的相似群体，而不是用户实际的社交关系。资讯消费本身其实是具有一定社交性和话题性的，人们很多时候看新闻都是为了能够和社群中的其他人知道一样的事情，这样才有话题交流。个性化推荐具有一定的优势，而如果能够与用户已有的社交关系结合在一起，就能向用户做出更好的推荐。

（二）内容质量问题

纯粹的个性化推荐系统对文章的质量和内容是没有把关的。算法所做的事，只是对文章中所含的特征关键词进行提取。算法并不知道这篇文章到底写作水平如何，内容是否健康，更不用说对其进行选择了。算法能做的事，仅仅是把关键词与用户的兴趣进行匹配。一篇文章里哪怕没有任何有意义的内容，只是一堆用户可能感兴趣的词语的堆砌，这篇文章仍然会被算法推送给用户。

网络上很多文章文不对题、内容空洞，只是蹭热点、打擦边球，却被算法推荐到了成千上万用户的手机屏幕上，获得了阅读量。这对用户来说是一种欺骗，同时也大大伤害了

内容产业创作高质量内容的热情，产生了不良的引导作用。

由于算法本身是对用户特征和文本数据进行匹配，因此越是相似的结果往往越被优先推荐。这就导致内容的重复。很多时候，当一则新闻发生的时候，各家媒体或者自媒体所发出的资讯内容本质上是一致的，有区别的可能只是表述而已。这就导致用户总是看到本质上一模一样的文章。也许存在着某些用户，喜欢从不同的来源看同一个事件，但是更大多数的用户只是知道一件事就够了，他们并不想反复地读同样的内容。

（三）信息茧房与信息成瘾

信息茧房（filter bubble）指的是信息个性化技术使得人们可能减少阅读多样化内容的趋势。由于个性化推荐系统根据用户已有的阅读偏好来进行关键字匹配和推荐，很大程度上会将高度相关的内容推荐给用户，而相似性较低的内容基本上不会被推荐给用户，这样用户的阅读内容会变得狭隘。用户在一次又一次阅读自己喜欢领域的信息后，不断地在自己与整个世界之间筑起高墙。

这样的拟态环境使许多人沉湎其中，无法自拔。用户每多花一分钟个人时间在这些垃圾信息上，就减少了一分钟可能用在学习、工作、睡眠，或者陪伴家人、参与有意义的社交互动的时间。

信息成瘾问题与信息茧房问题是一个硬币的两面。用户在使用今日头条的过程中，由于其算法不断贴合用户当前想看的东西，使得用户的欲望不断地被满足，这就形成一个正向反馈，用户在心理上往往会形成一种依赖。我们常常有这种体验，就是打开个性化推荐类的应用，然后不断地下拉，不知不觉半个小时就过去了。这样的结果确实是某些互联网公司所期望看到的，它们运用各种先进手段，大数据也好，高并发分布式后台也好，机器学习也好，就是为了尽可能地让用户在其平台多停留哪怕一秒钟。无论是内容上、算法上，还是交互设计上，都尽可能去降低门槛，让用户能够越来越容易、越来越没有代价地接触到信息，而且这些信息在很大程度上就是刺激感官的垃圾信息。这样，由最顶尖的算法工程师和研发工程师，结合最懂人心理的产品经理的设计，构建出了一个精妙绝伦的“拟态环境”。这个“拟态环境”有着海量数据和超高算力，能够不断向用户推送那些直击人性弱点的信息，从文字到图片乃至小视频，让你很难离开它。

许多资讯类应用所追求的正是这种高用户时长。据今日头条所给出的数据，其上亿用户日均的用户时长是 73 分钟。用户每天睡眠和工作外的时间按 8 小时计算，这意味着超过用户八分之一的个人时间都耗费在了应用上。

（四）可遗忘性

个性化推荐算法“记住”了用户看过的文章和相应的喜好，但是对于用户来说，这种记住并不一定是好事。有时候，用户存在着让算法忘记他过去的喜好的需求。例如，某段时间由于想去东南亚旅游，因此浏览了很多与东南亚相关的资讯。但是过了一个月之后，也许用户的假期已经过去，或者是已经去过东南亚了，这时候用户并不想再看到和东南亚有关的资讯。用户的这种遗忘需求目前往往被推荐系统开发人员所忽视。

如果用户曾将手机借给其他人使用，保存了他人的浏览历史和喜好，个性化推荐算法根据这些进行的推荐对于现在的用户来说也是无意义的。

（五）版权

算法只负责推荐，并不知道文章本身是谁写的，是不是抄袭的。事实上，有很多企业的推荐系统所推荐的文章的数据都是用爬虫爬取其他网页的，换句话说是未经授权的窃取。企业方面的考虑往往一方面是内容的成本；另一方面是时间成本，如果先获得同意才上线内容，那么时间成本也难以负担，很可能在等待的时间中用户已经流失了。

四、推荐算法的发展方向

传统的推荐算法范式本质上就是热门推荐补充以关键词匹配。这种推荐方法容易解释清楚为什么一篇文本会被推荐到某个用户的屏幕上，但是它的局限性也比较大。目前，以深度学习为代表的人工神经网络方法在图像识别、声音识别领域取得了巨大成就，人工神经网络方法如 CNN、RNN、DNN 正在被许多研究者尝试运用到计算机科学和工程的其他领域，推荐系统自然也是一个重要的应用方向。

运用以人工神经网络为代表的新的算法范式，对于解决推荐系统许多难以解决的老问题很可能会有非常好的效果。与此同时，神经网络犹如一个黑盒子，为什么一篇文章会被推荐给这个用户的真正原因，往往被成千上万个神经元计算节点以及彼此之间复杂的连接所掩盖。这可能是日后它被运用到推荐系统上并进行持续优化时面临的一个主要障碍。

针对很多新用户没有任何数据沉淀，从而算法难以对其进行有效推荐的问题，可以用获取用户其他平台信息、获取用户当前手机已经安装的软件信息，以及引导用户进行口味选择这三种方法来解决。

可以考虑给予优质内容生产者所发布的文章和视频更高的推荐权重，使其更容易被用户接触到，并且进行合理的广告收入分成，让优质内容能够实现不断循环再生产。另外，应当加强内容的审核。可以有针对性地开发一套机器学习系统，根据文本关键词特征识别出低俗内容，并以人工审核作为辅助，把住内容的底线。值得说明的是，现在今日头条等企业已经注意引入人工审核，对内容进行把关，试图遏止低俗内容的蔓延。

可以利用机器学习技术建立一套反作弊、反低俗以及检测谩骂和政治敏感内容的系统。反作弊系统建立的目的就是解决文不对题、蹭热度（单纯充满关键词而并无实际有用内容的文章）以及其他作弊问题。反作弊系统目前主要有两种，一种是预先设置策略和规则，另一种则是不预先设置规则，而是通过机器学习来学到判断规则。前者的设计依赖经验和对现实作弊案例的总结，对遇到的案例进行归纳，人为地设计一些规则；后者则强调输入数据的特征和标签，由机器进行监督学习（supervised learning），从而让算法获得一套参数值，进而判别作弊和非作弊。反作弊系统往往要借助大数据计算框架，比如流行的 Hadoop MapReduce 和 Spark，从而实现大规模数据的判别。

反低俗系统与此类似。低俗内容主要是过度裸露、色情图片和文字等，可以通过现在已经比较成熟的图像识别方法来实现判别。

至于检测谩骂和政治敏感内容，一般用得较多的是贝叶斯方法，同时往往还需要导入一些关键词库，计算出一篇文章包含谩骂或者政治敏感内容的概率有多大，概率较大的直接拒绝。

如果说搜索引擎在是否允许用户有被遗忘的权利（right to be forgotten）上还得因为

言论自由和公共利益的考量而权衡再三，那么推荐系统由于没有这些方面的顾虑，应当果断地加入以下功能，从而改善用户的体验：

算法的可遗忘性问题，只要通过加入一个允许用户重置他们的用户画像的功能，即可圆满解决。这个重置功能的实现，简单地说，可以考虑当用户确认后，直接把用户画像中的数据删除，将其视为一个新用户来做推荐。如果考虑得更精细一些，则是删除过去的用户画像后，让用户重新做一次选择，让他指明感兴趣的话题，这样在重置用户画像后不至于没有数据可以参考。同时，政府也应当立法，要求互联网企业本着对用户负责的心态，将这个功能加入应用中，正如允许用户注销的功能也是在政府要求后才普遍被加入应用中的。

即使自动化内容审核系统已经做得比较先进，仍然需要一套人工审核系统来完成最后放行。内容行业在法律和行政上多是受到强监管的，如果内容上涉及色情低俗或者有其他违反法规的行为发生，对企业的声誉和经济利益造成的损失十分巨大，因此人工审核仍然是必要的。

政府要通过立法规范监管，鼓励优质主旋律内容的生产和传播。政府机构应当发挥作用，对市场调节失灵的情况进行合理的干预，让信息流消费市场不至于沦为低质量内容循环生产的垃圾堆。

本章小结

新媒体是由技术和资本双轮驱动的。对新媒体发展产生影响的技术很多，本章主要介绍了人工智能技术和推荐算法。

思考题

1. 你认为人工智能会取代记者吗？

2. 请你分析今日头条中所用的推荐算法。

3. 你如何看待技术在新媒体发展中的作用？

4. 面对人工智能技术对传媒行业的影响，你认为 AI 能够在大多程度上或何种情况下取代人类？

5. 人工智能生产的信息往往被指出存在客观性与偏见的问题，但记者与编辑的工作中同样不乏价值偏见，你认为 AI 的偏见是人类偏见的部分呈现还是整体放大？随着技术的发展，AI 相比人类在新闻生产中是否可以更加接近客观性？

6. 算法推荐相比人工把关而言具有哪些优势？存在哪些伦理风险？

7. 算法推荐是否能够真正做到“精准推荐”？为什么？

在线自测

扫一扫 练一练

参考文献

1. 匡文波．网络传播学概论［M］．北京：高等教育出版社，2004.

2. 匡文波．手机媒体概论［M］．北京：中国人民大学出版社，2006.

3. 匡文波．网络传播理论与技术［M］．北京：中国人民大学出版社，2007.

4. 匡文波．网络传播技术［M］．北京：高等教育出版社，2003.

5. 匡文波．网民分析［M］．北京：北京大学出版社，2003.

6. 匡文波．网络媒体概论［M］．北京：清华大学出版社，2001.

7. 匡文波．电子与网络出版教程［M］．北京：中国人民大学出版社，2008.

8. 匡文波．网络媒体的经营管理［M］．北京：中国传媒大学出版社，2009.

9. 匡文波．手机媒体：新媒体中的新革命［M］．北京：华夏出版社，2010.

10. 谢新洲．网络传播理论与实践［M］．北京：北京大学出版社，2004.

11. 宫承波．新媒体概论［M］．北京：中国广播电视出版社，2011.

12. 蒋宏，徐剑．新媒体导论［M］．上海：上海交通大学出版社，2006.

13. 张海鹰．网络传播概论新编［M］．上海：复旦大学出版社，2008.

14. 吴廷俊．多媒体技术与新闻传播［M］．武汉：华中科技大学出版社，2002.

15. 李希光．转型中的新闻学［M］．广州：南方日报出版社，2005.

16. 张国良．社会转型与媒介生态实证研究［M］．上海：上海交通大学出版社，2007.

17. 张昆．国家形象传播［M］．上海：复旦大学出版社，2005.

18. 雷跃捷，辛欣．网络新闻传播概论［M］．北京：北京广播学院出版社，2001.

19. 邓炘炘．网络新闻编辑［M］．北京：中国广播电视出版社，2005.

20. 杜骏飞．网络传播概论［M］．福州：福建人民出版社，2004.

21. 董天策．网络新闻传播学［M］．福州：福建人民出版社，2004.

22. 闵大洪．数字传媒概要［M］．上海：复旦大学出版社，2003.

23. 黄升民，等．中国数字新媒体发展战略研究［M］．北京：中国广播电视出版社，2008.

24. 李希光，孙静惟．下一代媒体：来自清华园的思想交锋［M］．广州：南方日报出版社，2002.

25. 张国良．新闻媒介与社会［M］．上海：上海人民出版社，2001.

26. 杨伯溆．因特网与社会：论网络对当代西方社会及国际传播的影响［M］．武汉：华中科技大学出版社，2003.

27. 杨伯溆．全球化：起源、发展和影响［M］．北京：人民出版社，2002.

28. 熊澄宇．资讯社会 4.0［M］．台北：商周出版社，2005.

29. 童晓渝，蔡佶，张磊．第五媒体原理［M］．北京：人民邮电出版社，2006.

30. 陈绚．数字化时代的新闻理论与实践［M］．北京：新华出版社，2002.

31. 陈卫星．网络传播与社会发展［M］．北京：北京广播学院出版社，2001.

32. 江潜．数字家园：网络传播与文化［M］．上海：复旦大学出版社，2001.

33. 菲德勒．媒介形态变化：认识新媒介［M］．北京：华夏出版社，2000.

34. 斯特劳巴哈，等．今日媒介：信息时代的传播媒介［M］．北京：清华大学出版社，2002.

35. 莱文森．手机：挡不住的呼唤［M］．北京：中国人民大学出版社，2004.

36. 罗杰斯．创新的扩散［M］．北京：中央编译出版社，2002.

37. LEVINSON P. New new media［M］. Boston：Allyn & Bacon，2009.

38. LISTER M，et al. New media：a critical introduction［M］. 2nd ed. London：Routledge，2009.

39. PAVLIK J V，MCINTOSH S. Converging media：a new introduction to mass communication［M］. 2nd ed. Oxford：Oxford University Press，2010.

40. GANE N，BEER D. New media：the key concepts［M］. Oxford：Berg Publishers，2008.

41. WARDRIP-FRUIN N，MONTFORT N. The new media reader［M］. Cambridge：The MIT Press，2003.

42. MANOVICH L. The language of new media［M］. Cambridge：The MIT Press，2001.

43. DECHERNEY P. Hollywood's copyright wars：from edison to the Internet［M］. New York：Columbia University Press，2012.

44. WAXER B M，BAUM M. Internet surf and turf-revealed：the essential guide to copyright，fair use，and finding media［M］. Boston：Thomson Course Technology，2005.

45. GOLDSTEIN P. Copyright's highway：from gutenberg to the celestial jukebox［M］. Stanford：Stanford University Press，2003.

46. TORR J D. Internet piracy［M］. Farmington Hills：Greenhaven Press，2004.

47. FISHBEIN M，AJZEN I. Belief，attitude，intention，and behavior：an introduction to theory and research［M］. New Jersey：Addison-Wesley Publishing Company，1975.

48. FISHBEIN M，AJZEN I. Predicting and changing behavior：the reasoned action approach［M］. New York：Psychology Press，2010.

49. 匡文波．网络受众的定量研究［J］．国际新闻界，2001（6）．

50. 匡文波．论手机媒体［J］．国际新闻界，2003（3）．

51. 匡文波．非常时期的网民行为特征［J］．国际新闻界，2003（5）．

52. 匡文波．论网络媒体的娱乐化［J］．国际新闻界，2004（1）．

53. 匡文波．互联网改变中国新闻业［J］．新加坡联合早报，2004-01-16.

54. 匡文波．手机媒体的传播学思考［J］．国际新闻界，2006（7）．

55. 匡文波．论手机媒体的盈利模式［J］．国际新闻界，2007（6）．

56. 匡文波．论中国数字媒体内容监管体系的创新［J］．国际新闻界，2007（11）．

57. 匡文波．“新媒体”概念辨析［J］．国际新闻界，2008（6）．

58. 匡文波．论 Web 2.0 时代网络舆论的管理［J］．国际新闻界，2008（12）．

59. 匡文波．纸质媒体还有明天吗？［J］．现代传播，2008（4）．

60. 匡文波．Web 2.0 下网络舆论引导的挑战与对策［J］．中国记者，2008（12）．

61. 匡文波．Web 2.0 的反思［J］．国际新闻界，2009（3）．

62. 匡文波．论新媒体传播中的“蝴蝶效应”及其对策［J］．国际新闻界，2009（8）．

63. 匡文波，李一．日美手机媒体发展的差异分析及其借鉴［J］．新闻与写作，2010（1）．

64. 匡文波，高岩．新媒介环境下西方国家保护未成年人免受不良信息侵害的策略分析［J］．国际新闻界，2010（1）．

65. 匡文波，孙燕清．电子阅读器发展现状与对策分析［J］．中国记者，2010（8）．

66. 匡文波，孙燕清．美国新媒体专业教育模式分析及对中国的借鉴［J］．现代传播，2010（8）．

67. 匡文波．微博热的冷思考［J］．新闻与写作，2012（2）．

68. 匡文波，龚捍真，孙燕清，蒲俊．电子阅读器是阶段性产品［J］．新闻与写作，2010（9）．

69. 匡文波．新媒体是主流媒体吗？——基于手机媒体的定量研究［J］．国际新闻界，2011（6）．

70. 匡文波，龚捍真，蒲俊．电子阅读器 Amazon Kindle 的发展及其影响［J］．图书馆理论与实践，2011（2）．

71. 匡文波．手机媒体舆论管理研究［J］．行政管理改革，2011（4）．

72. 张尔坤，张一潇．Chat GPT 启示：大语言模型时代传播学研究新问题［J］．国际新闻界，2023（6）.

73. 姚舜扬，席涛，张国良．媒介使用对社会信心多元影响因素研究——以综合社会调查（CGSS2021）数据为例［J］．新闻大学，2024（6）.

74. 张淑华，徐婷婷．乡村老年群体的“抖音社交”与“媒介养老”现象——以豫中某乡村为例［J］．现代传播（中国传媒大学学报），2024（2）.

75. 王敏．“去地方化”：一项新闻生产的合法性策略建构及反思——基于对移动新闻客户端“S 新闻”的田野研究［J］．现代传播（中国传媒大学学报），2023（12）.

76. 高钢．谁是未来新闻的报道者？——维基技术的本质及对新闻报道的影响［J］．国际新闻界，2008（6）．

77. 高钢．媒体融合：追求信息传播理想境界的过程［J］．国际新闻界，2007（3）．

78. 陈力丹．不成熟的网络新闻传播［J］．新闻记者，2001（7）．

79. 陈彤旭，邓理峰．BBS 议题的形成与衰变——对人民网强国论坛的个案研究［J］．新闻与传播研究，2002（1）．

80. 程德华 . 论 BBS 上的舆论引导［J］. 莆田学院学报，2003（4）.

81. 郭万盛 . 从“卖身救母事件”看网络 BBS 的传播特性［J］. 东南传播，2006（6）.

82. 胡颖，周忱 . 传统媒体与新媒体依存度分析［J］. 新闻传播，2007（5）.

后　记

经全国高等教育自学考试指导委员会同意，由新闻类专业委员会负责高等教育自学考试《新媒体概论》课程教材的审稿工作。

《新媒体概论》自学考试教材由中国人民大学匡文波教授担任主编。全书由主编匡文波教授撰写、统稿。参加本教材审稿讨论会并提出修改意见的专家有：北京大学谢新洲教授、中国人民大学赵曙光教授、中国社会科学院黄楚新研究员。对于编审人员付出的辛勤劳动，特此表示感谢。

新闻类专业委员会最后审定通过了本教材。

全国高等教育自学考试指导委员会
新闻类专业委员会
2024 年 2 月

图书在版编目（CIP）数据

新媒体概论 / 匡文波主编 . -- 北京：中国人民大学出版社，2024.8. --（全国高等教育自学考试指定教材）. -- ISBN 978-7-300-33209-3

Ⅰ. G206.2

中国国家版本馆 CIP 数据核字第 2024EM2872 号

全国高等教育自学考试指定教材
新媒体概论
（含：新媒体概论自学考试大纲）
（2024 年版）
全国高等教育自学考试指导委员会　组编
主　编　匡文波
Xinmeiti Gailun

出版发行	中国人民大学出版社		
社　　址	北京中关村大街 31 号	**邮政编码**	100080
电　　话	010－62511242（总编室）		010－62511770（质管部）
	010－82501766（邮购部）		010－62514148（门市部）
	010－62515195（发行公司）		010－62515275（盗版举报）
网　　址	http：//www. crup. com. cn		
经　　销	新华书店		
印　　刷	北京市鑫霸印务有限公司		
开　　本	787 mm×1092 mm　1/16	**版　　次**	2024 年 8 月第 1 版
印　　张	18.25 插页 1	**印　　次**	2024 年 8 月第 1 次印刷
字　　数	405 000	**定　　价**	58.00 元